西方管理思想史

（第三版）

郭咸纲　著

经济管理出版社

图书在版编目（CIP）数据

西方管理思想史/郭咸纲著. —3 版. —北京：经济管理出版社，

ISBN 978-7-80162-950-0

Ⅰ. 西…　Ⅱ. 郭…　Ⅲ. 管理学—思想史—西方国家—高等学校—教材　Ⅳ. C93—091

中国版本图书馆 CIP 数据核字（2004）第 056272 号

出版发行：**经济管理出版社**

北京市海淀区北蜂窝 8 号中雅大厦 11 层

电话：（010）51915602　　邮编：100038

印刷：北京晨旭印刷厂　　　　　　　经销：新华书店

责任编辑：柴璐璐　郝光明

技术编辑：蒋　方

责任校对：静　心

787mm×960mm/16　　　　　31.75 印张　　　583 千字

2004 年 9 月第 3 版

定价：49.00 元

书号：ISBN 978-7-80162-950-0

深刻理解和掌握西方管理思想史是进入管理学殿堂的必经之路。

——郭咸纲

序 我对管理终极目标的理解

"道，不可须臾离也，可离非道也。"思考管理的终极目标，我想，它应当是为了提升人类的生活品质，促进人类社会的和谐与共同进步。

传统的西方实体性思维方式表现出还原论（原子主义的）、机械性、客观性、主客二分等特点，并将理性推上统帅宇宙的至高无上的地位。这种思维方式无疑也表现在西方管理理论的发展及管理模式的选择上。

西方社会在工业革命时代，物理学方法的"无往不胜"，使人们自以为能够凭借科学理性分析清楚并掌握任何知识领域。在西方管理学理论中，人，是管理的主体，也是管理的客体，不仅财、物，而且人性和事态都被纳入到机械性的管理模型中去加以分析和整合。

不可否认，科学管理在相当程度上提高了人们组织行为的效率，为人类经济目标的实现做出了巨大的贡献。而另一方面，由于这种思维方式将人"物化"，忽视了人的主动性和自我发展性，因而未能充分开发人的潜能，甚至使人异化为技术的附庸，使人失去自我，失去生活的原本目标，使人沉沦为商业化的、贪图享乐的，甚至最终被货币主宰的物的附庸。人们为达成目标而破坏生态环境，从而造成人类心灵与生存环境的双重困境。

当然，并非说西方传统的管理思想弊莫大焉，而是说由于东西方思维方式各有千秋，体现于管理实践中，亦显现出各自不同的所长与所短。特别是，由于中国传统文化相对缺乏分析性思维，较少将世界作为独立于己的客体进行追根究底的研究，较少采用实验方法，故当代中国人在管理上更多地凭借经验和感性，这就需要我们虚心吸取西方文化的理性精神与科学精神，将其活用于管理理论与实践中，从而实现"中国管理的科学化"。

同时，面对西方工业文明带来的种种"弊病"，当代中国人应挖掘、发挥中华传统文化中"天人合一"思想的精华与智慧，将人文与科学、伦理与心智、整体与分析结合起来，从而在中西方文化相互沟通的基础上，实现中西方管理理论的兼容与互长，取长补短，建立合于"道"的、遵循生态的、合乎人性的管理理论。

我认为，从总体观念上来说，中国传统思维方式可以在以下两方面补充西

1

方传统管理思想。

首先，在中国传统文化中，如《易经》，把人的因素、物的因素、相互的因素整合成为一个系统过程，人能够基于其内在本性来参与并实现一种创造性的活动，尽人之性，尽物之性。而且，有机宇宙本体是生命存在与发展的方式。人，作为宇宙的精灵与世界的主宰，对宇宙本体价值的体验，呈现为道德价值，人性的完成也就是宇宙性的完成。从广义上来说，"一切为了人"是管理的出发点和归宿，而管理学意义上的人是与自然协同进化的人，因此，管理的最终目的是推动人与自然的和谐与共同进步。

最高境界的管理模式应当是在对人性普遍价值目标、宇宙价值目标的认知与自觉的基础上发展起来的。事实上，价值与哲学可以说是管理的真正起点。只有把握本体价值，进而把握道德价值，我们才能把经济活动维护在一定范围内，使它不因为手段而丧失目的，使人不至于在经济活动中工具化、机械化。

其次，中国传统文化表现出的整体观念、动态思想应用于管理学中，要把握不同主体、时空、历史、社会关系、限制条件等。管理方法与管理模式亦当"整体定位，适时权变"。

总之，我们应以中国传统文化补充西方的管理思想，实现"西方管理的中国化"。当我们越深刻地把握宇宙之"道"，掌握它演变发展中的各个方面，就越能发挥它，越能主动变化，主动去改变事物，进而达到"进可攻、退可守、收放自如"的境界。

事实上，当代西方有关人性理论的研究已经逐渐体现出东方文化的些许特征，管理思想也随之不断向系统整合的方向发展。

《西方管理思想史》是一部致力于系统描述西方管理理论发展演变历程的书，也是本人 10 多年来研究西方管理思想发展演变的总结。本书有三条主线：第一条是时间线，以时间为轴充分体现其历史性；第二条是理论线，以西方管理理论的历史演进过程为轴，充分反映其发展性；第三条线是人性线，以管理思想发展进程中的人性理论的深化为轴，蕴含着对管理最优境界的追求，充分反映其突破性。此书的面世，如果能给中国的管理学界、经济界、企业界、教育界和想了解西方管理思想史的读者带来一些帮助，那我就倍感欣慰了。

郭咸纲

2004 年 2 月再识于澳大利亚国立大学

各位专家学者和各界朋友，如果发现书中的错误或愿意深入探讨有关西方管理思想史的问题，可与我联系。E-mail：gxg@gmsorg. com　电话：13910692869

目　　录

导言 管理理论的发展线索和研究方法综述

任何学科的建立必须要有其假设和前提，并且这些前提能否接受实践的反复检验是这门学科存在和发展的基础。管理学理论与经济学理论赖以建立的前提所要接受的检验截然不同。

20 世纪 30 年代科斯（R. H. Coase，1937）[1]的经典性文章，以事实说明经济学家因经济学理论无力明确阐述它的假定而痛苦，因为建立理论时通常忽视检验其理论所赖以建立的基础，直至今天，经济学家仍然为无力检验其理论赖以成立的某些重要假定而苦苦思索。管理学领域的情况恰恰相反，管理学家在为其理论及其前提接受的检验太多而备受折磨，任何一种管理理论从产生开始，就要受到丰富多彩的实践活动的检验。管理实践活动的丰富多彩，使得管理理论相形见绌，以至人们至今还很难给管理下一个精确而统一的定义。

截至目前为止，管理理论还不是从假设开始的，经验性的实证分析是管理理论的重要特征。无论针对什么对象，因为环境背景因素是理论和实践赖以存在的基础，所以从不同的实践环境中诞生出来的理论往往有着巨大的差异，甚至会产生截然相反的理论体系。从构成古典管理理论大厦的泰勒（Frederick Winslow Taylor）的科学管理、法约尔（Henri Fayol）的组织理论和马克斯·韦伯（Max Weber）的行政管理理论开始，到行为科学的产生以至现代的管理理论丛林，都有这一特点。所以"管理理论形成与发展的历史进一步表明管理系统多视角审视的歧义性、复杂性"。[2]

一、管理理论的发展线索

管理理论的发展是和生产力的发展以及生产组织方式的变化紧密相联的。可以说是这些因素决定着管理理论的发展和变化。尽管理论形式千差万别，但是研究的主题仍有着共同的特点。我们可以认为管理学是研究管理与被管理之间关系以求最优化实现其目标的科学。管理涵盖着人、思想、观念、行为、方法和结果。古典组织理论是在当时市场环境比较稳定的情形下产生的，开管理

1

理论先河的管理学大师泰勒在他的《科学管理原理》一书中明确指出：管理的主要目的应该使雇主实现最大限度的富裕，同时也使每个雇员实现最大限度的富裕。在提出管理者和被管理者关系后，进一步明确指出，管理目标是采用最佳管理模式使工人最大程度地发挥积极性，作为回报则从他们的雇主处获得某些特殊的刺激（泰勒，Taylor，1911）。[3]法约尔将管理理解为领导者对组织进行管理。他将管理划分为计划、组织、指挥、协调和控制 5 个因素，其目标是企业的稳定和发展，达到目标的最优方法是 14 条管理原则（法约尔，Fayol，1916）。[4]韦伯的行政管理理论指出，行政组织的内在要求是稳定、严密、有效、精确，采取的最优方法是科层制（韦伯，Weber，1921）。[5]古典组织理论隐含着一系列重要的管理思想，如管理行为的动力是为达到既定的组织目标，管理行为的有效模式是选择管理与被管理之间的关系处于最佳状态时的管理模式等。

行为科学是为解决效率与人性之间的矛盾而出现的。解决这一矛盾的方法是对人性进行深入的研究和采取相应的行为准则。人与人、人与组织、组织与组织、人和组织与环境的关系如何处于最佳的平衡状态，是行为科学的研究对象。现代管理的各种学派也在不同层面上体现了管理和谐这一重要思想。尽管孔茨（Harold Koontz）等人把法约尔的组织理论发展成为管理过程学派，但是其基本思想仍然是："每个主管人员的任务就是设计和维护一种环境，使身处其间的人们能在集体内一道工作，以求有效地完成集体的目标"（孔茨，Koontz，1955）。[6]巴纳德（Chester Irving Barnard）的社会系统学派自成一家，他在分析了个人与组织后提出了组织的三要素，即协作的意愿、共同目标和信息的沟通，给出了协作系统在共同目标下的组织结构关系，目标是使组织有效和有能力（巴纳德，Barnard，1938）。[7]西蒙（Herbert Alexander Simon）继承了巴纳德的思想而创立了决策理论学派，并因《管理行为》而获得诺贝尔奖金。西蒙等人认为：组织就是作为管理者的个人所组成的系统，决策贯穿于管理的全过程，管理就是决策（西蒙，Simon，1958）。[8]在他的组织系统中，理论上的决策最优质和实际上的令人满意之间达到了高度的统一（西蒙，Simon，1960）。[9]运筹学在第二次世界大战中的兴起，奠定了数量学派的基础。数量学派认为管理就是制定和运用数学模型与程序的系统，就是用数学符号和公式来表示计划、组织、控制、决策等合乎逻辑的程序，并求出最优解，以达到组织的目标。在组织的目标下，用数学来解决管理与被管理之间的关系是该学派的特色。以德鲁克（Peter F. Drucker）为代表的经验主义学派认为，企业的目的是创造顾客，在此目的下管理就是对人进行管理的技巧，管理是用技巧来解决管理和被管理的关系问题（德鲁克，Drucker，1954）。[10]经理角色学派认为，管理是由经理工作的性质所决定的，而经理所承担的角色体现了管理与被管理的关系。"角色这一概念是行为科学从舞台术语中借用于管理学的，角色就是属于一定职责或地位的一套有条理的行为。……演员、经理和其他人的角色都是事先规定好的，虽然各人可能以不同的方式来解释这些角色。"（明茨博格，Mintzberg，1973）。[11]系统学派以系统理论为其理论基础，把组织看做是一个系统，它由具有相互依赖、相互关联、相互作用的两个以上的要素或部分构成，是一个具有特定目标、功能和结构的有机整体。系统内部由管理者与被管理者构成其组成要素。系统的外部是组织的环境（约翰逊、卡斯特、罗森茨韦克，Johnson，Kast，Rosenzweig，1963）。[12]如果以整个系统科学作为系统学派的理论基础的话，那么管理理论就有可能从这里走出现代管理理论的丛林。这也正是我们的基本观点。

把古典的管理理论和现代管理理论丛林进行比较，在外部环境变化不大的情况下，古典管理理论带有的系统思维色彩比较小。"二战"后，市场越加变幻莫测，由此所形成的现代管理理论丛林系统思想的色彩明显增强了。根据系统科学的新理论，用系统的思维观点来对客观世界进行分析将更加接近于现实。随着人们对客观世界认识的不断深入，管理思想的发展和管理理论的建立逐步向系统整合方向发展，这正是和现代系统科学的发展相一致的。在管理系统的运作机制上，管理行为有既定的系统目标，系统内有多种变量相互作用，这些变量和外界环境有着非线性的动态关系。外界环境给定了这些变量发生作用的边界，目标给定了变量作用的最优化选择。最为关键的变量可能是由管理和被管理行为所形成的两个相互作用的管理力场，这个力场的始作俑者是人及其表现的人性，还有就是和外界紧密联系的背景文化和组织文化。这里的每一个变量本身都是一个极其复杂的系统，且都是呈非线性关系的。这样，一个动态的系统模型就有可能建立起来，不过这是一个超大系统。现代系统理论的各个组成部分给出解决这个超大系统的某一方面或某一部分问题的方案。对于这个超大系统的彻底解决，将有待于超大系统理论的建立。

信息论给出解决系统的信息流的流动机制及其影响的问题；控制论对超大系统中各个部分的稳定性问题的解决做出了贡献；耗散结构理论为系统从无序走向有序的自组织机制指出了方向，如何输入负熵成为问题的关键；而协同学为这个超大系统"建立一种用统一的观点去处理复杂系统的概念和方法"（哈肯，Harken，1988）[13]，涨落和快慢变量对系统的演化将起关键作用；突变论是解决系统的突变和拐点问题，通过涨落达到有序，系统的整体发生突变，系统通过失稳从一种组织状态变成另一种组织状态；而超循环理论是解决"块复制"的机制问题，即组织的发展如何把自身的核心能力复制到要发展的区域并和环境融合起来。

美国的系统动力学专家福莱斯特（Jay Wright Forrester）教授，首创了一套关于社会系统的建模和分析的方法。[14]建立一个社会大系统模型，首先要明确系统的目标、系统的边界、划分子系统、明确子系统的相互关系。而管理系统这样一个超大系统，与福莱斯特教授的要求比较相符。除了采用动力学方法以外，还有模糊系统理论建模方法和灰色系统理论建模方法。尽管采用了这些现代系统理论的方法，但是对于管理系统这个巨大系统来说，最主要的问题仍然没有解决，管理理论走出丛林的路还很长。

"人们并不是理性的，而是由本性支配的，因而通过理解这些本性，就可揭开迄今未经探索过的心灵的秘密。"（雷恩，D. A. Wren，1979）[15]对人性的探索是管理理论发展的另一条线索。人性的变化随着生产力的发展和教育程度的提高而变化。人性问题是人的本质问题，管理可以看做是由人性驱使的一种社会活动。对人性的探索最初来源于《国富论》，斯密（Adam Smith）认为，个人的一切活动都受"利己心"支配，每个人追求个人利益会促进整个社会的共同利益，这种个人利益的追逐者就是"经济人"（亚当·斯密，Adam Smith，1776）。[16]李嘉图（David Ricardo）把经济人的观点发展成群氓假设（李嘉图，Ricardo，1817）。[17]而把"经济人"的观点用到管理上并建立其理论的是泰勒（泰勒，Taylor，1911）。[18]"社会人"的发现是梅奥（George Elton Mayo）对管理理论的贡献，它为行为科学的建立打开了大门（梅奥，Mayo，1933）。[19]"自我实现的人"是马斯洛（Abraham H. Maslow）的需要层次理论中的最高一级，是人的更高一级的追求（马斯洛，Maslow，1943）。[20]而对人性进行归纳性分类的是麦格雷戈（Douglas McGregor）的 X理论和 Y 理论（麦格雷戈，McGregor，1960）。[21]约翰·莫尔斯（J. J. Morse）和杰伊·洛希（J. W. Lorsch）在 1970 年发表的《超 Y 理论》，是对上面经典人性研究的总结。[22]"复杂人"的观点揭示了人性多维结构上的多面性。对人性的层层揭示和多面展示，在引导管理理论不断发展的同时使得流派纷呈。20 世纪 80 年代后的"文化人"假说对人性进行了进一步揭示，这在特雷斯·E. 迪尔（Terence Deal）和阿伦·A. 肯尼迪（Allan Kennedy）于1982 年写的《企业文化——现代企业的精神支柱》一书中得到阐述：人是环境的动物，环境是自变量，人是因变量，由此得出人的未来本性是不可知的（特雷斯·E. 迪尔、阿伦·A. 肯尼迪，Deal & Kennedy，1982）。[23]20 世纪80 年代后期兴起的建立在"理性人"基础上的博弈论经济学，也许能找出人性更深层次的本质，人的最优选择或许更加趋于理性。然而对人性全面了解也许还需要求助于心理学和行为科学的突破。对人性的认识永远不会终结，管理理论在未来的研究中定会更加异彩纷呈。

"管理是文化的产儿"（雷恩，Wren，1979），[24]管理理论发展是和文化紧密相联，并且根据各种不同的文化底蕴酝酿产生的道德准则和制度变化而向前演进。管理思想的发展既是文化的过程，又是文化的产物。管理理论沿着文化的轨迹演化，主要有三条线索：一是马克斯·韦伯在《新教伦理和资本主义精神》中提到的管理理论的文化基础（马克斯·韦伯，Weber，1904），[25]理论家们在这个基础上构建了古典组织管理理论；二是环境地域文化（主要是美国文化）氛围形成的现代管理理论丛林；三是东方文化对西方文化的渗透成为当代管理理论的主要特色。"文化管理的理论和实践，必将使管理走出管理理论丛林……成为当代管理发展的大趋势。"[26]管理文化的最优境界极有可能是东西方文化最和谐的融合。

管理学是研究在一个管理系统中为了达到管理目标，使管理与被管理关系趋于最优境界的问题。管理系统存在着最优境界，这个最优境界是实现管理目标的最佳路径。它是由三个层面的最优组成的：一是管理所形成的力场和被管理所形成的力场在达到完全重合时管理达到最优，因为在这种状况下任意一点的管理强度最大；二是当管理文化达到完全和谐和融合时，其组织文化的氛围达到最优；三是个人的理性和组织的理性完全一致时管理达到最优。当一个管理系统达到了这三方面时，管理的最优境界就实现了。而通过理论探索建立管理最优境界的理论体系，就形成理论管理学的基本架构。在现实的管理活动中，管理者始终在自觉或不自觉地追求着这种管理的最优境界（郭咸纲，1999）。[27]

二、管理学研究方法的新角度

管理学的形成和发展可以梳理出三条线索：第一条是从具体的管理实践中总结出来的管理原理和方法，这是目前管理学发展的主线，我们可以称之为应用管理学；第二条是以基本的人性假设出发构造的管理理论，每一个新假设的提出和新理论的出现都对管理思想的发展产生重大影响，这种从假设出发构造的管理理论体系我们称之为理论管理学；第三条是以企业管理案例（如 MBA案例）研究为主要代表的管理学，这一条线索实际上给管理提供了一块试验田，使得每一位受教者把自己假想为管理活动中的一员，对管理环境进行假想式的试验，以求各种可能的管理结果，我们称之为实验管理学。对不同的管理学其研究方法是不同的。

在管理行为中贯穿其间的是本体论、认识论和方法论。同时对管理行为中人的研究的深化是对连续的过程模型进行不断改进的基石，并由此不断揭示管理世界的一些新真理。

管理的研究领域是一个多约束的领域，管理从已建立的社会科学范畴中汲取了许多营养，并且将面向商业团体的具体运作作为整个管理理论产生和发展的主要动因。理论的和经验主义的知识主要来源于社会学、心理学、人类学、政治学、数学和统计学。而对管理理论来说，它们相互协调并有机地结合在一起；这种来源的多样性的直接后果是客观地存在着各种各样的研究方法。而复杂的管理实践使得管理者不被狭隘的理论和经验传统所束缚，他们能从广泛的方法中进行选择，并能在具体的管理项目中从多个学科的角度把相关的方法和知识加以整合和应用。

可以说，作为管理学基础的理论管理学体系至今还没有建立，这使管理学看起来更像一门纯粹的经验科学。从一定意义上来讲，理论管理学落后于应用管理学和经验管理方法，这种状况就成为管理理论与实践发展的桎梏。管理学诞生于泰勒的科学管理，科学管理的产生是由于生产力发展追求效率的结果。管理学的实用性一直是管理学发展的主线，但是对这一学科的内在机理的探索却显得不够。管理是自有人类以来就存在的社会现象，对这一社会现象的机理分析应该是理论管理学主要研究和探索的领域。人是管理的主体也是管理的客体，有了人才有管理，所以人是理论管理学研究的出发点。故而理论管理学的研究方法应该和应用管理学不同。应用管理学是从实证主义出发的，而理论管理学应该从对人性的研究出发，有什么样的人性就应该有与之相对应的人的社会活动的特征和管理模式，因此建立人性模型就成为理论管理学的主要研究方法。尽管在应用管理学中也有一系列人性假设，但是从这些假设出发建立理论模型显然是不充分的。

理论管理学的研究方法应该从经济学中汲取营养，把理论架构的建立作为研究的重心。研究的方法可以从一个高度抽象的人性模型出发，探索在一定的管理环境下的管理行为模式，并以此建立科学的管理理论，继而把模型的约束条件逐步放宽。在理论上每放宽一级就可能向真实的人性靠近一步，从而就会有相应的管理环境和管理模式以及相关的理论、原理、定律和法则诞生。这样就可能逐步建立起理论管理学的理论体系。当管理者能明确自己管理人性的假设模型后，就可以把理论管理学所提供的管理规律作为自己管理行为的指南。

理论研究的这个构思并不是没有问题。因为尽管建立起了理论管理学的核心体系，但是模型的基础是对人性的构建，而对人类行为的研究还远远没有完结，人类在各种环境中不同角色的转换规律还有待于探索，所以，理论管理学将是一个随着其他人文科学发展而一起发展的学科。我们无法对各种环境中、各类文化背景中人的行为进行全面构建，这是不可能也是不现实的，但是，作为人们探索管理这一伴随人类诞生以来就有的社会活动提供的又一个研究思路，将是十分有益的。

注　释

［1］Coase R H. The Nature of the Firm, Economics. Vol4, P386

［2］席酉民. 再谈管理、管理研究和管理理论. 1997

［3］Taylor Frederick W. The Principles of Scientific Management. New York：Harper & Row, 1911

［4］Henri Fayol, Administration Industrielle et Generale. Paris：Dunod,1916

［5］Weber Max. The Theory of Social and Economic Organization, tans. by T. Parsons. New York：The Free Press, 1947

［6］Koontz H and Odonnell C. Principles of Management. New York：McGrow Hill Book Co. , 1955

［7］Barnard Chester I. The Functions of the Executive. Cambridge, Mass. ：Harvard University Press, 1938

［8］Simon Herbert A. Administrative Behavior：A Study of Decision-Making Processes in Administrative Organization. New York：Macmillan Co. , 1947

［9］同上. The New Science of Management Dicision,1960

［10］Drucker Petet. The Practice of Management. New York：Harper & Row,1954

［11］Mintzberg Henry. The Nature of Managerial Work,1973

［12］约翰逊，卡斯特，罗森茨韦克. 组织与管理：系统与权变的方法. 1963

［13］哈肯. 协同学. 1988

［14］福莱斯特. 系统原理. 1968

［15］Wren Daniel A. The Evolution of Management Thought. John Willey & Sons, Inc. , 1994

［16］斯密. 国富论. 1976

［17］李嘉图. 政治经济学及赋税原理. 1817

［18］Taylor Frederick W. The Principles of Scientific Management. 1911

［19］Mayo Elton. The Human Problems of an Industrial Civilization. New York：Macmillan Co. ，1933

［20］Maslow A H. Motivation and Personality. New York：Harper & Row，1954

［21］Mcgregor Douglas. The Human Side of Enterprise. New York：McGraw-Hill Book Co. ，1960

［22］莫尔斯，洛希. 超 Y 理论. 1970

［23］迪尔，肯尼迪. 企业文化——现代企业的精神支柱. 1982

［24］Wren. The Evolution of Management Thought. 1994

［25］Weber Max. The Protestant Ethic and the Spirit of Capitalism. New York：Chartes Scribner's Sons，1958. Originally Published in 1905

［26］谢雪华. 文化管理：现代工业管理发展的大趋势. 1977

［27］郭咸纲. 企业多级动力机制分析. 1998

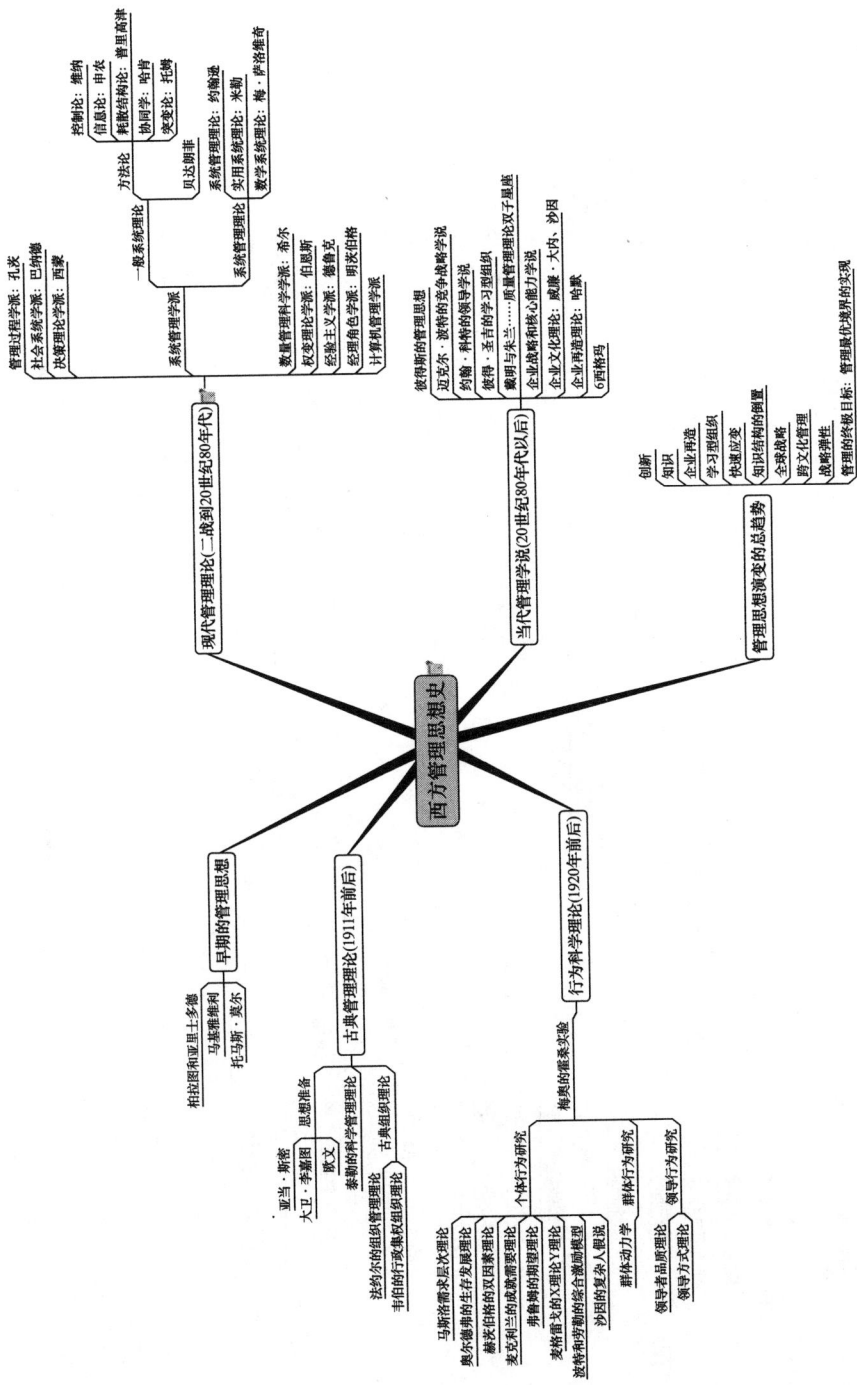

西方管理思想史

现代管理理论（二战到20世纪80年代）

- 管理过程学派：孔茨
- 社会系统学派：巴纳德
- 决策理论学派：西蒙
- 系统管理学派
  - 一般系统理论
  - 系统管理理论
    - 以达姆律
    - 方法论
    - 系统管理理论
    - 数量系统理论：梅·伊洛维奇
    - 实用系统理论
    - 耗散结构论：约翰逊
    - 协同学：哈肯
    - 突变论：托姆
    - 信息论：申农
    - 控制论：维纳
    - 曾里商洋
- 数量管理科学学派：希尔
- 权变理论学派：伯恩斯
- 经验主义学派：德鲁克
- 经理角色学派：明茨伯格
- 计算机管理学派

当代管理学说（20世纪80年代以后）

- 波特的竞争战略学说
  - 迈克尔·波特
- 科特的领导学说
  - 约翰·科特
- 圣吉的学习型组织
  - 彼得·圣吉
- 戴明与朱兰……质量管理理论双子星座
- 企业战略和核心能力学说
- 企业文化理论：威廉·大内、沙因
- 企业再造理论：哈默
- 6西格玛

管理思想演变的总趋势

- 创新
- 知识
- 企业再造
- 学习型组织
- 快速应变
- 知识结构的倒置
- 全球战略
- 跨文化管理
- 战略弹性
- 管理的终极目标：管理脱代世界的实现

早期的管理思想

- 柏拉图和亚里士多德
- 马基雅维利
- 托马斯·莫尔

古典管理理论(1911年前后)

- 思想准备
  - 亚当·斯密
  - 大卫·李嘉图
  - 欧文
- 泰勒的科学管理理论
- 古典组织理论
  - 法约尔的组织集权管理理论
  - 韦伯的行政集权组织理论

行为科学理论(1920年前后)

- 梅奥的霍桑实验
- 个体行为研究
  - 马斯洛需求层次理论
  - 奥尔德弗的生存发展理论
  - 赫茨伯格的双因素理论
  - 麦克利兰的成就需要理论
  - 弗鲁姆的期望理论
  - 波特和劳勒的综合激励理论
  - 沙因的复杂人假说
- 群体行为研究
  - 群体动力学
- 领导行为研究
  - 领导者品质理论
  - 领导方式理论

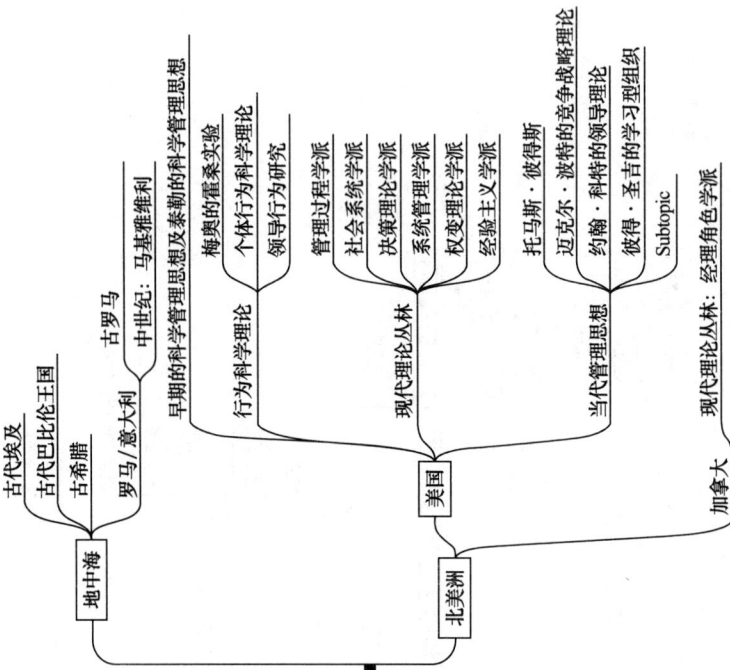

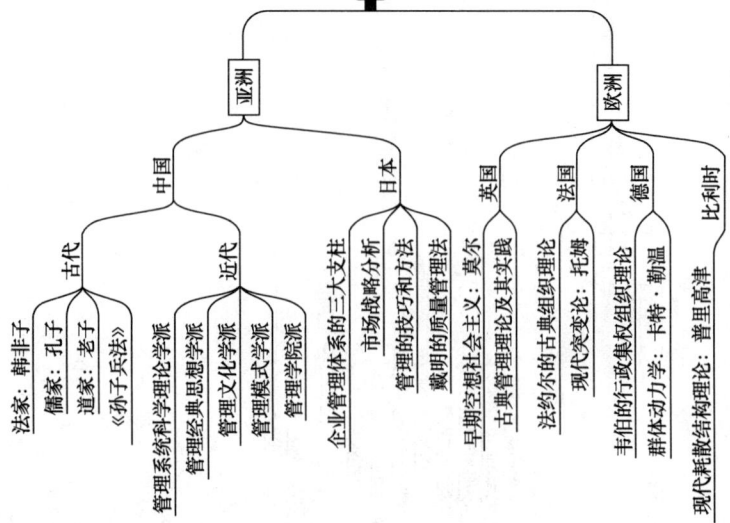

10

西方管理思想史人性假设

- **1. 经济人**
  - 亚当·斯密的经济人假设
  - 大卫·李嘉图的酬劳假设
  - 泰勒
  - 法约尔
  - 韦伯
  - 古典管理理论
  - 麦格雷戈的X理论
  - 行为科学理论

- **2. 社会人**
  - 梅奥的人际关系学说和社会人假设
  - 弗鲁姆的期望理论
  - 赫茨伯格的双因素理论
  - 麦克兰兰的成就需要理论
  - 波特和劳勒的综合激励模型
  - 行为科学理论

- **3. 全面发展的人**
  - 马克思

- **4. 自我实现的人**
  - 马斯洛的人类需要层次理论
  - 奥尔德弗的生存关系及发展理论
  - 麦格雷戈的Y理论
  - 行为科学理论

- **5. 复杂人**
  - 沙因的复杂人假设
  - 现代管理理论
    - 管理过程学派：孔茨
    - 社会系统学派：巴纳德
    - 决策理论学派：西蒙
    - 系统管理学派
      - 一般系统理论
        - 方法论
          - 控制论：维纳
          - 信息论：申农
          - 耗散结构论：普里高津
          - 协同学：哈肯
          - 突变论：托姆
        - 贝达朗菲
      - 系统管理理论
        - 系统管理理论：约翰逊
        - 实用系统理论：米勒
        - 数学系统理论：梅·萨洛维奇
    - 数量管理科学学派：希尔
    - 权变理论学派：伯恩斯
    - 经验主义学派：德鲁克
    - 经理角色学派：明茨伯格
    - 计算机管理学派

- **6. 文化人**
  - 当代管理思想
  - 企业文化理论

- **7. 博弈人**
  - 郭咸纲的多维博弈态人性假设

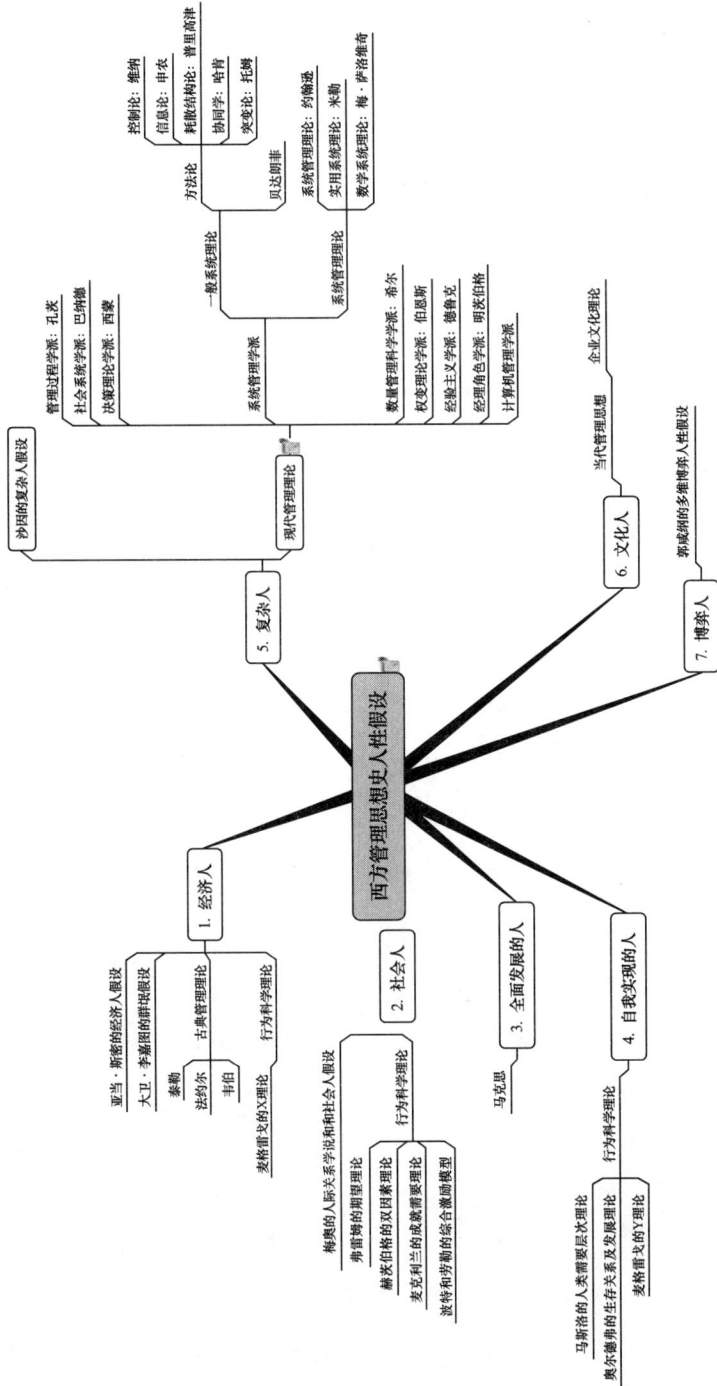

注：①序号表示出现的时间先后顺序。②后期的人性假设是在前期的基础上发展的，并非矛盾关系。

第一篇

早期的管理思想

比较高一级的管理产生于希腊和罗马帝国时代，这些古代城市国家创建了政治、商业和军事活动的各种组织。

——小詹姆斯·H.唐纳利

第一章

管理思想的出现

有了人，我们就开始了历史。

——恩格斯：《自然辩证法》

管理，是人类走向文明的伴生物，管理实践和人类社会发展的历史一样悠久。因为没有文字记载，要了解太古时代的人类活动是困难的。研究古代人类社会的发展历史，主要依赖考古学和人类学的研究成果。另外，还可以借助各个民族的发展历史和古代神话传说，追溯出久远的扑朔迷离的人类早期社会的概貌。

人类历史上任何一项重大成就，都凝结着人类智慧的光辉，正是她照耀着人类历史的前进，也正是她使人类从粗放式的野蛮社会发展到有组织的文明社会。从人类的产生到有意识的管理行为的出现，应该是人类发展史上的一次质的飞跃，我们可以把这次飞跃看做是人类战胜自我过程中的另外一次直立行走。翻开历史长卷，人类管理思想的演进记录了从远古走过来的脚步。这每一步，又仿佛把我们带回到人类初期为了求得生存而产生的自觉意识。这种自觉意识经过历史的锤炼，经过无数次成功与失败的考验，最终成为人类社会前进的灯塔。西方管理理论发展的历史轴线，向我们展示出人类自觉意识发展的过程。

人类社会的发展历史也反映了生产力发展的历史。人类管理思想的演进始终和人对自然的认识水平、对工具的使用水平以及生产方式的组织水平结合在一起，这三个方面中任何一方的巨大进步，都会使管理思想得到重大发展。而管理思想的每一次发展，又会极大地促进生产力的发展，并使之成为人类社会发展的基本动力之一。

第一节　早期社会的管理思想

人类社会形成以后，在各种活动中产生了"群体"的概念。这个群体为了共同抵御自然界的各种威胁，并考虑到自身的生存，在内部就需要有一名"召集人"，以便召集群体成员共同决定群体中的各项事务。

在这里，群体的含义是非常广泛的，它可以理解成后来的家庭、组织、工厂乃至国家等。它的基本特征是：①由个人组成的。②有共同的基本目标。③内部是有组织的，并且这个组织是为了达到群体目标而客观存在的。

从群体产生到国家的形成，在这段漫长的人类社会发展历程中，群体作为一种组织形态，解决了一个基本范畴问题，即由一个小的群体的疆界——部落，扩展到极大的疆界——国家。从群体内部的组织结构上看，群体内部的领袖由召集人演变成本身具有决定权的元首。这种演变我们也可以视为管理职能的一种演化过程。"随着集体联合的规模从家庭演变为国家，组织中的权力就成为一个要解决的问题。"[1]

一、古代埃及的管理思想

古希腊历史学家希罗多德说："埃及是尼罗河的赠礼。"古代埃及兴修水利系统，如同建造金字塔工程一样，是人类历史上不可思议的壮举。埃及人很早就懂得了分权。法老作为"赖神之子"享有神权，而辅助法老的宰相则集"最高法官、宰相、档案大臣、工部大臣"等职衔于一身，掌管着全国的司法、行政及经济事务，但军权由法老直接掌管，宰相不兼军务。所以丹尼尔·雷恩（Daniel A. Wren）曾指出："用来说明'职业'管理角色的最古老的一词是宰相。"[2]

埃及人是首先意识到"管理跨度"的实践者。人们从考古中发现，在法老的陪葬品中，奴仆的雕像特别令人感兴趣，"每一个监督者大约管理 10 名奴仆"。[3] 所以，后来的希伯莱人在《圣经》里提出的以 10 为限的管理思想即源于此。

二、古代巴比伦王国的管理思想

巴比伦重新统一两河流域以后，建立了古代巴比伦王国。国王汉漠拉比建立起强大的中央集权国家，任命各种官吏，管辖着各城市和各地区的行政、税收和水利灌溉。国王总揽国家全部司法、行政和军事权力，官吏只是贯彻国王政令的工具。为了巩固其统治，汉漠拉比编制了《法典》，作为国民行为的准绳。法典共分为三部分，即引言、法典本文和结语。法典本文共 282 条，内容涉及到财产、借贷、租赁、转让、抵押、遗产、奴隶等各个方面，对各种职业、各个层面上人员的责、权、利关系给予了明确的规定。

三、古希腊的管理思想

古希腊是欧洲文明的摇篮。恩格斯说："只有奴隶制才使农业和工业之间的更大规模的分工成为可能，从而为古代文化的繁荣，即为希腊文化创造了条件。没有奴隶制，就没有罗马帝国。没有希腊文化和罗马帝国所奠定的基础，也就没有现代的欧洲。"[4]

早期希腊文化的主要成就集中体现在荷马史诗的形成。希腊历史上从公元前 11 世纪到公元前 9—8 世纪因荷马史诗而习称"荷马时代"。荷马时代的部落管理，实行军事民主制，其时国家还没有产生，氏族部落采取的是"一长两会制"。一长即军事首领，两会即长老会和民众会。军事首领是公举出来的部落领袖，称为"巴西列斯"，平时管理宗教神务与裁决争讼，在战时则是全体成年男子的统帅。长老会由部落的各氏族的长老组成，有广泛的权利。其成员和军事首领同是出身于氏族贵族，利益一致。每当需要做重大决定时，军事首领便首先召开长老会议讨论。民众会由成年男子亦即全体参战战士组成，对重大问题如作战、媾合、移徙、推举领袖等做出表决，原则上拥有全部落的最高权力。但是由于贫富日益悬殊，军事首领和氏族长老的权力越来越大，由普通成员组成的民众会也就越来越失去了原先的作用，重大问题多由贵族事先决定，民众会表决成为形式。[5]

可以说从古希腊的部落管理体制里，我们看到了"议会制"的某些端倪。"虽然古希腊的记载并没有留下多少关于管理原理方面的见解，但雅典城帮及其议会、人民法庭、执政官的存在本身就表明那时已意识到了管理职能"。[6]古希腊的改革家、思想家，最先产生在那些工商业最发达，自由民的内部斗争最激烈，而且又是最易接触其他先进文化影响的地方。这些地方生产力开始有了发展，人们为了发展工商业开始一些有组织的生产，从而促进了对自然的进一步认识。在他们之中最出色的有：苏格拉底（Socrates）、色诺芬（Xenophon）、柏拉图（Plato）、亚里士多德（Aristotle）。这些人的思想，无论从哪个层面来讲，对后人的影响都很大。

（一）苏格拉底

苏格拉底（Socrates，公元前 469—前 399 年），雅典人，出身于一个中产家庭。父亲是雕刻匠，母亲是助产妇。他受过正规的传统教育，还从军打过仗。苏格拉底用"问答法"传播他的思想，通过把受教者的一切已有见解用一问一答的方式悉数破除，使其在不知不觉中接受了他的影响。苏格拉底把他的

16

这种方法，即通过谈话、提问、揭露矛盾，进而从个别求得一般的方法，叫做"精神接生术"。因为在他看来，对于各种事实论证的结果，早已先天地包藏在人们的心灵中，就像胎儿之存在于母腹中一样，而他只不过用这种方法把它接生出来罢了。

基于上述思想，苏格拉底认为管理具有普遍性。他说"管理私人事务和管理公共事务仅仅是在量上的不同"。并且认为，一个人不能管理他的私人事务，肯定也不能管理公共事务。因为公共事务的管理技术与私人事务的管理技术，应该是可以相互通用的。但是，苏格拉底忽视了管理的特殊性，即管理是一项专业性极强的工作。结果导致雅典人按照苏格拉底的主张，频繁地轮换其军队的领导人和市政府的领导人，这使他们在面对马其顿腓力二世（公元前359—前336年）精良军队的密集、纵深的"马其顿方阵"的时候束手无策。

（二）色诺芬

色诺芬（Xenophon，约公元前430—前350年），出生于雅典富人家庭，是苏格拉底的门生。他曾经根据自己亲自经营和管理庄园的实践经验，写成《家庭管理》（又称《经济论》）一书。这也是古希腊流传下来的，专门论述经济问题的第一部著作。这部著作在管理思想上的主要贡献是：①首先提出了经济管理的研究对象。他认为"家庭管理"研究的是优秀的主人如何管理好自己财产的问题。而古希腊经济是建立在奴隶主对生产资料和奴隶的私有制基础上的，生产活动是以家庭为单位由奴隶去完成，因此，这里的"家庭管理"应该是囊括了奴隶主阶级对生产资料和劳动力（奴隶）的各种组织与管理问题。②首先提出了管理水平优劣的判别标准问题。他认为，检验管理水平高低的标准是财富是否得到增加，并认为管理的中心任务是得到更多的财富。③首先认识到了管理的中心任务是加强人的管理这一重要思想。这一点意义非常重大。在当时奴隶制社会里，奴隶被看成会说话的工具，根本就不被当做人来对待。色诺芬的主张无疑从客观上否定了奴隶制的基础，也为今后管理思想的发展奠定了思想基础。但从本质上讲，他的主张显然还是为奴隶主服务的。他提出，对奴隶的管理应该严厉，而对驯从的奴隶应该给予较好的待遇。并且提出了训练奴隶的办法。④色诺芬分析了分工的重要性。他认为分工可以提高产品的质量。因为一个人不可能精通一切技艺，所以劳动分工是必要的。[7]

（三）柏拉图

柏拉图（Plato，公元前427—前342年），出生于雅典的贵族家庭，苏格拉底的学生，古希腊著名的唯心主义哲学家、思想家。柏拉图在苏格拉底死后曾流亡海外，游历埃及和南部意大利等地，结识毕达哥拉斯学派。公元前388年，他回到雅典，建立学院，教授哲学，著书立说，影响很大。他所建立的

"亚加德米"（académie，法语"学院"之意）直到公元 529 年罗马皇帝下令封闭为止，共延续了 900 多年，一直是传播唯心主义哲学和政治理论的中心。柏拉图著作甚丰，其中最主要的是《理想国》（又译《国家篇》）。

在柏拉图的视野中，他主要通过研究国家范围内的分工，来体现其独特的管理思想。他认为，"如果一个人根据自己的天生才能，在适当的时间内不做别的工作只做一件事，那么他就能做得更多、更出色、更容易"。[8]由此他得出结论说，"每个人必须在国家中执行一种最适合于他天性的职务"。在《理想国》中他把人分为 3 等：第一等人，是治国贤哲，即管理国家的哲学家。他们的职能是以其智慧来管理国家。柏拉图认为，只有哲学家才能洞察真理，具有美德，富于知识，以正义治国。所以"国家与个人非由真哲学家治理，均不能至完善之地位"。这些哲学家，是由天生有统治才能的人组成的阶层，这个阶层是专门统治人的。第二等人，是卫国武士。他们的职能是以其勇敢来帮助统治者实施暴力和防御，以保障从事各种行业的人们的生活需要。这些武士，则是由天生有军事才能的人组成，做辅助统治的工作。第三等人，是民间艺工。他们是由手工业者、农民、商人等组成，他们的职能是通过其劳动供给国家物质财富，且接受上面两个等级的统治。这些劳动者是天生有劳动能力的人，他们只能从事一种适合于自己天性的手艺。柏拉图把自由民中穷困的贫农比做没有尾针的雄蜂，而奴隶是会说话的工具。所以，在柏拉图的理想国里，根本没有贫民和奴隶的位置。

柏拉图认为国家是放大的个人，个人是缩小的国家，而人的本性，即灵魂，是由 3 个部分构成的：理性、意志和欲望。而相应的国家中的 3 个等级也就是对应了人的灵魂的 3 个组成部分。理性是最优秀的部分，当它统率和指导其他部分时，灵魂就有了智慧的品性；意志是灵魂用以发起行动的部分，当它坚定不移地执行理性的指示，帮助它控制欲望时灵魂就有了"勇敢"的品性；欲望是灵魂里面最低劣的部分，当某种欲望和快乐受到控制时，灵魂就有了"节制"的品性。并且，在理想国里，各个阶层的人应该像人的灵魂的各部分器官一样，相互协调，各执其事，各尽其职，不可擅越，即"各做各的事而不互相干扰"。[9]

（四）亚里士多德

亚里士多德（Aristotle，公元前 384—前 322 年），古希腊最伟大的思想家之一，柏拉图著名的弟子。亚里士多德出生于希腊北方色雷斯的斯塔拉城，但其一生的大部分时间是在雅典度过的。他在"吕克昂"（"逍遥学派"的发源地）研究和讲授的内容，涉及到当时知识的一切领域。亚里士多德和德谟克利特一样，是古希腊少有的百科全书式学者。起初，他深受柏拉图的影响，后来便和他的老师在思想上发生了分歧。

亚里士多德在他的著作《政治学》中体现了一些重要的管理思想，并在某种意义上揭示了管理者和被管理者的关系问题。他说："从来不知道服从的人不可能是一位好的指挥官。"[10]他关于"天赋人性"的思想和我国的孟子所宣扬的"劳心者治人，劳力者治于人；治人者食人，治于人者食于人"具有同样的性质。当然，他所确定的管理者和被管理者的关系是天赋的。亚里士多德的第二个贡献是发展了色诺芬"家庭管理"的思想。另外，亚里士多德对于事物内在发展规律的揭示，对管理思想的发展也极具启发意义。他认为，一切具体事物都可归结为"形式"和"质料"。其中，形式是事物的目的因和动力因，因此是积极能动的因素；而"质料"即物质，则是消极被动的因素。亚里士多德肯定具体事物的运动、变化、发展是真实的，认为它们的这种运动、变化、发展是"质料"实现的"形式"。他把这个过程称之为"潜能"向"现实"转化的过程。亚里士多德的这一思想实质上揭示了管理矛盾的运动、变化和发展过程，即"目的→（物质＋管理）→新的目的"的过程。

四、古罗马的管理思想

古罗马最初是意大利北部的一个奴隶制城邦，到公元前3世纪，它逐渐强大起来，并进而统一了意大利。其后，经过200多年的武力扩张，终于征服了亚历山大帝国，形成了希腊人的统治王朝，并进一步统一了地中海，成为横跨亚、欧、非三洲的大帝国，使古代欧洲奴隶制在更大范围内延续了几个世纪。

正如詹姆·D. 穆尼（James D. Mooney，1884—1957）所说："罗马人伟大的真正秘密是他们的组织天才。"[11]他们利用等级原理和委派、授权办法，把罗马城扩展为一个前所未有的、组织效率极高的帝国。

古罗马没有管理方面的专著，但是我们从奴隶主政治家、思想家、哲学家的论述中可以发现其萌芽状态的管理思想。概括起来，集中体现为以下几点：

1. 古罗马首先意识到现代企业的某些性质。"罗马人发展了一种类似工厂的体制。"[12]并且用建立公路体系的办法以保障军事调动和商品分配。古罗马首创性地采取类似现代股份制公司的形式，向公众出售股票。大商人深入波罗的海、斯堪的那维亚、爱尔兰、北非、东非和西非沿岸，向东与帕提亚、巴克特利亚及中国碾转相通，从海路经印度到达孟加拉湾、马来半岛，并由此进入中国。据《后汉书》记载："恒帝延九年（公元166年），大秦一安敦遣使自日南献象牙犀角。"这里所称使节实即远走异地的商人。商业贸易的繁荣，丰富了罗马人的管理视野。

2. 在罗马帝国的建立过程中，罗马人具有了集权、分权到再集权的实践经验。在这个过程的不同阶段，罗马人建立了相应的管理机构和政治体制。罗马自公元前 510 年左右成立了共和国。共和国由百人团会议从贵族中选举执政官两人，协商处理国家政治事务，遇紧急事变则以其中一人为独裁官，为期半年。执政官有随从 12 人，肩荷棒一束，中插战斧，象征国家最高长官的权力。这种棒称为"法西斯"。这也是"法西斯"一词的来源，意大利法西斯党也源于此。元老院由氏族长和退任执政官组成，有决定内外政策亦即审查和批准法案之权，并监督执政官。这些对后来国家管理机构与政治体制影响很大 。

3. 罗马人在长期军事生涯中，具备了遵守纪律的品格，以及以分工和权力层次为其基础的管理职能设计能力。正因如此，罗马帝国才能在它所处的历史阶段势不可挡，所向披靡。正如雷恩所说："罗马人也具有遵守秩序的天赋，而军事独裁政府以铁腕手段统治着整个帝国。"[13]

奴隶主思想家贾图、瓦罗等对管理人员的选择标准的论述，丰富了古代经济管理思想。

贾图（Marcus Poreius Cato，公元前 234—前 149 年），古罗马政治家和作家，贵族保守派的代表，历任执政官、监督官等职。主要的著作是《论农业》。在此书中，他提出挑选管家的 9 条守则：①维护纪律。②尊重别人的权利。③负责调解奴隶的纠纷，对有错一方应予惩罚。④监工举止应当谦恭有礼。⑤保证使农场奴隶整天忙于工作。⑥重视农奴主推荐的奴隶，同时注意同两三个其他的农场保持联系，必要时交换必需物品。⑦认真同农场主核对账目。⑧对爱护牲口的奴隶应当奖励。⑨事先要用充分的时间安排各项工作。

瓦罗（Marcus Terentius Varro，公元前 116—前 27 年），古罗马奴隶主思想家，曾任大法官，并受帝王之命筹建了罗马第一所公立图书馆。瓦罗也同样著有《论农业》一书，在此书中，瓦罗讲到农庄人员的选择。他说，要选择那些能够从事劳动并有农业习性的农庄工人，可以用几种工作对他们进行测验，并询问他们在以前的主人那里做些什么。对于监工，瓦罗认为，应该受到一点教育，性情好，有节约的习惯，最好比工人年纪大些。监工在农业工作方面应该很有经验，以便使工人尊重他，只要监工能用语言来达到目的，就无权用鞭子来强制执行纪律。选择一个结过婚的奴隶作监工是较为明智的，因为，婚姻使人更为稳定和依附在一个地方。如果对监工付给报酬，他就会工作得更愉快，等等。

五、宗教和古代管理思想

基督教信仰上帝（或称天主）创造并管理世界。耶稣基督是上帝的儿子，降世成人，救赎人类。《圣经》中所体现出的管理思想对后世影响很大。据《旧约全书·出谷记》第十八章记载，摩西是希伯莱人的领袖，他在行政法、人际关系、人员挑选和训练等方面都有出色的能力。摩西的岳父耶特鲁，曾批评摩西在处理政务时事必躬亲的做法。他提出 3 点建议：①制定法令，昭示民众。②建立等级制度，委任管理人员。③分级管理，各司其责。下面这段文字集中体现了这种管理思想：

"从以色列人中挑选有才能的人，立他们做百姓的首领，作千夫长，百夫长，五十夫长，十夫长，他们随时审断百姓的案件，有难断的案件就呈到摩西那里，各样的小事由他们自己审判。"（《圣经·出谷记》）

罗马天主教除了崇拜天主（即上帝）和耶稣外，还尊玛丽亚为"圣母"，强调教徒必须服从教会权威，声称教士有受自天主的神秘权力，可以代表天主对人定罪，并有一整套的等级森严的教阶制度。罗马天主教严密的管理制度可以从两个方面来概括：第一，层次分明的组织结构，形成金字塔式的指挥体系；第二，在决策过程中充分运用"幕僚职能"（Staff Function）。即各地教会在进行某项决策时，不能由一个人主持决定，小事必须事先征询长老的意见，大事必须征得全体僧侣的同意。这种征询的过程，在程序上是具有强制性的（Compulsory Consultation）。但并不妨碍该地教会主教的幕僚或顾问团成员。这些幕僚和顾问团成员不能由主持人自行选任，必须由上级教会代为选定，以防止主持人选任无反对意见的"好好先生"滥竽充数，失去制衡作用。[14]

第二节　专制主义和中世纪的管理思想

公元 5 世纪末，古罗马帝国在奴隶、贫民和各族被压迫人民的不断起义，以及日尔曼"蛮族"入侵的联合打击下灭亡了。欧洲的社会发展从此进入了封建主义的新时代。它延续了约 1000 年，在历史上通常称为中世纪。由于受封建制度的束缚，同资本主义生产方式所创造的巨大生产力相比，这段时期的经济发展相对来说是比较缓慢的。但是，历史的发展是不会停止的，这段时期生产力还是有了一些发展，生产工具也有一些改进，人们对自然的认识尽管受到中世纪教会的思想禁锢，但对自然的观察却越来越精确。所以，这个时期管理思想的发展也绝不是"历史真空"。诚然，中世纪在管理思想史长河中，没有多少书面材料可以借鉴，然而，从管理思想的继承性来看，它既有自己在这一时期对管理的理解和认识，又有自己丰富的管理实践。下面分别从实践和理论两方面给予阐述。

一、社会实践所体现出的管理思想

（一）西欧封建社会的政治管理体制、组织结构

封建社会内部有一套严格的等级制度。在封建社会中，维系其统治关系的生产资料是土地，因此封建社会最大的封建主——国王把一大部分土地分封给大封建主，大封建主把一部分土地分封给较小的封建主，较小的封建主又把一小部分土地分封给下面的封建主。国王和封建主又各自分封一批骑士，作为自己的战斗队伍，骑士是最低的封建主。这样层层受封，依次为公爵、伯爵、子爵、男爵、骑士。边区的封爵称为边地侯或侯爵。等级越低，人数越多，这些大大小小的封建主分别领有大小不同的封地，拥有数量不等的庄园、农奴和武装，他们组成一座以国王为首的"金字塔"。

封主和封臣关系的建立必须经过受封仪式，称为誓忠礼。受封者跪在领主之前，双手放在领主的掌间，宣誓效忠。领主则授以树枝或泥土，作为封主的象征，并承认受封者为其附庸。如受封者为教会主教或寺院僧侣，则另授指环或权杖。领主和附庸的关系是领主要负责保护附庸，附庸要向领主效忠。早在公元847年，秃头查理的麦尔森敕令规定：自由人必须以国王或国王的任一臣属为主人；附庸必须服从封主，不得背离，战时有随同出征的义务。在封建社会，每个领主只能管辖自己的附庸，不能对其附庸的臣属行使直接的管辖权。所谓"我的附庸的附庸，不是'我'的附庸"。这是封建统治阶级为调整内部关系而建立起来的政治秩序，在长期的混乱之中，保证了他们对农奴阶级的统治。但就整个封建社会来讲，每一个封建主相当于一个小国君，他们拥有自己的武装力量割据一方，各自为政，并时常为扩大自己的领地与其他封建主甚至领主发生战争，混乱不堪，造成了被历史学家称为封建社会早期的黑暗时代。

正如1972年获诺贝尔经济学奖的牛津大学约翰·希克斯（John Hicks，1904—1989）所说："如果官僚制度的确不失为一种解决办法，那么需要严加防范，经验似已证明必要的防范方法有三个：成功的第一个条件是，必须任用一些官员来监视或检查另一些官员。最早的任意的检查只是暗中侦查，但它能

逐渐制度化，因此能（在后一阶段）发展成为像现代官僚政治中的审计制度那种东西。……第二个条件是建立一种跃升的制度——或仅仅在各处调来调去的升迁制度——使某些人不至于长期担任统治职务而滋长独立性；第三个条件是建立一种吸收新人的制度，官僚制靠它不断补充新手，精心遴选合适人才，从而使自身不至沦为依靠继承特权的阶级。"[15]

（二）城市的兴起和贸易的发展对管理思想发展的影响

城市：生产力的发展使手工业和农业的分离成为必然。"专门化实际上是一个规模经济学的问题，它的确有赖于需要的集中；但市场只是可以使需求集中的办法之一。"[16]因此，在交通要道、关隘、渡口及城堡或教堂附近，逐渐兴起集市。许多行商成为坐商，手工业商人也聚居其地，从而，便出现了商业和手工业日趋活跃的城市。马克思和恩格斯在《德意志意识形态》一书中指出："（城市）在那些中世纪时代不是从过去历史中现成地继承下来的，而是由获得自由的农奴重新建立起来的。"[17]城市的发展，在客观上要求摆脱封建领主的统治。在内部管理体制上取得自治的市议会，选举产生了城市管理者，市民权利受到城市自治机构的保护。城市居民的自由身份吸引了大批的农奴和庄园的手工业者，他们纷纷奔向城市谋生，致使城市人口迅速地增加，城市规模越来越大，带动了城市的进一步繁荣。

行会：中古城市手工业者按照各行业结成的联盟。行会最早于10世纪出现在意大利，以后在10世纪至12世纪期间相继出现于法国、英国和德国。关于行会的起因，马克思和恩格斯在《德意志意识形态》一书中明确地指出："联合起来反对勾结在一起、掠夺成性的贵族的必要性，在实业家同时又是商人的时期对共同市场的需要，流入当时繁华城市的逃亡农奴的竞争加剧，全国的封建结构——所有这一切产生了行会。"[18]行会是城市手工业者保障自身利益的行业内部组织，它具有现代管理的某些雏形：首先，行会规定了一套等级制度，并与此相适应地产生了一套人事等级，即"行东—帮工—学徒"。学徒从师期满，在行东的作坊中做一段时间的帮工，有了一定的积蓄和经验后，就有可能升到行东，这一做法可以称之为现代技术等级制度的源头。其次，行会对产品质量做了具体的规定，如严格禁止偷换原料、伪造产品等，这同样可被认为是质量管理的最早尝试。再次，行会也同样可以看成是最早的行业垄断组织，它限制了外来手工业者的竞争，最大限度地利用本行会所在城市的市场。

商业："新世界的起点是商业的专门化"。[19]商业的复兴对欧洲发展历史产生了决定性的影响，也扩大了人们的视野。商人在整个经济生活中扮演了十分重要的角色：他们根据日常商业活动的需要购进原料，然后承包给手工业者

23

或家庭进行加工，再由商人将产品收回，并支付给手工业者或家庭一定的报酬（加工费或工资）。但由于贸易的发展，日常需求的扩大，家庭生产已远远不能适应经济发展的需要。于是商人将几个家庭生产单位集合起来，集中资本、集中生产、集中销售，这样就导致了工厂制度的产生。商业繁荣的影响远不止此，它还进一步导致了较为复杂的商业组织的建立、银行的产生与核算技术的发展。

在定期的集市上，广泛使用各种货币。商人进行交易之前必须辨认货币，鉴定货币的成色，于是就出现了以识别和兑换货币为业的钱商。钱商收到商人的一笔钱后，就委托其在某地的代理人凭字据（期票）付款给商人，这就是最早的信用。早期的银行业产生于西欧。1346年热诺阿成立了欧洲的第一个银行。"银行"一词也取自于意大利文Banca，原意是"板凳"，即钱商在大街常坐的地方。

银行的出现使13世纪香槟集市上已经广泛采取的划拨结账方式进一步演变为运用复式记账的基本原理来记账。一般认为佛罗伦萨和威尼斯是现代簿记学的发源地。第一次用文字说明这种方式的，据说是卢卡·帕乔利。他在1494年发表的《论算术、几何、比例和对称》一书中对此做出了说明。簿记的产生使会计核算方法更加科学，也使经营效果的衡量更加明晰、更具说服力，从而大大促进了管理信息系统的完善，这样就有可能使经营决策建立在一个较为科学合理的基础之上。

（三）威尼斯造船厂的管理实践

威尼斯位于亚得里亚海北岸，是地中海沿岸从事商业活动极早的城市，到10世纪末，已成为一个富庶的商业共和国。为了保护资本的利益，威尼斯在公元14世纪开设了一家造船厂，由政府即国家议会直接管理，该厂占地约60英亩，工人达2000人左右，政府对工厂的管理从以下几个方面体现出当时高超的管理水平。

1. 政府与工厂的关系是控制与授权经营的关系。工厂设有厂长，在厂长与议会之间由政府选派联络员、督察员和巡视员以便加强对工厂的监督和控制。

2. 政府给工厂下达明确的生产任务：制造、装配、修理兵船、军舰、武器和装备。到15世纪末，威尼斯拥有商船3000艘和数以千计的战舰，在舰队中服役的人员达3万人。

3. 工厂内部的管理已具有相当的水平：仓库管理井井有条，存货控制随时可测，装配线已具有较高的科学水平。在管理上出现了标准化的概念，专门设立了人事管理制度，对人事、工资、考勤等均做出了具体的规定，试行了会计控制，要求严格进行资金、材料和人力消耗的核算，每隔一定时期议会派员对厂长进行审计，厂长也对会计随时进行查账。威尼斯兵工厂也是最早实行成本控制，建立早期成本会计制度的典范。

二、中世纪思想家的管理思想

在西欧中世纪思想家中，阿奎那、马基雅维利和莫尔等人的思想对管理思想的发展具有一定的启示。

（一）阿奎那的管理思想

托马斯·阿奎那（Thomas Aquinas，1226—1274），中世纪神学家和经院哲学家，出生于意大利的贵族家庭。阿奎那的著述甚多，其中以《神学大全》最为著名，被誉为中世纪经院哲学的百科全书。阿奎那被中世纪奉为"神学之父"。

从管理学的角度总结阿奎那的思想，我们可以得到以下几方面具有启发意义的思想线索。

阿奎那认为，宇宙秩序是按等级的阶梯来安排的，即从非生物体开始，逐渐上升到人、圣徒、天使，最高是上帝。每一个较低的等级都有高一级的目的，并力图达到这个目的。整个体系又都倾向于上帝，上帝是整个系统的最终目的，整个系统按上帝的旨意运转。

在阿奎那的理论中，自然的观点占有重要的地位。从自然法的观点出发，他得出进一步的推论：①"每一个人对于获得仅与自然有关的东西，胜过于对所有的人或许多别人的共同事务的关系。"②"当各人有他自己的业务需要照料时，人世间的事务就会处理得更有条理。"③"如果各人都对自己的处境感到满意的话，可以使人类处于一种比较和平的境地"，相反地，"在那些联合地和共同地占有某种东西的人们中间，往往最容易发生纠纷"。[20]

阿奎那对一系列经济问题进行了论述，其中包括消费的适可原则、生产上的二因素论——劳动和土地，经济活动的干预主义、公平价格论、货币论、利息论、商业论等，都显示出其宗教伦理思想。这种宗教伦理思想，在某种程度上也影响了管理思想中的某些关于社会和人的地位的基本理解，并构成了后来管理思想中关于人性的某些基本假设中的伦理学基础。

（二）马基雅维利的管理思想

尼克罗·马基雅维利（Niccolo Machiavelli，1469—1527），意大利文艺复兴时期的政治思想家、历史学家。马基雅维利出生于佛罗伦萨一个没落的贵族家庭，担任过14年佛罗伦萨共和国10人议会的秘书。面对当时封建割据状态和处于文明困境的意大利，马基雅维利抱着爱国主义的热诚积极参与政治，后因政治迫害而进行文艺政治理论研究工作。他著有《君主论》、《战争的艺术》、《佛罗伦萨史》等著作。这些著作中很多地方闪烁着管理思想的光辉。

马基雅维利从唯心主义观点出发，把"权力欲望"和"财富欲望"看做是人性的基础。马基雅维利的人性论是"人性本恶论"。他认为，人"是反复无常的、忘恩负义的，是怯懦、虚假、伪善、嫉妒、对人满怀敌意的"。在人性的认识上，他认为沾染恶习容易，学习优秀品质难。进而得出结论：必须使用强制手段对人进行管理和控制才能达到目标、完成任务，而这种强制性是可以不顾道德原则的。马基雅维利的"物质利益决定论"认为，人们冲突的根本原因是物质利益。他在研究罗马历史时认识到，"罗马贵族总是不经过特别反抗就把自己的崇高地位让给人民，但是问题涉及到财产的时候，他们就如此顽强地保护自己，以至人民不得不采取特别措施才能满足自己的要求"。马基雅维利是较早认识到"物质利益"在管理中的重要性的思想家。[21]

马基雅维利在对政治体制的研究中认识到：人民在国家生活中具有重要作用。在与君主制进行比较时，他指出共和制的优越性所在：人民比国王高明，比国王更会选举公职人员，更富有理智，在道德方面比国王更高尚。他说："人民总是比国王更聪明，更为坚定，更有理性。"当然这里的人民是指新兴的资产阶级。在国家生活中公开强调人民的作用，这对管理思想的影响是巨大的。

马基雅维利论述了领导者的素质问题。在他的著作《君主论》中，第一次运用了"案例"分析，说明了一个君主应该具备的条件和才能。他说："我们时代的经验证明，正是那些忽视诺言，善于诡计惑人，而最后战胜了那些专讲信义的人的君主，才创下了丰功伟绩……。"他对领导者的素质提出的名言是："要比狮子还勇敢，比狐狸还狡猾"，这样才能使"狼"感到恐惧，才能使自己不落入陷阱，他还告诫领导者，"必须会那样随机应变，以便遵循时代潮流和变幻无常的命运所指的方向"。[22]马基雅维利的上述思想对研究现代领导科学具有一定的借鉴意义。

（三）欧洲早期空想社会主义者莫尔的管理思想

托马斯·莫尔（Thomas More，约1478—1535），欧洲早期空想社会主义学说的创始人，才华横溢的人文主义者和阅历丰富的政治家。莫尔1478年2月7日出生于伦敦的一个富裕的法官家庭，他自幼受到良好的教育，曾就读于牛津大学，后遵照父意到了新法学院研究法律。莫尔早年深受人文思想的影响，毕业后，他很快成为伦敦有名的律师。莫尔历任国家要职，当过下议院的议长，任过大法官。1534年他由于不同意国王的宗教改革政策而被国王免职，后来被捕入狱，1535 年被判处死刑。

托马斯·莫尔以其用拉丁文写成的《乌托邦》（初版于 1516 年，全译为《关于最完美的国家制度和乌托邦岛的既有益而有趣的全书》）一书而名垂史册。

《乌托邦》一书采用对话体，由一位葡萄牙水手拉菲尔·希施拉德讲述他在航海中到达乌托邦岛的所见所闻。该书文笔生动，引人入胜，在 15 世纪地理大发现的时期吸引了大量的读者。莫尔正是用这种形式和海外奇闻的题材，揭露了资本主义社会的黑暗，抒发了他对消除人剥削人的未来美好社会的向往。书中的管理思想主要是通过他对英国现实的批判和未来社会的设想而表现出来。[23]

莫尔敏锐地观察到私有制是一切罪恶的根源。他根据英国当时的情况把社会分为两种人：食利者和生产者，并进一步认为这种分化的根源在于私有制，只要私有制存在，这种贫富不均和少数人掌握巨大财富而多数人遭受苦难和重压的状况就会存在，而"只有完全废止私有制度，财富才可以得到平均公正的分配，人类才有福利"。

莫尔的乌托邦岛已十分注意生产的布局和生产的组织。他的乌托邦分为 54 个城市，城市的周围环绕着农场和田野。人们都是错落有致的城市的居民，并在城市中从事某一职业。而农场的生产劳动则由人们轮换完成。乌托邦中已有专门从事管理工作的非体力劳动者，比如极少数学者和行政长官。乌托邦中的城市，由若干个以户为单元的工场作坊组成，每一个户由 10～16 个成年人组成，从事某一项手工业产品制作。每个生产出来的产品交公共仓库保管，以供统一分配，在岛中每人每天只需要劳动 6 小时，其余的时间从事科学、艺术等活动。

在国家管理方式上，莫尔主张用民主的方式选举政府官员，按民主的方式治理国家。在乌托邦中，人民具有选举权和被选举权，一切权力机关都是选举产生的，除去最高执政官是终生职务外，所有其他公职人员每年选举一次。在这里，公职人员不是高高在上的老爷，而是植根于人民之中的公仆，他们的职责是组织、监督人民从事生产和消费，杜绝浪费和懒散，使人人都能敬业、爱业。

在经济管理方式上，莫尔设想整个社会经济是按照一定的统一原则管理的。国家估量全岛产品，并在必要时重新进行分配；国家可以统一调动劳动力；国家统一经营对外贸易，实行按需分配的产品分配原则；岛上实行公有制，岛上居民所生产的一切产品都归公有，并成为整个社会的财产，每个人从公共仓库领取他所需要的一切。由于社会产品十分的丰富，因此每个人都会

27

自觉地需要多少就领多少。"第一，没有一种物资不是充裕的；其次，也无须顾虑任何人会不按照自己的需要去多申领物资。"[24] 从这里也可看出，莫尔天才地猜测到按需分配的更高一级的社会组织形式，是以产品的极大丰富和人们的道德水准的普遍提高为前提，这一点对企业组织内部分配原则有着一定的启发意义。

第三节　文艺复兴对管理思想发展的影响

在人类历史上，起源于意大利、繁盛于整个欧洲的 14—16 世纪的文艺复兴运动，是人类社会发展史上的一个重大转折点。这是一次资产阶级反对封建教会的思想政治解放运动，也是先进的生产力与落后的封建生产关系之间的一次较量。当时新兴的资产阶级在有了一定的经济、政治基础后，迫切需要拥有自己的政治地位，建立资产阶级政权。为了达到这个目的，资产阶级就必须有自己的理论、自己的思想武器进行反对封建思想意识形态的斗争。这一斗争表现在文艺复兴运动和宗教改革两个方面。

一、文艺复兴运动

14—16 世纪的欧洲生产力水平有了一定的发展，尤其是在威尼斯、佛罗伦萨由于出现了商业资本，产生了包买主资本家，生产方式从简单的协作演变成工场手工业。在生产力发展的过程中，生产工具的进步、生产组织方式的改变，尤其是人们对自然的认识程度的进一步提高，再加上当时的意大利积聚了大批的优秀人才，使文艺复兴的产生成为历史的必然。这是人类历史上的一次思想大解放，它的影响是划时代的。

尽管当时资产阶级有了一定的实力，但是在强大的封建教会面前还是显得相当弱小。1453 年土耳其打败拜占廷帝国之后，发现了一批古罗马时代的手抄本，并带到了意大利。在意大利的古罗马废墟中，也挖掘出很多古代的雕像，古希腊罗马的文化和中世纪的文化相比较，显得光彩照人。因此，新兴的资产阶级以古代文化的现实主义思想作为反对封建教会的思想武器，并最终使欧洲出现了文化繁荣的局面。由于这场思想解放运动是以恢复古代文化的面目出现的，所以历史上称为文艺复兴运动。

文艺复兴时期的主要社会思潮为人文主义。它的核心是：肯定人，注重人性，要求把人、人性从宗教束缚中解放出来。这种人文主义思想，主要是反对神学中抬高神而贬低人的观点，肯定人的价值，强调人的可贵，要求人的个性解放和自由平等，推崇人的经验和理性，提倡认识自然、造福人生。

对人的认识的进步是人类历史的一个巨大飞跃。在奴隶社会和封建社会里，作为社会下层的人民是没有独立人格的，他们不是属于统治者财产的一部分，就是宗教枷锁下的一个囚犯。只有人性得到解放，才能使生产力真正得到解放。而文艺复兴运动首先就是从人性的解放开始的。同时，这个时期人文主义的兴起也是管理思想大发展的一个时期。文艺复兴运动对人的认识的深化，对以后行为科学的兴起有着潜在的影响。在当时有但丁的《神曲》，薄伽丘的《十日谈》，以及美术三杰——达·芬奇、米开朗琪罗和拉斐尔，他们都对人文主义思潮的兴起做出了巨大的贡献。15世纪后期文艺复兴逐渐扩展到西欧各国，德国的伊拉斯谟写的《愚人颂》，对封建贵族进行了辛辣的嘲讽。英国莫尔的《乌托邦》勾画出人类理性的社会，莎士比亚的作品则充分刻画了人性的各个层面，他的作品对人们认识人性具有巨大的启迪作用，至今还被人们所喜爱。法国作家拉伯雷的《巨人传》和西班牙作家塞万提斯的《堂吉诃德》对人文主义思想的发展同样起到了推动作用。

二、宗教改革

资产阶级要进行反对封建主义的政治斗争，成为独立的政治力量，就必须首先摧毁封建教会的精神枷锁。所以在欧洲的农民、手工业者、新兴的资产阶级的反封建斗争中，都把矛头指向封建教会，并要求进行宗教改革，这就是16世纪西欧各国反对罗马天主教会的社会运动。中世纪的西欧各国，几乎人人都是天主教徒，人们从生到死都和天主教有着密切的关系，他们的思想和行动受到天主教的严密控制，因此，新兴资产阶级反封建斗争采取的是神学异端的形式。1517年马丁·路德在德意志率先起来反对，倡导"信仰耶稣即可得救"的原则，提出了简化宗教仪式，驱除天主教会势力的主张。路德发起的宗教改革得到了人民的支持，因而宗教改革迅速地波及到西欧各国。宗教改革打击了西欧的封建势力，这次宗教改革后形成的新教和清教，对后来资产阶级革命产生了重大的影响。

三、文艺复兴对管理思想发展的影响

文艺复兴的一个重大的成果，就是促进了近代自然科学的产生。正如恩格斯所说："自然研究用来宣布其独立的一个革命行动，便是哥白尼那本不朽著作的出版，他用这本书（虽然是怯懦地而且可说是只在临终时）来向自然事物方面的教会权威挑战，从此自然科学便开始从神学中解放出来……科学的发展从此便大踏步前进。"[25] 哥白尼学说的提出对科学和哲学的发展有着重要的意义，为古典管理思想的形成奠定了基础。它指出太阳是宇宙的中心，恢复地球是普通行星的本来面目，不仅打击了宗教创世说，而且撕开了宗教神学教条的教义，用天文观察资料来说明太阳系的结构，为今后人类认识自然提供知识理性的分析方法，使人类认识自然的水平产生了一个飞跃。

西方的管理思想随着资本主义的发展而不断发展，而这些又都是以古代和中世纪的管理思想为渊源的。资本主义制度是以生产资料私有制为基础的，其生产关系的出现必须在经济上具有两个条件：有一批失去生产资料并有一定人身自由的劳动者；在少数人手中积累了组织资本主义生产所必需的货币财富。正如马克思指出的："资本主义社会的经济结构是从封建社会的经济结构中产生的。后者的解体使前者的要素得到解放。"[26] 文艺复兴时期西方资本主义已经基本具备了以上两个条件。

而文艺复兴运动是西方社会发展到一定历史阶段的生产关系和生产力矛盾的宏观表现，其成果表现在为人类开辟了通向现代文明社会的道路，对近代历史的影响是深远的。文艺复兴运动对古典管理思想的影响表现在以下三个方面：

（一）文艺复兴运动促使人格得以解放，还人以本来面目

人文主义是文艺复兴运动树立的一面大旗，它解决了人的自身问题。人只有成为掌握自己命运的自由人，才能形成资本主义生产方式的基本要素。这一要素在生产关系和生产力层次上得到解决是封建社会发展到一定历史阶段的必然结果，而在人的观念上、文化上得到解决是文艺复兴运动的结果。

作为管理主体的人来说，其必要的条件是人必须要有独立的人格，使人和人性从宗教的束缚下解脱出来，使其必须在管理过程中服从理性，这是管理过程的首要条件。没有人性的解放就不可能进入到科学管理和现代管理的时代。文艺复兴运动首先是解决了人自身的问题。

（二）文艺复兴为资产阶级进入工业革命时期储备了条件

宗教改革改变了生产力发展的环境问题。这个环境主要是摧毁了封建教会的精神枷锁，为人的解放、生产力的发展提供了一个社会人文环境，使得资本主义发展得到持久的精神来源，并使这种精神成为构成资本主义生产方式的支柱之一，为后来的资产阶级革命和英国的工业革命提供了精神上的储备。其对管理思想发展的影响主要是：如何在世俗的职业活动中验证自己是上帝的选

民？在众生中，只有一部分人成为上帝的选民，死后才会上天堂，而另一部分人则会下地狱。能否上天堂是要通过世俗活动、自己的刻苦努力来证明自己是上帝的选民。这就为资本主义社会的个人奋斗提供了思想的、理论的甚至宗教的根据，这对后来资本主义精神的形成及 20 世纪初科学管理的形成都有着深远的影响。

（三）文艺复兴运动的一个伟大成果是哥白尼发表了《天体运行论》，它标志着近代科学的诞生

哥白尼不仅推翻了中世纪流行的托勒密的地球中心说，开创了太阳中心说的天文学时代，而且在方法论上对唯心主义的经院哲学进行了强有力的批判。经院哲学反对人们研究自然，鼓吹盲目的信仰，抹煞实践和经验的作用，鼓吹顺从推论与论证。而哥白尼提出要睁开眼睛、面对现实，概念要符合实体，要透过现象去把握事物本质的唯物主义认识论的内容。哥白尼的"日心说"为近代科学打开了大门，后来经过布鲁诺、开普勒、伽利略，最后到牛顿，终于建立了近代科学理论体系，从而使得科学技术成为推动历史前进的发动机。哥白尼的学说所代表的近代科学革命对管理思想发展的影响，是和科学本身的发展对管理思想发展的影响紧密联系在一起的。人类的发展历史已经证明，推动经济发展有两个轮子：一是科技，二是管理，而且这两个轮子是相互依存、相互促进、共同发展的。管理思想的发展与社会生产力的发展紧密地联系在一起，同时也和生产关系的进步紧密相联。纵观管理思想的发展，我们发现管理思想发展的每一个阶段都和当时人类对自然的认识水平，和当时的生产工具（科技）的先进程度，和当时生产的组织方式以及当时的文化背景紧密联系在一起的，或者说是由这些要素决定着那个时代的管理思想水平。文艺复兴这一伟大的思想解放运动对上面这些要素的进一步发展与完善起着巨大而深远的影响，它对资本主义精神的建立，对资产阶级革命以及对工业革命的爆发都有着十分重要的影响。所以说文艺复兴运动是人类历史发展的一个转折点。

注　释

［1］Wren. The Evolution of Management Thought. 1994，13

［2］同上. 17

［3］W. M. 费林德斯·皮特里古埃及的社会生活. 21—22

［4］马克思恩格斯选集.（3）:220

［5］周一良、吴于廑主编. 世界通史·上古部分. 168

［6］Koontz. Management. 42

［7］鲁友章、李宗正主编. 经济学说史（上册）：10

［8］柏拉图. 理想国. 77

［9］古希腊罗马哲学. 229—230

［10］亚里士多德. 政治学. 474

［11］Mooney J D, Reiley A. C. Onward Industry! New York：Harper & Row,1931

［12］Wren. The Evolution of Management Thought. 1994，21

［13］同上。

［14］陈定国. 企业管理. 159

［15］约翰·希克斯. 经济史理论. 19—20

［16］约翰·希克斯. 经济史理论. 23

［17］马克思恩格斯全集.（3）：57

［18］马克思恩格斯全集.（3）：28

［19］约翰·希克斯著. 经济史理论. 25

［20］托马斯·阿奎那. 神学大全.［第 2 部分之 2,第 66 题,第 2 条］

［21］Machiavelli Niccolo. The Prince,1513

［22］同上。

［23］托马斯·莫尔. 乌托邦

［24］托马斯·莫尔. 乌托邦. 72

［25］恩格斯. 自然辩证法. 6

［26］马克思恩格斯全集(23)：783

深入阅读建议

1. 恩格斯：《自然辩证法》。
2. 马基雅维利：《君主论》。
3. 托马斯·莫尔：《乌托邦》。

阅读互动

1. 人类祖先在距今约 35000 年时终于完成了自己的全部进化过程，转变为人类——"能进行思维的人类"。

2. 从各方面看，这一转变可视作地球上事态发展的第二大转折点；而生命从无机物中脱颖而出则是第一大转折点。

3. 各种生物的进化是在通过突变和自然选择而适应各自环境的过程中实现的，也就是说，是通过遗传因子适应环境而实现的。这在世界气候剧烈变动的时期，表现得特别明显。

4. 随着人类的出现，进化过程转向相反方向。不再是遗传因子适应环境，而是人类改变环境以适应自己的遗传因子。

5. 今天，第三个划时代的转折点即将来临。随着人类对遗传因子的结构和功能的了解日益加深，人们可以进一步做到，在改造环境的同时，改变自己的遗传因子。——斯塔夫里阿诺斯：《全球通史》。

6. 古代希腊哲学：古代希腊人对哲学的发展做出了巨大贡献，涌现出一大批举世闻名的哲学家，在他们的思想中蕴含了后来各种哲学的基本观点。其中影响最大的是苏格拉底、柏拉图和亚里士多德。

7. 柏拉图是苏格拉底的狂热崇拜者，苏格拉底辞世时柏拉图才28岁。

8. 对亚里士多德青年时代的生活有两种完全不同的说法。一种说他生活放荡，挥金如土；另一种说他18岁就来到雅典，投身于柏拉图门下。并且对他在柏拉图门下的学习时间也有不同说法，一种说是8年，一种说是20年。

思 考 题

1. 人类管理活动是如何产生的？

2. "议会制"是如何起源的？

3. 古希腊流传下来专门论述经济问题的第一部著作是什么？作者是谁？其主要贡献是什么？

4. 简述古罗马的管理思想。

5. 莫尔对未来社会的设想能否在人类发展中变为现实，为什么？

6. 文艺复兴对管理思想的发展有何影响？

第二篇

古典管理理论

从基本因素——一个工人在某一时间从事的生产过程——出发来考虑问题。工商企业管理技巧的整个新态度正是由此发展出来的。他自己把这种新态度叫做"精神革命"。20世纪最好和最现代的管理哲学正是由此得到启发的。

——林德尔·厄威克

古典管理理论综述

背景	1. 思想准备：资本主义精神的建立。 2. 产业准备：人类进入近代科学时代，市场经济主体地位的逐步建立。 3. 实践准备：工厂制度的产生，工业化进程与经济危机及其对管理提出的客观要求。 4. 理论准备：古典管理思想的形成。
人性假设	经济人
基本特征	以市场经济中组织协调发展为主要研究对象。使企业在市场的时空中获得生存和发展，把企业获得最大利润作为最终目的。最终以组织为整体，以企业的利润最大化作为管理的最基本的指导思想。
代表人物及其学说名称	1. 泰勒，科学管理理论。 2. 法约尔，组织管理理论。 3. 韦伯，行政集权组织理论。
评价	历史贡献： 1. 奠定了现代管理理论的基础，对管理理论的研究有很强的指导和借鉴作用。 2. 对提高产量、提高生产和工作效率仍有巨大的指导作用。 3. 对当今生产力发展水平与之相适应的国家仍有指导作用。 局限性： 1. 对人性的研究没有深入进行。 2. 管理的对象没有被上升到系统的高度来认识。 3. 没有把企业赖以生存的市场和消费者作为研究对象。 4. 对企业发展环境考虑得非常少。

第二章
古典管理理论的历史背景和准备

提高效率、缓解矛盾是古典管理理论产生的直接动因。而在此期间进行的思想准备、产业准备、实践准备和理论准备则是古典管理理论产生的催化剂。

——郭咸纲

迄今为止，整个人类的管理思想发展历史，可以划分为三大阶段：早期管理思想阶段、古典管理思想阶段和现代管理思想阶段。早期的管理思想发展阶段，基本上是以调整人与人之间的关系为主的管理思想，是辅佐君王以获取个人政治上的统治地位，并以此取得统治者恩宠为主要目的一种管理思想。当然，其中也包含着实现个人政治抱负的期望。而古典的管理思想，是以工业化大生产为主要背景，以市场经济中组织协调发展为主要研究对象的管理思想。它的主要特征是使企业在市场的时空中获得生存和发展，把企业获得最大利润作为最终目的。最终以组织为整体，以企业的利润最大化作为管理的最基本的指导思想。早期管理思想随着生产力的发展和生产关系的转变，逐步地退为次要的地位，而古典的管理思想由于生产力的发展，市场经济主体地位的逐步建立，不断显示出丰富多彩的新的思想火花，有力地促进了生产力的发展，推动了经济不断走向新的境界。

前面我们研究了古希腊和中世纪管理思想的发展。到了文艺复兴时期，由于社会的变革和资产阶级的兴起，西方社会逐渐从封建社会过渡到资本主义社会。追求利润是资产阶级的天性，为了探寻西方管理思想的渊源，我们应该从资本主义精神和资产阶级革命开始，而这两个方面都来源于文艺复兴。更具体地说，资本主义精神来源于文艺复兴宝贵的精神财富，资产阶级革命的思想武器来源于文艺复兴宝贵的思想财富。可以认为文艺复兴是古典管理思想的源头。

第一节　资本主义精神和资产阶级革命
——思想准备

由于封建社会的生产关系已经不适应资本主义经济进一步发展的需要，在这种矛盾的冲突中，资产阶级必须拿起自己的思想武器，找到向封建势力进攻的突破口，进而建立资产阶级政权。这个思想武器的来源就是资本主义精神的建立。

一、资本主义精神的建立

资本主义精神产生的一个先决条件是：人必须要从奴性走向自由。最先强调的是人文主义，反对中世纪的禁欲主义和宗教观，歌颂世俗，标榜理性以取代神祇。当时在欧洲，由于资本主义的生产关系已经产生，在文化上也必然开始反映新兴的资产阶级的要求：即摆脱教会对人们思想的束缚，提倡个性解放，反对神权，提倡人权，争取政治和经济的自由。文艺复兴运动同时也推动了科学、文学和艺术的普遍发展。在自然科学上，哥白尼的日心说，哥伦布和麦哲伦在地理上的伟大发现，伽利略在数学物理上的发现和发明，使人们对宇宙有了新的认识。并且，这一系列的发明和发现成为牛顿经典力学体系建立的基础，为工业革命后的科技发展提供了条件。特别是"在这一时期中由于新的航线的开辟，商业革命的兴起，因而使得正在崩溃的封建主义社会内部的革命因素迅速的发展"。[1]这一发展直接导致了作为资本主义精神来源的三大伦理的产生。

（一）新教伦理

由德国的马丁·路德发起的宗教改革运动，实际上是一次思想解放运动，震撼了全世界。他提出了"天职"的概念，即每个人在世上完成了他所处地位的任务，他就尽了天职。其后加尔文在瑞士又对宗教进行改革，他比路德更为激进，提出了上帝选民的概念。由此就形成了一种新的宗教伦理，认为上帝把人分为"弃民"和"选民"，"弃民"注定要被上帝所抛弃，而"选民"注定要得到上帝的拯救。人在现实的世上生活，每个人都在履行上帝所分配的"天职"，在生活中的成功和失败就是"选民"和"弃民"的标志。而人并不知道自己是弃民还是选民，因而每个人都应相信他自己是上帝的选民，要有勇气面对自己的苦难，努力争取自己的成功，以证明自己是上帝的选民而不是弃民。这种新的宗教伦理把上帝和尘世间的活动联系起来，使人们在现实的生活和奋斗中找到了精神支柱。这种新教认为上帝将救助自助者，他们提倡积极的人生观，只有积极的工作才是善良的人生目标。这在实际生活中形成了许多必然推论：①浪费时间是万恶之源，因为浪费掉的晨光都是你为上帝争光效力的机会。②乐于从事工作，不劳者不得食。③劳动分工和专业化是神的意志，因为这样做使得技术得到更高的发展，使生产质量和数量都能提高，因而符合所有人的利益。④消费超过基本的需求就是浪费，因而是有罪的。人们应该自我引导、自我克制的生活，从而使他们的内心世界不断地恢复平静。上帝渴望人们获得利润，这是神的恩典的表示，而浪费和减少利润，或者放弃一项有利可图的事业都是违背上帝的意志，只要人们不追求奢侈的生活，就会在劳动中创造出剩余，即利润。创造的财富除了满足人们的基本需要外，剩余部分可投资到新的事业中去，或用来改造现有的生产。这就是马克斯·韦伯所称之为由新教伦理而开创的资本主义精神。[2]

（二）个人自由的伦理

人的个性解放，是资本主义精神的首要条件。在中世纪即文艺复兴之前，人与人之间的关系反映出的是奴性和个性，不论从理论上还是在现实中，都是要求少数人统治多数人，讲究的是服从，不服从就会被镇压。其中最典型的是马基雅维利在 1513 年写的《君主论》一书，在书中他提出："不管什么人，只要他渴望创造一个国家并为他制定法律，他首先必须设想所有的人都是坏人，而且一有机会，他们就要表现出其罪恶的本性。"因此"统治者必须是一只能识别陷阱的狐狸，同时又必须是一头能使豺狼惊骇的狮子"。[3]在这种状态下人们只有服从。而在需要获取成就和对个人的世俗努力应给予报偿的前提下，其政治制度必须有助于实现个人的自由。

在这种矛盾的冲突下，首先由霍布斯明确提出了不同于马基雅维利的观点。他在 1651 年发表了《利维坦》一书，认为人们应该通过建立国家来保障社会的和平。他认为君主制是一个理想的政体，因为那是被统治者给予了统治者权利，使得他成为统治者。他批判了国家及其起源的神学教条，提出了"自然状态"的国家起源说，反对君权神授，猛烈地抨击了教会，但他还是否定了自由民主的观点。

当时英国的另一位哲学家约翰·洛克更为进步，他的政治观点更为明确，且影响也更为深远。在洛克的《政府论》中首先提出君主或立法机构是否违背他们的职责，这将由人民来做出判断，并提出了分权的学说，即立法权、行政权和监督权三权分立并互相制衡，主张实行代议制。这一观点后来在 1776

年美国的独立宣言中得到反映，并对法国的大革命产生了深刻的影响。

洛克的思想主要是：①人民受理智的自然法则支配，而不是受专横的统治准则或为独裁者的各种念头所支配。②人类社会是以私有财产为基础的，自然和理智的法则规定了人们不得侵犯他人的财产。个人的财产权和政治自由都应受到保护。也就是说，既然人们具有天赋的财产权，那么国家就不能剥夺这种权利，相反，必须要保护人们具有的财产权。洛克在政治上主张个人自由，在经济上主张私人财产不受侵犯的观点成为资本主义的信条。从而为鼓励人们利用财产来追求幸福，保护财产契约关系，积极发展生产力提供了有力的思想保障。

（三）市场伦理

市场是资本主义赖以生存的环境，人们是怎样认识市场并发现市场的魔力的呢？

中世纪主要还是自然经济，市场很不发达，经济基本上还处于一种自给自足的半蒙昧状态，因此其经济思想方面也基本上没有什么大的成就。到了16～17世纪，西欧出现了一个新的统一的政权局面，尤其是新航线的开通，新大陆的发现，为创造国际性市场提供了可能，从而产生了重商主义的经济理论。由于国际商贸可以获得巨额的利润，所以，政府干预一切经济活动，从而约束了私人的主动性，这既鼓励了经济的飞速发展，又在一定程度上阻碍了经济的发展。随着国际掠夺的加剧，战争的频繁，使得已形成的国际市场受到了严重破坏，重商主义开始衰落。

因为重商主义和启蒙时代的哲学思想的矛盾，导致了重农主义的兴起。魁奈认为财富不在于金银，而来源于农业生产，主张自由放任的资本主义，政府不加以干预，任其市场经济机制运行，因为这种机制有其本身和谐的内在规律，政府的干预将破坏这种规律。

亚当·斯密进一步提出了只有市场与竞争才是经济活动的调节器，市场这只"看不见的手"能保证资源得到最佳配制，并发挥最大的效能。每个人、每个国家都可以在完全竞争的市场上使自身的利益实现最大化。亚当·斯密在《国富论》中以制针为例，提出了分工的理论。分工可以大大提高劳动生产效率，从而获得较强的市场竞争力，进而取得最大的利润。分工理论是市场经济的一个主要支柱，也是工厂制度的基础。正如丹尼尔·雷恩在《管理思想的演变》一书中所提出的那样，由于亚当·斯密的著作，使得"英国在市场伦理中找到了在经济上对发挥个人主动性的支持而不是重商主义，找到了竞争而不是保护，找到了创新而不是经济的停滞，而作为激励的力量，找到了自我的利益而不是国家的利益。市场伦理是为工业制度繁荣发展而创造了文化环境的三种力量中的一个因素"。[4]

这三种伦理观的综合力量构成资本主义精神的主要内涵，"新教伦理是对教会的中央集权的挑战，是对人们今生要争取获得成就的需求做出的反应；自由伦理反映了铁板一样的政府形式和代表制政府以及试图保护个人权利之间的一场悠久的斗争；市场伦理是对宁愿支持重商主义的地主贵族的挑战"。[5]资本主义精神从三个方面构成了对封建教会革命的强大的思想武器，所以，当生产关系和生产力发展的矛盾积聚到一定的程度，资产阶级革命就成为历史发展的必然。

工业革命的爆发是人们在三种伦理观的综合作用下获得的精神方面的突破进而在科技上不断获得突破的结果。概括起来说，资本主义工业文明新时代的到来，是由于新教伦理对教会中央集权的挑战要求获得精神上的解放；个人自由伦理在反对铁板一样的政府形式的斗争中获得政治上的解放；市场伦理在反对重商主义思潮中获得经济上的解放，再加上科技这个加速器的助跑，使得四种力量相互作用、相互配合、相互促进，从而促进了生产力的大发展以及生产关系的大进步。也可以说如果没有人的精神上的解放，以及政治上的宽松、经济上的自由和科技上的进步，就不会有工业文明新时代的到来，也就不会有现代管理思想的出现。

二、资产阶级革命为社会变迁做准备

资产阶级革命首先是从英国开始的。16世纪英国进行海外贸易，同时进行海外掠夺，加上圈地运动，为英国资本主义的发展积累了资本，逐渐形成了新兴的资产阶级。而封建王朝查理一世厉行的专制，经常触犯新兴的资产阶级利益。在1640年，酝酿已久的革命终于爆发了。以资产阶级为首的革命派以国会为阵地，做出了限制国王权力的决定，国会成为革命的象征。查理一世迫于当时的形势不得不做出让步，但他还暗中策划反扑。他逃出了首都，依靠封建贵族组织军队宣布讨伐国会。经过反复的较量，国会军击溃了查理一世的反扑，并把他送上断头台。直到1688年，革命取得最终的胜利。英国资产阶级革命是历史上资本主义制度对封建制度的一次重大的胜利，这不仅是英国，而且也是世界进入资本主义的标志。

1789年7月14日，法国革命群众攻占了象征着封建专制统治的巴士底狱，法国大革命由此爆发，随后也建立起资产阶级政权。1776年7月4日，美国的大陆会议通过了《独立宣言》，美利坚合众国诞生了。在英国资产阶级革命成功后的短短100多年里，西方资产阶级革命相继获得了成功，为生产力的发展开辟了道路。从此，人类社会进入到以资本主义为主的时代。

资本主义的建立，首先解决了封建的生产关系和先进生产力之间的矛盾问题，为生产力的发展铺平了道路，这主要反映在工业革命的爆发。其次解决了由封建专制向民主制度过渡的问题。在资产阶级革命的过程中，法国的启蒙运动对资产阶级革命的影响是十分巨大的，其中最为著名的人物有伏尔泰、孟德斯鸠、卢梭和狄德罗。

伏尔泰是位多产的作家，他的著作清新、机智，常带有绝妙的讽刺，具有极大的批判力。他的名言是："我不能同意你说的每一个字，但是我誓死捍卫你说话的权利。"孟德斯鸠在他的《论法的精神》一书中提出了资本主义社会最佳的管理思想，即立法权、司法权、行政权三权分立的原则，第一次提出了权力制衡的问题，较好解决了封建专制集权管理的弊病，为以后资本主义能够长期发展铺平了道路。他的思想对管理学上的贡献也是比较大的，特别是对公司中股东大会、董事会、监事会和总经理之间的制衡结构有较大的影响。卢梭的《社会契约论》，认为人人都应遵守社会契约。而狄德罗的《百科全书》则反映了启蒙思想的特质，即反迷信、反宗教迫害、反专制、反社会不平等，同时反映了当时的一切科学的成就。法国的启蒙运动的矛头首先指向封建制度及其精神支柱——天主教会，其次突出宣扬天赋人权、三权分立，提倡自由、博爱、平等。这些思想不仅对当时资产阶级革命有巨大的影响和推动作用，而且也是以后管理思想发展的一个重要渊源。

第二节　英国的工业革命——产业准备

进入 18 世纪后，由于重商主义的作用，商业贸易成为当时英国的主要经济活动，国家与民众的主要经济收入来自于商业贸易。工业的进步和贸易的发展是彼此联系在一起的，它们相互影响、相互促进。不仅工业的发展迫使人们不得不去寻找新的市场，从而促进了商业贸易的发展，有时则由于商业市场的扩大促进了工业企业的产生。18 世纪的英国，推动工业革命的真正动力是商业贸易。由于技术进步的缓慢和交通的困难，生产必然受已有市场需要的限制，工业只有适应当时商业活动走在前面，工业的进步就几乎没有可能，也就不会发生工业革命，而现代的管理思想也就不可能出现。

一、商业贸易为工业革命做准备

近代大工业产生于18世纪最后30多年的英国，其发展之迅速和产生的影响之深远，是人们始料不及的。从某种意义上来说，这比一场政治革命还来得彻底。

18世纪上半叶英国国内的商业发展仍然局限于狭隘的地区范围之内，而提供这些商品来源的是一般的家庭作坊。这种家庭作坊还谈不上管理。销售商品的是一些中间商人、流动商人、小贩、城市开店人，销售的形式是定期的集市，以及较大的城镇中工业品较为集中的特殊市场。由于当时英国的道路交通条件十分恶劣，使商品流通受到极大的限制。英国是一个岛国，海岸有许多很深的河口和避风港，便于航行。于是，由于航行的便利和水力资源的丰富，许多城市及集镇就在这些地方建立起来，如利物浦等。为了利于商业流通，满足海外及国内贸易的发展，又开始开掘运河。1793年，一大批运河的开通使大批城市建立起来，如曼彻斯特、伯明翰、伦敦等。这些都为工业革命提供了先决条件，也就是说由于商业的发展，促进了英国城市的建立，并最终引发了轰轰烈烈的工业革命。

二、工业革命的产生

工业革命的产生是与纺织业的发展、圈地运动和蒸汽机的发明紧密联系在一起的。

英国的纺织工业是工业革命的源头。而毛纺业的发展引发了圈地运动，改变了土地所有制，原有的自然经济遭到严重破坏，从而一举摧毁了小农经济和小生产自给自足的生产方式。这不仅为大工业的产生扫除了传统习惯的阻力，而且由于圈地运动使许多人失去了自己的家园，成为无业人员，为资本主义工业的生产提供了大量而丰富的劳动力资源。当珍妮多轴的纺纱机出现以后，尤其是水力的多轴纺纱机由阿克赖特创造出来之后，动力问题，也就是找到一种随处都能得到的动力，而不是受到河流限制的动力，就成了下一个亟待解决的问题。

这时，蒸汽机出现了。蒸汽机的发明，为工业革命的爆发点燃了导火索，并成为工业革命的推进器。然而，它的出现也经历了曲折的过程。在当时，人们增加动力惟一实用的方式是建造一个人工的瀑布，但是为此必须先用抽水机将水升到蓄水池里，蒸汽机的作用就是从这里开始的。

起初的蒸汽机叫火力机，就是利用蒸汽的热胀冷缩的原理产生的压力来提升水。后来做了一些改进，使之成为往复运动的纽可门机。其发明人是铁匠出身的纽可门。在18世纪中叶，这种纽可门机和水力机的组合到处可见。瓦特是在研究纽可门机的基础上开始他的工作的。他在研究这种机器后，发现有两个主要原因使效率上不来：第一在活塞每动一下之后，为了恢复缸内的高温，就要耗费大量的热素；第二是冷凝，由于冷却不足而使压力不完备。怎样来解决这一问题呢？瓦特是按照这样的思路进行的：

"为了避免任何无意义的冷凝，蒸汽对活塞发生作用的那个气缸，必须经常同蒸汽本身一样热……。为了获得必要的空隙，冷凝必须发生在一个单独的容器里，这里的温度能够按所需要的程度得到降低，而气缸的温度却不受改变。"

这样，冷凝器和气缸分开来了，而纽可门机是统一体。更为重要的改进是，"为了不必用水来防止活塞的漏气，为了在活塞下去时防止空气冷却气缸，那就必须用蒸汽压力作为动力，而不是用气压作为动力"。这样的结论就完成了正确的推理，于是发生了重大的改革，将原来的气压机变成了蒸汽机。[6]从此工业革命有了动力的源泉。瓦特在1769年得到了第一个专利，瓦特这项发明使得他在英国亦即在整个人类文明世界的伟人中占有了地位，他的博学多才无疑对他的发明起着重大的作用。

就这样，坚冰已经打破，道路已经开通，蒸汽机很快被用于非常广泛的工业领域，在冶金工业中，在面粉厂，在纱厂中……。由于蒸汽机的广泛应用，推动了一切工业部门的机械化，工厂纷纷建立起来。蒸汽机是人类生产技术史上的一次飞跃，它使生产摆脱了人力和自然条件的限制，使人的能力首次得以延伸。这是生产力的一次大解放，是决定工厂制度确立的基础。人们将蒸汽机引发的工业革命所进入的时代，称之为蒸汽时代。

综上所述，英国的工业革命的过程，基本包括了三个方面：纺织机等机器是工具上的革命，蒸汽机是动力上的革命，工厂制度是生产组织方式的革命。这三个革命按时间来说是隶属于同一个时代的，并且在商业贸易的带动下相互补充、相互促进、相互推动，使英国工业革命得以爆发。正如恩格斯所说："分工、动力、特别是蒸汽力的利用，机器的应用，这就是从18世纪中叶起工业用来摇撼旧世界基础的三个伟大的杠杆。"[7]

工业革命促进了生产力的大发展，引起了社会的巨大变革，使资本主义最终战胜封建主义，并最终在全世界占据统治地位。

管理思想的发展是和当时人们对自然的认识水平、生产工具的先进程度、生产的组织方式以及当时的文化背景紧密联系在一起的。资产阶级革命的成功建立了资产阶级政权，使资本家在政治上得到了保证，商业贸易的发达给资本家开辟了更加广阔的市场空间，工业革命的爆发使资本家获得充足的动力，文艺复兴和思想启蒙运动，为资本家提供了强大的精神支柱。可以说18世纪后半叶，在工业革命爆发时代，无论是从社会发展的外部环境还是从人们自身的认识水平这一内在因素，都为资本主义的高速发展提供了物质的、精神的、理论的条件，接下来的工作是：人们如何在市场中通过努力获得高效率和取得最大利润？因此古典管理思想的萌芽产生了。

第三节　工厂制度的产生及其对管理思想提出的客观要求——实践准备

一、工业革命的社会影响与工厂制度的产生

工业革命对后来社会发展的影响是巨大的，包括以下几个方面：

首先，工业革命在西方彻底摧毁了封建社会的生产关系，使生产力获得了巨大的解放。在16—18世纪封建社会向资本主义社会过渡时期，社会阶级关系复杂，有封建地主、资产阶级、小生产者、农民等。虽然封建的生产关系在工业革命爆发前已经有了一定的变革，但仍然占据着统治地位。更为重要的是，人们的传统思想和习惯行为的作用，阻碍了生产力的发展。工业革命以高度的劳动生产率，逐步地排挤了形形色色的手工业，掌握了一个个的产业部门，使社会生产关系来了一个彻底的变革。

其次，工业革命创造了巨大的社会财富，为资本主义的飞速发展提供了物质基础。马克思和恩格斯在1847年合写的《共产党宣言》中指出："资产阶级争得自己的阶级统治地位还不到100年，它所造成的生产力却比世世代代总共造成的生产力还要大，还要多，自然力的征服、机器的采用 、化学在工农业中的应用、轮船的行驶、铁路的运行、电报的往返、大陆—洲—洲的垦殖、河川的通航、仿佛用法术从地下呼唤出来的大量的人口——试问在过去哪一个世纪能够料想到竟有这样大的生产力潜伏在社会劳动里呢？"[8] 在1701—1710年10年间到1781—1790年10年间，世界工业指数提高了2.3倍，而在1802—1812到1870年提高了5.1倍。巨大的物质财富的增加，使资本主义不仅牢牢地统治着世界，同时也以迅猛的速度向前发展着。

最后，工业革命的直接成果是工厂制度的建立，它是资本主义发展的微观基础。由于工业技术得到广泛的应用，使工厂能够进行社会化大生产。为了提高效率，在亚当·斯密分工思想的指导下，企业中实行高度的专业化分工。高速的经济发展使人口很快涌向工业集中地，不久就在交通便利和资源丰富的地区形成了工业化城市，而最重要的是大工业产生了资本家阶级和无产阶级，从此劳资关系成为资本主义的一种基本关系。

二、工厂制度对管理所提出的客观要求

历史学家阿若德·汤因比说过：对于摧毁旧英国，建立一个新英国，并促使全世界走向工业化起过最大作用的是两个人，一个是亚当·斯密，另一个是詹姆斯·瓦特。斯密促使了经济思想的革命，瓦特促使了蒸汽机的革命。[9]

当今世界基本承认这样一个观点：推动世界经济发展的两个轮子一个是科技，另一个是管理。瓦特技术革命的成功与当时的科学发展是分不开的。由于牛顿力学的建立和热力学第一和第二定律的发现，才使工业革命具有了比较坚实的科学技术基础。而对于推动经济发展的管理这一个轮子来说，客观现实对管理提出了许多新的要求，为促进管理思想的发展提供了土壤。当时经济、工业的飞速发展对社会产生了巨大的震荡，管理理论和实践势必要面对社会发展过程中遇到的诸多困难所引发的新问题，并试图加以解决。

1. 由于大企业的建立，老板和工人之间形成了相互对垒的态势。在早期工厂制度下，管理的特点是采用军队式的严密组织，并且大量地使用童工。资本家在解决了资本和设备之后，就必须面对劳动力问题。因为熟练工人严重缺乏，所以，工厂人员最初都是由极不相称的各种人所组成：农民、退伍军人、以及各种无业游民。对这些既无经验，又无技术也没有受过集体劳动训练的人员，要使他们适应高速运行的大工业的生产，无疑是一件极为困难的事。资本家必须对其进行教育和训练，特别是要使之遵守纪律。也就是说，资本家必须把他们改变成为一个肉体机器，使他们严格按机器的效率而运转。为此，资本家便派各类监工，使每个人在资本家既定的位置，按规定的要求像机器一样劳作。工头是通过罚款、解雇，有时甚至是残酷的鞭打来强制工人服从。起初，工人视机器为仇敌，他们认为是由于机械化而使其受到非人的待遇，因而工人的第一个反抗是破坏机器。在那时，破坏机器是无秩序的罢工中惯常的事。有些工人还破坏货物，甚至到资本家的家里将其家中的货物焚烧殆尽。尽管为了制止各种骚乱，英国在1769年制定了相关法律，但是严厉的法律措施并不能完全杜绝骚乱的发生。而且，随着机器的推广，骚乱越来越严重，镇压也就越

来越严厉，甚至派出军队，给工业的发展和生产力造成了极大的破坏。当时，资本家的主要兴趣是出售他们的产品，而不是制定一个良好的制度。尽管采取严厉的监督手段，但在不断发展的罢工和破坏机器面前，还是逼得他们不得不反思企业管理中存在的各种问题。

2. 管理人才的极度缺乏。当时的工厂，面临着三个方面的问题。首先，是产品能否卖出去，这是市场和竞争者的问题；其次，是产品质量和成本问题；最后，是工人的管理问题。这三个问题同时出现，处理起来无疑会对管理者提出较高的要求。而当时工厂的一般管理人员，基本上是来自工人队伍，是从工人中提拔起来的。一个农业国在极短的时间内变成一个工业国，社会无法提供大量符合要求的管理人员。当时没有有关的如何进行企业管理的知识体系，在培训管理人员时，传授的主要是生产技术、原料的来源和特性，生产操作的程序，贸易实践及公司的法律责任等知识。所获得的管理知识是本企业的工作实践经验，使其只能在本行业中工作。另一方面，也没有共同的管理原则，对一位管理人员应如何行动，没有普遍的统一的要求。最后，更没有管理理论对管理实践的指导。因而造成了基层的管理人员只能用简单强制的方法对待工人，实施管理，进一步恶化了劳资关系。管理人员问题，是在工业革命中最跟不上发展要求的一大难题。解决实践中对管理提出的一系列难题，历史性地摆在了资本家面前。

3. 随着经济的发展，对技术的要求越来越高，进而要求工人的技能也相应地提高。但是当时工人的来源基本上是农民和手工业者，没有受过教育，很难极快地掌握较高级的技术，所以熟练工人奇缺。一方面大量的农业人口拥向城市，产生了大批的失业者；另一方面，熟练技工匮乏，有些工厂因失去某个关键技工造成停工。失业是技术问题，也是个人问题。如果有技术或者也愿意在工厂中学习技术，他们不一定会失业。剩下的是如何培训和激励的问题，即如何改变人的行为习惯的问题。人有一种天生的抵制改变自己以往行为习惯的心理。在对付工人的措施上，资本家通过以往的经验采取了三种方法，即积极劝诱（"胡萝卜"）方法，消极制裁（"大棒子"）方法，以及力图建立一种"工厂精神风气"的方法，以使工人就范。

事实上，在工业革命的进程中，在集体形态的工业生产中，生产实践已经向管理提出了许多问题，或者说人们已经隐隐约约地发现管理在工业生产和经济发展中起着极其重要的作用。

三、企业家问题的提出

法国的经济学家让·巴蒂斯特·萨伊（Jean Baptiste Say），首先对企业家问题进行了讨论。他明确指出继土地、资本、劳动之后，生产力还存在着第四种要素。他说，一些"冒险家"（企业家）拥有企业，但是他们经常只拥有其中的一部分，他们向别人借钱或同别人合伙经营企业，因此这些冒险家成为管理他人的管理人员。而在把土地、劳动力和资本这三个要素结合起来时，他又承担另一种风险，"他有时必须雇佣大批人员，在另外一些时候，他又必须购买或订购原料，招募工人，寻找消费者，并且随时都要严密注意秩序和节约，总之他必须掌握监督与管理的艺术……尽管这种冒险总是有一定的风险的，冒险家可能因此……要倾家荡产，而且在一定程度上，可能失去他的声望。由于冒险家承担了把三个传统的生产要素结合起来时产生的新的风险，他除了获得他本人的资本投资利润外，还要得到一笔管理的报酬……早期的企业家是生产力的第四要素。"[10]企业家的产生和发展以及培训和教育等，都是当时要解决的问题。

另外，对工业企业的管理问题、效率问题、控制问题、指挥问题，更为重要的是企业中的人员管理等问题，这一系列随着工业革命而带来的问题，不得不使当时的人们对此进行深入的思考，因而产生了一些早期的较为系统的管理思想。这些管理思想闪烁出的火花在管理思想的发展历史中起着承上启下的作用，为科学管理时代的到来做着充分的准备。

第四节　古典管理思想的形成——理论准备

就早期的管理思想本身来说，除了上述各种必要的条件和背景以外，我们也可以找到管理思想发展痕迹中经济思想的贡献。在这些思想中，复式记账法的产生、詹姆斯·斯图亚特、亚当·斯密、大卫·李嘉图的思想尤为重要。

一、复式记账法的产生

现代企业管理的重要方法之一，就是会计的复式记账法，这种方法是企业控制的最重要的手段之一。在 13 世纪的意大利，由于商业贸易的发展，有些银行家开始采用复式记账法。1494 年卢卡·巴舒里出版的《算术、几何、对称和相似概要》，首次对复式记账法加以理论说明。该书体现了许多现代的管理思想的雏形：①复式记账系统是一个管理信息系统，它告诉企业家其现金与库存的状况，并能核算其现金的流量，而现金流量表是现代企业管理中最重要的报表之一。他所推荐的会计方法，在很大程度上被现代会计所采用。②该书开始强调企业的内部管理，建议把备忘录、日记账和分类账编上号码，并注明日期，并且，要求文件记录详尽完备，并永久保存，以备管理方面的需要。[11] 18 世纪初，伦敦的一位会计教师托马斯·瓦茨，在一篇文章中论述复式记账法的优越性时指出："在复式记账中，各种账户之间存在相互联系和相互依存的关系，而且所有的账户必须保持平衡，以致不可能出现不公正或不正当的意图或事后把任何东西塞进账簿中去，而在记账的过程中，所发生的任何错误也必然会核查出来予以更正。"[12] 英国早在 17 世纪末和 18 世纪初，就广泛采用复式记账来进行财务控制，这是最初的系统控制的思想雏形。在 18 世纪中叶，人们已经有了关于计划职能的认识，如苏格兰的卡隆钢铁工厂，在 1759 年就进行了厂房设置的计划。该厂中的每件事都有计划安排，以便以最大的效率生产。

二、詹姆斯·斯图亚特

分工是生产和工厂制度的一个主要支柱。最早研究分工的是詹姆斯·斯图亚特爵士（1712—1780）。斯图亚特是英国重商主义后期的重要代表人物，他的《政治经济原理研究》出版于 1767 年，早于亚当·斯密的《国富论》9 年。在这部书中，斯图亚特阐述了货币流通的一般规律，主张国家全面干预经济生活，并先于亚当·斯密提出劳动分工的概念，论述了工人由于重复操作而获得灵巧性。他比泰勒早 100 多年就指出了工作研究方法和刺激工资的实质。他指出："如果给一个人每日规定一定的劳动量，他就会以一种固定的方式工作，永远不想改进他的工作的方法，如果他是计件付酬的，他就会想出 1000 种方法来增加其产量。"[13] 同时，他还指出了管理人员和工人之间的分工问题，并指出机器代替工人的劳动不会使工人失业，反而会有更多就业机会。

三、亚当·斯密

亚当·斯密（Adam Smith，1723—1790）是英国古典的经济学体系的建立者，他最主要的代表作《国民财富的性质和原因的研究》（也称《国富论》）

于 1776 年出版，该书的问世，标志着资本主义商品经济理论体系的构筑完成。全书以资本主义财富为中心，对资本主义的商品经济做了全面而系统的分析。亚当·斯密的视野开阔，涉及的问题很多。他认为经济问题的出发点是人的本性，即资本主义的利己主义。而每个人的一切活动都受到利己心的支配，这种个人利益的追求者就是经济人。他的经济思想的中心是自由市场经济，他在著作中涉及到许多现代管理的核心问题。

（一）分工问题

亚当·斯密特别强调分工带来的经济利益。他开宗明义地指出，"劳动生产力上的最大的增进，以及劳动时所表现的更大的熟练、技巧和判断力，似乎都是分工的结果"。他用了整整前三章来分析分工、效率和经济利益问题。为了说明这一问题，他举了一个很有说服力的例子："一个劳动者，如果对于这职业（分工的结果，使扣针的制造成为一种专门的职业）没有受过相当的训练，又不知怎样使用这个职业上的机械（使这种机械有发明的可能，恐怕也是分工的结果），那么纵使竭力地工作，也许一天也制不出一枚扣针，要做 20 枚扣针，当然是不可能的。但按照现在的经营方法，不但这种职业已经成为专门的职业，而且这种职业分成若干部门，其中有大多数也同样成为专门的职业。一个人抽铁线，一个人拉直，一个人切断，一个人削尖线的一端，一个人磨另一端，以便装上圆头。要做圆头，就需要有两、三种不同的操作，装圆头、涂白色乃至包装，都是专门的职业。扣针的制造分为 18 道不同的工序，分由 18 个专门工人担任。固然，有时一个人也兼任两三道工序。我见过一个这样的小工厂，只雇佣了 10 个工人。在这个工厂中，有几个工人担任两三道工序。像这样的小工厂的工人虽然很穷，他们的必要机械也很简陋，但如果他们勤劳工作，一日也能成针 12 英磅。以每磅中有 4000 枚针计算，这 10 个工人每日可成针 48000 枚，即每人一日可成针 4800 枚。"[14]

亚当·斯密分析了国家的财富和分工的关系，亦即提高生产效率的原因。他认为一个国家财富的多少，取决于这个国家的国民所提供的劳动的数量，而劳动的数量又取决于两个因素，一是参加劳动人数的多少；二是劳动生产率的高低。而劳动生产率的高低又取决于个人的能力和技巧（技术），技巧又取决于在生产上的分工。他认为分工在管理上对于提高劳动生产率有三个好处：①分工可以使劳动者的技术熟练程度很快地提高。②分工可以使每个人专门从事某种作业，可以减少从一项工种转到另一项工种所失去的时间。③分工可以使专门从事某项作业的劳动者经常改革劳动工具和发明机器。

亚当·斯密所讲的分工有两种：一种是按产品分工，即专业分工；另一种是按工种分工，即职业分工。他同时提出生产合理化这一重要的管理概念。并且指出，劳动是国民财富的源泉，而提高劳动者的素质是国民财富增长的根本。

（二）控制职能

亚当·斯密认为，如果要真正对一个组织进行控制，就必须为自己的成绩对控制者负责，而对控制者如果无法施加任何重大影响，就无法进行控制。他用当时的教授不负责任的问题来说明这一点。他说："教师应当服从权力。但是如果他掌握在法人团体即专门学校或大学的手中，而他自己又成为学校或法人团体中的一员，其他成员大部分亦是教师，或可为教师者，那么这些教师们彼此间就会宽大为怀。每个人以容许自己疏忽义务为条件，对其同事也就同样地疏忽了其义务。他们会把这样看做是共同的利益。"[15]

（三）计算投资还本问题

亚当·斯密提出应用于购买和装置机器的方法，他解释说："购置高价的机器，必然期望这种机器在磨损前所成就的特殊作业可以收回投资，并至少获得普通的利润。"即是当时的利息的两倍。[16]

（四）经济人的观点

亚当·斯密认为，经济现象是具有利己主义的人们的活动所产生的，如果能够刺激他们的利己心，使之有利于他人，要达到目的就容易得多了。"请给我以我所需要的东西吧，同时你也可以得到你所需要的东西。"这种经济人的观点，正是资本主义生产关系的反映，对早期古典管理理论的发展有着突出的意义。

Adam Smith（1723—1790）

Personal background

- born before 5 June 1723 in Kirkcaldy, Fife, Scoland, the son of a customs offical
- educated at University of Glasgow, 1737—1740
- Snell Exhibitioner, Balliol College, Oxford, 1740—1746
- professor at University of Glasgow, 1751—1764
- tutor to the Duke fo Buccleuch, 1764—1766

- Commissioner of Customs, 1778
- died in Edinburgh on 17 July 1790 of stomach cancer

Major works

The Theory of Moral Sentiments (1759)
Lectures on Jurisprudence (1762—1763; first published 1978)
The Wealth of Nations (1776)

Summary

Adam Smith, the leading figure in the classical school of economics and prominent in the Scottish Enlightenment, is one of the few economists to be credited with founding economics. In his compendious work, *The Wealth of Nations*, he integrated the information and ideas provided by historical and contemporary authors explain how an economy operates and how it can grow. He set out a system of natural liberty for an economy, justified free trade and inspired subsequent value and distribution theories. Both socialist and libertarian economists look to him as a precursor.

四、大卫·李嘉图

大卫·李嘉图（David Ricardo，1772—1823）是 19 世纪初叶英国的资产阶级经济学家的杰出代表，他的代表作是 1817 年出版的《政治经济学及赋税原理》。他对早期的管理思想的贡献主要是：

1. 在资本和管理技术的关系上提出了所谓的"工资规律"。认为工人劳动创造的价值是工资、利润和地租的源泉，这是经营管理中的核心问题，且得出了工资越低，利润就越高，反之工资越高，利润就越低的结论。

2. 提出了关于经济人方面的群氓假设：①社会由一群群无组织的个人所组成。②每个人以一种计算利弊的方式为个人的利益而行动。③每个人为达到这个目的，尽可能地合乎逻辑地思考和行动。从这个假设出发的必然结论是，对这些群氓只能用绝对的、集中的权力来统治和管理。这是一个明确的经济人概念的形成。

第五节　科学管理实践的初步尝试

在工业革命的形成过程中，由于资本主义生产关系的逐步建立，各种工厂也随之诞生。伴随着各种工厂管理实践活动的日趋活跃，形成了管理思想的萌芽。在管理工厂的过程中，有的人取得了很大的成功，有的人则以失败而告终。不论怎样，管理实践活动为早期的管理理论和管理思想的形成做出了历史贡献。

一、理查德·阿克赖特

阿克赖特是18世纪英国著名的实业家，他发明的水力纺纱机对工业革命的爆发起着极其重要的作用。他于1771年在克福特创办了第一个棉纱工厂，这个工厂当时雇佣了5000多名工人，是一个规模相当大的企业。由于他出色的组织才能和领导能力，这家在当时堪称巨型的企业运转得非常好。保罗·芒图在《十八世纪的工业革命》一书中，称阿克赖特是一位新型的大制造业者，他不仅是一个工程师，也不仅是一个商人，而且是把两者的主要特征融合在一起的是具有独特风格的大企业的创建者、生产组织者和领导者。从这一评价看，阿克赖特几乎具备了现代企业领导人必备的品质。

关于组织与协调的实践，在阿克赖特的5000人工厂中，他将棉织业持续生产的各个工序集中于一个工厂，其间各种生产活动的协调、组织、控制问题是十分困难而复杂的，只有具备了一定的管理思想和方法才能使工厂运转良好。而且，他在厂址的选择和规划方面花费了大量的时间并有所建树。他还在工厂中实行12小时的工作时间，而当时其他工厂实行的工作时间一般是14小时。阿克赖特在工厂中制定了严格的规章制度，并能使工人们感到这是公平合理的。一般认为，阿克赖特是一个应用高效管理原则的先驱者，是当时先进的管理实践的杰出代表，并向英国棉纺织业，这个18世纪产业革命的支柱行业提供了管理专业知识，为加速大企业的到来做出了贡献。尽管阿克赖特在连续生产、厂址规划、原材料、工人、企业的协调、组织和控制及劳动分工等方面做出了巨大的贡献，遗憾的是他没能将自己的管理思想写成著作，否则他有可能享有管理学之父的美誉。

二、詹姆斯·小瓦特（1796—1848）、马修·鲁宾逊·博尔顿（1770—1842）

索霍工厂是由为工业革命做出巨大贡献的詹姆斯·瓦特和工程师马修·博尔顿于1796年在伯明翰附近建立的，而古典管理思想在这两人的儿子身上得到了最初的实践。小瓦特早期学习化学和矿物学及自然哲学，先留学于法国。而博尔顿年轻的时候也就读于法国。两人的性格特点使他们成为天生的搭档。他们很像各自的父亲。博尔顿是一个卓越的讲演者，有许多的朋友，是一个很好的外交人才，因而主管企业的对外事务。而小瓦特具有天生的严肃性格，继承了父亲发明家的思维方法，因而负责企业的生产方面，致力于企业的运转，较为强调纪律。当时的索霍工厂在两人的内外配合下，取得了很大的成功。他们自觉地应用了一些有效的管理思想和方法，在系统性上不逊于现代大企业的管理。

1. 进行市场的预测和研究，将一切生产和销售建立在市场调查和预测的基础上。他们不断地向欧洲大陆派出代理人调查市场，了解客户对其产品（蒸汽机）的需求情况，并进行分析预测。在当时，他们具有强烈的扩充市场空间和占领市场的意识。

2. 有计划地选择厂址，他们选择水陆交通便利和有充分扩建余地的地方建厂。

3. 有计划地进行机器的布置，使之符合工艺的要求。对动力的来源，以及每种机器的购置成本和运转成本也作了必要的计算。

4. 制定生产工艺的程序和机器作业的标准。他们计算每部机器的速度，并按所要完成的工艺流程或工艺程序安排详细的规划，把每种具体的产品生产过程都分解成许多小的作业单位。这里表明，劳动分工达到了相当高的程度，每个工人都有固定的标准职务，将工种划分为钳工、车工和一般工人等。

5. 建立内部控制制度，改变了当时通行的做法。不再由工厂负担购买和维修自己所用工具的费用，而是由工厂负责采购新的工具，由工人负责工具的日常维修。这种改革对保证机器的正常运转和降低维修费用，作用是非常大的。

6. 实行了产品部件的标准化。

7. 对工厂中的各项工作有先进的控制制度和统计记录，作为管理决策的依据。

8. 有很详细的会计记录。他们采取了一套非常具体详尽的会计制度，凡原材料成本、人工费用、制成品等包括 22 种定额，都分别入账。这样，工厂不仅能对制造的每一个机器部件计算出成本和利润，也能对每一个部门计算出利润和损失。这是一种详尽的几乎完美的会计控制和监督体系。

9. 进行工作研究，如测定每部机器的速度、以机器和工人的有机组合为基础来组织生产。

10. 在工作研究的基础上，实行按成果付酬的工资制度。在可能的地方，厂里都实行计件工资制，并根据不同的情况分别采用三种计件工资的方法：①每件产品的工资率都实行一样的计件工资方法，如装配工安装喷油嘴是以件数来计酬，以一个标准数作为基本工资。②随产品的大小或直径而变化的计件工资，这是因为加工工件的大小、复杂程度高低与所耗费的时间多少有密切的关系。③根据工作机器所用的发动机马力的变化来计算工资，对加班工作付给加班工资。

11. 推行职工福利制度。工厂为职工提供娱乐设施，美化工作环境，提供住房，过年过节给工人送节日礼物，并提供给员工疾病补助，还选举了职工管理委员会，建立与工作相互联系的互助会，通过这些措施以提高职工的士气。

从以上的工厂管理方法上可以看出，现代企业一系列管理问题在这个时代的工厂中已经存在，并在着手解决，且提出了一些解决方法。可以这么说，当代最先进的工厂的管理措施都被两位天才的管理实践家预见到了。不论是泰罗、福特或当代众多管理专家所面对的任何管理事务，都能在 1805 年以前的索霍工厂的管理实践中被发现，而且，索霍工厂的成本核算制度较当代许多成功的企业所采用的制度更为优越。因此，这个早期的工厂虽然在制造工艺技术方面极为优秀，但未能超过其管理组织方面的成就。[17]索霍工厂的管理可以称为现代管理思想的初步尝试，并且获得了成功，他们已经远远地走在他们那个时代的前面，他们堪称是现代管理实践的先驱者。

三、罗伯特·欧文（1771—1858）

欧文是一个靠个人奋斗而成功的企业家。他具有早期企业家特有的自信，18 岁时就创办了自己的工厂。他具有一种绅士风度，待人和蔼可亲，彬彬有礼，非常喜爱儿童，但却有坚强的信念，并且具有坚持走自己的路的精神。

他生活的年代正是工业革命产生、爆发和发展的年代，面对着他所接触的一切，他的独立精神和慈爱之心使他把注意力集中到企业中的人事方面。

欧文提出了著名的管理思想："人是环境的产物。"由此可推出，有什么样的环境，就会产生和塑造出什么样的人。他把这种思想应用到企业中，对此进行了管理实验。

欧文管理的试验可分为两个阶段。

第一阶段，致力于工人的生活和工作环境的改变。首先，在他的工厂里，建立起一排排工人的住房，每套住房有两个房间，垃圾被整齐地堆在街道上，不随处乱扔脏物，工厂提供伙食设施，这样一个良好的生活环境，使工厂更为吸引人。其次，改变工作环境。在工人操作台旁边立有小木桩，4个桩面涂有4种不同的颜色，由浅入深代表工人表现的好坏。白色表示好的，黄色表示良好的，蓝色表示一般，而黑色表示不好。每天劳动结束以后，记下评分的成绩，然后以相应的颜色代表评分，并把木头上有这种颜色的一面对着走廊，使任何人只要走过，就马上能对工人昨天的劳动成绩给予相应的评价，这种工作环境使工人始终处在当好工人的激励当中。另外，还规定了工厂经理敞开大门，听取任何人对于规章制度方面的意见，且每个工人都可以看有关自己的行为方面的表现记录，如有不公正，可以提出申诉。当时的工厂有2000多名工人，其中1/4是童工。欧文规定，他的工厂停止雇佣10岁以下的童工，原有的童工送入学校学习。工作时间定为10小时45分钟，并禁止惩罚工人。上面的这些管理办法的实施对具有2000多人的工厂来说，需要做多少艰苦而又细致的工作是可想而知的。

第二阶段，欧文致力于以工厂为中心的社区社会改革。首先，他对在新拉那克的学校进行改革。他的想法是教师要以自己为榜样示范给学生，而不能对学生施以体罚。其次，他在社区中建立晚间娱乐中心，以解决工人闲暇时间增加的问题。欧文建立的这种文化色彩的协作村，比玛丽·福莱特在美国波士顿的工作早了100年，这种协作村的建立引起了西方许多的仿效者，产生了深远的影响。在当时，一般来说企业家（管理者）通常都是业主（资本家），而欧文也许当时就认为，不是业主的企业家也能将工厂管理好，所以他把自己的企业卖给了一个叫德林克沃特的人，自己做了一个领薪的企业管理者。德林克沃特让欧文独自地管理工厂，而欧文使这家工厂获得了成功。这是一个具有深远影响并富有意义的工作，即在实践上将企业的经营权和所有权分开。作为一个职业管理者的身份出现在19世纪初，欧文是最早的职业企业家。

欧文并不是一个慈善家，他明确地指出，"人事政治必须被认为是经济机构管理的不可分割的部分"，"人事管理必须要有所报偿"，单纯的福利和管理既不能赢得工业雇主的全心全意的支持，又不能无限地获得工人的忠诚。[18]欧文同样得到了应有的利润报偿。有一次他对一些工厂的厂主说："你们对活机械可以容易地加以训练和指挥，使你们的金钱收入大大地增加，用在工人身上的钱可以使你们获得50％—100％的报酬，而用在机器上的钱只能得到15％的报酬，对待活机器的经济学是：使它干净清洁、用和善的态度对待它，使它的精神不至于受到太多的挫折和刺激。"[19]据欧文自己宣称，他的工厂获得56％的利润，[20]后来达到了100％。我们可以认为，欧文不仅是现代人事管理之父，也是职业企业家的先驱。

从工业革命的产生到工厂制度的建立这段历史时期中，管理思想的发展仍然是处于早期的探索阶段，而管理思想的实践却走在了理论的前面。撇开具体的工厂管理的实际方法不谈，仅从阿克赖特、小瓦特、博尔顿、欧文的管理实践中我们就可以发现，他们所管理的工厂正好是三种现代企业形态的企业制度。阿克赖特不仅是业主，而且是企业管理者，是一个传统型的企业管理的形态；小瓦特和博尔顿是一个典型的合伙制企业，并且管理得非常好；而欧文则是职业的企业管理者，代表着现代企业形态的职业经理人。从某种意义上来说，工业革命的爆发正是现代管理的开端。

第六节　工业革命后管理思想的延伸

西方现代工业文明的建成同样付出了巨大代价。英国工业革命爆发以后，西方各国先后爆发了工业革命。工业革命使资本主义牢牢地统治了整个西方社会。由于生产力的成倍增长，需要不断拓展国际市场空间，在1800—1870年间，按当年的价格计算的国际贸易增长了6.7倍，如果扣除价格下跌的因素，实际贸易额增长了9.6倍，而在1720—1820年国际贸易额仅增长了1.74倍。在19世纪最初的20年中，由于拿破仑指挥的战争破坏了欧洲各国的经济和对外贸易，国际贸易额（按1870年的价格计算）只增加了40％，1840年以后随着英国工业革命的完成和当时欧洲50—60年代的经济高涨，国际贸易额增加了4倍。[21]在工业生产高速发展和贸易的强力推动下，1820年英国占世界工业生产总值的一半，把其他国家的经济远远甩在后面，后来它的比重虽然由于其他资本主义国家的发展而有所降低，但到了1850年仍占到39％。[22]

随着工业革命的爆发，西方各国形成了巨大的生产能力，竞争日益激烈，产品越来越超出了国内市场的容量。同时由于技术的进步，劳动生产率的提高，价格也大幅度下降，产品逐渐积压，经济危机爆发了。

经济危机困扰着西方世界，仅以1847年英国经济危机为例，整个工业生产下降了25％，1847—1849年破产的企业超过6000家。1848年法国工业生产下降35％。大量企业倒闭，大批工人失业，劳资矛盾加剧，罢工和破坏机器此起彼伏，如英国诺丁汉的"卢德运动"、法国里昂的纺织工人起义、工会组织的成立、工人阶级的形成，这一切深深地困扰着发展中的西方世界。有人认为，工业革命的爆发使经济危机成为一个必然的规律。更多的人在寻找出路，如何来管理这种经济背景下的企业，如何来管理处于贫困中的工人呢？

工业文明的建立，使原有的小农自然经济下的农民变为适应现代大工业生产的产业工人。服从于机器的工人，其人性改变是通过极其残酷的鞭打和体罚强制完成的，这种特点促进了社会的进步。工业革命以后的人性如何适应其工业生产的蓬勃发展，哲人们在思考着，管理大师们在探索着。这些思考和探索使这一阶段的管理思想发展呈现出异彩纷呈的局面，为20世纪初的科学管理的建立及古典组织理论的发展做好了准备。

一、经济学家的管理思想

资产阶级经济学的创始人让·巴蒂斯特·萨伊（Jean Baptiste Say），是第一个明确提出把管理作为同土地、劳动力、资本并列的第四种生产要素的人。而塞谬尔·纽曼在1835年对企业家的论述是相当完整的：要造就一个好的企业家，需要有一些品质，而这些品质很少发现在同一个人的身上。他应当具有不寻常的远见和深谋远虑，使他能很好地制定计划，他在实施计划时必须有不屈不挠和坚持实现目标的精神，他必须常常监督和指挥别人的工作，为做好这项工作，他必须既谨慎，又决断，为了成功地从事某些生产工作，他既要有丰富的一般事务的知识，又要有丰富的专业的知识。[23]经济学家穆勒又加上忠诚和热心这两个重要的条件。后来马歇尔又加上自立更生和敏感。这样，一个企业家的完备品质在19世纪中叶就基本框定了。关于人的动作的分析，在1822年穆勒的《政治经济学原理》一书中就有详细的论述。另外，穆勒还对工资形式进行了论述："有许多的方法可以使职工的利益和公司经营的成功发生更密切的关系。在全部自负盈亏的工作或为他人工作而领取的固定日薪、月薪和年薪之间是有许多办法的"。

以上是一些经济学家的论述，还有一些其他的论述大都散见于各自的经济学著作中。

二、克劳塞维茨

列宁称克劳塞维茨（1780—1831）是一位非常有名的战争哲学和战争史作者，他的名著《战争论》是和我国《孙子兵法》齐名的战争要典。他曾指出过，工商业的经营同战争是很相似的人类竞争形式，因而，他对战争各种要素的配合、进攻和防御、指挥者的素质等方面的研究成果，非常适合于今天的商战。他认为要管好一个大型的组织，必须有细致的规划，而首先要求的是确定组织目标。

三、安德鲁·尤尔

安德鲁·尤尔（Andrew Ure，1778—1857）是安德逊学院的教授，他的著作《制造业的哲学》一书，系统地阐述了制造业的原则和生产过程。他指出在每一个企业中都有三类有机系统。这三类有机系统是：机械系统，指生产的技术和过程；道德系统，指工厂中的人事方面，强调工人应该顺从工厂的纪律，好好地进行生产；商业系统，指工厂企业通过销售和筹措资金来维持生存。尤尔把企业有机地划分为几个系统，是一种初期的系统思想的反映，而系统思想是现代管理思想的基本思想之一，因而他的思想对后期的管理思想家们有相当大的影响。更为重要的是，组织理论的集大成者——法约尔的一些思想即来源于此。[24]

四、查尔斯·杜平

查尔斯·杜平（Charles Dubin，1784—1873）是法国的管理学家，也是一位数学家和经济学家。杜平是最早提出管理技术可以通过教授来获得的管理学家。他把管理作为一门独立的学科来进行教学，他通过传授管理知识直接影响到法约尔的管理思想。他的主要贡献是在19世纪初即率先进行了生产、机械化方面的研究。对工人的作业管理，他指出："当进行作业的劳动分工以后，必须仔细地注意计算每种作业的持续时间，以便使担任作业的工人数同其工作量相适应，""必须以尽可能少的工人劳力达到工作所要求的水平，以及必须对每种行业进行研究，以便找出并发现每种行业中最好的工业措施。"[25]相比较而言，他更关心对人的因素的管理，这也许因为他是教育家的缘故。

五、查尔斯·巴贝奇

巴贝奇（Charles Babbage，1792—1871）是英国的一位天才的数学家、发明家和科学管理的先驱者。其性情暴躁，以至于为了回敬英国街道上比比皆是的管风琴演奏者，他就在住所的外面吹起了喇叭，造成一片噪声，以便把他们赶走。他最著名的发明是在 1822 年制造的世界上第一台实用机械计算机——差分机。从概念上讲巴贝奇的计算机已经具备了现代化计算机全部的关键要素，它有存储器即储存装置，运算器即计算装置，穿孔卡片输入系统，外存储器亦即条件转运器。

巴贝奇在管理学上的贡献是多方面的。他的思想和泰勒的思想有许多相似之处。我们可以把这两位大师最重要的著作中的某些话进行比较。巴贝奇在他的 1832 年出版的名著《论机器和制造业的节约》一书的前言中说："我在过去 10 年中曾被吸引去访问英国和欧洲大陆的许多工厂和工场，以便熟悉其机械工艺。在这过程中，我不由自主地把我在其他研究中自然形成的各种一般化原则应用到这些工厂和工场中去。"[26]而在 81 年后 1913 年泰勒出版的名著《科学管理原理》一书中则说："有些人的教育使他们养成了概括并在各处寻找规律的习惯，当这些人碰到了在每一行中都存在并极为相似的许多问题以后，他们不可避免地试图把这些问题进行逻辑归类，并找出解决这些问题的某些一般规律和规则来。"[27]

从这里可以看出，巴贝奇不仅和泰勒有着极为相似的思想，而且都看到了管理存在着一些共同的规则和规律，并且都在试图寻找和进行应用。可以说，泰勒的科学管理从某种意义上讲是巴贝奇思想的延伸和结果。

巴贝奇的管理思想主要可以从三个方面概括：

1. 巴贝奇提出了在科学分析的基础上有可能制定出企业管理的一般原则。对于科学分析，他建议经过严密调查以获得数据，用来管理一个企业。他指出，管理当局应该找出每种作业在 1 小时内重复的次数，应该确定每种生产过程的精确成本。可以看出，在巴贝奇那里已有了现代成本的思想，同时他制定了一种观察制造业的方法，这与后来作业研究的科学系统的方法是非常相似的。他规定用这种方法观察时必须准备一张提问表，经常向有关人员提出问题。所提出的问题是：生产用的材料、正常的耗费、费用、工具、价格、最终的市场、工人、工资、需要的技术、工作周期的长短等。还讨论了大工厂的投资效率和原材料供应问题。

2. 巴贝奇发展了亚当·斯密的关于分工的思想，分析了分工能够提高效率的原因。这些原因主要有：①节省了学习所需要的时间，生产中包含的不同工序越多，所需要的时间就越长，假如一个工人不用做所有的工序，只做其中的少数工序，甚至一道工序，就需要少量的学习时间。②节省了学习中所耗费的材料。因为在学习中都要花费一定的材料，劳动分工后，需要学习的时间减少了，所耗费的材料也相应地减少了。③节省了一道工序转变到另一道工序所耗费的时间。而且由于分工后经常做某一项工作，肌肉得到了锻炼就更不容易疲劳。④节省了改变工具所耗费的时间。在许多工艺中，工具常常是很精细的，需要精密的调节，而调节需要大量的时间，分工就可以大大节省时间。⑤由于经常重复同一操作，技术熟练工人工作速度加快。⑥劳动分工后注意力集中在比较简单的作业上，能改进工具和机器，从而设计出更精良更合用的工具和机器，从而提高劳动生产率。最难能可贵的是，巴贝奇将人的脑力劳动也进行了分工，他以桥梁和公路学校的校长 G.F. 普罗尼为例来说明。普罗尼在准备绘制一套详尽的数学表时，成功地把他的工作人员分成熟练、半熟练和不熟练三类。根据这个方法，普罗尼通常把比较复杂的任务，交给能力强的数学家去完成，而把比较简单的但又是必须做的杂务，交给只会加减法的人去做，从而保存了较强的数学家进行复杂工作的实力。[28]

3. 在解决劳资矛盾方面，巴贝奇是一个工厂制度的保护者，他的论点和泰勒的观点是极为相似的。他提出了一种可以使工人们认识到工厂制度对他们是有利的分配方法——固定工资加利润分成的制度。工人工资的构成是：①按照工作性质确定固定工资。②按照对生产率所做出的贡献分得利润。③为提高生产率提出建议后得到的奖金。按照对生产率的贡献的大小确定报酬，这种制度可能对当时严重的罢工风潮有着一定的平息作用。他认为：①工人同工厂的发展和利润的多少有着直接的利害关系。②每个工人都会关心浪费和管理不善的问题。③能使每个部门改进工作。④鼓励工人提高技术和品德修养，表现不好者减少分享的利润。⑤由于工人和雇主的利益是一致的，能够消除隔阂共同繁荣。巴贝奇认识到为了争取工人的合作，必须提供新的刺激，他努力寻求管理人员和工人之间建立新的和谐的关系，所有这些使他在管理思想方面成为一个具有远见卓识的人。

六、威廉·杰文斯

威廉·杰文斯（William Jevons，1835—1882）是第一个研究劳动强度和疲劳关系问题的人。他在《政治经济学理论》一书中，详尽地阐述了工人在用铲子的时候铲子的大小、铲土的软硬和人的疲劳的关系，他的这些论述比泰勒在米德维尔钢铁公司类似的研究实验要早 10 年。他提出"使一个工人能每日或每周所做工作量为最大，但又能恢复其全部的疲劳，重新以没有减少的力量来工作"。杰文斯在泰勒之前就号召工人和管理当局之间合作，但他比泰勒走得更远。他主张工业合伙，包括利润分享和职工拥有股份。他认为，这是解决分歧和消除工会罢工的一种方法。杰文斯的影响在于，他是一位有声望的学者，试图找出管理者对工作中的人进行管理的规律，他致力于对工作进行科学而系统的分析，他在泰勒之前就在探索有关工作绩效和疲劳的基本规律性。[29]

工业革命后期的管理思想的形成，是和当时人们对自然规律的认识，和科学技术的发展分不开的。牛顿力学体系的建立，为人类打开了自然科学的大门，为人类认识自然、利用自然提供了有力的武器。随着热力学、化学和电磁学的相继建立，人类利用科学技术使生产力得到了高速的发展，这时的科学已从搜集材料阶段发展到整理材料阶段，已经从实验科学走向理论科学。在科学更加理性化的进程中，人们对自身的管理问题也不得不进行更加深入的思考，这种思考随着科学技术的应用一步步深化。由于科技的进步，生产工具的改进，生产组织方式的改变，市场这只"看不见的手"的作用，人们开始向管理科学领域进军，向管理要效益、要效率、要利润。人们逐渐认识到管理的重要性，并最终将管理确立为生产力的第四个要素。

工业革命后期管理思想发展的特征，是它们纷纷以企业为研究的中心，研究的重点是技术和效率而不是管理本身，且没有完整的管理思想体系。这些研究随着经济的发展，注意力也随之改变。另外，他们中的许多人，对当时经济的高速发展而产生的微观管理问题进行了思考，提出了许多具有现代管理意识的思想以缓和当时的矛盾，促进生产力的发展。如欧文在他的工厂管理中取得了成功，但当他把他的思想用于社会时则以失败而告终，最后只能成为空想社会主义。

这些先哲们的思想源于当时特定的历史条件，有些思想在当时并不占据主导地位，占主导地位的是有技术的人、发明家或企业创始人，而这些人的成败主要取决于个人的因素，因此管理思想及管理技术的应用并不起主要作用。然而随着生产力的发展，他们所提出的管理思想逐渐闪耀出应有的光芒，"这些著作家们的重要意义不在于他们讲了什么写了什么，而在于他们带了个头，他们从各个方面对管理和管理的人员进行了研究和写作，他们的著作加强了正在形成的管理，对发展中的公司有着重要意义，同时又鼓舞着其他学者进一步分析这种正在形成的思想"。[30]

第七节　科学管理理论产生的时代背景

从 1543 年波兰人哥白尼发表《天体运行论》开始，人类进入近代科学时代。之后短短几百年中，科学——这一社会发展的催化剂，使人类社会出现了翻天覆地的变化。它推动着经济的发展，给社会带来了空前的繁荣，它本身发生的 4 次科学技术中心的转移，直接引导着世界经济中心的变迁，同时也引导着管理思想的产生和发展。科学技术的每一步发展，都影响着人类社会的发展方向。

第一次科学技术中心的转移，是以意大利为中心的欧洲，继承发展了中国的四大发明与古希腊、古罗马的科学成就，在文艺复兴运动中推动了社会的进步，繁荣了商业，促进了城市发展；第二次，是英国继承了意大利、荷兰、德国等欧洲大陆的科学技术，在产业革命当中实现了工业化；第三次，是德国学习英国的经验，重视技术教育与科学研究工作的组织工作，发展了本国的科学技术，在经济实力上超过了英国；第四次，是美国利用欧洲移民，效仿欧洲技术，继承欧洲科学技术的传统，在一些重大科学技术领域实现了更多的突破，促进了工农业的发展，使其经济超过了欧洲。这四次科学技术中心的大转移，都伴随着生产工具的革新、生产组织形式的改变，进而导致管理思想的发展，并最终促进了经济的繁荣。

一、科学技术革命与经济危机

资本主义各国的工业化进程，大体上都在 19 世纪末 20 世纪初得以实现。一般来说，实现工业化的过程受到多种条件的限制和影响，其中资本和技术（包括物化技术和技术人才）是最主要的。由于工业革命的发展和国际市场的开拓（包括殖民地和战争掠夺）为资本主义国家集聚了雄厚的资本，最终形成了近代全球大工业的市场体系，为资本主义各国逐步走上工业化提供了物质的基础；另一方面，科学技术的发展给资本主义工业进程进入起飞阶段增添了翅膀，工业革命的爆发来源于市场的扩展和蒸汽机动力的推动，蒸汽机时代使社会生产力得到了空前的发展。

到 19 世纪下半叶，已经建立起以牛顿力学为主体的经典力学体系，和以麦克斯韦电磁理论为核心的经典电磁理论，这些自然科学理论体系的建立为技术革命提供了科学前提。最为重要的是电力的应用。19 世纪中期，在生产需要的推动下，发电机、电动机技术得以迅速发展和逐步完善。如 1866 年西门子研究成功第一台自激式发电机，1878 年该公司又发明了电动机；1870 年爱迪生发明了电灯等照明系统，一时间电子产品如雨后春笋般涌现出来。电子技术应用的重大意义不仅在于引发了动力革命，它还使信息传递的速度迅速加快，适应了社会化大生产的需要。1857—1866 年美国铺设了第一条横跨大西洋的海底电缆，1876 年美国的贝尔发明了电话，1897 年无线电技术诞生。随着资本不断集聚，技术不断发展，整个世界经济连成一体，国际大市场形成了。由于市场经济内在规律的作用，随着国际大市场的形成，国际分工体系也逐步建立起来。一方面，国际分工节约了社会劳动，使世界各国的人力资源和物力资源得到合理的利用，有利于发挥分工各国的经济优势，促进先进国家和落后国家生产力的提高和发展；另一方面，它又成为先进国家对落后国家的经济控制，也成为先进国家之间的一种竞争手段和实力体现，使国际间的市场竞争更为激烈。经济越是发展，生产力提高得越快，其竞争的激烈程度也就越高，同样，日益激烈的竞争使科技不断发展，从而有力地推动了经济发展。

经济的迅速发展使得产品越来越丰富，而劳动力资源的使用相对来说越来越少，劳动成本急剧下降。因此产品价格虽然降低了，但企业所有者所获取的利润却比任何一个时期都要多。资本家以价格战去夺取市场，竞争最直接的反映就是价格。企业经营者用产品的低廉价格来征服世界的同时，也因降低工人的工资而加剧了劳资矛盾。从 19 世纪 70 年代到第一次世界大战爆发的 40 多年里，主要资本主义国家先后经历了 1873 年、1882 年、1890 年、1900 年和 1907 年的 5 次世界性经济危机的打击。每次经济危机都使资本主义国家的生产急剧下降，物价下跌，很多企业破产，资本贬值，失业人数增加，生产力遭到严重的破坏，劳资矛盾激化，罢工持续不断，有时还发生十分激烈的冲突。由于人们在企业运行中没有系统的管理理论作指导，也没有适用于工业化大生产的管理方式，使矛盾长期得不到解决。

人们在寻找出路。

二、美国的工业化进程

美国的工业发展速度自 19 世纪下半叶开始超过农业。从 1850 年到 1900 年，美国的工业生产增加了 15 倍；在 1900—1914 年，工业增长了 70%；到 19 世纪与 20 世纪之交，工业中的重工业有相当大的发展，已在工业中起主导作用，基本上能够满足国民经济各部门技术装备的需要。至此，美国从农业国变成以重工业为主导的工业国家，从 1814 年工业革命算起到 1900 年，美国实现工业化历时 80 多年。[31]

美国的工业化主要表现为交通运输业先行发展，尤其是铁路建设在南北战争后得以大规模开展，有力地促进了美国工业化的进程。到了 19 世纪末，美国全国已建成四通八达的铁路网和几条横贯大陆的干线，全国铁路 1860 年仅有 4.93 公里，到 1914 年增至 40 万公里，接近世界铁路总长度的一半。由于铁路的不断扩展，扩大了国内的市场，带动了煤炭、钢铁和机器制造部门的发展。[32]由于铁路运量的大幅度增长，铁路公司的巨型企业也随着经济的发展出现了，于是在铁路的经营管理上出现了巨大的问题。人们在解决铁路经营管理问题上进行了研究并取得了进展，对科学管理的产生起到了很大的作用。另一方面，美国的工业化是在大规模利用国外资源的背景下展开的，除了吸收国外的技术和资本外，还吸收了大量的劳动力——即移民，19世纪后半叶到1910年间移民工人占美国劳动力总数的比重一直在1/5左右。[33]大约有2300万主要来自西欧和北欧的农村移民，其中有相当数量的技术人员，还有较大部分是纯体力的劳动者。马克思和恩格斯在《共产党宣言》中说："移民还使美国能够以巨大的力量和规模开发其丰富的工业资源，以至于很快就会摧毁西欧特别是英国迄今为止的工业垄断。"[34]

美国工人也随着经济危机的发生而遭遇悲惨的命运。自1873—1907年的5次世界性经济危机中有3次是自美国开始爆发的，且生产力受到严重的破坏。如在1907年的大危机中，美国破产的信贷机构超过了300个，此外还有30多家铁路公司倒闭。美国工业下降的百分比要高于以前的任何一次危机，以月度数字计算，钢铁下降近60％，生铁下降38％，估计失业人数为500万～600万人。

西方世界的经济危机导致了一系列的矛盾，迫使新兴制度内部的改革势在必行，新的管理形式的出现已成为必然。这种矛盾表现在三个方面：一方面，由于资本所有者在危机中设法转嫁危机，使工人和资本家的矛盾越来越尖锐。矛盾初期是在个别工厂和局部地区进行斗争，随着斗争的进展，工人在斗争中组成了反对资本所有者的同盟（工会）。比如，在1897—1904年间，美国参加工会的人数从40万人迅速增加到207万人，很快由地方性的斗争发展为大范围乃至全国性的斗争，由经济斗争上升到政治斗争，斗争越来越白热化，社会局势也越来越动荡不安。社会的不稳定直接影响了生产，使当时的劳动生产率大幅度下降，资本家处于两难境地。为了扭转被动局面，缓和工人与资本家的对立情绪，协调二者之间的关系，合理利用资源，提高生产率，人们不得不从另一个角度去思考问题，寻求一种比较合理的方法解决劳资矛盾，在这种情况下产生了泰勒所倡导的科学管理思想。

另一方面，资本所有者在经历了数次经济危机之后，在大批中小企业倒闭的现实中终于发现，每次经济危机中，资本雄厚的企业往往能经受得住危机的打击，于是这样的大企业数目不断扩大，逐渐形成了垄断组织。进入20世纪后，美国的生产力得到了比较充分的发展，形成了国内统一市场，生产社会化程度、生产集中和垄断化程度都比较高，金融资本的发展更是首屈一指，垄断组织不断扩大，其高级形式托拉斯尤为发达。垄断组织从地区扩大到国家，从国家扩大到国际，出现了跨国公司。随着经营规模的扩大，信用制度、股份公司的建立和发展，导致了所有权和经营权分离，现实中越来越需要管理职能的专门化。为了适应这种变化就需要建立有效的管理体制，以维护资本主义的社会关系，从而出现了许许多多致力于这方面管理研究的人员。

最后，随着美国经济的高速发展，来自世界各地的富于开发冒险精神的移民大批涌入北美大陆。到了美国后，他们大部分集中在沿海的一些工业城市。他们大多数是来自农村的身体健壮的农民，因此，是资本家雇佣的绝好对象。同时生产力的发展、企业规模的扩大也要求增雇更多的工人，然而，遗憾的是他们大部分人没有技术只会干体力活，不能作为广泛运用机器来进行作业的产业生产者。因此在当时迫切需要一种新的管理方法，能在短期内迅速地将这些体质强壮的非工业劳动力，培训成适应工业生产要求的熟练工人。

人类社会的发展历程总是伴随着生产力的发展，而不断出现的科学理论的大综合，又进一步推动了生产力的发展。潜心研究，我们发现这样一个事实：在历史进程的某一个阶段，当社会的需要和科学本身发展成熟到某一交叉点的时候，就会有一个巨人站在历史的高度进行理论上的大综合并进行划时代的突破，从而有力地推动社会的进步。

在 20 世纪初资本主义的发展进程中，越来越突出地显现出，社会迫切需要一种科学的管理理论来维护和推动社会的发展，而管理思想本身是否发展成熟了呢？美国早期的科学管理思想对此做出了明确的回答。

第八节　美国早期的科学管理思想

美国的经济是用火车轮子带动起来的。在短短的几十年内，铁路的迅速延伸使美国的铁路公司急速扩张，而关于怎样管理铁路的问题却没有得到很好的解决。当时在美国的东北部，纺织业居于支配地位，其管理技术来自英国。但是纺织企业的规模没有铁路那么大，而且它们属于两种不同类型的企业。美国的铁路公司发展如此迅速而又巨大，同时又异常复杂，既无现存的管理文献可供参考，也无实际的经验可供借鉴。在铁路公司中，首先要解决的是轨道和车站列车的管理系统问题，必须建立起相应的管理组织体系。其次，要解决如何分配大量的固定成本和由此引发的巨额财政问题。于是，铁路不仅是美国经济起飞的开路先锋，而且也成为美国管理的先行者。美国铁路公司在率先建立了一个包括各种规模与性质的组织结构的同时，还培养了一批最早的职业管理者。

一、丹尼尔·麦卡勒姆

麦卡勒姆（Daniel C. McCallum，1815—1878）出生于苏格兰，1822年到美国，只上过几年小学。他不愿意继承父业做裁缝，因此，离开家庭和学校去当木工学徒，这使他日后成为一个有成就的建筑师。他在1848年进入纽约伊里铁路公司，在那里显露出他的管理才能，1854年5月被任命为伊里公司的总监。

麦卡勒姆所面临的问题既多又复杂。当时，美国的铁路公司大都是由一些小的铁路公司合并而成的，不仅缺乏统一的强有力的领导和严密的控制系统，而且铁路的设备和职工也分散在各地。由于铁路线长达几千英里，数百个车站，它们之间的联系和协调在客观上要求通讯系统相当发达。铁轨和车辆投资甚大，这就必须制定长远的计划，防止投资失误。同时，保证旅客的安全和避免货物损失，降低由于铁路不断扩大而造成的高事故率等，成为对铁路经营成败至关重要的要素。要改变当时人们对铁路秩序混乱、效率低下、事故频繁的固有印象，并且改变人们认为这种现象是无法改变的观念，就需要一个庞大而且跨地区的超出人们想像的科学管理体系。

麦卡勒姆为此做了很多工作。他认为"良好的管理要以严格的纪律、具体及详细的职务说明书、经常准确地报告任务完成情况、根据成绩确定工资和提升、明确规定上下级的权力层次以及在整个组织机构中贯彻个人负责和下级对上级报告的责任等为基础"。[35]他主张用严密而明确的规章制度来进行管理。因此在他刚上任开始整顿的时候遭到了工人的反对，伊里铁路公司的火车司机罢工了10天，他们不是要求缩短劳动时间，也不是要求增加工资，而是反对麦卡勒姆实行的制度，但是在麦卡勒姆的坚持下，整顿还是开始了。

麦卡勒姆的管理经验可以从两个方面来加以认识。

1. 制定严密的管理制度，其原则如下：①适当的职责划分，进行明确的分工。②授予充分的权力以便能够切实承担责任。③要有能够了解是否切实承担起责任的手段。④极其快捷的报告制度，对于一切情况能即时地进行反馈，如果出现疏忽和偏差能及时地得到纠正。⑤通过每日的检查和报告来反映上述各种情况。

这种制度的一个前提条件是不应增加主要负责人的麻烦，也不应该减少主要责任人对下属的影响，而要使得他不仅能及时发现情况，而且能找到失职的人员。

2. 制定了一套十分详细的组织细则来贯彻这些原则。①依据任务把工人划分和确定为不同的等级，要求每个工人都穿规定的服装，戴上表示他们等级的记号。②制定广泛的规章制度条例，并为职工拟定职务说明书，规定职工必须遵照职务说明书进行工作，不得自行其是。例如，火车司机必须按规定亲自下车检查调车场的道闸是否正确，以便保证行车的安全。③为了使其措施得以贯彻，麦卡勒姆绘制了一张正式组织图，在这张图中直线权力是绝对的。这张图像一颗树，上面标出了权力和责任的层次，各业务部门的劳动分工，以及报告制度和控制的联络路线。树根代表董事会，树枝代表 5 个业务部门，以及机车的修理、车厢、桥梁、电报、印刷、司库和秘书办公室等参谋机构，树叶是各个地方的货运部和售票处、下级监工、乘务员、领班以及其他的基层人员。[36] 从图中可以看出，在麦卡勒姆的组织图中整个铁路系统全部控制在董事长的手中，从而力图达到高效运转。他强调："执行一项严格的纪律制度……是取得成功所必需的，也是必不可少的，所有的下级只应对他们的顶头上司负责，并接受他们的指导，如果负责基层班组的领班受到上级官员直接向下属公布的命令的干扰，那么这种命令是得不到遵从的。"④麦卡勒姆还巧妙地设计了一个反复核对的控制系统，利用铁路的电报信息系统，要求每小时对每一列火车的行驶地点做出汇报，每天对客货运行情况做出日报，以及每月为制定计划、运价和控制提供管理信息，并要求货运和客运列车员报告列车运行装货、货运和损失的情况。通过这些报告进行比较，就可以发现不一致的地方，从而找出不诚实的现象。这个控制系统不仅加强了对铁路运行的管理，而且把当时的信息管理水平提高到了一个较高程度，资源得到了较充分的利用。

麦卡勒姆的管理思想和办法应该是正确的，但是遭到了工人们的反对，并因此发生了长达 6 个月的罢工，为此麦卡勒姆于 1857 年辞去了他在纽约伊里铁路公司的职位。然而他的管理经验被其他的铁路公司所采用。在他辞职 4 年后，1862 年联邦政府军事部长，埃德温·斯坦顿任命他为美国所有铁路的指导和监督，有权为了取得战争（当时美国正在进行南北战争）胜利而接管任何一条铁路。在他的管理下，一天内从单线的铁路上把 160 辆车皮送了 360 英里，为联邦政府的谢尔曼将军在亚特兰大战役中送去了 10 万士兵和 6 万头牲口，为保证战争的胜利做出了贡献，因而他荣升为少将。

在 100 多年前，麦卡勒姆就采用了现在看来是理所当然的管理方法，但在当时确实是一件非常了不起的事情。同时，他的一系列做法对后来管理思想的影响是十分巨大的。

二、亨利·普尔

普尔（Henry Varnum Poor，1812—1905）长期担任《美国铁路杂志》的编辑，是麦卡勒姆的知音。并且在麦卡勒姆管理铁路时，他是麦卡勒姆的最主要的支持者，而麦卡勒姆的成果产生巨大的影响应归功于普尔和他的杂志。

普尔从麦卡勒姆的铁路管理中了解了许多关于早期管理的思想，他主张建立一种管理体系来管理企业。这种体系不能依靠企业的创办人和资助者来管理企业，而是通过专职的管理人员来进行，并主张改革原有的管理模式。他还在麦卡勒姆的管理实践中发展并建立健全了管理体系的三条基本原则：①组织。这是所有管理工作中最基本的条件。从总经理到一般工人都必须有详细的劳动分工，每个人都有具体的职责，而且明确其对直接领导负责。②通讯联系。这是在组织中设计出的一种报告制度，使企业的最高领导人能连续、确切地了解业务的进展情况。③情报资料。这是将通讯联系记录下来，并且归类、汇编。将有关的开支、收入和运价的业务报告汇编成册，其实就是数据库的概念，对相关资料进行分析、判断以便改进业务。

普尔在考察了英国的铁路管理和对麦卡勒姆因罢工辞职的事件进行思考后，感到他的三项原则不一定能顺利地完成管理任务。因为人们在实施这些管理原则的过程中，产生了极大的抵触情绪。所以，他提出不能把人看成机器，而工资也不是万能的论断。他说："对任务不能总是做出硬性规定，最宝贵的东西是自觉自愿。"他提出用一种集体精神来克服严格管理的官僚作风，提出要在不影响个人尊严的情况下从混乱中寻找秩序。他认为领导失败的根源有两个：①不是根据能力和教育的情况而是根据其他的因素来选拔人才。②未能建立一个可以查明管理人员情况的系统。他呼吁培养有能力的妥善管理别人财产的职业管理者。[37]

普尔在法约尔提出统一指挥原则60年之前，已经认识到最高管理层的问题就是要使下级能对组织有一个整体的系统的认知。领导人不仅要了解管理工作的各个方面，还要了解所有的人。普尔在泰勒之前提出了管理制度问题，在梅奥之前提出了对人的因素的认识问题，所以普尔在管理思想史上是一个卓越的人物。雷恩在他的《管理思想的演变》一书中指出：普尔"透彻地研究了更广泛的管理及环境问题，他论及的问题既是今天管理部门面临的问题，也是今后管理会碰到的问题。他认为政府所应起到的是保护而不是控制作用，这个见解说明了反复出现的企业同政府的关系问题。他曾努力要在混乱中建立秩序而又不破坏个人的积极性和尊严，而这也是当前所面临的问题"。[38]

三、亨利·汤

亨利·汤（Henry Tom，1844—1924）是美国的工程师和管理学家，也是一位杰出的企业家。他从 24 岁起在耶尔—汤制造公司任总经理达 48 年之久。他根据自己的长期管理经历，在管理思想上有着和泰勒极为相似的认识。他首先强调的是管理的重要性，认为管理是一门独立的科学。而且，企业家们需要的管理知识应该在管理杂志上获得，那么就应该鼓励办管理杂志和管理协会。他在著名的论文《利益分享》一文中提出了一种激励职工的收益分配制度，尽管在此之前也有人提出以利润分享的办法来缓和劳资矛盾，但是汤认为利润的分享既不是一种公正的措施，也不是一种正确的解决问题的方法。因为如果实行了利润分享的话，那么这个部门的利润很可能被另一部门的失误所抵消，而使企业整体没有利润或利润减少。他的具体做法是：每一个职工享有一项保证工资，然后每个部门按照科学的方法制定工资标准，并确定生产成本，该部门超过规定定额时，由部门职工和管理阶层各得一半，定额应保持三五年不变以免降低工资。他不仅提出了理论和方法，还在他的企业中推广这种科学管理方法。他的利益分享工资制，实际上试图对作为刺激生产手段的工资这个重要课题进行开创性实验，其重要性不逊于泰勒的时间和动作研究及成本分析等课题。

四、弗雷德里克·哈尔西

由于当时的劳资矛盾日益尖锐，在如何分配利润和支付工人工资的问题上，哈尔西也做出了应有的贡献。哈尔西（Frederick Halsey，1856—1935）在 1891 年美国机械工程学会上发表了一篇题为《酬偿劳动的奖金方案》的论文。在此文中，哈尔西首先对当时普遍适用的计时、计件和利润分享三种薪酬制度进行了分析，指出这三种分配的方案都有较大的缺陷。例如日工资制，它对工人激励动力有限，而一般计件工资制，在工人较为明显地提高产量以后，雇主就会提高定额数以便降低工资率，使工人的工作热情受到挫伤。汤的收益分配方案有以下缺点：①收益的增长除了工人的生产以外还有其他许多因素，而汤的方案中没有反映这些因素。②懒惰的工人也同勤劳的工人一样分配收益是不公平的。③定额在三四年内不变，则工人的工资增加以后的收益时间太长。④同样没有指出如果亏损，工人应该承担什么责任，即工人只分享收益而不分担损失是不公正的。

面对以上各种困难，哈尔西提出了一种新的奖金方案：以工人目前的产量作为标准产量，以工人目前所用的时间作为标准时间，工人如果提前完成了工作，则把节省的时间收益按一定的比率（约正常工资率的1/3或1/2）发给工人作为奖金。他认为这个方法有以下优点：①简单易行。以工人目前的生产时间作为标准，而其他方法需要重新测定。②工人基本工资有了保证。因为这是以目前实际达到的生产时间作为标准时间的。这样做一天就有一天的工资，而超过的部分还可以拿奖金。③奖金的多少是根据个人超额的多少决定的，消除了平均主义。④提高了效益。由工人和雇主共享，雇主还可以得到相当大的部分，不会急于提高定额而降低工资率，从而减少了劳资纠纷。

分配利润和工资问题被认为是劳资矛盾的焦点，汤和哈尔西等管理学家和企业家们为此提出了各种方案来测定劳动定额。他们这一思想同泰勒的计件工资的差别工资制构成了当时工资方案中重要的模型，对当时英、美等国产生了很大的影响。

五、亨利·梅特卡夫（1847—1917）、奥伯林·史密斯（1840—1926）

在泰勒系统形成科学管理理论之前，梅特卡夫接管了法兰克福的兵工厂，他发现该厂的传统组织和管理方法不仅造成很大的浪费，而且效率低下。于是，他于1881年建立了一套新的控制制度。泰勒称梅特卡夫是"发明和引进了车间上报卡片这种制度，代表了管理技术中的另一项显著的进展"。[39]这是一个解决控制问题的方法，卡片分为工时卡和材料卡，卡片中有各种详细的说明。当工人完成工作以后，将卡片交给工长，工长则对此做出评价，并将此卡片作为资料保存下来。如果该部门能高质量和低成本地完成工作量，不仅可以通过卡片了解这一情况，而且还能确切地衡量每个工人的成绩，同时又减少了各种报表和报告，这种方法具有和现代管理方法中看板管理相同的作用。小小的卡片将劳动控制、成本控制和工厂管理紧密地结合起来，这不能不说是一个具有深远意义的创举。

史密斯对泰勒的影响也是很大的。泰勒承认史密斯是科学管理的先驱之一。史密斯的主要贡献是为机械企业的管理提出了一套机械零件术语和记忆符号系统及其有关的原则。在机械方面他和泰勒是同行，因而对泰勒的影响是可想而知的。他建立了一个良好的机械零件命名系统原则：①区别性。使同一工厂中的各种机器零件能相互区别。②记忆性。术语和符号应使人便于想起所表示的机器中的那个零件，并使其用途和习惯用法相一致。③简明性。简单明确。这三种原则对以后的所有术语系统都有较大的影响。

另外，钢铁大王卡内基和金融家、企业家沃顿，对管理教育和科学管理理论也做出了巨大的贡献。在泰勒进行科学管理试验最困难的时候，沃顿给予了大力的支持，才使泰勒取得了应有的成果。他还在1881年，向宾夕法尼亚大学提供了10万美元建立沃顿学院，以便教育和训练从事一般管理和财务管理的年轻人。这是美国第一所管理学院，到1911年美国已有32所工商管理学院。

在泰勒的科学管理之前，从管理这门学科本身来说，在社会需要的大力推动下，麦卡勒姆和普尔对企业的组织结构和职能控制做了充分的准备，汤、哈尔西对工人的工资报酬及收益的分配做了探讨和实验，梅特卡夫和史密斯在车间管理上做出了尝试，同时有沃顿商学院提供的教育推动。从理论与实践，从出版物到课堂，都为管理学上的重大突破营造了氛围。科学管理诞生的客观环境和物质条件都已经具备，在时代呼唤和科学成熟的交叉点上泰勒站了出来，科学管理的春天到来了。

注　　释

[1] 马克思,恩格斯. 共产党宣言. 24

[2] Weber Max. Die Protestantische Ethik and der Geistdes Kapitalismus. 1904，1905

[3] 马基雅维利. 君主论. 97

[4] Wren. The Evolution of Management Thought，1994. 38—39

[5] Wren. The Evolution of Management Thought，1994. 39

[6] 保尔·芒图. 18世纪产业革命,255

[7] 马克思恩格斯全集. 第2卷300

[8] 马克思恩格斯全集. 第4卷共产党宣言

[9] 阿诺德·汤因比. 工业革命. 波士顿:贝肯出版公司,1956,89,初版于1884年

[10] 萨伊. 政治经济学概论

[11] 何征,严映容. 管理思想的演进与现代企业管理,35

[12] 马洪,孙尚清主编. 现代管理百科全书,8

[13] 马洪,孙尚清主编. 现代管理百科全书,8

[14] Smith Adam. An Inquiry into the Nature and Causes of the Wealth

of Nations. New York：Modern Library，1937，Originally Published in 1776，P6

[15] Smith Adam. An Inquiry into the Nature and Causes of the Wealth of Nations：321

[16] Smith Adam. An Inquiry into the Nature and Causes of the Wealth of Nations：321

[17] Urwick Lyndall，ed. The Golden Book of Management. London：Newman Neame，1956，9

[18] Urwick Lyndall，ed. The Golden Book of Management. London：Newman Neame，1956，13

[19] George Claude S, Jr. The History of Management Thought，Englewood Cliffs，N. J.：Prentice-Hall，1958，1972

[20] Owen Robert. The Life of Rovert Owen. London：Effingham Wilson，1857

[21] 宋则行，樊亢. 世界经济史，上册223

[22] 同上. 232

[23] 萨伊. 政治经济学概论. 1803

[24] Andrew Ure. The Philosophy of Manufacturers，London：Charles Knight，1835

[25] 马洪，孙尚清. 现代管理百科全书：14

[26] Charles Babbage. On the Economy of Machinery and Manufactures. London：Charles Knight，1832

[27] Taylor. The Principles of Scientific Management. 1911

[28] Taylor. The Principles of Scientific Management. 1911

[29] George Claude S, Jr. The History of Management Thought. 1968

[30] George Claude S, Jr. The History of Management Thought. 1968

[31] 宋则行，樊亢. 世界经济史. 上册，291

[32] 同上. 202

[33] 宋则行，樊亢. 世界经济史. 上册，202

[34] 马克思，恩格斯. 共产党宣言

[35] 麦卡勒姆. 总监工报告. ［1856年3月25日，纽约和伊利铁路公司1855年度的报告］

[36] 麦卡勒姆. 年度报告. 102

[37] Chandler Alfred D, Jr. Henry Varnum Poor. Business Editor, Ana-

lyst, and Reformer, Cambridge, Mass. ：Harvard University Press，1956

［38］Wren. The Evolution of Management Thought. 1994

［39］Taylor, Shop Management. New York：Harper & Row，1903

深入阅读建议

1. Smith Adam. An Inquiry into the Nature and Causes of the Wealth of Nations. 1776

2. George Claude S, Jr. The History of Management Thought. 1968

3. Urwick Lyndall，ed. The Golden Book of Management

4. Wren. The Evolution of Management Thought. 1994

5. Chandler Alfred D, Jr. The Visible Hand：The Managerial Revolution in American Business，1977

阅读互动

1. 尤尔被誉为管理教育的先驱。

2. 据雷恩先生的研究，巴贝奇对"开支"的探讨类似于早期的成本会计法。但是它不同于现代的成本会计法，因为它只说明了成本，而没有根据标准成本法分析出哪些是应该支付的成本。

3. 有关麦卡勒姆的个人资料可参见：W. 杰罗姆·阿诺德：《大企业走上管理轨道》，1966 年，第 104—106 页；或参见杜马·马隆主编：《美国名人传记字典》，Vol6，第 565 页。

4. 美国曾流传着一则轶闻，说钱德勒教授系亨利·瓦农·普尔的曾孙。

思 考 题

1. 工业革命后工厂制度对管理所提出的客观要求。

2. 亚当·斯密关于提高生产效率的理论分析。

3. 现代管理思想在索霍工厂的尝试及其启示。

4. 科学管理的理论准备有哪些？

5. 科学管理的实践准备有哪些？

第三章

科学管理理论的形成和发展

> 管理的主要目的应该是使雇主实现最大限度的富裕，同时也使每个雇员实现最大限度的富裕。

——泰勒

南北战争结束以后不久，美国很快形成了一种新的工业发展气氛，不少工业部门开始出现了大型企业。由于工业的快速发展，对提高生产率来说，管理成为最为薄弱的环节。当时尽管有一些人对管理进行了探索，但基本上仍然是凭传统的经验办事，管理十分粗糙。车间管理如劳动的专业化、操作的标准化和程序化都没有建立起来，更谈不上工作的协调化、一体化和系统化，不仅造成了极大浪费，而且效率低下，生产的潜力得不到发挥。于是，有一批工程师、企业家对工厂、车间经营效率不高的原因进行了研究，通过实验来寻求合理组织生产和发挥工人潜力的方法，并利用美国的机械工程师协会发表各自的看法，泰勒就是在这种情况下走上历史舞台的。

第一节　泰勒对科学管理的探索

一、泰勒其人

弗雷德里克·泰勒（Frederick Winslow Taylor，1856—1915）生于宾夕法尼亚州杰曼顿的一个富有的律师家庭。他的父亲是一个律师，母亲生于清教徒世袭家庭。泰勒在这个家庭中受到了不寻常的教育，为他今后的工作做了素质上的准备。在泰勒的早期教育中，他大量学习古典著作并学习了法语和德语。泰勒迷恋科学调查研究和实验，强烈希望遵照事实改进和改革事物。在早期，他还对缺乏优良的方法充满了不满，并且发明了一些精巧的器具，这些都为他

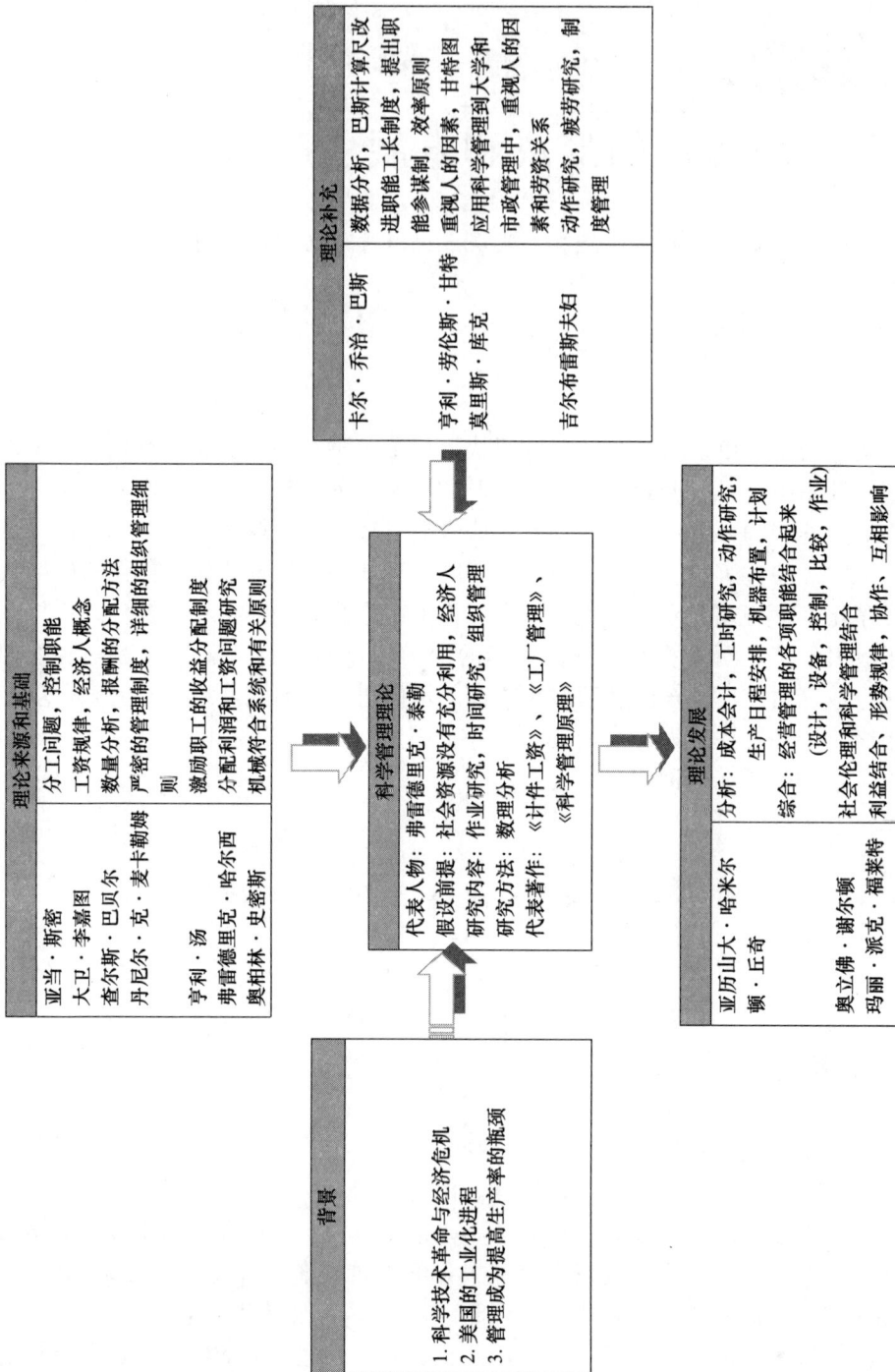

背景

1. 科学技术革命与经济危机
2. 美国的工业化进程
3. 管理成为提高生产率革的瓶颈

理论来源和基础

亚当·斯密	分工问题，控制职能
大卫·李嘉图	工资规律，经济人概念
查尔斯·巴贝尔	数量分析，报酬的分配方法
丹尼尔·麦卡勒姆	严密的管理制度，详细的组织管理细则
亨利·汤	激励职工的收益分配制度
弗雷德里克·哈尔西	分配利润和工资问题研究
奥柏林·史密斯	机械符合系统和有关原则

理论补充

卡尔·乔治·巴斯	数据分析，巴斯计算尺改进职能工长制度，提出职能参谋制，效率原则
亨利·劳伦斯·甘特	重视人的因素，甘特图
莫里斯·库克	应用科学管理到大学和市政管理中，重视人的因素
吉尔布雷斯夫妇	动作研究，疲劳研究，制度管理

科学管理理论

代表人物：弗雷德里克·泰勒
假设前提：社会资源没有充分利用，经济人
研究内容：作业研究，时间研究，组织管理
研究方法：数理分析
代表著作：《计件工资》、《工厂管理》、《科学管理原理》

理论发展

亚历山大·哈米尔顿·丘奇	分析：成本会计，工时研究，动作研究，机器布置，计划生产日程安排
	综合：经营管理的各项职能结合起来（设计，设备，控制，比较，作业）
奥立佛·谢尔顿	社会伦理和科学管理结合
玛丽·派克·福莱特	利益结合，形势规律，协作，互相影响

图 3—1

后期取得成功奠定了基础。泰勒的父母希望他能继承父业当律师，让他到菲力普斯·埃克塞特学院上学以便进入哈佛大学。由于泰勒学习刻苦，常开夜车，使他的健康和视力受损，因而不得不辍学去费城的恩特普利斯液压机厂做学徒，在那里干了3年。3年的学徒生活是清苦的，过着犹如苦行僧般的生活却使泰勒受到了非常重要的锻炼，使他在自我管理、自我控制方面获得深切的体会，对他后来的工作打下了较为坚实的基础。

学徒期满以后，22岁的泰勒来到大钢铁公司的米德维尔工厂，做一名机械工。由于泰勒工作努力，仅用了6年的时间就从一个普通的技工逐步提升为总技师，并在1884年提升为总工程师。在这期间，泰勒深感自己没有系统地受过高等教育，因而参加了新泽西州的斯蒂文斯技术学院业余学习班的学习，于1883年毕业，并获得该学院的机械工程学位。他在米德维尔工作了12年，不断地从事关于管理和技术的试验，系统地研究和分析了工人的操作方法和劳动所花费的时间。1890年泰勒到一家制造纸板投资公司任总经理，1893—1898年从事工厂的管理咨询工作，1898年受雇于宾夕法尼亚的贝瑟利恩钢铁公司做咨询工作，在此期间他同怀特合伙发明了高速工具钢并获得了专利。1901年以后开始无偿地做咨询工作，并不断地进行咨询、演讲和撰写管理文章，宣传他的管理主张。1906年泰勒担任了声誉很高的美国机械工程师协会主席，1915年病逝，终年59岁。在他的墓碑上刻着"科学管理之父：弗雷德里克·温斯洛·泰勒"。他的著作较多，其中最著名的是1895年发表的《计件工资》和1903年发表的《工厂管理》以及1912年发表的《科学管理原理》。

泰勒的性格很像他的母亲，思维极为活跃好奇，并且个性坚强。在泰勒的性格中表现出极为强烈的社会责任感，他既不吸烟又不喝酒，甚至把茶和咖啡也看做是应予避免的刺激品。他喜欢把工作看成是享乐，而且认为工作比享乐更有意义。尽管他为人严肃，早期同工人有过争斗，但却充满了同情心和幽默感，他的正直的品格赢得了工人的尊敬，而他极端的热诚也感动了工人。他的一位同事说："死人若能听到他讲的话，死人也会充满了热情的。"然而可悲的是，他晚年失去了朋友，他的工作遭到了别人的误解，认为他提出的管理方法是用来压制工人的，这对他来说是不公正的。因为他极为勤奋的一生都是献身于为工人服务的。[1]

二、泰勒面临的问题及其思考

泰勒真正开始观察管理问题，可能是刚到米德维尔工厂当工人的时候。泰勒的清教徒家庭所形成的观念，和他发现的许多工人在干活时磨洋工、工作效率低下的现象，产生了很大的冲突。在当时，有些工作早已实行了计件工资制，但是由于雇主在工人提高生产率以后就降低计件的单价，以至于谁也不愿意多干活。工厂为了提高产量，在计件工资的基础上又采用了利润分配制度，以弥补计件工资的缺陷。尽管如此，工人仍然丝毫不愿多干活。从道理上讲，工人是不可能不希望获得较高收入的，所以，采用计件工资应该很容易达到目的，但是为什么产量就是提不高？在泰勒看来，工人的产量只达到当天能完成产量的1/3。泰勒是从工人做起的，知道其中的原因，这是由车间工人商量决定的，他当工人的时候也从不打破这一定额。在他当了工长后，对这一问题进行了深入的思考，他认为这是由两个问题引起的：一个是因为经营者方面不明智造成的。如果工人拼命干活产量当然会提高，工人的收入也相应的增加，但经营者却因为产量的提高而调低单位产量的工资水平，于是引起单位产量的工资率下降，致使工人非常努力的干活也达不到原先的工资标准。这样一来，工人们就把工作量定在只要适当地把活干到不被解雇的程度，就不再继续提高产量。所以从这方面看，工人磨洋工也就成为理所当然的事情。二是工人们存在着误解。他们认为如果过分地努力工作，同伴们的就业机会就会减少。即是说，如果工人拼命干活，就会造成连已经有工作的工人也会失去工作，因此，从帮助同伴的角度上，努力增加产量的必要性也就不存在了。

这就是说努力工作增加产量的结果是：个人的收入得不到增加，同时又失去了同伴的友谊。这是谁都不愿干的。这种怠工并不是个别问题，而是全国范围内企业组织普遍存在的问题。怎样使工人们多干活呢？这是当时经营管理者最为头痛的事情，也是泰勒当工长以后着重考虑的问题。

在泰勒当工人时，他虽然不是出于本意少干活，但他不得不遵守同事们的规矩。当上了管理者之后，他的责任感驱使他下决心解决这个问题。泰勒开始向传统挑战。他要设法使车床多生产出产品，而工人则坚决不答应，于是在泰勒的科学管理理论诞生初期开始了一场持久艰苦的斗争。

泰勒首先自己上车床做示范，以便让工人认识到改进生产方式是可能的。但是工人拒绝改进，根本不肯加快工作，产量还是维持在原来的水平上。泰勒又想了一个方法。他找来一批聪明、能干、过去没有机会学习操作机器的手艺人，苦口婆心地教给他们怎样开机床，怎样把工作做得又快又好。经过一番苦心培训，这批人学会了使用机床。他们一开始也向泰勒保证要达到一个合理的产量，但是当他们完全掌握了这门手艺后，却一个个加入到其他工人的行列，和他们的产量一样，并跟他们一起和泰勒作对。泰勒责备他们不遵守诺言，扣了他们一半的工资。这些人向经理告状，但因为泰勒早已和经理说明了事情的原委，泰勒取得了暂时的胜利。经过长期反复的斗争，这些人终于认输了，并且接受了合理的产量安排。可是每当要达到定额或迫使新手按泰勒规定的速度生产时，机工就故意破坏机器，借此说机器负担过重而发生毁坏，以此现象说明泰勒采用专制性措施来增加产量是愚蠢的。泰勒在没有其他更好办法的情况下制定了一条规则，凡是破坏机器的人必须自己付出一部分修理费，否则就坚决辞退，并将这笔罚金作为工人的互助金使用。这种做法得到了经理的支持，工人的反对失败了，同意接受合理的工作量。这场斗争持续了3年，最后以泰勒胜利而告终。但是泰勒同时也背上了暴君的名声。后来他自己在谈到最初的尝试时说："为了提高产量我已经全力以赴了，可是工人们的决心也很坚定，我如果再上点年纪，熟于事故的话可能也不会干那种强迫别人做不愿做的事之类的傻事了"。[2]

从另一方面说，泰勒的思想基础是马克斯·韦伯所称的那种清教徒式的美德，是一种新型的资本主义精神，即以勤奋和节约为宗旨的精神。与此相反的情况在泰勒看来是不能容许的。工人不尽力工作，是一种令人可憎的道德问题，是品德败坏的表现。他甚至认为这是一种罪恶，这种罪恶比机器或工人闲置不用还要可恨。这也是历时3年泰勒和工人斗争并坚持到底的内在原因。从某种意义上说，这是两种道德观和价值观的冲突，也反映出支撑资本主义大厦的三根精神支柱对资本主义发展起着巨大的作用。

泰勒赢得这场斗争的胜利后，不再采用罚款和降低工资的方法，而是建立了严格的制度。这也促进了泰勒对这场斗争的思考，即如何在实际工作中避免管理部门和工人之间的剧烈冲突。也许是英国的巴贝奇那种观察制造业的方法和每天公平的工作量的概念。给泰勒以一定的启发。他认为有必要做出一种新的设计，确定一个大家都能接受的客观标准。这就是真正的科学管理思想。

泰勒对工人磨洋工的问题是这样解释的：①工人的认识问题：认为加快工作会使另外一些工人找不到工作。②管理问题：当时的管理制度存在着严重的缺陷。③工人的传统问题：工人们使用代代相传的单凭经验的工作方法。通过以上分析，泰勒认为主要的责任是在管理部门，只要管理部门能适当地确定工资，提供适当的激励，便能减少怠工。克服磨洋工现象的真正困难，是如何切实为每项工作制定完全公正的标准，即怎样取得"合理的工作量"。这就必须从事实出发，通过科学的试验找出这个含有深刻科学意义的标准。

三、泰勒对科学管理的探索

泰勒解决问题的方法和许多科学研究一样，都是从实验开始的。泰勒结合自己多年从事机械生产的经验开始进行艰苦的探索，这主要反映在他的3个最有名的试验中。

（一）搬运铁块实验

1898 年泰勒在企业家约瑟夫·沃顿的鼓动下，从米德维尔钢铁公司转到伯利恒钢铁厂工作。来到该厂后，泰勒请来了一些助手，如在一起共过事的亨利·甘特等人，他们发挥各自的特长，使实验取得了圆满的成功。

伯利恒钢铁公司货场里的原材料，是由一组计日工搬运的。工人每天挣得 1.15 美元，这是当时的标准工资。对工人奖励或惩罚的惟一方法，就是找他们谈话或开除。有时，也从中选拔较好的人到公司的车间里做等级工，可得到略高的工资。工人搬运铁块平均数，在每天 12—13 吨之间，泰勒就是从这里开始他的实验的。第一步是科学地挑选工人。他们用了 3—4 天的时间仔细观察和研究了其中的 75 个人，从中挑选出 4 个人，然后又仔细地研究了这 4 个人中的每一个人，调查了他们的历史、性格、习惯和抱负，最后挑选了一个身材矮小的宾夕法尼亚的荷兰人施密特，此人因爱财如命，且又十分小气而闻名。他们要求此人按新的要求干活，每天可以使他得到 1.85 美元。他们的研究方法是：①从车上或地上，把生铁搬起来需要几秒钟。②带着所搬的铁块在平地上走，每英尺需要多少时间。③带着所搬的铁块沿着跳板走向车厢，每步需要多少时间。④把生铁扔下或放在料堆上用几秒钟。⑤空手回到原来的地方每走一英尺需要多少时间。经过仔细地研究他们发现，采用科学的方法对工人进行训练，并把劳动时间与休息时间很好地搭配起来，工人平均可以将每天的工作量提高到 47 吨，而且负重搬运的时间只有 42%，其余的时间是不负重的，工人也不感到太疲劳。而同时采用刺激性的计件工资制，在工人每天搬运达到 47 吨标准后，工资也增加到 1.85 美元。

当施密特进入实验后，他们告诉他何时休息、何时工作，结果，施密特在第一天就很早地搬完了 47.5 吨生铁，拿到 1.85 美元。于是，其他人也渐渐要求泰勒指导他们掌握得到 1.85 美元的新的工作方法。泰勒把这项实验归结为 4 点核心内容：

第一，精心挑选工人。

第二，诱导工人使之了解这样做对他们没有损害，还可以得到利益。

第三，对他们进行训练和帮助，使之获得完成既定工作量的技能。

第四，按科学的方法干活节省体力。

泰勒相信即使搬铁块这种纯体力劳动也是一门科学，而且这门科学很深奥。

（二）铁砂和煤炭的铲掘实验

早先，铲掘工人是自备铲子到料厂干活的。那么，用铲子铲铁砂每铲的重量太重，容易疲劳；铲煤，则每铲又重量不足。泰勒研究发现，当一个工人在操作中的平均负荷量大致是每铲21磅时，就能达到最大的工作量。因此，他在进行实验时不让工人自己带铲，而是准备了8—10个不同的铲子，每种铲子只适合于铲某种特定的物料，这不仅是为了使工人平均铲掘达到21磅，也是为了使这些铁铲能适用于若干的条件。为此，他建了一间大型的工具房，里面存放着精心设计的各种工具。同时，他还设计了两张有标号的纸卡，一张说明工人在工具房所领的工具和该在什么地方干活，另一张说明他前一天工作的情况，也就是一份干活的证明书，上面还记载着前一天的收入。在工人们取得白色纸卡的时候，工人就会明白一切正常，而当取得黄色纸卡的时候就意味着要加油干了，否则的话就要调离工作。泰勒这项实验主要是要表明"每一项简单的动作都隐含一种科学的成分"。[3]

为了把适合各自工作的铁铲分给600个工人，事先的计划是必不可少的。必须有人对这些工作进行全面负责，因此就要增加管理人员。但事实上除去支付这些新增人员的经费，获得的收益仍然是很多的，据说仅此一项即为公司每年节约8万美元。泰勒的这项实验提出了新的管理思想：①将实验的手段引入到经营管理领域。②计划和执行相分离。③标准化管理概念的形成。④人尽其才，物尽其用，这是提高效率的最好办法。

（三）金属切削实验

在米德维尔公司时，泰勒为了解决工人怠工问题，对金属切削进行了研究。这时他已具备了相当的金属切削的作业知识，于是对车床的效率问题，他预定从事6个月的金属切削试验。在使用车床、钻床、刨床等机床切削金属时，无论何时都必须决定适用什么样的刀具，用多大的切削速度，以便获得最佳的金属加工效率。然而，要确定这些要素多达12种变量，如金属的成分、工件的直径、切削的深度、进刀量等。这项实验非常复杂和困难，原来预定的6个月实际上用了26年，并花费了巨额的资金，耗用了80万吨钢材。最后，在巴思和怀特等10多名专家的帮助下实验取得了重大进展。这项实验得到了一个重要的副产品——高速钢的发明，并取得了专利。另一项实验成果是形成了金属加工方面的工作规范。

泰勒的三项实验可以说都取得了成功，但也付出了巨大的代价。这些实验将他的科学管理思想理论深深地扎根在科学实验的基础上，使之成为一门真正的科学。这也正是其理论能对当时社会起到巨大推动作用的原因。

Frederick Winslow Taylor (1856—1915)

Personal background

- born 28 March 1856 in Philadelphia, Pennsylvania, into a middle-class Quaker family, but did not go to college
- trained as an apprentice and eventually studied at night school
- married Louise M. Spooner, 1884
- developed what he called the 'scientific' study of work
- formative influence on work-study and industrial engineering
- early death in Philadelphia on 21 March 1915 from Pneumonia

Major works

Shop Management (1903)
The Principles of Scientific Management (1911)
Two Papers on Scientific Management (1919)

Summary

F. W. Taylor (1856—1915) was the initiator of scientific management and a majorinfluence on the development of production management as a subject. He set out to systematize the study of workflow organization by breaking tasks into minute detail and devising ways to speed up their accomplishment. Taylor aimed at a 'metal revolution' in order to break down the barriers to good labour relations between works and management. His ideas on efficiency were propagated by his disciples after his death through an international movement to his time. Taylor's contribution still continues to provoke lively debate in many management texts. (The IEBM Handbook of Management Thinking, Edited by Malcolm Warner, P656)

第二节　科学管理原理

泰勒的科学管理思想集古典管理思想发展之大成。英国的管理学家林德尔·厄威克说:"泰勒所做的工作并不是发明某种全新的东西,而是把整个 19 世纪在英、美两国产生、发展起来的东西加以综合,而形成一整套的思想。他使一系列无条理的首创事物和实验有了一个哲学的体系,称之为科学管理。"[4] 这里有巴贝奇的作业研究、有亨利·汤的利益分配思想、有杰文斯的劳动强度和疲劳问题研究,等等。同时,还有同时代的甘特、怀特、巴思等做出的贡献。就连科学管理这个名称也不是泰勒发明的,而是由泰勒学派的支持者布尔代斯在 1910 年 10 月间的一次讨论中提出来的。当时泰勒并没有参加,后来,对此命名他也不是十分满意。泰勒的科学管理原理或科学管理思想是一次管理思想上的大综合,是管理思想发展史上的一个转折点,同时又是一个较为完整的管理思想体系。科学管理思想的建立使管理从此成为一门独立学科。

一、科学管理的基本假设前提

科学管理作为一种管理理论,它以如下的科学假设为前提:

1. 当时,劳资矛盾日益尖锐的主要原因是社会资源没有得到充分利用,而如果能通过科学管理将社会资源进行充分利用,则劳资双方都会得到利益,这些矛盾就可以解决。

2. 对工人,其基本的假定,即人是"经济人"。人最为关心的是如何提高自己的货币收入,或者说只要能使人得到经济利益,他愿意配合管理者挖掘出他自身最大的潜能。

3. 单个人是可以取得最大效率的,集体的行为反而导致效率下降。科学管理是使单个人提高效率的有效方法。

在今天看来这 3 个前提都有问题或缺陷,然而,以当时的实际情况来看具有相当的客观性,是符合当时社会现实的。泰勒所做的科学管理试验就是建立在这 3 个假设的基础上,并取得了圆满的结果,只是还不全面,需要补充。

二、两个基本原理

泰勒所进行的科学管理实验始终依据两个基本原理。

1. 作业研究原理。这一原理包括：改进操作方法以提高工效，并以合理利用工时为目的。泰勒认为，要让每个人都用正确的方法作业，就应把每次操作分解成许多的动作，并把动作细分为动素，即动作是由哪几个动作要素所组成。然后，再研究每项动作的必要性和合理性，据此决定去掉那些不合理的动作要素，并对保留下来的必要成分，依据经济合理的原则加以改进和合并，以形成标准的作业方法。这就是作业研究原理。

2. 时间研究原理。在动作分解与作业分析的基础上，进一步观察和分析工人完成每项动作所需要的时间，考虑到满足一些生理需要的时间和不可避免的情况而耽误的时间，为标准作业方法制定标准的作业时间，以确定工人的劳动定额，即一天合理的工作量。这就是与作业研究原理相对应的时间研究原理。

上节介绍的科学管理的 3 个基本实验，就是建立在 3 个假设和两个基本原理基础上的，是一个符合科学方法论的理论体系。日本的管理学家中谷宇吉郎把这种思考类型归结为"观察、分析、综合、测定、实验、因果律及概率"。最初的实验事实上就是对现象进行观察。当现象很复杂时，只靠观察并不能抓住现象的本质，这就需要进行抽象的假设，然后，使用分析手段将现象进行细分，在分析了所有的性质及问题之后，就会使研究对象逐渐清晰起来。因此，通过分析抓住本质进行定性研究，通过测定取得数据，进行定量研究，然后再做一些实验，根据概率判断得出统计结果。从大量的事实中归结出一般原则，这就是科学的思考形式，这种思考形式在泰勒和法约尔的业绩中是随处可见的。[5]

三、3 个基本出发点

1. 效率至上。即谋求最高的工作效率，管理的中心问题是提高劳动生产率。

2. 为了谋求最高的工作效率可以采取任何方法。在各项工作中，要挑选一流的工人，在作业过程中工人掌握标准化的操作方法，使用标准化的工具、机器和材料，作业的环境也是标准化的，不用考虑人性的特点，将人训练成为一种肉体机器。

3. 劳资双方应该共同协作。为追求效率最高，管理人员和工人都要实行重大的精神革命，在工作中要互相协作共同努力。

从上面的 3 个基本出发点可以看出，泰勒自身是站在资方立场上的。尽管在其著作中和听证会上他作了一番声明，说其与工人有共同的利益，但是在科学管理的具体实施方法中，总是以牺牲工人的利益来达到他所讲的共同利益，这也是他在晚年之际被许多人称为对待工人像野兽的原因，尽管他的本意并不是这样。

四、科学管理的 4 项任务

1. 对工人操作的每一个动作进行科学研究，用以代替传统的经验方法。

2. 科学地挑选工人并进行培养和教育，使之学会工作。改变过去由工人任意挑选自身工作的做法，并根据自身的条件进行自我培训。

3. 与工人亲密协作，以保证一切工作都按已形成的科学原则去办。

4. 资方与工人之间在工作和职责上进行分工，资方做自己比工人更胜任的那部分工作，从而改变过去那种几乎将所有的工作和大部分的职责都推到工人们身上的管理方法。[6]

这 4 项科学管理的任务，第一项是对作业进行科学研究，以便于制定合理的工作定额；第二项则在第一项的基础上将视野投到了工人身上，试图从工人素质上找到管理赖以发挥长久作用的基础；第三项，将管理者与管理对象高度统一起来，以便管理的各项措施得以顺利实施；第四项任务，实际上已经将企业中管理的职能与一线工人的作业职能区分开来，并且，强调了由于这种分工导致管理者和工人之间承担的责任不同。

五、科学管理内容

科学管理的假设、基本原理、基本出发点和基本任务共同构成了科学管理的基本框架，概括起来科学管理的内容可分为三个方面：作业管理、组织管理和管理哲学。

（一）作业管理

作业管理是泰勒制的基本内容之一，它由一系列的科学方法所组成。

1. 制定科学的工作方法。泰勒认为科学管理的中心问题是提高劳动生产率，他在《科学管理原理》一书中指出，人的生产率巨大增长的事实标志着文明国家和不文明国家的区别，标志着我们在这一二百年的巨大进步。我们现在的必需品，在 100 年前是奢侈品，这是什么原因呢？这是由于劳动生产率的迅速提高所致。科学管理的根本如同节省机器一样，其目的在于提高每一个单位的劳动产量。

泰勒认为，科学管理是过去已经存在的诸多种要素的结合。他把既有的知识收集起来加以分析组合并归类成规律和条例，使之构成了一种科学。工人提高劳动生产率的潜力是非常大的。人的潜力不会自动跑出来，怎样才能最大限度地挖掘这种潜力呢？应该把工人多年积累的经验知识和传统的技巧归纳整理并结合起来，进行分析比较，从中找出其具有共性和规律性的东西，进而利用上述原理将其标准化，这样就形成了科学的方法。用这一方法将工人的操作方法、使用的工具、劳动和休息的时间进行合理搭配，同时对机器安排、环境因素等进行改进，消除种种不合理的因素，把最好的因素结合起来，这就得到了最好的方法。

泰勒还进一步指出，管理人员的第一责任，就是主动把工人们自己通过长期实践积累的大量的传统知识、技能和诀窍集中起来，然后记录下来，编成表格，再将其概括为规律和守则，有时甚至要概括为数学公式，最后将这些规律、守则、公式在全厂推行。通过工人与管理人员的密切配合，会取得下列结果：①每个工人的产量大大增加，工作质量大大提高。②使公司能够支付更高的工资。③使公司获得更多的利润……使工人建立一种用科学来代替过去习惯的工作方法。[7]

2. 制定培训工人的科学方法。为了挖掘人的最大潜力，必须做到人尽其才。每个人都具有不相同的才能，不是每个人都适合于做任何一项工作，这与人的性格特点和个人特长有着密切的关系。为了最大限度地提高某一项工作的生产率，必须找出最适宜干这项工作的人，同时，还要最大程度挖掘这个人的最大潜力，这才有可能达到最高效率。因此对任何一项工作必须要挑选出"第一流的工人"，也就是最适宜的人，让他们做精细的活，而重活、体力活让力气大的干，然后再对第一流的人利用作业原理和时间原理进行动作优化，使其达到最高效率。

3. 实行激励性的报酬制度。泰勒对以前的工资方案的管理方式不满意，认为它有许多缺陷，不能满足效率最高的原则。于是，他在 1895 年提出了一种具有很大刺激性的报酬制度——"差别工资制"。其主要内容是：①通过对工时的研究和分析，制定出一个标准制度，作为依据的定额是以科学为基础由管理部门完成的，从而改变过去那种以估计和经验为依据的方法。②采用这种差别工资制度，即按照工人是否完成定额而采用不同的工资率。如果工人的生产达到或超过定额，按高的工资率付酬，通常是正常工资率的 125％，以资鼓励；如果工人没有达到定额，全部的工作量按低的工资率付给，为正常的80％，并发给一张黄色工票以示警告，如不改进就要被解雇。③工资支付对象是工人，而不是根据职位和工种，也就是说，是根据工人的实际工作表现，而不是根据工人的工作类别支付酬金的。其目的是克服工人磨洋工现象，同时也是为了调动工人的积极性，看起来工人干得多拿的工资也多，这同样对资方是有利的。

（二）组织管理

泰勒对组织管理的贡献是巨大的。

1. 他把计划的职能和执行的职能分开，改变了凭经验工作的方法，代之以科学的工作方法，以确保管理任务的完成。

在传统的管理中，生产中的工作责任都推到工人身上，而工人则按照自己的习惯和经验进行工作，工作效率也由工人自己决定。因为这种工效与工人的熟练程度和个人的心态有关，泰勒深信这不是最高效率，必须用科学的方法来改变。科学的方法就是找出标准，制定标准，然后按标准办事。而这一找出和制定标准的工作，应有专门的人来负责。因为，不论从哪个方面讲，工人是不可能完成这一工作的，所以就必须把计划职能和执行职能分开。计划职能归管理当局，并设立专门的计划部门来承担，计划部门从事全部的计划工作并对工人发布命令。其主要任务是：①进行调查研究并以此作为确定定额和操作方法的依据。②制定有科学依据的定额和标准化的操作方法和工具。③拟定计划，发布指令和命令。④把标准和实际情况进行比较，以便进行有效控制。在现场，工人或工头从事执行的职能，按照计划部门制定的操作方法，使用规定的标准工具，从事实际操作，不能自作主张自行其事。泰勒把这种管理方法作为科学管理的基本原则，使管理思想的发展向前迈出了一大步，将分工理论进一步拓展到管理领域。

2. 泰勒的职能工长制是根据工人的具体操作过程，进一步对分工进行细化而形成的。

为了事先规定好工人的全部作业过程，必须使指导工人干活的工长具有特殊的素质。泰勒认为职能工长应该具有9种素质：脑力、教育、技术知识、机智老练、充沛的精力、毅力、诚实、判断力和良好的健康状况。但是一个工长不可能同时具备这9种素质，为了使工长职能有效的发挥，就要更进一步细分，使每个工长只承担一种管理的职能，为此泰勒设计出8种职能工长，来代替原来的一个工长。这8个工长4个在车间、4个在计划室，每个工长按照自己的职能范围向工人发布命令，如图3—2所示。

职能工长，又称职能管理员。在计划部门，工作程序工长即"工作流程管

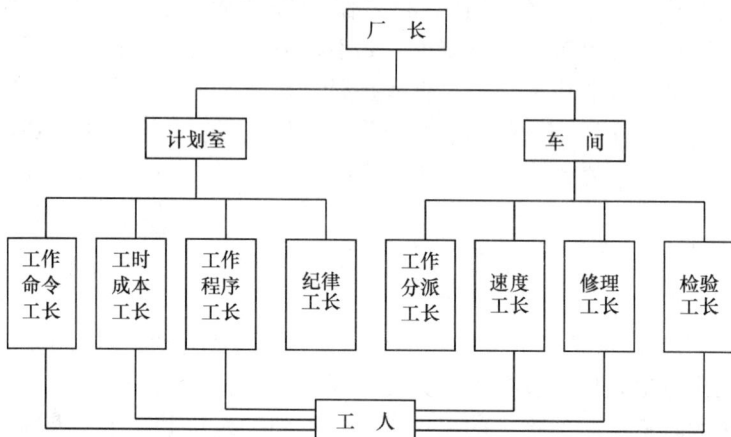

图 3—2

理员"（Order of Work Route Clerk），决定每一类工人以及机器的工作流程和准确的工作顺序；工作命令工长即"指示卡片管理员"（Instructions Card Clerk），提供有关工具、材料、计件工资和奖金，以及其他操作指示的情况；工时成本工长即"时间和成本管理员"（Time and Cost Clerk），负责发送记录所花费的时间以及所消耗成本的表单，并保证收回这些资料；纪律工长即"车间纪律管理员"（Shop Disciplinarian），记录每个工人的"优缺点"，充当"调节人"，并执行挑选和解雇雇员的雇佣职能。在承担监督责任的执行部门，工作分派工长即"班组领班"（Gang Boss），负责在把一件材料放到机器上之前的全部工作；速度工长即"速度领班"（Speed Boss），材料放到机器上便开始工作，工具、切削和机器的速度均由他决定；检验工长即"检查员"（Inspector），负责检查工作的结果；修理工长即"修理领班"（Repair Boss），负责照管和维修机器。

他认为这种职能工长制度有 3 个优点：①每个职能工长只承担某项职能，职责单一，对他的培训可以在短时间内完成。②管理人员的职能明确，容易提高效率。③由于作业计划由计划部门拟定，工具和作业方法标准化，车间现场工长只负责现场指挥与监督，便于降低成本。

尽管泰勒认为职能工长制有许多优点，但是由于一个工人受到多头领导而容易引起混乱，在实际工作中没有得到普遍推广。深入分析，我们就会发现，职能工长制的失败不是因为工人的混乱或统一指挥遭到破坏，而是缺少真正意义上的管理人员所致，这也是泰勒所必须面对的早期工厂中普遍存在的一大难题。如果我们将图3—2的职能工长改成职能科室，把直接的指挥改为参谋，就成为一种典型的职能参谋制的组织结构。其实，泰勒的这种组织变革思想的真正贡献是为以后职能部门的建立和管理职能的专业化提供了思路。

3. 泰勒为组织管理提出了一个极为重要的原则——例外原则。

所谓例外原则，就是指企业的高级管理人员把一般日常事务授权给下属管理人员负责处理，而自己保留对例外的事项，一般也是重要事项的决策权和控制权，如重大的企业战略问题和重要的人员更替问题等。这种例外的原则，至今仍然是管理中极为重要的原则之一。

（三）管理哲学

与其说科学管理是一些原理和原则组成的管理理论，不如说是一种使当时的人们对管理实践重新审视的管理哲学。泰勒在美国听证会上声明：

"科学管理不是一种有效率的方法，不是一种获得效率的方法，也不是一串或一批有效率的方法；科学管理不是一种计算成本的新制度，不是一种支付工人工资的新办法，不是一种计件工作制，不是一种奖金制度，不是一种付酬制度，也根本不是一种支配工人的计划；科学管理不是拿着秒表观察一个人的工作并记下他的情况；它不是工时研究，不是动作研究或对工人动作的分析；科学管理不是印制一大批表格并将表格发给一些人，而且说：'这就是你们的制度，照着办吧。'不是分工工长制或职能工长制；不是在谈到科学管理时一般人所想到的任何方法。一般人在听到'科学管理'这个词时就会想到一种或几种上面谈到的方法，但是科学管理不是其中的任何一种方法。我不是嘲笑成本核算的方法、工时研究、职能工长制，也不是嘲笑任何改进后支配工人的任何新方法以及任何有效率的方法，如果这些方法的确是有助于提高效率的方法的话，我主张采用这些方法。但是我所强调的是，不管是所有的这些方法还是这些方法中的一部分，它们都不是科学管理，它们是科学管理的有益的辅助手段，因此同时，它们是其他管理制度的有益的辅助手段。"[8]

泰勒进一步宣称："科学管理在实质上包含着要求从事工业或在任何一个具体机构中工作的工人进行一场全面心理革命——要求他们在对待工作、同伴和雇主的义务上进行一场全面的心理革命。此外，科学管理也要求管理部门的人——工长、监工、企业所有人、董事会——进行一场全面的心理革命，要求他们在对管理部门的同事、对他们的工人和所有日常问题的责任上进行一场全面的心理革命。没有双方的这种全面的心理革命，科学管理就不能存在。"[9]这正是泰勒科学管理的精神内涵，也是泰勒时代的管理哲学。这场革命势必带来深远的影响，其结果是：

"在科学管理下，双方心理态度上发生的这场伟大的革命就是双方把注意力从被视为最重要的分配剩余的问题上移开，而共同把注意力转向增加剩余上，一直到剩余大大增加，以至没有必要就如何分配剩余的问题进行争吵为止。他们会看到，当他们双方不再相互敌视，而是肩并肩地向同一方向迈进时，通过他们的共同努力所创造的剩余额将多得简直令人目瞪口呆。他们双方都会认识到，当他们以友好合作和互相帮助来代替对抗和斗争时，他们就能共同使剩余猛增，以致工人工资有大大增加的充分余地，制造商的利润也会大大增加。这就是伟大的心理革命的开始，是实现科学管理的第一步。"[10]

科学管理实际上是一种转变人性的管理，是将人从传统的小农思想意识转变为现代的社会化大生产的思想意识。这是一场革命。泰勒充分认识到这场革命的艰巨性。他说："只有通过强制性的标准化方法，强制采用最好的工具和工作条件，强制性的合作，才能保证快速地工作，而强行采用标准和强行合作的责任职能就落在管理者的身上……管理者必须认识到，广泛的事实是，如果工人不能从这种做法中获得额外的报酬，他们是不会顺从于这种更为死板的标准，他们不会额外的勤奋地工作的。"[11]

为了实现效率的使命，为了挖掘人的巨大潜力，为了使企业在激烈竞争中生存和发展，在当时主要是采用极其严酷的方法来促成这场革命的，从而使生产力得到巨大的发展。同时，泰勒也看到了："作为一个阶级，工人们通过世世代代痛苦的经验使他们习惯于把所有的变革都看做是违背其最大利益的，他们不问变革的目的，凡是变革他们都反对，因此首先要进行的变革应该是消除工人的怀疑，通过实践的接触使他们相信，变革归根到底是无害的，而且最终会给他们在有关方面带来好处。这样的改革首先应从对工人的直接影响最小的方面着手进行，同时还须记住，整个行动必须十分缓慢地进行，以使新制度能在尽可能多的地方开始试行，并尽可能努力地坚持下去。"[12]

泰勒的科学管理思想在管理哲学上的突破是全面的和划时代的。因为管理是以管理哲学为指导的，管理哲学是管理中的世界观、认识论和方法论，是从思维和存在的角度对管理的本质和发展规律所作的哲学概括。而科学管理恰恰是在管理的世界观、认识论和方法论上对管理进行了归结和变革。我们可以认为，泰勒不仅是管理上的集大成者，更重要的他堪称是一个管理哲学大师。正如美国管理学家德鲁克指出的："科学管理只不过是一种关于工人和工作系统的哲学，总的来说它可能是自联邦主义文献以后，美国对西方思想做出的最特殊的贡献。"[13]

泰勒以自己在工厂中的管理实践和理论探索冲破了工业革命以来一直延续的传统的经验管理方法，将科学引进了管理领域，并创立了一套具体的管理方法，为管理理论的系统形成奠定了基础。从本质上讲，泰勒的科学管理是将人从小农意识、小生产的思维方式转变为现代社会化大工业生产的思维方式的一场革命，没有这场革命，就不可能真正进入现代文明社会。

泰勒的另一项主张，是将管理职能从企业生产职能中独立出来，使企业开始有人从事专职的管理工作。这进一步促进了对管理实践的思考，为管理理论的进一步形成和发展开辟了道路。同时，泰勒制的现场作业管理方法在实际的生产组织管理中取得了显著的效果。由于采取了科学管理的作业程序和管理方法，推动了生产力的发展，使企业生产效率提高了许多倍。因此，科学管理在当时的美国和欧洲受到欢迎。即使在今天，科学管理思想仍然发挥着巨大的作用，现代管理科学学派可以说是科学管理思想的必然延伸。在今日的西方世界，许多学者面对现代西方许多颓废的思潮在大声地疾呼要恢复到科学管理的时代去。

但是，泰勒的科学管理理论也有其一定的局限性。如研究的范围比较小，内容比较窄，侧重于生产作业管理，这和泰勒本人的经历有直接关系。另外，泰勒对于现代企业的经营管理、市场、营销、财务等都没有涉及。更为重要的是，他对人性的假设，即认为人仅仅是一种经济人，这一局限性无疑限制了泰勒的视野和高度。这也说明，科学管理是一种在科学管理的 3 个假设基础上建立起来的科学理论，其缺陷是在所难免的，这也正是需要泰勒之后的管理大师们创建新的管理理论来加以补充的地方。

第三节　泰勒同时代人对科学管理理论的贡献

科学管理的春天就好像一个少年，充满生气、富有反抗精神，并在岁月的锤炼中逐渐走向成熟。在这一时期中，它同样也经历了无数的困惑、挫折和成功的洗礼。它像一条奔流不息的江河，不断容纳各个支流并形成了特有的气势，那些支流使江河更加丰富多彩、蔚为壮观。科学管理就是这样一条大江，不断地在历史长河中激起一层层思想浪花，为人类的进步增光添彩。

科学管理的中心人物泰勒创立了科学管理理论体系。在这一理论体系的建立中做出了贡献的不仅仅是泰勒一个人，而是一个群体。他们为丰富科学管理的内容，传播科学管理的原理做出了极为重要的贡献。在这群人中较为突出的有：卡尔·乔治·巴思、亨利·劳伦斯·甘特、弗兰克·吉尔布雷思和莉莲·吉尔布雷思、哈林顿·爱默森、卢埃林·库克等。

一、泰勒最忠实的"嫡系追随者"卡尔·乔治·巴思（1860—1939）

卡尔·乔治·巴思是泰勒的最早、最能干也是最亲密的助手。他在数学方面有较深的造诣，协助泰勒进行金属切削实验，在数学计算方面提供了许多的帮助，并协助甘特解决了进刀和切削的速度问题。珀森博士在 1939 年出版的《先进管理》杂志中，对此曾作如下的描述："当卡尔·乔治·巴思于 1899 年在贝瑟利恩钢铁公司成为泰勒的助手时，泰勒有一大堆有关机器作业的实验数据资料。当时没有人能够成功地对这些资料进行分析。泰勒曾经把这些资料交给几个大学的数学教授们进行分析，但他们却没有得出任何有价值的东西，泰勒后来把这些资料交给了卡尔·乔治·巴思，巴思很快就得出了泰勒在《工厂管理》一书中描述过的包含 12 个变量的有名公式，而卡尔·乔治·巴思又在这些公式的基础上发展出巴思计算尺。"[14]

在金属的切削上，巴思的计算尺起了很大的作用，只要知道机器的马力和所用的切削工具，利用巴思的计算尺和公式表就可以很快地决定进刀和切削的速度。巴思帮助泰勒解决了大多数金属的切削问题和工具标准化问题。

巴思还在哈佛大学讲授过科学管理的课程，对人们指责他是泰勒最正统的门徒而感到自豪。泰勒经常把卡尔·乔治·巴思说成是"能解决那些不可能解决的问题的人"，并在国会特别委员会的证词中说："在设计出新方法把科学管理迅速付之行动方面，卡尔·乔治·巴思先生也许是最有效率的人。我能想出一两个例子来，他几乎是在一夜之间设计出一种方法，使工人不必多花力气就能提高产量约 20 倍。"[15]

直到泰勒去世之前，卡尔·乔治·巴思一直都同泰勒亲密合作，他们是两种类型的天才的合作。泰勒具有远见，不愿过问细节，巴思正好在这方面成为泰勒的得力助手。泰勒去世以后，巴思成立了自己的卡尔·乔治·巴思父子公司，这是一家咨询公司。巴思利用他的计算尺来不断推动泰勒的科学管理，直到去世。

二、亨利·劳伦斯·甘特和他的甘特图

亨利·劳伦斯·甘特（Henry L. Gantt，1861—1919）出生于马里兰州的一个富有的农场主家庭。他在童年时就懂得"一个人要想在社会上有所成就，就需要艰苦地工作、俭朴地生活和自我的约束"。[16]在 26 岁的时候，甘特作为工程部的助理工程师和泰勒一道工作。泰勒和甘特的合作是奇特而有趣的。在

工作中他们相互钦佩，而处理问题时，因为甘特比泰勒更为谨慎又相互争吵。在1901年间，甘特是一个极力支持科学管理的独立的工程师，他先后在史蒂文斯工学院、哥伦比亚大学、哈佛大学和耶鲁大学任教，并且成为第一批有成就的管理顾问之一。甘特对科学管理做出了重要的贡献。

（一）重视人的因素在科学管理中的作用

甘特在理解劳资矛盾方面有较为深刻的看法。他在《劳动、工资和利润》一书中写到："如果世界上财富的数量是固定的，那么争夺占有财富的斗争必然会引起对抗；但是，由于财富的数量是不固定的，而且是不断增加的，因此，一个人富起来不一定意味着另一个人就得穷下去。"[17]

甘特根据自己当教师的经验，深知对工人教育的重要性。他认为，应该通过奖金制度把工长的"监工"身份，变成工人的老师和工人工作上的帮助者。这种制度规定，工人如在规定的时间内完成任务，他们除了在规定的时间内得到报酬外，还能得到以该时间的百分比为单位的另外报酬。因此，一个工人在3小时内或者在不到3小时完成工作，就可以得到4小时的工资。"一个工人达到标准，工长将得到一笔奖金，如果所有的工人都达到了标准，他还会得到额外的奖金。因而如果10个工人中有9个达到标准，那么这9个工人中的每个人都会使工长得到10分美金，如果10个工人全部达到标准，每个工人将使工长多得到1.5美金。"[18]如果工人感到某项工作在规定时间内无法完成，就应及时报告工长，工长在规定的时间内无法完成的话，就应该及时报告工程师，如果工程师在规定的时间内也无法完成，就应该修改工作的定额。[19]甘特认为采取以上方法可以使定额变得更为合理，而额外的奖金是为了促使工长把精力放在能力差、需要他们帮助的工人身上。工长的经济利益与教会工人们使用最正确的方法相结合。先是通过教育，随后再通过提高生产，把关心生产转为关心工人，这是一个早期关于人类行为认识上的里程碑。甘特指出："我们做任何事情都必须符合人性，我们不能强迫人们干活。我们必须指导他们发展。"[20]甘特是美国科学管理先驱中最早注意到人的因素的管理大师之一。在科学管理运动的最初年代，侧重点不在人的因素方面的大背景下，甘特坚持认为，在所有管理问题中人的因素是最重要的，这不能不说是极具远见和富有洞察力的思想。另外，甘特看到了人类习惯对人的行为的巨大影响力，为工业教育增加了一项被称之为工业习惯的新内容，即勤劳和合作的习惯。这些习惯有助于工人们获得新的知识，并与旧的习惯进行决裂。

（二）甘特图

甘特出名的一个重要原因是他发明了甘特图，否则，他极有可能被淹没在泰勒的科学管理体系中而无人知晓。甘特早在1903年就提出了一种日平衡图，这种图在第一次世界大战期间得到了很大的发展。

　　甘特图是通过对生产日期和产量图示来控制计划和生产的进行，也叫生产计划进度图或线条图。它具有简单、醒目和便于编制等特点。在甘特图中，一般是在平面图的横轴上按比例划分成小时数、天数、月数，先把工作任务的计划完成时间用横线或横条画出；再把工作任务的实际进展的情况用横线或横条画在计划完成情况线之下，二者对比，一目了然。甘特图有的按机器分，有的按工序分，有的按比较费用预算和实际支出分。图表内用线条、数字、文字、代号等来表示所需的时间、实际产量、计划开工和完成的时间等不同的内容。这些内容常常分为不同种类的图表，如计划表、负荷表、机器闲置表、进度表等。甘特用图表来帮助管理者进行计划和控制的做法，是当时的管理思想上的一场革命。从一张事先准备好的图表上，不仅了解计划的完成及进展情况，而且还可以对计划的执行情况进行预期和调整。他指出"我们过去根据数量来安排时间是错误的，关键的因素是时间，时间应该是制定任何计划的基础"。[21]甘特图被广泛推广应用，并且在它的基础上发展成为"计划评审法"（PERT）、关键线路法等管理方法。

Henry L. Gantt(1861—1919)

Personal background

- born in a rich farmer family
- worked as an assistant engineer with Taylor at the age of 26
- refined production and cost control techniques
- invented Gantt Charts which are still in use today

Major works

Work, Wages, and Profit

Summary

Gantt was a schoolteacher by training and contributed to Scientific Management by refining production and cost control techniques. Variations of Gantt's work-scheduling charts (Gantt Charts) are still in use today. He humanized Taylor's differential piece-rate system by combining a guaranteed day rate (minimum wage) with an above-standard bonus. Gantt was ahead of his time by emphasizing the importance of the human factor and urging concentration on service rather than profits.

The Gantt Chart is the most common way of displaying the proposed loading of jobs onto individual resources over time (i. e. the schedule) and comparing it with the actual performance of the facility in meeting that scheduled start and finish times for each job.

三、吉尔布雷思夫妇

在管理思想发展史上，吉尔布雷思夫妇就像居里夫妇一样显得光彩夺目。弗兰克·吉尔布雷思（Frank Gilbreth）被人们称之为"动作研究之父"，而他的夫人利莲·吉尔布雷斯（Lillian Gilbreth）也当之无愧是"管理的第一夫人"，他们的结合是管理思想发展史上的一件幸事。吉尔布雷思夫妇对管理思想发展的贡献是多方面的。

弗兰克·吉尔布雷斯是科学管理运动的创始人之一。他的研究从建筑工地开始。他首先对砌砖的动作进行了仔细的分析和实验，将原来的 18 个动作减少到 4.5 个，砌内墙的动作由原来的 18 个减少到 2 个。为提高效率，他设计了一种可调节高度的支架，使工人在拣砖块时不用弯腰，而事先将灰浆调匀的改进使工人从原先的每人每小时最多砌 120 块砖，提高到每人每小时砌砖 350 块。他还把动作研究扩展到疲劳研究领域，并从建筑业扩大到一般制造业。动作研究的第一步是把动作进行分解，如拿工具这一动作可以分解成 17 个基本动作：寻找、选择、抓取、移动、定位、装备、使用、拆卸、检验、预对、放手、运空、延迟（不可避免）、故延（可避免）、休息、计划、夹持等。吉尔布雷思把这些基本动作定义为动素，每一个动素称之为一个"Therblig"，这是 Gilbreth 字母次序倒过来组成的，只是"th"这两个字母次序不变。动素是不可再分的。这是一个比较精解的分析动作的方法。为了获得进一步的研究资料，他应用当时刚刚出现的电影摄影技术进行动作摄影，放映后研究分析哪些动作是不必要的并加以消除。他还为此专门设计了一种"微动计时器"，把一个大钟装上一枚长的大秒针，可以录下 1/2000 秒，置于拍摄的现场，用来测定工作所需时间的长短。这项研究的重要性在于为动作研究开辟了道路，现代体育竞技中的动作研究基本上源于此。除了动作研究，他还探讨了工作、工人和工作环境之间的相互影响。他认为工人本身的情况及工作环境的条件也会影响工作的进度。作为工人本身，其因素有：骨骼、肌肉、满足的程度、信仰、赚钱的能力、经验、疲劳、习惯、健康状况、生活方式、营养状况、体格的大小、技术水平、脾气、训练程度等 15 项。环境对工作成绩的影响则有器械、衣服、颜色、文娱（读书、音乐等）、供热（冷气、通风）、照明、材料的质量、赏罚、所移动物件的大小、轻重、缓解疲劳的设施、周围的条件、工具、工会的规则等 14 项。吉尔布雷思对上述两方面进行详细研究，以找出提高工人工作效率的最佳方法。而在管理工人方面，吉尔布雷思认为，任何工作都有一种最好的管理方法，应该把这些方法系列化为一套制度，人人都遵照执行。如果制度有不妥的地方，可以反映和修改，但是在修改之前仍然必须执行，不得自行其事。他提出了一种强调管理制度的方法，叫做现场制度。

吉尔布雷思在与妻子的合作下，不但进行了动作研究、疲劳研究、制度管理等方面的研究，而且很重视企业中人的因素。他们结合当时西方社会科学的各种学科，以及生理学、心理学、教育学等学科的有关知识用来改进和提高工人的能力，从而提高生产效率。这一系列的研究对以后行为科学的兴起有着一定的影响。[22]

莉莲·吉尔布雷思（1878—1972）是弗兰克·吉尔布雷思的夫人，是心理学家和管理学家。她是美国第一个获得心理学博士的妇女，被称之为管理第一夫人。莉莲·吉尔布雷思是一位非常了不起的女性，她除了在同丈夫的研究中起着重要的作用外，还在抚养 12 个孩子的繁忙家务劳动之余，潜心于管理心理学的研究，并写成著作《管理心理学》，尔后在 1915 年获得布朗大学的博士学位。她在这本书中论述了历史上的三种管理方式：传统的方式、过渡方式和科学方式。并把三种方式对个人、职能化、激励和福利等一系列问题产生的影响进行了比较研究。其主要目的是在于证明科学管理是要培养工人，而不是扼杀工人，从而有力地支持了科学管理运动。莉莲是管理心理学的先驱者，她扩大了当时管理研究的范围，对由于工人的心理变化而导致管理效率受到影响进行了较为深入的探讨，对管理思想的发展有着重要的贡献。[23]

Frank Bunker Gilbreth (1868—1924)

Personal background

- born 7 July 1868 in Fairfield, Maine, USA
- family background of New England settlers, with strong Puritan and Pilgrim traditions
- on leaving school worked as a bricklayer's apprentice, learning the building industry trade, and set about devisting means of saving wasteful labour; becamea highly successful building contractor
- married Lillian Evelyn Moller in 1904
- from 1907 to 1913, collaborated with Taylor and Gant in the development of 'scientific management', his contribution being in 'motion study'
- in 1912, opened his own consultancy business to concentrate on 'management engineering'
- died suddenly on 14 June 1924

Major works

Bricklaying System (1909)

Motion Study (1911)

Primer of Scientific Management (1912)

Fatigue Study (*with Lillian M. Gilbreth*)(1916)

Applied Motion Study (*with Lillian M. Gibreth*)(1917)

Motion Study for the Handicapped (*with Lillian M. Gibreth*)(1920)

Lillian Evelyn Moller Gilbreth (1878—1972)

Personal background

- born 24 May 1878 in Oakland, California, USA into a prosperous family of German extraction
- studied at the University of California
- married Frank Bunker Gibreth in 1904
- completed doctoral thesis on The Psychology of Management in 1911
- joined her husband's management consultancy business in 1912, becoming a fully-fledged partner in the quest for'the one best way to do work'
- on Frank Gibreth's sudden death in June 1924, went in his place to the First International Management Congress in Prague
- continued running the business, extended her writing and lecturing and did volunteer work for various organizations
- receive more than twenty honorary degrees and special commendations from universities an professional societies

Major works

The Psychology of Management (1914)
The Quest of the One Best Way: A Sketch of the Life Frank Bunker Gibreth (1924)
The Homemaker and Her Job (1927)
Normal Lives for the Disabled (*with Edna Yost*)(1944)
Management in the Home: Happier Living through Saving Time and Energy (1954)

Summary

Frank Bunker Gilbreth (1868—1924) pioneered the field of 'motion study' and is recognized as one of the founders of 'scientific management'. His constant quest, and on marriage in partnership with his wife, was to eliminate waste by finding the 'one best way to do work'. Lillian M. Gilbreth (1878—1972), a teacher and industrial psychologist, was among the first to appreciate the need on her husband in alerting him to the dynamic aspects to management.

Together, they formed a most successful partnership, each coplementing the other's abilities and experience. In their quest for the 'one best way', they studied task, worker, tools and working environment in 'scientific detail' to adjust and integrate them for highest productivity. The process charts and other techniques they devised remain essentially unchanged in modern systems analysis. They were also interested in the human aspect of industry and emphasized the need for training and worker involvement.

Lillian Gilbreth, after her husband's death in 1924, continued to run the business, lectured on management and on home economics at different universities and worked on applying motion study principles to help the handicapped. She also made time for voluntary work with local and national organizations. She has been called the 'first lady of management'. (The IEBM Handbook of Management Thinking, Edited by Malcolm Warner, P243—244)

四、哈林顿·埃默森

哈林顿·埃默森（Harrington Emerson，1853—1831）是一位牧师的儿子，他信奉新教的俭朴和节约使用资源的美德，被雷恩称之为"为发展中的美国找到节省时间和开支方法的新型'效率工程师'的代表人物"。[24] 埃默森在圣菲铁路公司担任顾问期间，3 年内就恢复了劳资间融洽的关系，降低了 25％ 的开支，并使公司每年节省 150 万美金。埃默森通过自身的经历认识到，效率的概念不仅可以用在铁路上，而且也可以用于其他的领域。他从 1903 年起就同泰勒有密切的联系，并独立地发展了科学管理的许多原理，埃默森的管理思想主要表现在两个方面。

首先，是对组织职能方面的认识。他认为，可以把军队中的参谋职能应用到企业组织管理当中去。参谋理论认为，军事上的各种问题都必须由独立的参谋专家来进行周密的研究，然后通过总参谋长向司令员提出专家们的建议。以往的直线组织由于是独立的和无人协助的，从而存在着严重的缺陷，因此他建议每一个公司都设立一位参谋长。其下分设 4 个主要的参谋小组：一个负责处理对有关雇员的福利方面的计划、指导和建议工作；一个负责对结构、机器、工具和其他装备提出意见；一个是管理物资的，包括采购、保管、发放和经销；一个是负责有关方法和条件的，包括标准、记录和会计。各级组织都应听取参谋长的意见，参谋人员的职能不是去完成具体的工作，而是制定工作的标准和确定目标，这样的直线组织可以更有效地工作。埃默森和泰勒明显的不同是：埃默森不是让一个人对某一个具体车间职能负责和行使该职能的权力，而是让直线组织在参谋人员在计划和建议的基础上去进行监督和行使权力。[25]

其次，提出了组织的效率原则。埃默森的《12 个效率原则》一书是管理思想的一个里程碑。这 12 个原则分别分成 12 章进行阐述，前 5 个是关于人际关系的，后 7 个是关于方法、体制和系统的。具体的内容是：

（1）明确规定目标——知道你想要达到的是什么。消除模糊、不确定、无目标等情况，但这些却是许多企业中经常存在的问题。

（2）常识——很好的常识。它使一个人能区别木和木料。这是一种追求知识并向各方面征求意见的常识，在征求意见时，不限于任何职位，但又维持平衡。

（3）向有能力的人请教——这是获得必要知识的一种手段。

（4）纪律——遵守规则，坚决服从。这项原则是贯彻和实行其他 11 项原则的基础。

（5）公平处理——正直和公平。

（6）可靠、及时、充分、持久和资料——作为决策依据的事实资料。

（7）工作调度——科学地计划，使每一项小的工作为整体工作服务，并使组织能达到最终目标。

（8）标准和日程表——完成任务的方法和时间。

（9）标准化条件——环境的一致性。

（10）标准化作业——方法的一致性。

（11）书面的作业指示——系统而精确地用书面来记载作业。

（12）效率达到奖赏——对完成一定任务者予以奖赏。[26]

埃默森是极少能胜任以效率工程师为职业的人士之一。他通过积极的咨询活动，为效率管理撰写了大量的文章和著作，进行了广泛的宣传。他指出科学

100

方法可以应用到许多不同活动中去，即使种土豆也是可以应用的。他还强调心理因素的重要性，因为那会影响工作的产量。他认为工商管理可以向军事经验学习。他对科学管理早期发展的贡献是极为独特的。

五、莫里斯·库克

莫里斯·库克（Morris Cooke，1872—1960）是科学管理的早期研究者之一，也是泰勒的亲密合作者。他在第一次世界大战期间担任过较多的社会职务。他对科学管理的贡献主要是将科学管理应用于社会上的一些组织，如教育、市政等方面。

1909 年泰勒派库克对高等学校的管理进行调查，在对物理系进行调查研究以后，他认为大学管理存在许多问题：近亲繁殖流行，学校中的管理状况比工业更差；各系自行其事，没有协调；教师的工资不是按功绩而是按资历为标准制定的，系主任没有实权，大学中没有一个可以衡量的标准。他主张把科学管理的原理和方法应用到大学管理中去，并提出了一些具体的建议：教授应该把更多的时间应用于教学和科研中，管理应由专家而不是由委员会来承担；应该更多地让助教来担任一些次要的工作，以使高级人员能承担更多一些的复杂工作。

1911 年新当选的一位主张改革的费城市长，要求泰勒帮助解决市政管理问题，泰勒派库克去担此重任。库克一直希望进行市政管理改革，他在担任市政府的公共工程局局长期间，应用科学管理来解决费城的管理问题。在他任职的 4 年当中，费城节省了 100 多万美元的清除清扫垃圾的费用，公用事业费用减少了 125 万美元，1000 多名工作效率低的工人被解雇，建立了养老金和互助基金会，为工人和管理人员之间的联系开辟了渠道。他开创了一些高效率的新方法，进行了许多改革，如：申诉的处理、财务计划、装备的更新、人事选择、存货的记录、工程的转包、公共关系、作业标准化等。

上述实例充分说明，科学管理的理论不但能应用到工业部门，而且也能应用到大学、市政管理等非工业部门。[27]

库克在重视人的因素方面，尤其在处理劳资关系上比泰勒取得了更大的成就。泰勒反对工人组织起来，但库克在这个问题上和泰勒是不一致的。特别是在 20 世纪 30 年代，库克和美国的劳工联合会主席冈泊斯的关系非常好。他主张管理要人情化，在有关工资和定额及职工福利等事情上，可同工会集体进行谈判。所以他受到工会领袖们的欢迎，这有助于他恰当地处理劳资关系。库克自己曾说过，他的成就是在乡村的电气化、便宜的家庭用电、劳资关系的改变、水土的节约与保护以及在工业中的科学管理的应用上。

六、亨利·福特

大众普遍认为亨利·福特（Henry Ford，1863—1947）是大规模生产的第一位倡导者。这是个事实，但除此之外这位汽车制造者还有其他非常多的职业、个性和成绩。

福特最初是一个替别人跑腿的小伙计。在当过机械师的学徒、修表工和机械工之后，在 1896 年他制造出了第一部汽车。他很快地确信了自己的商业潜力，并在 1903 年创建了自己的公司。在这点上倒是没有什么不寻常的，在1900—1908 间美国出现了 500 多家制造汽车的公司。福特的第一辆汽车是 A 型车。1 年后，他 1 个月能卖出 600 辆。1908 年，福特的 T 型车诞生了。通过用新的大规模生产技术，在 1908—1927 年间，福特公司生产出了 1500 多万辆 T 型车。在那段时间，福特建在密执安州的工厂是全世界最大的汽车制造厂，有超过 1.4 万人在占地 57 公顷的厂区内工作，同时，工厂面向的是福特所看到的世界。他迅速地建立了国际公司——福特的第一家海外销售公司于1908 年在法国开业。1911 年，福特开始在英国制造汽车。1919 年，福特把公司总裁的位置让给了他的儿子艾德赛（Edsel）。从那时起，福特公司一分钟生产一辆汽车。1923 年福特公司的年销售量达到了一个高峰，即 2120898 辆。同时，福特公司的市场份额超过了 57％。

亨利·福特推广大规模生产，不是因为他盲目地相信最先进的生产方式。他没有照搬泰勒的理论，实际上，福特没有照搬任何人的理论。福特相信大规模生产，是因为人们买得起他生产的汽车。他所取得的成绩，从公司拥有 10 亿美元的现金储备就可以看出。但这并未改变福特所坚持的原则："一个只会造钱的企业是一个贫穷的企业。"

1907 年，福特宣布他的目标："为大众制造汽车……它将以极低的价格使没有高工资的人也可以拥有它，并与他的家人一起在上帝开创的空间里享受美好的快乐时光……每个人都能够负担得起，而且每个人都可以拥有一辆。马匹将在我们的公路上消失，汽车将会得到承认。"福特降低价格的许诺毋庸置疑。在 1908—1916 年间，他把价格降低了 58％，而当时旺盛的需求使涨价易如反掌。

福特的自相矛盾之处在于，他把消费者放在第一位，而把生产放在第二位，他在营销上获得的成功和其生产理论的成功同样巨大。

在他的营销生涯中值得大书特书的是，他凭直觉认识到，大规模的汽车市场依然存在，他只需为这个市场提供它需要的产品。福特根本不为管理世界中的众多花招所动，他的 T 型车始终是黑色、朴实、价格合理。福特思想的核心就是标准化，今天的汽车制造商对此依然非常重视，只不过他们强调的是质量，而福特强调的是数量。福特以其特有的一丝不苟的精神遵循着这一战略。通用汽车公司的总裁阿尔弗雷德·斯隆提道："福特先生的汽车制造流水线、高工资和低价格是革命性的创举，他也是对我们的工业文明做出最大贡献的人之一。他的基本构想——低价格、固定车型——是那时的市场，尤其是农村市场所需要的。"但是福特固执于自己的政策。在满足市场需求后，他想得更多的还是市场需要。他因把一辆做了些小改动的 T 型车销毁而获得赞誉，这是他对生产纯正产品的忠诚。当其他制造厂不断改进时，福特还继续保持明显落伍了的简单车型。公司对于 T 型车的依赖几乎毁了福特公司。

至于为什么会这样，西奥多·莱维特（Theodore Levitt）在《营销近视》一书中，从市场学的角度对福特进行了重新评价："大规模生产受到生产所有他们所能生产的东西的巨大操纵力的驱使。由产出增长导致的单位成本急剧下降的前景是大多数公司通常难以抗拒的。获利的可能性看上去十分引人注目。所有的努力都集中在生产上。其结果，市场营销这一环节被忽视了。"[28]最后，产品的过剩会引起对这种做法的自我衡量和分析。在管理方面，福特以一个无神论者的姿态出现。同样，福特不相信 T 型车可以有别的颜色，以及加装尾翼和其他额外部件，他不相信管理。"亨利·福特的暴政中最为根本的就是他有意识地试图排除管理层，从而独自掌管这几十亿美元的商业王国。只要他的助手试图作出决定，都必定会被密探报告给他。"[29]

结果是，福特公司的巨大厂区里，生产被按不同的功能严格隔离。福特要求他的雇员只需关注自己的那份工作，禁止将头探过分隔的围栏。他不希望工程师与销售人员交谈，而且所有的决定都应通过他的首肯。福特采用的方式是冷酷无情的："怎么我想要一双手时却得到整个人？"他抱怨道。虽然不会有人赞扬福特是一个温情脉脉且富有管理技巧的人，但在他的众多革新中，有一项最具人情味：其员工周薪为 5 美元，这在当时是行业内平均水平的两倍。怀疑者认为他这么做的原因是："这样一来，他的工人就可以给他们自己买一辆 T 型车了。"

科学管理在 20 世纪 20 年代，经过管理先驱者们的努力，基本上发展成熟了。这一划时代的科学管理运动，大大地促进了生产力的发展，对资本主义的发展和稳定起到了非常重要的作用。这里不仅有泰勒的巨大贡献，而且还有许多企业家和理论家为此做出重大的贡献。卡尔·乔治·巴思是一位真诚的信仰者，他忠诚地贯彻了泰勒的正统思想；甘特是在泰勒的指导下进行工作的，也做出了重大的贡献，尤其是他的甘特图更是为科学管理增添了光彩；吉尔布雷思夫妇发展了泰勒的工时研究，在动作研究上有着开创性的贡献，并且将其扩展到疲劳和心理研究领域；埃默森则改进了泰勒的职能工长制度，提出了职能参谋制，为企业组织理论的诞生开辟了道路，同时他的效率原则也具有里程碑性质；库克在泰勒的培养下把科学管理原理应用到教育和市政管理上，并设法使科学管理和工会建立起良好的关系。科学管理的大厦在历尽艰辛之后终于较为完整地建立起来。然而随着社会的进步和生产力的发展，科学管理的局限性也逐步暴露出来，科学管理也与其他的一切管理理论一样不可能解决一切管理问题。

Ford, Henry (1863—1947)

Personal background

- born of Irish immigrant farmets near Dearborn, Michigan, 0n 30 July 1863
- attended school intermittently for eight years
- trained as machinist in Detroit, and built first experimental car in 1896
- built up Ford Motor Company from 1903
- successfully pursued vision of motoring for the masses, rather than as a hobby for the rich
- main single architect of high-volume, highly efficient assembly-line production
- died Dearborn, Michigan, on 7 April 1947

Major works

My Life and Work (1922)

Today and Tomorrow (1926)

My Philosophy of Industry (1929)

Moving Forward (1931)

* Ford was the nominal co-author of these, with Samuel Crowther

Summary

Henry Ford was a major creative force behind the twentieth-century growth of very large-scale assemble-line production in general, and of the car industry and motoring for the masses in particular. He helped to free the nascent motor industry in the USA from Eastern financial interests, and combined highly efficient, high-volume and vertically integrated production with high wages and low pricing. These innovations were copied widely in many industries and countries, although Ford cars were rarely famous for being techinically advanced. Ford's achievements helped to stimulate urbanization, large-scale road building and important developments in agriculture and services, as well as in manufacturing. Ford was an evventric philanthropist and a not always benevolent autocrat. He and his work are still controversial.

第四节 科学管理理论的传播

"种子播下之后，科学管理很快就找到了一些其他的倡导者，他们努力使科学管理的思想和方法在更大的范围内发生影响。"[30] 在他们的努力下，科学管理的理论和实践都获得了较快的发展。在实践上，先是在美国的杜邦公司进行了广泛的应用，然后扩展到美国的通用汽车公司，并都取得了成功。与此同时，科学管理理论走进了当时美国高等院校的课堂。在大学教育中进行管理学方面的教学和研究，不仅促进和完善了科学管理的理论研究，而且还促进了企业管理水平的提高，并为企业培养了大批人才。

一、工业管理教育

早期的管理教育主要是有关工程管理即工业工程教育。1900 年以前，没有一所院校开设这类课程，但到了 1922 年已有 10 所，1930 年增加到了 35 所。其主要课程是合理的组织结构的设计、工厂和设备的政策、动作和工时研究、刺激工资和支付计划、采购、原料运输、原料控制及劳资关系等。

管理先驱者们对科学管理教育的推广做出了贡献。

哈洛·泊森就是在泰勒的科学管理得到普及之前，在大学里为研究生开设管理课程的。他主持了美国第一次科学管理会议。作为泰勒协会的主席，哈洛·泊森对泰勒的科学管理运动产生了巨大的影响。他认为教育者应该强调科学管理的基本原理，并集中力量对工业中的领导问题进行创造性研究。他还认为行政管理是处理企业经营中的道义、社会和政治方面的问题，而科学管理是解决技术方面的问题。珀森成为发展科学管理思想方面的一位重要人物。[31]

德克斯特·金布尔是美国的管理教育家。他曾在美国担任很多重要的职务，如1920—1936年任康乃尔大学工程学院院长，以后任康乃尔大学代理校长，1922年担任美国机械工程师学会会长，1926—1928年任美国工程技术委员会主席，1929年任工程教育促进会主席。他在任职期间为普及科学管理做了大量的工作，并且著有大量的著作。他在泰勒的《工厂管理》出版后的第一年，就决定在大学里开设一门泰勒的科学管理课程。在当时的美国，这是一个创举。直到4年以后，哈佛大学工商管理学院才开始按泰勒的思想来讲授工厂管理。金布尔在长期的教学实践中写了很多著作。其中《工业组织原理》一书在该领域堪称开创性的著作，长期以来一直是一本标准的教科书。他把科学研究和实际经验结合起来进行教学，对传播科学管理思想起了很大的作用。

雨果·迪默是美国管理教材的编写者和管理教育家。迪默自学成才，写了一些影响很大的管理教科书，如在1910年出版的《工厂组织和经营管理》。他把自己对科学管理原理的领会，和他在咨询工程师工作中应用泰勒制方法的经验结合起来，较好地阐述了各项管理原则之间的相互联系和普遍应用。他还在管理教育（包括函授管理教育）方面有着较大的贡献。他在密切结合管理实践的过程中，长期从事管理教育工作，在任宾夕法尼亚州立学院教授时，他是最早主张把工业管理作为教学大纲的中心人物之一。在他的最后的19年中，他在芝加哥拉萨勒函授学院工作，对成千上万不脱产的管理人员进行函授教育，使他们都能自学成才，提高管理效率。他的管理实践活动和咨询工作、著作和教学活动等对促进美国的管理思想和管理教育的发展起了较大的作用。

二、亚力山大·哈密尔顿·丘奇

亚力山大·哈密尔顿·丘奇（Alexander Hamilton Church，1866—1936）对管理思想的贡献是特殊的。他在英国和美国都是现代成本和工厂会计的先驱者。他对现代成本计算方法的直接和间接的促进，比任何人都大。是他最早提出成本核算的真正目标，强调了正常成本和非正常损失的概念，并提出了被目前广泛作为成本会计基础的确定标准成本的方法。

丘奇在他的《管理的科学和实际》一书中，设计了管理的两种基本工具：分析和综合。他认为分析应包括：成本会计、工时研究、动作研究、生产日程安排、机器布置、计划；综合是把经营管理的各项职能统统结合起来。他认为经营管理有5种有机职能：①设计。事先规定产品的形状、大小、特征和标准。②设备。为生产提供物质条件。③控制。为生产过程提供保障。④比较。包括标准的建立、衡量、记录和比较。⑤作业。包括改变材料使之成为符合设计的新形式。

他还认为对工人努力程度的管理存在着规律性，他把这些规律归纳如下：①必须系统地积累、标准化和应用经验。②必须运用经济观点对努力进行管理。它包括：必须予以分工，必须予以协调，必须予以保存，必须予以报酬。③必须提高个人的效能。其中包括：必须维持良好的物质条件和环境；必须对职业、任务进行分析以决定人的特殊才能；应该应用于确定候补者具有多大程度的特殊才能；应该在新的或旧的标准的基础上养成习惯；要培养集体主义精神；激励必须同预期的努力成比例。[32]丘奇应该得到人们更多的怀念，他虽然在英国和美国被认为是管理学的先驱者，但是他的生平和所做的工作却不大被人所知。

三、奥利佛·谢尔顿

奥利佛·谢尔顿（1894—1951）在牛津大学毕业后从军，退伍以后定居在英国的约克郡，尔后一直在朗特里股份有限公司工作。他的一些著名的管理思想体现在他的《管理哲学》一书中。谢尔顿试图把社会伦理和科学管理结合起来：

"我之所以撰写这本书是犹豫地认为，管理对工业的指导作用主要在于一些科学的原则和伦理原则，而这些原则的集体应用只起次要的作用。因此，本书不是阐述某一特殊的管理，而是试图阐明统治整个管理实践的目的、发展路线和原则。……因此，重要的是，在我们考虑工业中的管理时，在早期阶段就要坚持，无论管理是如何的科学，管理力量充分的发挥是多么地依赖于科学方法的应用，管理的首要职责是有关社会和社区方面的职责。"[33]

以前的管理，基本上是将注意力集中于企业内部的管理方法，而谢尔顿提出了一个管理的新方向，把管理重点从放在生产方面，转移到放在伦理和工业责任的人的因素上。他认为工业不是一堆机器和技术程序的结合体，而是一个由人组成的复合体，这在当时的管理学界是一种新颖的思想。

他的管理哲学的基本原则是：

1. 工业之所以存在，就是为了给社会提供良好的生活所必需的足够数量的商品和服务。

2. 工业管理必须用一些原则来制约，这些原则是以为社会服务的概念为依据的。

3. 作为工业的一个部分的管理，是独立于资本和人工之外的，可分为三个部分：一是经营职能，这些职能是制定公司的财务协调、生产分配和组织方向等政策的，最终由经理来控制；二是管理职能，它在所确定的经营范围内执行政策，以及利用组织来实现目标；三是组织职能，组织把个人或集团的工作结合起来，以便能最有效、最系统、最积极并相互协调地去完成任务。组织是一部有效的机器，管理是有效的执行，经营是有效的指挥。经营决定着组织，而管理则是利用组织。经营确定着目标，管理则努力实现经营所确定的目标，而组织则是管理在实现目标过程中的中继器官。

4. 管理一方面维持工业的经济基础；另一方面，又必须通过提高工厂中的人和物两种因素的效率来达到社会的目标。管理之所以存在，正是为了达到这些社会目标。

5. 为了提高效率，管理运用科学理论和方法开发工业中的人力资源。

6. 效率取决于组织的结构，而这种结构是以对所要做的工作和所用的设备的详细分析为依据的。

7. 管理活动范围有 4 种：①有关制造开始时的职能，如设计和装配。②生产制造的实际作业。③便于生产制造进行的一些职能，如运输计划、比较和人工。④产品分配所必须的一些职能，如销售的计划和实行。

8. 使工厂中的人和物得以有效利用的科学方法有：①管理所从事或控制的这项活动中应用研究和衡量的方法。②准备并规定每项工作的组成。③制定一些基准和工作标准，以便切实而精确地规定所要达到的成绩。④制定一些标准，以便能保证以最经济的方法生产和管理。

9. 对社会承担责任的政策，要求在生产中人的因素方面采取某些措施。作为个体的工人，应遵守以下规则：①所有的人都应参与决定工作条件。②工人的生活条件应与文明社会相称。③人应有适当的闲暇时间用于自我发展。④工人应有不至于被迫失业的保障。⑤工人应按其贡献的大小而共享工业的繁荣。⑥在工人和管理当局的所有关系中都应严格贯彻平等的精神。

10. 通过对各种标准的研究和制定，可以建立一种不同于工业中应用科学和技术的"管理的科学"，以便最终形成一种制约着工业行为的法典。[34]

谢尔顿 1923 年出版的《管理的哲学》，不仅在当时立即成为并且至今仍然是英美两国管理学方面的权威性教科书。此书的出版，奠定了他在管理思想发展史上的特殊地位。

四、玛丽·派克·福莱特

玛丽·派克·福莱特（Mary Parker Follett，1868—1933）1868年生于美国的波士顿，在哈佛大学学习哲学、法律和政治学，终身未嫁。她从1891年开始从事社会教育工作，直到1933年去世，一直致力于建立一种管理哲学。她认为任何一个持久的、有生产性的社会都必须建立在对个人和集体的激励愿望之上。所以，这一哲学是一定存在的。在管理思想的发展过程中，她的工作起着由对物与物、物与人关系的研究，过渡到对人的行为的研究的桥梁作用。福莱特是行为科学的创始人之一。同时，她又是一位一流的政治哲学家和社会学家，也是一位管理理论家。她把心理学的知识和社会科学的发现应用到工业企业的管理中，对管理学的贡献是很大的。

在生活年代上，福莱特既属于管理思想发展史的科学管理时代，又是哲学领域社会人时代的一员，她同这两个时代都有联系。她既把泰勒的许多想法加以概括，又预测到霍桑实验的许多结论。从而她成为这两个时代之间联系的一个环节。

福莱特的哲学是：我们只有在团体组织之中，才能发现真正的人，个人的潜能在被团体生活释放出来以前，始终是一种潜能，人只有通过团体才能发现自己的本质，得到自己的真正自由。[35]

她对民主提出了一种新的概念："民主是一种从人发展而来的巨大的精神力量，民主利用每个人，使所有的人在多成员的社会生活中交织在一起，从而使个人的不完整性得以补足，而这个多成员的社会生活才是真正的神的显示。"[36]民主是一种社会意识，而不是个人主义的发展。

她认为人群中的社会关系应该采取协商一致的原则。冲突可以是建设性的，可以利用其为群体服务，就像工程师利用摩擦一样。解决冲突的最有效的方法不是压服，甚至不是妥协，而是利益的结合。只要有关各方共同寻找解决这一冲突的新途径，一定能够找到结合点。她提出了以下的假设，即任何一种利益的冲突都可通过以下4种途径来解决：①一方自愿退让。②斗争一方战胜另一方。③妥协。④结合。第一种和第二种途径显然都不可取，因为它们要用到统治的权力，妥协同样也是无益的，因为它把问题的解决推迟了，结合就是找出一种使双方都感到满意而无需妥协和利用统治权力的解决方法。她举了一个很能说明问题的例子。

"一天，在哈佛大学图书馆的一间小房间中，有一些人要把窗子打开，而我只要把窗关上。我们打开了没有人坐在那里的隔壁房间的窗子。这并不是一种妥协，因为没有什么人的愿望受到了阻遏，我们双方都达到了自己事实上的愿望。因为我事实上并不需要把房间关得密不通风，只不过不想让北风直接吹到我的身上；同样，其他人并不一定要打开某一扇特定的窗子，只不过是想使空气更加流通罢了。"[37]

她认为协作是管理的核心，协作时应注意到这么几个方面：①协作是由于有关人员的直接接触而形成的。②协作是一个连续的过程。③协作在工作的早期阶段就存在了。④协作是涉及一种形式中全部要素的相互关系。

关于控制，她认为经理所控制的不是单一的要素，而是一个复杂的相互关系，不是个人，而是情景（situation）。整个情景是一个有生产性的结构。这个结构是：由事实控制而不是由人来控制。由相互关联控制而不是上面强加的控制。每一种情景都能产生它自己的控制，因为正是情景的实施以及情景中许多团体的交织决定着控制。

对那些向往成为经理的人员，福莱特小姐提出了她的忠告：人们必须像对待其他任何一种职业那样，严肃地来对待这种职业。他们必须认识到，正如同所有的专家一样，他们承担着重大的责任。他们在一个巨大社会的众多职能中，承担着一种创造性的职能，一种我认为只有经过训练并有纪律的人，才能在将来成功地承担的职能。[38]

福莱特有关利益结合、形势规律的论述，同泰勒的精神革命、职能管理的思想是相同的，而关于协作、相互影响等论述，和行为科学学派的梅奥的论点是相通的，她是二者过渡的桥梁，在管理思想发展史上有着不可替代的作用。

五、科学管理管理理论发展的历史回顾

科学管理是管理思想发展历史上的一个高峰，同时，也是第一次管理思想的大综合。它是使管理成为科学的一次质的飞跃，它的历史作用是巨大的，是人类社会自我发展过程中的一个里程碑。

科学管理诞生在美国，是与美国当时的社会、经济、文化的发展有着紧密的联系的。

根据美国经济学家罗斯托的经济成长5阶段论的观点，人类社会的发展经历了传统社会阶段、起飞前阶段、起飞阶段、成熟阶段和高消费阶段这样5个阶段。而科学管理时代正是美国处于起飞阶段时期。这个阶段在社会历史进程中，是有着决定意义的时期。在这个阶段中社会出现持续的增长。在主要成长部门有可能通过革新创造或者通过利用新的资源，从而形成很高的成长率，并

带动社会经济中的其他方面扩充能量；在经济的补充成长部门，由于直接适应主要部门的发展，或者作为主要成长部门发展的条件，如与铁路发展有关的煤、铁和机器工业等；派生成长部门，这些部门的发展同实际总收入、人口、工业生产的增长之间存在着某种稳定的关系。由于经济处于起飞期，几乎整个经济都在快速地增长。因此，起飞阶段与工业革命和生产方法的剧烈改变有直接关系，在较短时期内产生决定意义。在这个阶段，要使具有经济现代化观念的人战胜坚持传统社会观念的人，在社会、政治和文化方面取得胜利。所以，起飞阶段的强大的刺激力量，既可能表现为政治革命的形式，也可能是技术革新的形式，还可能是管理方式转变的形式，以此适应如此快速的经济发展。科学管理运动适应了这种经济起飞的需要。

钱德勒将美国大企业发展的历史分成 4 个阶段：①资金的初步扩大和积累。②合理使用资金。③发展新的市场和行业，以保证继续充分利用资金。④建立一种新的结构，以便有可能继续有效地利用资金来满足变化中短期的时常需求和长期的市场趋势。[39] 按此理论分析，科学管理的时期正是美国大公司处于资金积累阶段向资金使用阶段过渡的时期。在这个阶段中除了亚当·斯密所说的看不见的手在强烈地支配各个企业的运作，而且另外一只钱德勒所称的看得见的手，也在快速形成和支配着企业的运作，即由领薪经理管理的现代工商企业管理，协调着企业运作，将用管理上看得见的手取代市场机制看不见的手。[40]

这只看得见的手所操纵的就是管理思想和管理方法，而这正是科学管理所提供的。正是科学管理思想把管理职能从工业生产中分离出来，从而形成管理阶层。"管理层级制一旦形成并有效地实现了它的协调功能后，层级制本身也就变成了持久性、权力和持续成长的源泉。"[41] 科学管理理论为企业层级制的形成提供了锐利的武器。

当时的自然科学对科学管理思想的形成以及传播也是有一定影响的。为了追求效率，通过科学管理把人训练成肉体机器，这个直观上的观念给当时资本家提供了一个很好的口实。当时达尔文《物种起源》一书中关于进化以及通过生存竞争进行自然选择的理论已经相当普及，社会达尔文主义就把这一理论引入了人类社会。因此，优胜劣汰、适者生存的信条成为进行人与人之间、企业、市场等方面竞争而不计手段的主要依据。通过不受限制的竞争，适应者生存下来，并沿着社会成功的阶梯向上爬，而不适应者将永远处于底层，通过进化最后被消灭。适者生存的哲学为残酷无情的商业竞争和各种毫无原则的活动提供了依据。所以，科学管理理论的产生是符合当时社会的伦理观念的，尽管当时也有人反对，但是在行为科学出现之前，科学管理理论仍然占据着统治地位。

科学管理思想的确立对当时的生产力发展和社会的进步起着极其重要的推

动作用。它给人类文明的进步提供了重要的方式和思想武器。尽管这一思想在许多方面有待后人去发展和完善。

Follett, Mary Parker (1868—1933)

Personal background

- born in 3 September 1868 in Quincy, near Boston, Massachusetts
- Graduated *summa cum laude* from Radcliffe College, Cambridge, Massachusetts, in economics, government, law and philosophy in 1898
- introduced the concept of the business as a social agency and economic unit; advocated group-work and democratic governance in the workplace for most effective performance
- died Boston, 18 December 1933

Major works

The Speaker of the House of Representatives (1896)
The New State-Group Organization: The Solution for Popular Government (1918)
Creative Experience (1924)

Summary

Mary Parker Follett (1868—1933) was primarily a political scientist who advocated the establishment of neighborhood groups as primary units of self-governance and as the most effective means of achieving true citizenship and the fairer and more productive society. She was also active, and an innovator, in the field of social work. She brought to business organization and management her knowledge and experiences from these other fields. As in government and in social work, so in the business: group-work and self-governance through the

112

group would ensure most satisfying and productive results.

Follett dealt with the basic questions which underlie all relations: conflict, power, authority, leadership, control. She applied the findings of both the physical and social sciences to the business organization and demonstrated the need to create unity of action out of diversity of interests and to foster good human relations in the workplace. Her teachings, widely acclaimed in her lifetime, lost favour after her death. However, their underlying importance and value have been gaining ground and, at the onset of the twenty-first century, Follett is coming into her own: she is now considered to be the Prophet of Management' (Graham 1995a).

注　释

[1] Uruick Lyndall, ed. The Golden Book of Management. 1956

[2] Taylor. The Principles of Scientific Management. 1911

[3] Taylor. The Principles of Scientific Management. 1911

[4] Uruick Lyndall, ed. The Golden Book of Management. 1956

[5][日]上野一郎. 管理思想发展系谱. 7—8

[6] Taylor. The Principles of Scientific Management. 1911

[7] Taylor. The Principles of Scientific Management. 1911

[8] 听证会记录,第 1387 页

[9] 听证会记录,第 1387 页

[10] 听证会记录,第 1388—1389 页

[11] Taylor. The Principles of Scientific Management. 1911

[12] Taylor. Shop Management. 1903

[13] Drucker Peter. The·Practice of Management. New York: Harper & Row,1954

[14] 马洪,孙尚清主编. 现代管理百科全书. 1990,27

[15] Urwick. The Goledn Book of Mangaement. 1956

[16] Wren. The Evolution of Management Thought. 1994

[17] Gantt Henry L. Work, Wages, and Profit. New York: Engineering Magazine Co. ,1910, 55

[18] Gantt Henry L. Work, Wages, and Profit. New York: Engineering

Magazine Co. , 1910，163

　　［19］同上，165

　　［20］同上，166

　　［21］奥尔福德. 甘特，207

　　［22］Gillbreth Frank B，Gibreth Lillian M. Applied Motion Study. New York：Sturgis and Walton Co. , 1917

　　［23］Gibreth Lillian M. The Psychology of Management. New York：Sturgis and Walton Co. , 1914

　　［24］Wren. The Evolution of Management Thought. 1994

　　［25］Emerson Harrington. Efficiency as a Basis for Operation and Wages. New York：Engineering Magazine Co. , 1911，69

　　［26］Emerson Harrington. The Twelve Principles of Efficiency. New York：Engineering Magazine Co. , 1913，29

　　［27］Cooke M L. Our Cities Awake. New York：Doubleday and Co. , 1918

　　［28］Levitt Theodore. Marketing Myopia，Harvard Business Review. 1960

　　［29］Drucker Peter. The Practice of Management. New York：Harper & Row，1954

　　［30］Wren. The Evolution of Management Thought. 1994

　　［31］Wren. The Evolution of Management Thought. 1994

　　［32］Church Alexander Hamilton. The Science and Practice of Management. New York：Engineering Magazine Co. , 1914

　　［33］Claude S. George，Jr. The History of Management Thought. 1968，154—155

　　［34］Claude S. George，Jr. The History of Management Thought. 1968，155—158

　　［35］Mary Parker Follett. The New State：Group Organization the Solution of Popular Government. London：Longmans，Green and Co. , 1918

　　［36］同上。

　　［37］同上。

　　［38］同上。

　　［39］Chandler Alfred D. The Visible Hand：The Managerial Revolution in American Business. Cambridge，Mass. ：Harvard University Press，1977

　　［40］同上。

[41] 同上。

深入阅读建议

1. Taylor. The Principles of Scientific Management. New York：Harper & Row，1911

2. Taylor. Shop Management. New York：Harper & Row，1903

3. Hayek Friedrich. Capitalism and the Historians. Chicago：University of Chicago Press，1954

4. Brandeis Louis D. Scientific Management and Railroads. New York：Engineering Magazine Co.，1911

5. Cook-Taylor. Introduction to a History of the Factory System. London：Richard Bentley & Sons,1886

阅读互动

1. 有关泰勒的研究文献非常丰富，比较有代表性的有弗兰克·巴克利·科普利的《弗·泰勒：科学管理之父》（1912 年）和萨迪尔·卡尔的《弗·泰勒：对个人和创新的研究》（1970 年）。其中后者采用了"心理—历史"法研究了泰勒的生平与业绩。

2. 甘特的生平材料可见 L. P. 奥尔福德的《亨利·福特：工业领导人》，由 New York：Harper & Row 1934 年出版。

3. 哈洛·珀森曾任达特茅斯阿莫斯·塔克商学院院长。德克斯特·金布尔的资料可见其著作：《我的回忆》，此书由 New York：McGraw-Hill Book Co.，在 1953 年出版。

思 考 题

1. 泰勒"科学管理"的基本原理和主要内容。

2. 泰勒"科学管理"在管理思想史上的地位及其局限性。

3. 甘特对管理科学的主要贡献。

4. 亨利·福特对大规模生产的贡献及其局限性。

5. 请用"树状图"的方法对"科学管理"进行综合评价。

第四章

古典组织理论的形成和发展

管理或行政管理意味着在知识的基础上行使控制。

——雷恩：《管理思想的演变》

在泰勒与他的追随者们逐渐把科学管理理论塑造成形的同时，欧洲古典组织管理理论的奠基者、开创者亨利·法约尔和马克斯·韦伯也在形成他们的理论。

我们曾经谈到，科学管理理论主要的贡献是在作业管理，但同时对组织管理也有重要贡献，如把计划职能同执行职能分开，实行职能工长制。在这个领域中，古典组织理论比科学管理理论有了更全面、更深入的拓展和理论总结。

开创者之一的法约尔是一位工程师，他通过自己的管理实践及对管理过程的研究创立了组织管理理论，他的理论成为后来管理过程学派的理论基础。马克斯·韦伯是一个典型的学者，是经济学家更是社会学家，他为官僚的行政机构建立了一个非常完美的模型，从而创立了全新的组织理论。富有戏剧性的是，他们的贡献都是在他们去世几十年后才得到全面、公正的评价，并最终受到肯定的。

第一节　法约尔的组织管理理论

一、亨利·法约尔及其生涯

亨利·法约尔（Henri Fayol，1841—1925）是欧洲一位杰出的经营管理思想家。他比泰勒大 16 岁，也比泰勒长寿。但法约尔生前没泰勒那么出名，也没有像泰勒那样遭受工人的敌视。法约尔在一个煤矿公司担任了 30 多年的总经理，在 75 岁时才发表了他的划时代名著《工业管理和一般管理》。他在退

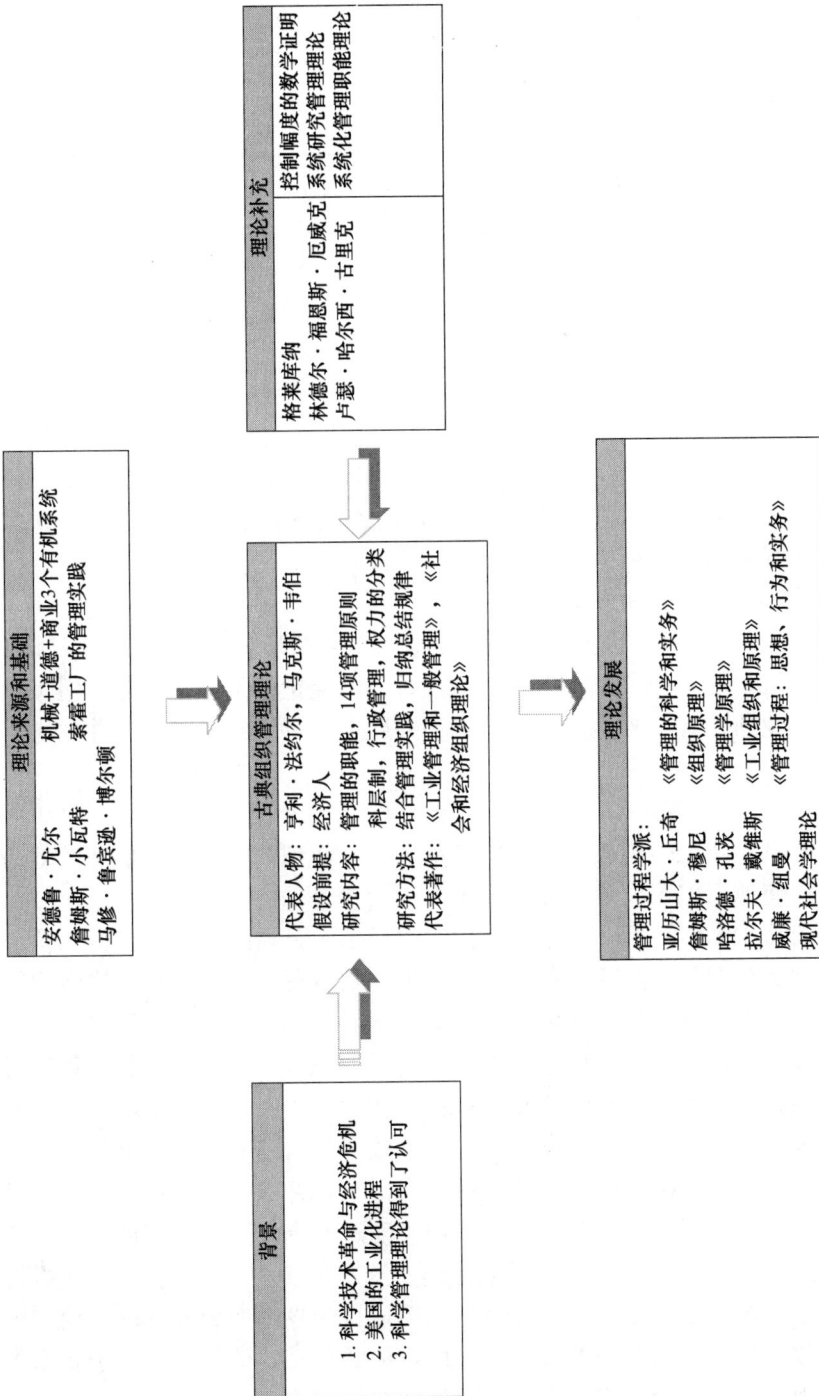

背景

1. 科学技术革命与经济危机
2. 美国的工业化进程
3. 科学管理理论得到了认可

理论来源和基础

安德鲁·尤尔	机械+道德+商业3个有机系统
詹姆斯·小瓦特	萦雀工厂的管理实践
马修·鲁英逊·博尔顿	

古典组织管理理论

代表人物：享利·法约尔，马克斯·韦伯
假设前提：经济人
研究内容：管理的职能，14项管理原则
　　　　　科层制，行政管理，权力的分类
研究方法：结合管理实践，归纳总结规律
代表著作：《工业管理和一般管理》，《社
　　　　　会和经济组织理论》

理论补充

格莱库纳	控制幅度的数学证明
林德尔·福恩斯·厄威克	研究化管理理论
卢瑟·哈尔西·古里克	系统化管理职能理论

理论发展

管理过程学派：《管理的科学和实务》
亚历山大·丘奇　《组织原理》
詹姆斯·穆尼　《管理学原理》
哈洛德·孔茨　《工业组织和原理》
拉尔夫·戴维斯　《管理过程：思想、行为和实务》
威廉·纽曼
现代社会学理论

图 4—1

休 7 年后逝世，享年 85 岁。

法约尔在 1841 年出生于法国一个资产阶级家庭，1860 年毕业于圣艾蒂安国立矿业学院。同年进入科芒特里——富香博公司，从此他的一生就和这个公司紧紧地联系在一起。在这个公司工作的 26 年中，他一直担任工程师。他的管理才能是在他 47 岁被任命为总经理以后才显示出来的。

在担任工程师期间，作为煤矿的技术负责人，他发表了许多有关地质学和矿井安全方面的文章。即使在担任总经理以后，在 1893 年他仍然因技术上的成就而获得德拉斯奖金和工业促进协会金质奖章，并成为法国荣誉勋章的获得者。

法约尔在担任科芒特里公司的总经理时，该公司几乎濒临破产，而且其煤矿的储量近于枯竭。1892 年该公司被收购成立了新的科芒博联营公司，法约尔仍然是总经理。他不仅成功地解决了这家新的联营公司的各种问题，而且使这家原先濒于破产的公司一直到他 77 岁退休时都发展得非常好。至今，这家公司仍然是法国著名的冶金工业公司之一。

法约尔的一生可以分为 5 个阶段：

第一阶段是 1860 年（19 岁）之前，是成长学习阶段，主学矿业。

第二阶段从 1860 年到 1872 年，虽然这时他已经担任了管理职务，但仍然是一个下级，他的才智主要发挥在采矿工程问题上，特别是在征服矿井的火灾事故方面。

第三阶段从 1872 年到 1888 年，这时他已经是一个有较大职权的一批矿井的总管，他的思路随之转到煤田的地质问题上来，转到他所执掌的矿井的寿命因素上来，这使他写出了大量的关于地质理论的专著。

第四阶段从 1888 年到 1918 年，在他的领导下，公司改组为科芒博联营公司，他亲任这家公司的总经理。在此期间他很少从事写作，主要负责许多实际工作，而且他极有个性，决不许可自己无穷的学术兴趣或授予他的很多名誉职务分散他对本职工作的精力。他始终拒绝接受任何职位，除非与其总经理职责有密切的联系，或者是完全属于无私的支援。在这一阶段，法约尔运用他杰出的才干和在科学管理方面的管理能力，出色地领导他所培养出来的全体干练的管理人员，使一个濒临破产的公司从困境中走出来，并取得了成功。

第五阶段从 1918 年到 1925 年，是法约尔度过的退休生涯直到逝世。在这期间他仍然致力于普及自己的管理理论工作。这是他 30 年来在事业上取得惊人成就的总结。他还是那么年轻——昂然微笑，目光直率而炯炯有神。他待人常常一见如故，他那不加修饰的权威和气度，他的仁慈，他那不甘心于寂寞的充满青春活力的心灵，使他成为受人尊敬的实业界的元老。[1]

法约尔还创办过一个管理研究中心，在这个中心里每周都要举行一次由各界著名人士参加的会议，通常是由法约尔主持。他的著作都是在这里逐步形成的。他的管理研究中心在他逝世后不久就和勒夏特里埃—德弗雷曼维尔组织（一个倡导泰勒的科学管理的组织）合并为"法国全国组织委员会"。因为按照人们当时最初的解释，法约尔的著作同泰勒的著作是相互竞争和有明显差别的。而法约尔坚持认为，情况并非如此。尽管他早期对泰勒的科学管理不以为然，但后来他认识到他们两人的著作是相互补充的，因为他们都想努力通过不同的分析方法来改进管理。泰勒是从工场管理的一端，车床旁边的车工开始实施他的方法中归纳出科学的一般结论，而法约尔是从总经理的办公桌旁创立了他的一般的管理体系，然后再应用到下一级的组织机构中。法约尔的理论本来打算写4个部分，他把1、2部分写成《工业管理与一般管理》，而3、4部分没有写成，这是管理思想史上的一大遗憾。

二、法约尔的管理思想

（一）法约尔的组织管理理论

　　法约尔把企业的全部活动分为以下6种：①技术活动（生产、制造、加工）。②商业活动（购买、销售、交换）。③财务活动（筹集和最适当地利用资本）。④安全活动（保护财产和人员）。⑤会计活动（财产清点、资产付债表，成本、统计等）。⑥管理活动（计划、组织、指挥、协调和控制）。

　　不论企业大小、复杂还是简单，这6种活动（或者说基本职能）总是存在的。[2]法约尔开宗明义地将企业的共性摆出来，然后指出前5种活动都不负责制定企业的总经营计划，不负责建立社会组织，协调各方面的力量和行动，而这些至为重要的职能应属于管理。所以他定义管理就是实行计划、组织、指挥、协调和控制。

　　计划，就是探索未来，制定行动计划；

　　组织，就是建立企业的物质和社会的双重结构；

　　指挥，就是使其人员发挥作用；

　　协调，就是连接联合调动所有的活动及力量；

　　控制，就是注意是否一切都按已制定的规章和下达的命令进行。

　　在这里他将领导和管理进行了区分，领导就是从企业拥有的所有资源中获寻尽可能大的利益以引导企业达到目标，就是保证6项基本职能的顺利完成。[3]

　　法约尔把管理活动与其他职能分开是独具慧眼的，这对以后管理思想的发展起着重要的作用，使这一思想成为管理过程学派和组织理论的重要基础。法约尔把计划、组织、指挥、协调、控制称之为管理的要素，并对其进行了逐项分析。

1. 计划。在法约尔看来，管理即意味着展望未来，预见是管理的一个基本的因素，任何行动计划都以下列诸项为基础：①公司的资源，即建筑物、工具、材料、人员、销售渠道、公共关系，等等。②目前正在进行的工作性质。③公司所有的各种活动无法预料的未来发展趋势。

在制定计划时要有共同参与的观念，对资源、未来的可能性以及实现目标的方法进行研究时，要求各部门的头头在他们的授权范围内做出贡献，每一个负责人都要把他的经验用于这项研究，同时也要承担在执行计划时所要负的责任。有了这种参与，就可以保证任何资源都不会无人管理，并且还可以促使管理人员关心计划，低级的管理人员会把更多的注意力放在制定计划上，因为他们将执行他们自己制定的计划。

法约尔还认为一个好计划应具有以下特点：

统一性，每项计划不仅有总体计划还有具体的计划；

连续性，不仅有长期的计划还有短期的计划；

灵活性，能应付意外事件的发生；

精确性，应尽量使计划具有客观性，不带主观的臆测。

要制定具有以上特点的计划，就要对每天、每周、每月、每年、5 年、甚至 10 年的情况进行预测，并且随着时间的推移或情况的变化进行不断地调整或修改。

制定长期计划是非常重要的，这是法约尔对当时管理思想的一个比较的大贡献。

2. 组织。管理当中的第二要素是组织，组织就是为企业的经营提供所有必要的原料、设备、资本、人员。其中分为物质组织和社会组织。

法约尔认为在获得必要的物质资源之后，就要进行社会组织活动，进行企业所有的经营活动。

在法约尔的组织理论中组织机构的金字塔是职能增加的结果。职能的发展是水平方向的，因为随着组织所承担的工作量的增加，职能部门的人员必然增多。等级系列的发展是垂直的，是由于有必要增加管理层次来指导和协调下一级管理部门的工作所引起的。他认为职能和等级系列的发展进程是以 1 个工头管理 15 名工人和往上各级均为 4∶1 的比数为基础的。例如 15 名工人需要有 1 名管理人员，60 名工人就需要有 4 名管理人员，而每 4 名管理人员就需要有 1 名共同的管理人员。组织就是按这种几何级数发展的，而对组织的管理就是把管理的层次控制在最低的限度内。

对于参谋人员，法约尔认为应该让一批有能力、有知识、有时间的人来担任，使管理人员的个人能力得到延伸。而参谋人员只听命于总经理，他们和军队中的参谋人员差不多，不用去处理日常事物，主要任务是探索更好的工作方法，发现企业条件的变化，以及关心长期发展问题。

法约尔认为他的参谋职能制和泰勒的职能工长制是不一样的，职能工长制违背了统一指挥的原则。在法约尔看来职能工长制是一个非常危险的制度，命令必须被执行，这只有在一个人只对另一个人明确承担责任时才能做到。他认为他的统一指挥的原则比什么都重要。

他的组织理论中还强调了组织图的重要性。制定了组织图（见图4—2），就能使人们把组织看成一个整体，详细地规定出权力界限，提供联系的途径，防止部门重叠或侵犯部门权限的现象发生，也避免双重领导局面的发生，它可以明确地分配任务和划分责任，是一个重要的管理工具。

对于组织中的管理人员，法约尔根据自己多年的管理经验提出了自己的看法：挑选人员是一个发现人员的品质和知识，以便填补组织中各级职位的职能的过程。产生不良挑选的原因与雇员的地位有关。法约尔认为填补的职位越高，挑选所用的时间就越长。挑选要以人的品质为基础，其中包括：

（1）健康和强壮的体质。这对所有的人来说都是必不可少的。

（2）智力和旺盛的精力，随着在等级链上地位的上升而越来越重要。

（3）道德品质，如主动性、勇于承担责任、忠诚和遵守纪律等，这对各级人员来说都是重要的。

（4）全面的教育。除了专业的教育外，对准备提升的人来说，专业以外的知识是十分重要的。

（5）管理知识。与计划、组织、指挥、协调和控制等管理要素有关的知识，随着管理人员在组织层次中的上升变得越来越重要。

（6）其他知识。随着管理人员所承担责任的扩大，对其他职能的知识的了解是必不可少的。

3. 指挥。指挥是法约尔的第三个管理要素。指挥是一种以某些工人品质和对管理一般原则的了解为基础的艺术。

他要求指挥人员做到：①透彻了解自己的手下人员。②淘汰不胜任的工作人员。③十分通晓约束企业和雇员的协议。④做好榜样。⑤对组织的账目定期进行检查，并使用概括的图表来促进这项工作。⑥召开会议，把主要的助手召集起来，参加酝酿统一领导和集中力量做好工作的会议。⑦不要在工作的细节上花费精力。⑧要使职工保持团结一致、积极工作、勇于创新和忘我的工作

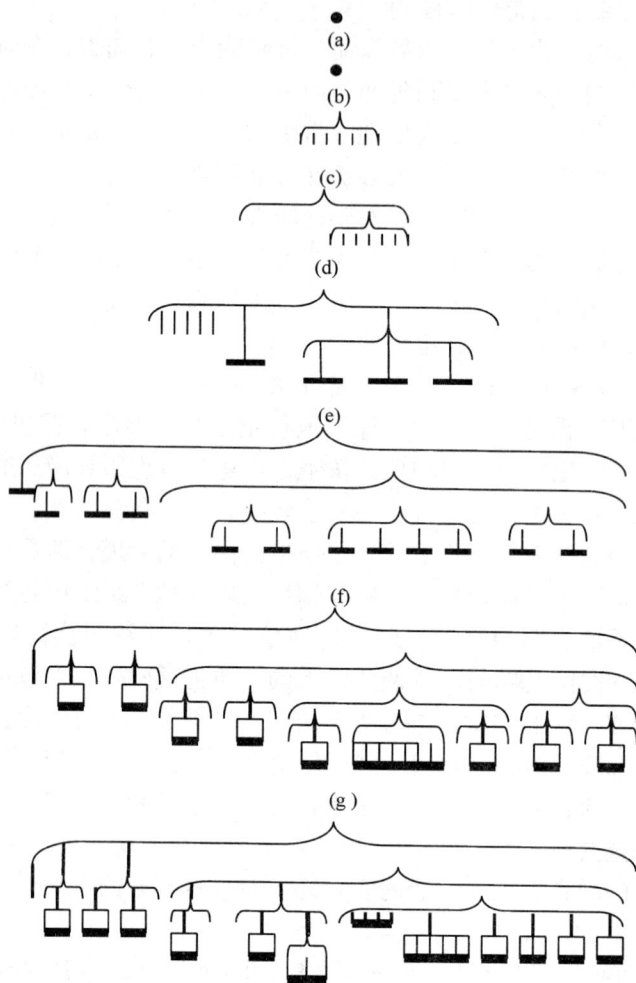

图 4—2

精神。

4. 协调。协调就是使企业的一切工作和谐配合，以利于企业经营的顺利进行，并且有助于企业取得成功。

他认为，协调是使各职能社会组织机构和物资设备之间保持一定比例，财政开支和财政收入保持一定的平衡，工厂和成套工具的规模与生产需要成一定的比例，材料和消费成一定的比例，销售与生产成一定的比例，协调就是在工作中做到先主要后次要。总之，协调就是使事情和行动都有合适的比例。

他还提出了关于判断企业需要进行协调工作的依据：

（1）各部门不了解而且也不想了解其他部门，在进行工作时好像它本身就是工作的目的和理由，不革新整个企业，也不关心毗邻的部门。

（2）在一个部门内部的各科室之间，与不同部门之间一样存在着一堵墙，互不通气，各自最关心的就是使自己的职责置于公文、命令和通告的保护之下。

（3）谁也不考虑企业整体利益，企业里没有勇于创新的精神和忘我的工作精神。

他认为解决这一问题的最好方法是部门领导每周的例会，这种例会的目的是根据企业工作进展情况讲明发展方向，明确各部门之间应有的协作，利用领导们出席会议的机会来解决共同关心的各种问题，例会一般不涉及制定企业的行动计划，会议要有利于领导们根据事态发展情况来完成这个计划，每次会议只涉及一个短期内的活动，一般是一周时间，在这一周内，要保证各部门之间行动协调一致。

部门领导会议是协调工作不可缺少的方法，正如行动计划中预测工作是不可缺少的、人事一览表是社会组织工作不可缺少的一样，它是一种特有的标志，也是进行工作的一个主要方法。如果没有它，那么任务完成得不好的可能性就大。有这一标志并不是正常工作的绝对保证，还需要领导懂得很好地使用这一方法，能够使用各种工作方法是一门艺术，是管理人员应该具有的才能之一。[4]

5. 控制。法约尔认为控制就是要证实企业的各项工作是否已经和计划相符。控制的目的在于指出工作中的缺点和错误，以便纠正并避免重犯。

对物、对人、对计划都可以进行控制，从管理的角度，应确保企业有计划并且确实执行，而且更要及时加以修正。控制可以确保企业社会组织的完整，人员一览表得到应用，指挥工作符合原则和协调会议定期举行。

由于控制作用于各种性质的工作和各级工作人员，所以控制有许多不同的方法，像管理的预测、组织、指挥和协调一样，控制这一要素在执行时需要有持久的工作精神和较高的艺术。

（二）法约尔的 14 项管理原则

法约尔根据自己多年的工作经验提出了著名的 14 项管理原则。

1. 劳动分工。法约尔认为劳动分工属于自然规律的范畴，其目的是同样的劳动得到更多的东西。这个原则不仅适用于技术工作，而且毫无例外地适用于所有涉及要求多种类型的能力的工作。但是劳动分工也是有限度的，经验与尺度感告诉我们不应超出这些限度。

2. 权力和责任。权力是指挥和要求别人服从的力量。法约尔把权力分为制度权力和个人权力，前者是由职位和地位产生的，后者则与个人的智慧、学识、经验，道德品质和领导能力有关。出色的管理者要用个人的权力来补充制度权力的不足。责任和权力是相互的，凡有权力的地方就有责任，为了保证权力的正确使用必须规定责任的范围，制定奖惩的标准。

3. 纪律。任何组织要有效地工作，必须有统一的纪律来规范人的行为。要发展企业，纪律是绝对必要的，没有纪律任何组织都不能兴旺发达，纪律的实质是对协定的尊重。为保证大家都遵守纪律，就必须要求纪律严明，而且高层领导和下级人员都必须接受纪律约束。

4. 统一指挥。这是一条基本的原则，是指一个下属人员只应接受一个领导人的命令。如果这一条不成立的话，纪律就受到危害，秩序将被破坏，稳定就受到威胁。这是一条非常重要的原则。法约尔认为他的这条原则和泰勒的职能工长制是不同的，因为职能工长制违背了统一指挥的原则，所以他从实际的工作经验出发特别注重这一条原则，然而在现实中破坏这一原则的双重领导的现象是非常多的。其原因有 4 种：①为了争取时间或立即中止某项错误的行为，高层领导不通过中层领导就进行直接的指挥。②为避免给两个以上的工作人员分配小职权，而造成的矛盾。③部门的界限不清，两个部门的主管都认为有指挥同一工作的权力。④部门之间在联系上、职权上固有的复杂关系。为了保证统一指挥，必须要克服这些现象。

5. 统一领导。这一条原则是表示对于达到统一目标的全部活动，只能有一个领导人和一项计划，这是统一行动，协调组织中一切力量和努力的必要条件。法约尔指出，统一领导和统一指挥的区别在于：人们通过统一领导来完善组织，而通过统一指挥来发挥人员的作用，统一指挥不能没有统一领导而存在，但并不来源于它。也就是说没有统一领导，就不可能有统一指挥，但是有统一的领导，也不足以保证统一的指挥。

6. 个人利益服从集体利益。法约尔认为当人们在适应整体利益的工作中，无知、贪婪、自私、懒惰、懦弱以及人类的冲动，总是使人为了个人利益而忘掉整体利益。这是一场持久的斗争。

7. 人员的报酬。法约尔认为，报酬是人们服务的价值，应该合理，并尽量使企业和所有人员都满意。报酬率的高低不仅取决于人员的才能，而且取决于生活费用的高低、可雇佣人员的多少、业务的一般情况、企业的经济地位，以及报酬的方式等因素。但报酬方式必须符合 3 个条件：①确保报酬公平。②奖励努力工作者以激发他人热情；③报酬不应超过合理的限度。

8. 集中。这条原则主要讨论了管理的集权与分权的问题，分权是提高部下作用的重要性的做法，而集权则是降低这种作用的重要性的做法。作为管理的两种制度，它们本身是无所谓好坏的。法约尔说这是一个简单的尺度问题，关键在于找到一个适合于企业的度。而影响集权与分权的主要因素是：组织规模、领导者与被领导者的个人能力和工作经验以及环境的特点。

9. 等级制度。等级制度是从组织的最高权力机构直至基层管理人员的领导系列，它是组织内部传递信息和信息反馈的正常渠道，依据这条路线来传递信息对于各层统一指挥是非常重要的，但它并不是最迅速的途径。如果企业的规模较大、层次较多，利用这种方法有时会影响行动的速度，而行动的速度则往往与组织的效率相联系。因此，为解决这一矛盾，法约尔设计了一个联系板的方法，以使组织中的不同等级线路中相同层次的人员能在有关上级同意的情况下直接联系。

法约尔的等级制度可以用图4—3进行说明。

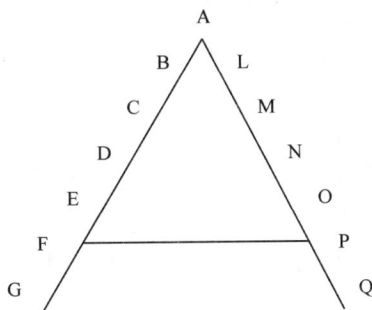

图 4—3

在一个等级制度表现为G—A—Q双梯形式的企业，F与P不发生联系，按常规需先从F到A，A再下到P，这之间每一级都需停顿，然后，顺着原路，一般是返回出发点。如果通过"天桥"（跳板）直接从F到P，那就简单、迅速和可靠多了。如果F的领导E和P的领导O允许他们各自的下属直接联系，等级原则就得到捍卫。法约尔认为，各级人员都应养成使用这种最短通路的习惯。后来人们称这种方式为法约尔跳板。

10. 秩序。包括物的秩序和人的秩序，物的秩序要求每件东西有一个位置，每件东西都放在它的位置上。为此，不仅要求物归其位，而且要求正确设计。选择和确定位置以方便所有的工作程序。

人的秩序，即社会的秩序，要求每个人都有一个位置，每个人都在指定给他的位置上。完善的社会秩序要求让适当的人从事适当的工作，因此要根据工作的要求和人的特点来分配工作。

11. 公平。公平是由善意与公道产生的，公道是实现已订立的协定，为了鼓励下属忠实地执行职责，应该以善意来对待他们。

12. 人员的稳定。人员的稳定对于工作的正常进行、活动效率的提高是非常重要的。一个人要适应新的工作，不仅要求具备相应的能力，而且要有一定的时间来熟悉这项工作，因为经验的积累是需要时间的，如果这个熟悉过程尚未结束便被指派从事其他的工作，其工作效率就会受到影响。法约尔特别强调指出，这条原则对于企业管理人员来说尤为重要。

13. 首创精神。首创精神是指人们在工作中的主动性和创造性。法约尔认为，想出一个计划并促使其成功是一个聪明人的最大的快乐，也是人类活动的最有力刺激之一，这就是人的首创精神，对于企业来说是一个巨大的精神力量，因此应尽可能鼓励和发展员工的这种精神。

14. 人员的团结。全体人员的团结是企业的巨大力量，为了实现团结，管理人员应避免使用可能导致分裂的分而治之的方法。此外，法约尔还认识到，人员间的思想交流特别是面对面的口头交流有助于增强团结，因此他认为应该鼓励进行口头交流，反对滥用书面的联系的方式。

法约尔的 14 条管理原则可以适用于一切管理活动，它们是灵活的，在管理上没有什么死板的绝对的东西，这里全部是尺度问题。他说：原则的应用"是一门很难掌握的艺术，它要求的智慧、经验、判断和注意尺度。由经验和机智合成的掌握尺度的能力是管理者的主要才能之一。"[5]

法约尔说："没有原则，人们就处于黑暗和混乱之中；没有经验与尺度，即使有最好的原则，人们仍然处于困惑不安之中。原则是灯塔，它能使人辨明方向；它只能为那些知道通往自己目的地道路的人所利用。"[6]

（三）管理的技巧和能力

法约尔认为管理人员应该具有特别的能力和品质：①身体条件：健康、精力充沛，谈吐清楚。②智力条件：具有理解和学习能力、判断能力、精神饱满和有适应能力。③精神条件：有干劲、坚定不移、愿意承担责任、主动、忠诚、刚毅、有尊严。④通用知识：一般地熟悉不限于所从事职业的各方面知识。⑤专门知识：任何职能所特有的知识，如技术、商业、财务、管理等专业职能。⑥经验：从本职工作中获得的知识，即把个人从工作中吸取的教训加以整理。

法约尔还用图表来说明各种人员在管理的等级中所处的地位不同，其必须具备的能力的相对重要性也不同。对于工人来说，技术是最重要的；而对于管理人员来说，随着管理等级不断上升，其管理知识就显得越来越重要了。因此，小公司的管理人员应具有比较强的技术能力，而在较大的公司里就应该具有较强的管理能力而不是技术能力。

法约尔强调了管理教育的必要性与可能性。在他看来，管理知识是可以通过教育获得的。其理论根据是：①管理是一种独立的适用于所有事业类型的活动；②随着管理层级的不断上升，管理能力益发重要。③管理是能够传授的。因此，他认为在高等学校应该开设管理方面的课程。

法约尔认为，管理人员不仅需要懂得管理原则和如何计划、组织、指挥、协调和控制，还必须对他管理的企业活动（技术的、商业的等）有所了解，这样才能获得全面管理知识和管理的技能。可以说，法约尔关于管理职能、管理原则和管理技巧等方面的精辟见解构成了法约尔的古典管理理论。

Henri Fayol（1841—1925）

Personal background

- born in Constantinople，29 July 1841
- trained as mining engineer, appointed manager of Commentry collieries in 1866; carried out widely acclaimed research on coal strata
- general manager（managing director）of the Compagnie Commentry, Fourchambault and Decazeville,1888—1918
- author of many publications on mining, engineering and administration
- adviser to French government on administration after 1918
- founder of Centre d'Etudes Administratives，Paris,1920
- a major formative influence on classical management thought
- died in Paris，November 1925

Major works

General and Industrial Management（1916）

Summary

Henri Fayol was one of the most influential management thinkers of the early twentieth century. His work complemented that of F. W. Taylor and represents one of the most important contributions to classical management theory (see F. W. Taylor). Fayol's work contained the first significant attempt to develop principles of top-level management, and his work also represents one of the first attempts to analyse the different activities that make mp the managerial role.

Fayol's reputation has suffered on account of his being widely perceived by subsequent generations as a technocrat developing mechanistic abstract laws of administration. This has partly been the result of some of his statements being taken too literally, and the difficulty involved in translating his terminology into English. (The IEBM Handbook of Management Thinking, Edited by Malcolm Warner, P184)

第二节　马克斯·韦伯的行政集权组织理论

一、马克斯·韦伯

　　马克斯·韦伯（Max Weber，1864—1920）出生于德国的一个富裕家庭，其父曾任普鲁士下院议员、帝国议会议员，其家庭有着相当广泛的社会关系。韦伯于 1882 年进入海德堡大学学习法律，并先后就读于柏林大学和哥丁根大学。他受过 3 次军事训练，1888 年参与波森的军事演习，因而对德国的军事生活和组织制度有相当的了解，这对他日后建立组织理论有相当大的影响。1889 年他开始撰写中世纪商业公司的博士论文；1891 年在柏林大学讲授法律；1894 年获得海德堡大学的教授资格；1903 年开始进行新教伦理方面的研究；1905 年出版了他的名著《新教伦理和资本主义精神》。在组织理论方面，除了《新教伦理和资本主义精神》外，还有《社会和经济组织理论》。而 1907 年获得的一笔遗产，使得他可以作为一个私人著述家从事学术研究。他先后做过教授、政府顾问、编辑、著作家，对社会学、经济学、历史、宗教等许多问题都有自己的观点和独到的见解。

继卡尔·马克思之后，韦伯是最有影响的德国社会科学家。事实上，韦伯已经掌握了马克思主义理论的精髓，但却偏离了这一理论。像马克思一样，韦伯也有许多话要讲给资本主义听。然而对于韦伯来说，资本主义只是一个大问题的一部分，这个大问题就是现代社会的合理化。因此，就在马克思把注意力集中在经济系统的转变之上时，韦伯却把转变看成是许多社会中都存在的非常重大的问题。马克思谴责资本主义的剥削制度，韦伯却在考虑合理化社会的越来越严重的不公平问题。马克思是一个乐观主义者，他认为转变与剥削问题都能够通过推翻资本主义经济制度加以解决。但韦伯是悲观主义者，他认为未来社会的合理化问题将会变得越来越严重，尤其是在推翻资本主义以后。韦伯不是现代社会的革命者，但却是细心的、对现代社会有洞察力的分析家。

韦伯是现代社会学的奠基人，他的观点对其后的社会学家和政治学家都有着深远的影响。他研究了工业化对组织结构的影响，他不仅研究组织的行政管理，而且广泛地分析了社会、经济和政治结构；他在组织管理方面有关行政组织的观点是他对社会和历史因素引起复杂组织的发展的研究结果，也是其社会学理论的组成部分，因而在管理思想发展史上被人们称之为"组织理论之父"。

二、韦伯的行政组织理论

韦伯的行政组织理论分成三个部分：

（一）理想的行政组织

韦伯认为，理想的行政组织是通过职务和职位来管理的，而不是通过传统的世袭地位来管理。要使行政组织发挥作用，管理应以知识为依据进行控制，管理者应具有胜任工作的能力，应该依据客观事实而不是凭主观意志来领导。

韦伯理想的行政集权组织的主要特点是：

1. 任何机构组织都应有确定的目标机构，是根据明文规定的规章制度组成的，并具有确定的组织目标。人员的一切活动，都必须遵守一定的程序，其目的是为了实现组织的目标。

2. 组织目标的实现，必须实行劳动分工。组织为了达到目标，把实现目标的全部活动都一一进行划分，然后落实到组织中的每个成员。组织中的每个职位都有明文规定的权利和义务，这种权利和义务是合法化的，在组织工作的每个环节上，都是由专家来负责的。

3. 按等级制度形成的一个指挥链。这种组织是一个井然有序且具有完整的权责对应的组织，各种职务和职位按等级制度的体系进行划分，每一级的人员都必须接受其上级的控制和监督，下级服从上级。但是他也必须对自己的行动负责，这样，作为上级来说必须对自己的下级拥有权力，发出下级必须服从的命令。

4. 在人员关系上，表现为一种非人格化的关系，也就是说，他们之间是一种指挥和服从的关系，这种关系是由不同的职位和职位的高低来决定的，不是由个人决定的，而是由职位所赋予的权力决定的，个人之间的关系不能影响到工作关系。

5. 承担每个职位的人都是经过挑选的，必须经过考试和培训，接受一定的教育，获得一定的资格，由需要的职位来确定需要什么样的人来承担。人员必须是称职的，同时也是不能随便免职的。

6. 人员实行委任制，所有的管理人员都是任命的，而不是选举的（某些特殊的职位必须通过选举的除外）。

7. 管理人员管理企业或其他组织，但他不是这些企业或组织的所有者。

8. 管理人员有固定的薪金，并且有明文规定的升迁制度，有严格的考核制度。管理人员的升迁完全由他的上级来决定，下级不得表示任何意见，以防止破坏上下级的指挥系统，通过这种制度来培养组织成员的团队精神，要求他们忠于组织。

9. 管理人员必须严格地遵守组织中的法规和纪律，这些规则不受个人感情的影响，适用于一切情况。组织对每个成员的职权和协作范围都有明文规定，使其能正确地行使职权，从而减少内部的冲突和矛盾。

韦伯认为，这种理想的行政组织是最符合理性原则的，其效率是最高的，在精确性、稳定性、纪律性和可靠性等方面都优于其他组织形式。而且这种组织形式适用于各种管理形式和大型的组织，包括企业、教会、学校、国家机构、军队和各种团体。

从历史发展的角度分析韦伯的组织理论，可以发现它是对封建传统管理模式的一种反动，也就是说要发展生产力，提高生产效率，必须打破封建传统管理的模式，用一种科学的方法对各种组织进行科学的管理。这是历史发展的必然。当生产力发展到一定的阶段，人们要进一步提高生产力就必须寻求新的管理理论来指导实践。尽管韦伯的理论在当时没有被广泛承认，但是随着生产不断发展，组织规模不断扩大，复杂性不断增加，当人们开始探索大型行政组织的管理时，终于发现了韦伯的天才贡献。

（二）韦伯对权力的分类

韦伯指出，任何一种组织都是以某种形式的权力为基础的。没有这种形式的权力，其组织的生存都是非常危险的，也就更谈不上实现组织的目标了。权力可以消除组织的混乱，使组织有序运行。韦伯把这种权力划分为三种类型：①合理的法定的权力。指的是依法任命，并赋予行政命令的权力，对这种权力的服从是依法建立的一套等级制度，这是对确认职务或职位的权力的服从。②传统的权力。它是以古老的、传统的、不可侵犯的和执行这种权力的人的地位的正统性为依据的。③神授的权力。它是指这种权力是建立在对个人的崇拜和迷信的基础上的。韦伯认为，在这三种权力当中只有合理和法定的权力是行政组织的基础，因为这种权力能保证经营管理的连续性和合理性，能按照人的才干来选拔人才，并按照法定的程序来行使权力。这是保证组织能够健康发展的最好的权力形式。

（三）理想的行政组织的管理制度

韦伯认为，管理就是意味着以知识为依据来进行控制，领导者应在能力上胜任其工作，要依据事实来进行领导，行政组织中除了最高领导之外的每一个官员，都应按下列准则被任命和行使职能：

1. 他们在人身上是自由的，只是在与人身无关的官方职责方面从属于上级的权力。

2. 他们按明确规定的职务等级系列组织起来。

3. 每一职务都有明确规定的法律意义上的职权范围。

4. 职务是通过自由契约关系来承担的，因此从原则上讲存在着自由选择。

5. 候选人是以技术水平为依据挑选出来的，在最合乎理性的情况下，他们是通过考试或表明其技术训练的证件为依据来挑选的，他们是被任命而不是被选举的。

6. 他们有固定的薪金作为报酬，绝大多数有权享受养老金，雇佣当局只有在某些情况下（特别在私营组织中）才有权解雇这些官员，但这些官员则始终有辞职的自由。工资等级基本上是按等级系列中的级别来确定的，但除了这个标准以外，职位的责任大小和任职者对社会地位的要求也可能予以考虑。

7. 这个职务是任职者惟一的，或至少是主要的工作。

8. 它成为一种职业，有着一种按年资或成就或两者兼有之的升迁制度。升迁由上级的判断来决定。

9. 官员在完全同所管理财产的所有权无关的情况下来进行工作，并且不能滥用其职权。

10. 他在行使职务时受到严格而系统的纪律约束和控制。这种类型的组织，从原则上讲，能以同等程度适用于各种不同的领域，它能适用于盈利的企业或慈善性组织，或其他一些类型的从事精神或物质生产的私营企业，它也同样适用于政治组织和宗教组织。[7]

在这个组织中所有的环节都是由专家来承担各种任务，因此组织规定每一个成员的职权范围和协作形式，以使得各成员能正确行使职权，减少冲突，这有利于提高组织的工作效率。

以上是韦伯的行政组织理论的主要内容，他的理论在行政管理的组织机构中具有相当的先进性。但是由于在他提出自己的理论的时候，社会文化和历史条件还没有形成对行政组织理论的需求，使他的理论提出后没有受到应有的重视。当历史的车轮转到了 20 世纪 40—50 年代以后，由于生产力的迅速发展，社会组织日益复杂，结构更加精细，组织规模不断扩大，进而开始注重其行政组织理论，人们才发现韦伯的理论具有非常大的价值。

Max Weber（1864—1920）

Personal background

- born into a middle-class family in Erfurt, Germany, 21 April 1864
- took his PhD and began his teaching career at the University of Berlin
- moved on to a position as Professor of Economics at the University of Heidelberg
- experienced a nervous breakdown in 1897 and was unable to do any serious work for several years
- began to re-emerge in 1904, coincident with a trip to the USA
- published his best-known work, The Protestant Ethic and the Spirit of Capitalism, in 1904—1905
- most of his major works published in the next decade and a half, or posthumously
- died on 14 June 1920 while in the midst of his most important work, Economy and Society

Major works

The Protestant Ethic and the Spirit of Capitalism (1904—1905)
Economy and Society (1921)
General Economic History (1927)

Summary

Max Weber (1864—1920) Was a major social theorist whose ideas are of great relevance to business and management. Embedded in Weber's world historical studies is a general theory of the rationalization of society. Time has been kind to Weber's theory; society today is even more rationalized than it was in his day. His theoretical ideas are of particular relevance to the understandingof, among other things, modern formal organizations, the capitalist market, the professions and economies as a whole. Not only do Weber's ideas continue to be relevant today, but neo-Weberians are developing new ideas that have even greater applicability to modern society. (The IEBM Handbook of Management Thinking, Edited by Malcolm Warner, P730)

第三节　古典管理理论的系统化

资本主义在 20 世纪初已经牢固地在全世界范围内建立起来，由于国际市场的不断扩展，企业规模急剧扩大，对管理的要求也在逐步提高。一种体制的建立首先需要有一定的物质基础，这种物质基础将有利于生产力的发展。在经济基础方面以蒸汽机为代表的产业革命和以电气化为先导的现代工业革命，为资本主义的市场制度奠定了极为坚实的物质基础，使其能够在更为广阔的领域内以更快的速度发展科技，反过来又以更为强大和持久的力量推动生产力向前发展。在科学领域里，具有戏剧性的是，在 20 世纪初英国的科学家开尔文在一次国际物理会议上宣布，物理学的大厦已经建立起来了，以后的物理学家们只要将这个大厦建造得更加完美就可以了。但在这个晴朗的天空上有两朵令人不安的乌云，这两朵乌云是黑体辐射和能量子，它们最终引发了现代物理学革命。而在 20 世纪初，由泰勒发起的科学管理革命导致了古典管理理论的创立。泰勒、法约尔、韦伯分别从三个不同的方面将古典管理理论的大厦建立起来。

人们在研究当时各种管理思想的时候，发现它们有许多相同和相似之处。这就使人们相信管理存在着共同的规律。在诸多研究者中，厄威克和古利克影响最大，他们对古典管理理论进行了较为全面的总结。在总结中他们也加进了自己的管理思想，对管理思想的发展做出了应有的贡献。

一、林德尔·福恩斯·厄威克

林德尔·福恩斯·厄威克（Lyndall Fownes Urwick，1891—1983）是英国著名的管理史学家、顾问和教育家，是公认的管理学权威。他出版了许多管理著作，其中较为著名的是《管理备要》和《管理的要素》。他提出了适用一切组织的八项原则，即：①目标原则，所有的组织都应当规定出一个目标。②相符原则，权力和责任必须相符。③职责原则，上级对直属下级工作的职责是绝对的。④组织阶层原则。⑤控制幅度原则，每一个上级所管辖的相互之间有工作联系的下级人员不应超过 5 或 6 人。⑥专业化原则。⑦协调原则。⑧明确原则，对于每项职务都要有明确的规定。

厄威克还是组织设计论的主要代表之一。他指出，组织设计有两个作用：①决定从事经营各个成员的职务。②决定这些职务之间的相互关系，其目的是在于有效地解决经营技术问题。

厄威克最大的贡献是对古典的管理理论进行了综合。他在 1944 年出版的《行政管理原理》一书中，把各种管理理论加以综合，创造出一个新的体系：他把泰勒的科学管理和科学分析方法作为指导一切管理职能的基本原则，把法约尔的计划、组织、控制 3 个管理要素作为管理过程的 3 个主要职能，将法约尔的管理原则放在管理的职能之下，如在控制职能之下的职能有配备人员、挑选和安排教育人员等，通过一系列归结，形成了泰勒—法约尔—厄威克等的古典管理学派，他们围绕着管理人员的职能来探讨、研究、论证管理职能，他们是系统研究管理的先行者。

二、卢瑟·哈尔西·古利克

卢瑟·哈尔西·古利克（Luther Halsey Gulich，1892—1993）是一名美国管理学家，曾任美国哥伦比亚大学公共关系学院院长，曾经担任罗斯福总统的行政管理委员会的成员，出版了许多关于管理方面的著作。

古利克把关于管理职能的理论系统化，提出了有名的管理七职能论。他正是通过对 7 种职能的分析，实现了古典管理理论的系统化。这 7 种职能是：

1. 计划。计划职能是为了实现企业所规定的目标，制定出所要做的事情的纲要和做这些事情的方法。

2. 组织。为了实现企业规定的目标，必须建立正式的权力机构和组织体系，并规定各级机构的职责和协作关系，为组织机构配备好合适的人员。

3. 人事。包括有关职工的选择、训练培养和恰当地安排等方面的职能，这是企业长期发展和企业持续前进的关键。

4. 指挥。这项职能包括对下属的领导、监督和激励。他认为古典管理学派除了泰勒以外，都强调统一指挥的原则，否则会影响效率。

5. 协调。所谓的协调，就是为了使企业各部门之间工作和谐、步调一致，共同实现企业目标的职能，可以经由两种实现路径，一是通过组织来协调，一是通过思想来协调。

6. 报告。包括下级对上级的报告和上级对下级的考绩、调查和审核，为了使上级能及时有效地了解和考核下级，就要实行有效的控制制度。

7. 预算。包括财务计划、会计、控制等。这些控制活动可以通过以下过程来实现：经济测定，实际成果和预算的比较，对共同和差异进行分析并找出原因，消除差异或改变计划。

古利克还根据古典的管理理论提出了 10 项管理的原则：①劳动分工和专业化。②按目标、程序、顾客或地区把工作加以部门化。③通过等级制度协作。④通过思想协作。⑤通过委员会协作。⑥分权化或控股公司概念。⑦统一指挥。⑧直线参谋。⑨授权。⑩控制制度。

三、古典管理理论的基本原则

通过上面的归结我们认为，古利克的七职能论基本代表了古典管理理论的职能理论研究的范畴，可作为古典管理理论的职能理论。把厄威尔的管理原则和古利克的管理原则进行归结，即可作为古典管理理论的管理原则。

1. 为组织机构配备合适的人员。决定某种目的需要一些什么活动，并把这些活动分成小组，必须用一种冷静的、超然的态度来看待组织，如同绘制一份工程图纸那样，应考虑到目前在组织中的每一个人，必须没有任何倾向性地确定相应的组织机构，然后再采取步骤为组织配备合适的人员。

2. 一个最高的主管或一个人管理的原则。即由一个人承担管理职责，不能用委员会来管理。

3. 统一指挥原则。例如一个仆人不能同时侍候两个主人。

4. 专业参谋和一般参谋并用的原则。一方面要坚持一人管理的原则，另一方面由于组织规模的扩大，高级主管人员需要越来越多的专家和专业的工作者来协助他们工作，而参谋人员的增加又会涉及协调的问题，在专业问题上专家职能主要是作为高层管理当局的咨询人员，而不应拥有行政指挥的实权。除了专业参谋以外，还需增加一般参谋，以便帮助最高主管人员承担指挥、控制和协调这些中心职责，他们不以自己的身份，而只是作为上级的代表来指挥，而且只限于上级决定的范围之内。

5. 工作部门化原则。在组织中划分部门，主要依据以下 4 种划分方法：①依据组织目标来实行部门化。②依据作业来实行部门化。③依据所涉及的机构或服务的人和事来划分。④依据地区来划分。

6. 授权原则。领导者要能够把某些职责授予下级人员，缺乏恰当的授权勇气和如何进行授权的知识，是组织失败最常见的原因之一。授权是高级主管人员进行有效工作的最重要的条件。

7. 职权相符原则。只把责任加到管理人员的身上是不对的，还要赋予他相应的权力，在各级管理人员中责和权必须相称和明确。

8. 控制幅度原则。这项原则的精神实质是，一个主管人员直属的下级人员的数量是有一定限度的。每一个上级领导人员所管辖的相互之间有工作联系的下级人员不应超过 5～6 人。

以上 8 个方面基本上代表了古典管理理论管理原则问题上的观点。

Urwick, Lyndall Fownes (1891—1983)

Personal background

- born 3March 1891 in Malvern, Worcestershire
- educated at Repton College, University of Oxford (New College) with History Exhibition; graduated BA (Oxon) in 1912, subsequently MA
- officer cadet service at Repton and Oxford
- 1912—1914 worked in the family compnay; elected to partnership *in absentia* in 1916

- commissioned as Second Lieutenant in 1914 and served in British Army from August 1914 until December 1918; promoted to Captain; awarded Military Cross; selected for Divisional Staff appointment, 1916; promoted to Major, 1917, and appointed Officer of the Order of the British Empire (OBE)
- Fownes Brothers & Company, Worcester, 1919—1921
- Rowntree & Company, York, 1922—1926
- The Management Research Groups, 1926—1928
- Director of the International Management Institute, Geneva, 1928—1933
- founder, managing partner, and director of Urwick Orr & Partners, Consulting Specialists in Organization and Management, 1934 onwards
- retired in 1965 and moved to Australia, where he died on 5 December 1983

Major works

Organising a Sales Office (assisted by E. Aston, F. H. Cordukes and C. H. Tucker) (1928)

The Meaning of Rationalisation (1929)

Management of Tomorrow (1933)

Committees in Organisation (1937)

Dynamic Administration (1941)

The Elements of Administration (1944)

The Making of Scientific Management (with E. F. L. Brech) (1946—1948)

Patterns of Organisaiton (1946)

Morale (1947)

The Golded Book of Management (1956)

The Load on Top Management (1954)

Leadership in the Twentieth Century (1957)

Is Management a Profession? (1958)

Sixteen Questions about the Selection and Training of Managers (1958)

Summary

Lyndall Urwick became interested in management during his early involvement with Army command and administration in the officer cadet service of the Territorial Army, and sough to apply positive lessons learned there into the industrial setting of the family manufacturing company. That approach was strengthened by experiences gained in his wartime Army service (1914—1918), and he was manifestly successful in man-management during 1919—1921. A wartime incident had brought to his attention the writings of F. W. Taylor, whose thinking he found closely concurrent with his own, and he set out to be a 'disciple' of the Taylor principles and doctrines. Through the ensuing four decades Urwick was unwavering in his promotion of sound managerial principls reflected into effective practice, with an accomanying urge towards management advancement. This was purveyed both in the sequence of employment roles and in an unstinting programme of voluntary service through the UK's institutional 'managemetn movement' and the higher educaitonal channels. He published a number of books as well as a plethora of papers, addresses and articles, the majority preserved in published reproductions.

Gulick, Luther Halsey (1892—1993)

Personal background

- born in Osaka, Japan in 1892
- president of the National Institute for Public Administration (later Institute for Public Administration), 1921
- chaired Regents Inquiry into public education in New York, 1935—1938
- member of the Brownlow Committee for reorganization of the office of the President of the USA, 1930
- consultant to President Nasser of Egypt on Egyptian constitution, 1962
- delivered the William W. Cook Foundation lectures at the University of Michigan, 1961
- died in New York, January 1993

Major works

Education for American Life: Report of the Regent's Inquity (1936)
Papers on the Science of Administration (ed. with L. F. Urwick) (1937)
Administrative Reflections from World War II (1948)
The Metropolitan Problem and American Ideas (1962)

Summary

Gulick wrote on and practised the 'science' of administration throughtout his career. He sought to render administration as a discipline, to make it more effective by harnessing it to a handful of simple principles. He believed effective administration had to be simple and durable, able to withstand the toughest internal and environmental stressed, and believed that organizations were tools to achieve ends. His ideas at times approach a philosophy of administration, though he is rarely less than practical; the how and the why of management alwasys go together. Systematic purpose and clear policy, he believed, would always achieve desired ends.

注　　释

［1］ Fayol Henri. Administration Industrielle et Générale . Paris, Dunod, 1916

［2］ Fayol Henri. Administration Industrielle et Générale . Paris, Dunod, 1916

［3］ Fayol Henri. Administration Industrielle et Générale . Paris, Dunod, 1916

［4］ 同上。

［5］ 同上。

［6］ 同上。

［7］ Weber Max. The Theory of Social and Economic Organization: ［trans. by T. Parsons］. New York: The Free Press, 1947

深入阅读建议

1. Fayol Henri. Administration Industrielle etGénérale. Paris, Dunod, 1916,1925：[trans. by Coubrough, Geneva, 1930; and trans. by Storrs]. London：Sir Isaac Pitman and Sons,1949

2. Weber Max. The Theory of Social and Economic Organization：[Trans. by T. Parsons]. New York：The Free Press, 1947

3. Weber Max. The Protestant Ethic and the Spirit of Capitalism. New York：Charles Scribner's Sons, 1958. Originally published in 1905

4. Urwick Lyndall. The Golden Book of Management. London：Newman Neame, 1956

5. Wren Daniel A. The Evolution of Management Thought. John Wiley & Sons, inc. 1979

阅读互动

1. 格莱库纳为控制幅度提供了有趣的数学证明，如果以 n 表示所监督的人数，其公式为：联系总数 $= n\left(\dfrac{2^n}{2}+n-1\right)$

思 考 题

1. 简述法约尔对管理要素的理解。

2. 法约尔著名的 14 项管理原则是什么？

3. 简述马克斯·韦伯的行政组织理论。

4. 古典管理理论学说内在的联系是什么？

古典管理理论总结

一、古典管理理论演进图

20世纪初，古典管理理论由泰勒、法约尔、韦伯试图从三个不同角度，即个人、组织和社会来解答整个资本主义社会宏观和微观的管理问题，为资本主义解决劳资关系、生产效率、社会组织等方面的问题，提供了管理思想的指导和科学理论方法（见图4—4）。

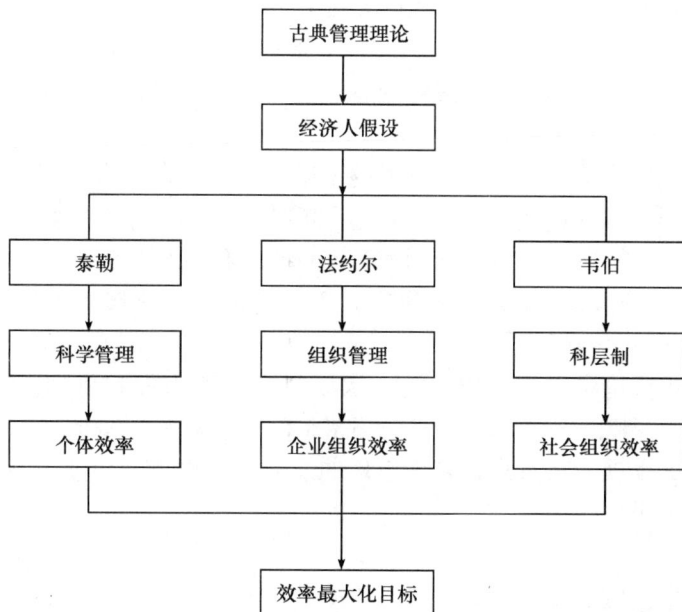

```
                    ┌──────────────┐
                    │  古典管理理论  │
                    └──────┬───────┘
                           ↓
                    ┌──────────────┐
                    │   经济人假设   │
                    └──────┬───────┘
          ┌────────────────┼────────────────┐
          ↓                ↓                ↓
     ┌─────────┐      ┌─────────┐      ┌─────────┐
     │  泰勒   │      │ 法约尔  │      │  韦伯   │
     └────┬────┘      └────┬────┘      └────┬────┘
          ↓                ↓                ↓
     ┌─────────┐      ┌─────────┐      ┌─────────┐
     │ 科学管理 │      │ 组织管理 │      │ 科层制  │
     └────┬────┘      └────┬────┘      └────┬────┘
          ↓                ↓                ↓
     ┌─────────┐      ┌───────────┐   ┌───────────┐
     │ 个体效率 │      │企业组织效率 │   │社会组织效率 │
     └────┬────┘      └────┬──────┘   └────┬──────┘
          └────────────────┼───────────────┘
                           ↓
                    ┌──────────────┐
                    │  效率最大化目标 │
                    └──────────────┘
```

图4—4

二、古典管理理论对管理思想的发展

自从文艺复兴运动以来，资本主义从萌芽到 18 世纪的建立，再到 20 世纪初在世界范围内占据统治地位，历时 500 余年。而以市场经济为主体的古典管理思想，也经历了近 500 年。这期间在思想、理论和实践上进行了大量的准备，终于在以泰勒为代表的一代管理学家们手中古典管理理论得以创立，为现代管理理论的进一步发展开启了思想之门、智慧之窗。它在管理思想史上占有极其重要的地位。

古典管理理论提出管理的重要性和普遍性。有组织存在就需要管理，管理的普遍性与社会有组织活动的普遍性同样重要。无论是企业、政府、学校、医院等都需要管理，管理普遍性的意义就在于管理的重要性、实用性和科学性，对管理实践有很大的指导意义。

古典管理理论认为管理原则和管理职能存在于社会之中，通过科学方法能够发现这些原则。时间研究和动作研究的开展，使得管理摆脱传统的经验式和凭感觉进行的方法。这对管理思想的发展有着极其重大的作用。

古典管理理论提出了一些管理原则和管理职能，并且极力主张这些原则和职能是管理工作的基础，对经济管理有很大的指导意义，也对总结管理思想史具有极为重要的参考价值。

古典管理理论奠定了管理学发展的基础，当代管理技术与管理方法从根本上说是来源于古典管理理论。古典管理学派所研究的问题有一些仍然是当今管理学所要研究的问题，如对总计划和策略计划的研究、战略的研究、组织形式方面的研究、工作和环境方面的研究，等等，都是对古典管理思想的继承和发展。

古典管理理论是人类历史上第一次以科学方法来探讨管理问题取得的成果，其实质上反映了资本主义生产力发展到一定阶段对管理的要求，要求管理适应生产力的发展。反过来，管理思想的发展、管理技术和方法的进步，又促进了生产力的进一步发展。

三、古典管理理论的缺点

之所以把泰勒等所创立的管理理论称之为古典理论，一方面是因为对时间阶段的划分，另一方面是古典管理理论和现代管理理论有着重要的区别：

第一，是古典管理理论对人性的研究没有深入进行，对人性的探索仅仅停留在经济人的范畴之内。在古典管理理论中没有把人作为管理的中心。在现代管理理论中，人是所研究的中心课题，正是因为对人性的深入探索，才使得现代管理理论丰富多彩。

第二，古典管理理论仅仅把管理的对象看做是一个客观存在，这个客观存在没有一定的抽象性，就事论事，尽管也对这种客观存在进行了一些概括，并提出了一些规律性的认识和原则，但是没有把管理对象上升到系统加以认识。而现代管理理论的基础却是把管理的对象看成为一个系统，以系统理论的方法对管理对象进行深入研究。

第三，古典管理理论的着重点是放在管理客观存在的内部，即所研究的是生产部门的内部，把如何提高生产率作为管理的目标。而现代的管理理论是把企业赖以生存的市场作为研究的对象，把消费者作为考虑的重点。企业的经营管理主要研究的是人和市场，而这两点都是古典管理理论没有进行研究的。

第四，古典管理理论对企业发展环境考虑得非常少。其实，根据现代系统理论，任何一个企业系统都是在一定的环境下生存发展，而环境是在不断变化的，因此企业的生存发展也是在不断地与环境变化交互作用下进行的。正因为这是一个动态过程，才使现代管理理论呈现出学派林立的局面。

四、古典管理理论的历史贡献

尽管古典管理理论以现在的眼光来看具有上述的缺点，但古典管理理论至少在下述几方面具有重大历史贡献：

古典管理理论是现代管理理论的基础，古典管理理论所要解决的问题也是现代管理理论要解决的问题，所以古典管理理论对现代管理理论的研究仍然具有着很强的指导和借鉴作用。

古典管理理论对今天的企业管理仍然有着巨大的指导作用，古典管理理论对提高产量、提高工作效率等方面具有不可替代的作用。其管理方法对今天的企业管理来说仍然是十分重要的。

古典管理理论是在当时的生产力发展水平背景下建立起来的，是和当时的生产力发展水平相联系的，或者说古典管理理论适应于其相应的生产力水平。而对于发展中国家来说，其生产力的发展水平如果相当于美国、欧洲在 20 世纪初时的生产力水平的话，那么古典管理理论应该是这些国家主要适用的管理理论，若再结合本国的特点，就会构成指导该国的管理理论。

总之，古典并不意味着过时，它为现代管理理论的建立提供了必要的基础，而且还在为现代企业在管理方法上提供指导，应该说它是不朽的。

第三篇

行为科学理论的产生和发展

人性是管理的出发点，是管理互动的核心。

——郭咸纲

行为科学综述

背景	1. 社会：第一次世界大战。 2. 经济：20世纪20年代末到30年代初全世界出现经济大危机，在美国，罗斯福政府从宏观上对经济实施管制。 3. 实践：20世纪20年代，许多企业尽管采取了泰勒的科学管理，但劳资纠纷和罢工还是此起彼伏。 4. 理论：古典管理理论的"经济人假设"受到质疑，很多心理学家加入管理研究的行列。行为科学的产生和发展。
人性假设	社会人、自我实现的人、复杂人、全面发展的人
基本特征	重视研究人的心理、行为等对高效率地实现组织目标（效果）的作用。
代表人物及其学说名称	乔治·埃尔顿·梅奥　　　霍桑实验 亚伯拉罕·马斯洛　　　人类需要层次理论 克莱顿·奥尔德弗　　　生存关系及发展理论 赫茨伯格　　　　　　　双因素理论 弗鲁姆　　　　　　　　期望理论 麦克利兰　　　　　　　成就需要理论 麦格雷戈　　　　　　　X-理论；Y-理论 波特·劳勒　　　　　　综合激励模型 埃德加·沙因　　　　　复杂人假设 卡特·勒温　　　　　　群体动力学 亨利　　　　　　　　　领导者品质理论 坦南鲍姆，施密特　　　连续统一体理论 布莱克，莫顿　　　　　99管理方格理论
评价	历史贡献： 1. 奠定了现代管理理论的基础，对管理理论的研究有很强的指导和借鉴作用。 2. 研究的成果，对心理学、社会学等研究领域也有突出的贡献。 3. 对企业中涉及人的因素的管理活动有很强的指导。 局限性： 1. 管理对象没有被上升到系统的高度来认识。 2. 没有关心企业的整体经营效率。 3. 对企业发展环境考虑得非常少。

第五章

行为科学理论发展的历史背景和准备

人们并不是理性的，而是由本性支配的。

——雷恩：《管理思想的演变》

古典管理理论的建立为当时生产力的发展和社会的进步提供了有力的理论武器。但是随着社会的发展，人们发现古典管理理论并不能解决实践中所遇到的一切问题，尤其是对于人的研究，古典管理理论涉及得非常少，而在实践中大量的问题是和人有关的，人的行为随着时间、环境等因素的变化而变化，而人的工作效率也是因时、因地在发生着变化。

古典管理理论的"经济人假设"，在这个时候就受到了更多的质疑。而要真正发展出更加符合人性的管理理论，没有心理学的帮助是做不到的。恰在这时，许多心理学家加入了管理研究的行列。

逐渐地，管理研究的前沿与中心，都从科学管理理论转到了行为科学理论上。

第一节　行为科学诞生的历史背景

一、行为科学的提出

行为科学产生于 20 世纪 20—30 年代。它正式被命名为行为科学是在1949 年美国芝加哥的一次跨学科的科学会议上，讨论有无可能利用现成的科学知识来发展关于人类行为的一般性理论。经过这次会议上科学工作者的讨论，认为这种可能性是存在的。当讨论为这门综合学科命名时有人主张用社会科学的名称，但由于担心会引起有人将社会科学和社会主义这两个名词联想在一起的情况发生，所以就不采用社会科学，而决定采用行为科学这个名称。行

147

为科学是一个综合性的学科，它本身有一个发展的过程，对行为科学的定义，有广义和狭义两种：

广义的行为科学是指研究人的行为以及动物的行为，是一个学科群。在美国卡·海耶尔主编的《管理百科全书》中，给行为科学下的定义是：行为科学是运用自然科学的实验和观察方法，研究在自然和社会环境中人的行为（以及低级动物的行为）的一切科学。已经确认的学科包括心理学、人类学、社会学，以及其他相关学科中类似的观点和方法。这个定义把行为科学归结为是包括心理学、社会学、人类学在内的学科群。

狭义的行为科学，是指应用心理学、社会学、人类学及其他相关学科的成果，来研究组织管理过程中人的行为和人与人之间关系规律的一门科学。研究人类行为产生的原因及人的行为动机和发展变化规律，目的在于有效地调动人的积极性，推动人类努力实现组织目标。研究个人与个人、个人与群体及群体与群体的关系，目的在于创造一个良好的工作环境，使人的主观能动性得到充分发挥，通常所说的行为科学多数是指狭义的行为科学。

二、行为科学产生的历史背景

行为科学的产生是生产力发展到一定阶段的必然结果，也是管理思想发展的必然结果，我们首先从泰勒科学管理建立以后的社会经济发展状况中寻找原因。

第一次世界大战是资本主义国家之间矛盾空前尖锐的结果。这次世界大战削弱了资本主义的力量，再加上 1917 年的俄国十月革命，使得世界经济体系出现了全新的格局。1918 年第一次世界大战结束以后，资本主义各国进行战略调整，引发资本主义国家的经济与政治激烈震荡。经济恢复缓慢，政治矛盾激化，阶级斗争和革命运动一度出现高潮。

1920 年整个资本主义世界工业生产及部分重要工业产量恢复到大战前的水平，新的经济危机周期又开始了。1920 年 7 月，美国和其他一些资本主义国家开始爆发经济危机，各国物价急剧下跌，破产企业增多，失业人数激增。这次经济危机带来的后果特别严重，它延续的时间虽然不到半年，但却以其猛烈、全面和深刻性显示了战后资本主义经济危机的不可克服性。

经济危机过后，资本主义进入了相对稳定的发展时期，欧洲主要国家的工业生产相继恢复到战前的水平，加上美、日等国工业生产的进一步增长，从而使世界的工业在 20 世纪 20 年代中期就已经恢复和超过战前的水平。在 20 年代，美国的工业发展比较快，首先是美国没有受到第一次世界大战的影响，同时又在大战中得到数百亿美元的巨额利润，使得美国垄断资本大力推动产业结构的合理化，尽可能地采用各种新的机器设备和自动化装置，实行标准化规模生产来赚取超额利润，引致劳资矛盾进一步恶化。

可以用统计数据说明美国 1929 年的经济增长。当时钢铁达到 1 亿吨，机床制造、汽车、石油都成倍增长，汽车达到 535.8 万辆，石油达到 1.37 亿吨。美国在资本主义世界工业生产中所占的比重显著提高，1929 年达到了 48.5％，超过当时的英、德、法 3 国比重之和的 79％。美国的国民收入也大为增长，1921 年是 594 亿美元，1929 年为 878 亿美元。[1]

这个时期资本主义工业和经济的增长较快，但当时世界资本主义经济体系已被社会主义的苏联打开了一个缺口，一种新的世界经济格局正在形成。同时资本主义也表现出新老工业之间发展的极不平衡。工业企业经常开工不足，存在着大量的失业后备军，另外资本主义贸易额的增加落后于生产量的增加，各国劳动者由于垄断资本的加剧剥削，生活停留或低于战前水平，国际和国内市场容量的狭小，与日益扩大的资本主义生产发生着愈来愈尖锐的矛盾，经济危机的因素快速地积聚起来。20 年代美国的生产和资本进一步集中，1924—1929 年在加工工业中拥有 50 个工人以下的小企业比重，由 23.8％下降到 19.4％；与此相反，拥有 500 个工人以上的企业比重，则由 31％上升到 37.6％。同时年产值在 100 万美元以上的大企业迅速增加，在企业总数中，由 1.4％增为 5.6％，在工人总数中由 35.7％增为 58％，在产品产值中由 48.8％增为 69.3％。1926—1929 年美国工业中发生了比较大的公司合并和吞并高潮，4 年间被吞并的公司达到 4000 多个。这次吞并不仅有同一部门间的横向吞并，而且更主要的是不同行业和工序之间的纵向吞并，特别是加工制造业向同它有联系的原材料、运输、贸易公司实行的纵向吞并，从而形成了规模更大、财力更为雄厚的大的垄断企业组织，这使得金融和生产达到的垄断化程度都大大地提高，获得的利润激增。20 年代公司的利润额出现了高峰，1928 年它比战时利润还高出 1/4。

当时的经济相对来说更为发达和更为富裕。但工农群众的生活仍然十分贫困。工业的高涨不是伴随着人民群众生活水平的提高而提高的，而是伴随着资本家对工人剥削的加重而提高，由于有了泰勒的科学管理，这一时期的资本家推行的产业合理化和工作标准化更为合理了，或者说有了强大的理论武器。劳动强度显著增大，劳动生产率进一步提高，而工资增长则慢得多。1913—1929 年，加工工业的劳动生产率提高了 65％，工人的实际工资（考虑到失业者）只增加了 26.1％，对工人的剥削程度高达 200％。1929 年工业工人的平均收入一直停留在最低生活费的 59％。垄断资本残酷剥削的结果，使美国社会中贫富悬殊现象更令人触目惊心。1929 年占人口的 1％的富豪，占有国民财富总额的 59％，而占人口 87％的普通群众，却只占有国民财富的 10％。[2]

现在我们再来看一看 1929 年的经济危机给资本主义世界所带来的灾难，以及给工人所带来的贫困。从整个资本主义发展的过程来说，20 世纪 30 年代，资本主义陷入深重的经济危机和萧条时期。1929 年发生的经济危机持续了 5 年后，在没有经济高涨的情况下，1937—1938 年又爆发了经济危机。所以 30 年代是资本主义多灾多难的时期。而我们所要研究的行为科学就是在这样一个时期产生并得到确立的。

这次世界经济危机是资本主义历史上最深刻、最持久的一次经济危机。经济危机从 1929 年开始到 1933 年结束，前后长达 5 个年头。经济危机期间，资本主义世界的工业生产急剧下降，工业生产方面发生了罕见的大倒退。主要资本主义国家的企业大批破产，失业人数达到 3000 万—4500 万人，社会生产力受到了空前严重的破坏。1931—1933 年，各国相继发生了深刻的货币信用危机，整个资本主义信用制度濒于崩溃，各国货币纷纷贬值，金融陷入混乱。[3]这次危机是从美国开始的。在 1929 年 6 月份美国工业生产经历了高峰后开始下降，同年 10 月，纽约证券市场掀起了股票暴跌的狂潮，正式拉开了大危机的序幕。这次在美国来势迅猛的经济危机，迅速扩展到德国、日本、英国和法国。终于席卷了整个资本主义世界。这次的经济大萧条给各国资产阶级留下了极为痛苦的记忆，至今仍然是"谈虎色变"。

危机的最低点时，1932 年资本主义世界生产资料生产比 1929 年减产 43％，各种工业产量（或消费量等）指标的下降都是创记录的，有些是几乎完全接近于停产。煤、生铁、钢、棉花的消费量，分别倒退了 28 年、36 年、31 年、11 年。这次危机是美国历史上空前持久和深刻的危机，对美国的经济打击特别严重。美国全国的工业生产下降了 55.6％，煤下降了 65.6％，生铁下降了 86.7％，炼钢下降了 84.7％，汽车下降了 92.1％，机床制造下降了 96.3％。1932 年，加工工业开工率平均仅为 42％。在危机最重时，钢铁工业仅开工 15％，汽车为 11％。[4]

美国在危机期间垄断组织人为地保持垄断价格，并得到政府的巨额补助（每年几十亿美元），所以它们在一般公司亏本的情况下仍然得到不少的利润，沉重危机的负担转嫁到了百姓身上，工人阶级承受了极大的痛苦。下面是官方提供的一组数字：1932—1933 年失业人数达 1200 万—1300 万人（占劳动人口的 1/4），如加上半失业者，达 1700 万人，在工业、运输业、建筑业失业率高达 47.8％，实际工资比 20 年代后期下降了 1/4，即退到了 1900 年的水平。因而在美国罢工的人数由 90 万人增加到 156 万人，全国各地发生了多次规模巨大的游行示威，反饥饿大游行一次接一次，参加人数有时达百万之众。[5]

在这种历史背景下，资本家为了摆脱危机，充分利用泰勒的科学管理理论加紧对工人的剥削，使得工人的生活水平急剧下降，工人反抗资本家的斗争也就愈益激烈。为了实现一种新的"平衡"，资产阶级的学者们开始寻求答案：一方面对传统的经济学理论进行思考，亚当·斯密的自由放任的经济理论是否还能在垄断资本主义高速发展的时期应用；另一方面对泰勒的科学管理理论在管理工人方面的效能进行思考。反思的结果是，在经济学方面，凯恩斯主义兴起为资本主义持续发展开出了药方；在管理学方面，梅奥开辟了人群关系和行为研究的新方向。行为科学就是在大萧条中，经过霍桑实验后兴盛起来的。其实在霍桑实验之前，就有一些管理学家和心理学家对人的心理和行为进行了一些研究，并建立起工业心理学，对管理学的发展起过很大的推动作用，只不过在当时没有成为古典管理理论的主流。

第二节　管理思想发展的新方向
——行为心理的困惑

泰勒管理思想的核心是指导人们按科学理性的思维进行管理。然而，人们的思想不完全是理性的，而是由本性所支配的，只有通过理解人的本性，才可以揭开人们心灵的秘密，才能真正懂得人们为什么有这种行为，而不是另一种行为。这也是资本所有者在当时的情况下如何对待日益尖锐的劳资关系而需要解决的问题。

其实在泰勒科学管理思想占统治地位的时期，人们已经开始对人的心理方面进行研究了，只是被淹没在科学管理的浪潮中罢了。科学管理是研究人机械地适应机器的效率问题，这是工程师的工作，而工业心理学家则是研究人的效率问题，在这方面的研究工作者有甘特、福莱特、莉莲、吉尔布雷思、谢尔顿等一大批管理思想家，他们为管理思想的新发展做了开创性的工作。在这里，我们重点介绍对人的行为和心理研究有开创性贡献的雨果·缪斯特伯格和亨利·丹尼森等工业心理学家。

一、雨果·缪斯特伯格

雨果·缪斯特伯格（Hugo Münsterberg，1863—1916），原籍德国，心理

学家和工业心理学家，工业心理学的创始人之一。他出身于德国的但泽市，父母都是犹太人。他在莱比锡大学读医学和心理学，1885年在冯特教授的指导下获得心理学博士学位。1887年他获得海德堡大学的医学博士学位，1892年任哈佛大学心理学教授。从1910年起他和他的学生开始研究怎样把心理学应用到工业中，并把研究成果写成《心理学和工业效率》一书。这本开创性著作发表于1913年，书中强烈要求加强管理的科学性，呼吁应更好地理解和运用心理学成果于工业效率上。[6]他在书中说，我们要问，如何才能找到那些心理品质十分适合去做工作的人；其次我们要问，在什么样的心理条件下，我们才能从每一个人那里获得最大的、最令人满意的产量；最后我们要问的是，怎样才能使人的头脑中完满地获得商业利益所希望具有的影响。换句话说，我们要问的是如何去找出最合适的工作，以及如何保证获得最佳的效果。[7]

在如何取得最大的效率上包含了三个重要的问题：一是最合适的人，这是要研究工作对人们的要求，识别具备最适合从事他们所做工作的心理品质的人；二是要研究确定在什么样的心理条件下，才能够从每一个人的身上获得最满意的产量；三是要研究对人施加什么样的影响，才能对人们的思想起作用，并且这种思想给企业带来的利益最大。他用大量的心理学实验材料来证实上面的讨论是确实存在的。他从电车司机、电话接线员和高级船员中收集材料，并提出以他的工业心理学为出发点的提高效率的建议，他认为泰勒的科学管理的心理革命是有着科学道理的。首先是重点放在个人身上，其次是强调效率，最后是如何应用科学管理的方法，这是有利于全社会的利益的。

他呼吁：我们决不能忘记，通过将来心理上的适应和改善心理条件来提高工业效率，这不仅符合厂主的利益，而且更符合职工的利益，他们的劳动时间可以缩短，工资可以增加，生活水平可以提高。

由于缪斯特伯格的呼吁和所做的大量工作，不仅在德国和美国，而且也在其他地方引起了人们对工业心理学的巨大兴趣，许多工业人士来到了哈佛大学找他进行咨询。在第一次世界大战时期，几乎每一个交战国都应用他的心理学方法来挑选和训练军队，因此他的影响就更加大了。1920年左右，工业心理学作为管理学的一个重要组成部分，其地位被牢固地树立起来，从而使得管理学有了一个新的发展方向，给管理思想开辟了新的思路。

缪斯特伯格在管理思想发展上的巨大贡献是：首先，通过对人的行为进行研究成为提高工作效率的一种管理方法，而这种研究是必要的，进而成为管理科学的一个新的分支，工业心理学成为人们都能接受和欢迎的观点；其次是他认为在科学管理中涵盖了工业心理学，并且它们是相辅相成的，否则就达不到提高效率的目的；第三是工业心理学研究的是诸如疲劳、职业指导，考核和工作安置等内容。通过工业心理学来了解和理解人的因素，以此克服企业中所形成的各种劳资纠纷，从而达到提高效率的目的。

二、亨利·丹尼森

亨利·丹尼森（Henry Denison，1877—1952）是美国的企业家和管理学家，他出生于美国的马萨诸塞州，在哈佛大学获得文科学士学位。1899年他进入丹尼森制造公司工作，1906年在公司中担任经理，1917—1952年任该公司的总经理。他还担任了许多社会职务。如在1917—1918年出任战时工业委员会主席和顾问、中央计划和统计局的助理局长，1921年任哈定总统失业会议的成员，1934年任美国商务部工业咨询委员会主席，1935—1943年任美国全国资源计划局顾问，1935—1939年任国际劳工局美国雇主首席代表，1937—1945年任波士顿联邦储备银行董事及副董事长，他还担任过泰勒协会主席和美国管理协会理事。他有许多专著，其中《组织工程学》是1931年写成的，该书被誉为"在美国文献中足以自豪的课题上做了最清楚和最基本表述的书之一"。美国机械学会和美国的管理学会认为他是对管理科学和管理技巧的发展做出重大贡献的人之一。[8]丹尼森是以注重人的因素推动行为科学发展方面而闻名的。

丹尼森的主要管理思想是：

1. 重视管理中人的因素，通过提高职工的积极性来提高生产效率。

丹尼森在《组织工程学》一书中写到能够激励组织成员的因素有4类：①对他本人和他的家属福利和地位的关心。②对工作本身的爱好。③对组织中一个或多个成员及其良好评价的关心，亦即乐于同他们在一起工作。④对组织主要目标的尊重和关心。只有把这4种因素结合起来才能使一个人的力量持久而稳定地发挥出来。丹尼森就是在这种思想的指导下，在其工厂中实行了一系列的管理措施，充分调动职工的积极性。这使他的公司成为当时美国最先进的公司之一。丹尼森在公司中还实行了工人可以通过分股息来分享利率的制度，有200名职工成为有投票权的股东，有权选举董事。工厂中设立工厂委员会，工人能选举代表并参与工厂的管理。他认为不但应该为股东服务而且应该为社会服务，并提出了要使工人在工作中得到满足的思想。同时，丹尼森已经认识到在工人中存在着一种非正式的组织，这种非正式的组织对生产效率有着及其重要的影响，处理这种现象应该采用把非经济因素同经济因素结合起来的手段，这样就能调动职工的积极性，使他们能忠实于他们的企业。

2. 主张自下而上组织设计的方式。

丹尼森认为，组织就是使集体生活成功，并自下而上地把人们组织起来，使他们在能干的领导之下解决他们之间的矛盾，并把他们的动机统一为一致的方向。丹尼森主张不要像传统的做法那样先设计组织结构和任务，而是先把一些志同道合的人组成小组，最后再慢慢地发展成为整个组织。他的这种做法实际上是行为科学上的社会群体心理测定法的做法，即把相互一致的职工组织在一起可以提高工作效率。丹尼森还认为组织的原则并不是神圣不可侵犯的，它是可以灵活应用的，这种灵活取决于对人的行为的深入了解。

3. 创办交换管理信息的组织。

丹尼森在 1924 年创办了一个总部设在波士顿的"制造业者研究协会"。这是一个由一些非竞争性公司共同建立的研究机构，这个协会的宗旨是为各个企业可以相互交流经验提供方便。这是一种以后得以长期存在的管理研究团体的模式。

4. 积极参加美国和国际的管理运动。

丹尼森积极参加美国的泰勒协会和美国的管理协会的工作，并为他的管理哲学进行广泛的宣传。他说过："真正值得向往和追求的是把公司办成一个伙伴式的团体，如果只是为自己而工作，那是不可能长期感到愉快的，只有同别人一起并为别人而工作，而别人同你一起并为你而工作才能使你精神振奋，使你在星期一早晨开始一个工作周时如同星期六下午结束工作周时一样的高兴，衡量人的绝对标准就是他们尽力——不管这个力有多大——为同伴服务的程度。"[9]

在这一时期还有阿德勒、米德、迪尔海姆等一些社会心理学家，为了探索个体行为和群体的行为机制，分别从心理学的角度对组织中的人进行了研究，为管理思想的发展做出了重大的贡献。

注　释

[1] 宋则行、樊亢. 世界经济史. 中册, 104

[2] 宋则行、樊亢. 世界经济史. 中册, 129—130

[3] 宋则行、樊亢. 世界经济史. 中册, 135

[4] 同上, 137—138

[5] 宋则行、樊亢. 世界经济史. 中册, 152

[6] Münsterberg Hugo. Psychology and Industrial Efficiency. Boston：Honghton Mifflin Co. , 1913

[7] Urwick. The Golden Book of Management. 1956

[8] Urwick. The Golden Book of Management. 1956

[9] Wren. The Evolution of Management Thought. 1994

第六章

行为科学的形成和发展

在经济关系中，逻辑的、经济的因素所起的作用远不如感情的、非逻辑的态度和情绪所起的作用为大。

——厄威克：《管理备要》

行为科学是由人际关系学说发展起来的，它和工业心理学有密切的关系，后来又融合了人力资源学，而现代的管理心理学和组织行为学是行为科学的主要组成部分。由于社会快速发展，人随着社会环境的变化而变化，所以对人性的探索和对人的行为的研究永远是必要的，也是没有穷尽的。今天的行为科学成为根深叶茂的学科都是来源于梅奥以及霍桑实验对人性的探索。

第一节　梅奥与霍桑实验

一、历史背景

在 20 世纪 20 年代，资本主义国家中许多企业尽管采取了泰勒的科学管理，但劳资纠纷和罢工还是此起彼伏，此种情况促使资产阶级的管理学者们深入研究是什么决定工人的劳动效率。于是有了在美国国家科学委员会的赞助下开展的著名的霍桑实验。当时人们并没有认识到霍桑实验的伟大意义之所在，这一实验持续了 8 年多，取得了意想不到的成果。

实验是在芝加哥城郊外的西方电器公司的霍桑工厂中进行的。霍桑工厂是一家制造电话机的专用工厂，它设备完善，福利优越，具有齐备的娱乐设施、医疗制度和养老金制度。但是工人仍然愤愤不平，生产效率也很不理想。到底是什么原因阻碍生产效率的提高呢？有人认为是因为照明问题。为此，1924年美国科学院组织了一个包括各方面专家在内的研究小组，对该厂的工作条件和生产效率的关系进行了全面的考察和多种试验，其中一个主要的实验就是照明实验，前后花了两年多的时间，从此拉开了著名的霍桑实验的序幕。

霍桑实验是一项以科学管理的逻辑为基础的实验。从 1924 年开始到 1932 年结束，在近 8 年时间里，前后共进行过两个回合：第一个回合是从 1924 年 11 月—1927 年 5 月，是在美国国家科学委员会赞助下进行的；第二个回合是从 1927—1932 年，是在美国哈佛大学教授梅奥（George Elton Mayo）的主持下进行的。

整个实验前后共分四个阶段：

1. 车间照明变化对生产效率影响的各种实验。

2. 工作时间和其他条件对生产效率影响的各种实验。

3. 了解职工工作态度的会见与交谈实验。

4. 影响职工积极性的群体实验。

后面三个阶段的实验是在梅奥的主持下进行的。其实验的目的主要是为了解决第一阶段实验所发现的问题。

二、霍桑实验

（一）车间照明实验——"照明实验"

实验的目的是为了弄清照明强度对生产效率所产生的影响。这项实验前后共进行了两年半的时间。实验是在被挑选的两组绕线工人中间进行的，一组是实验组，一组是参照组，在实验过程中，实验组不断增加照明强度，例如将实验组的照明从 24、46、76 烛光逐渐增强，而参照组的照明度始终保持不变。

研究者企图通过这一实验来发现照明的变化对生产效率的影响，但是实验结果显示，两组都在不断地提高产量。后来他们又采取了相反的措施，逐渐降低"实验组"的照明强度，把两名实验组的女工安排在单独的房间里劳动，使照明一再降低，从 10 烛光、3 烛光一直降到 0.06 烛光，几乎和月光亮度差不多，直到这个时候产量才开始下降。

据研究人员在这次实验结果的报告中说，这次实验的结果是两组的产量均大大增加了，而且增加量几乎相等，两组的效率也几乎没有多大差异，纵然有一些微小的差异也是在许可的误差之内。因此，我们无法确定改善照明对于工作的效率有什么积极的影响。

对这次实验结果的分析是：①工作场所的灯光照明只是影响生产的一种因素，而且是一种不太重要的因素。②由于涉及到的因素太多，一时难以控制，而且其中任何一种因素的变化都可以影响实验的结果，所以照明对产量的影响是无法测定出来的。

通过上面的分析可以发现，这项实验的结果是找不到原因的，而且其结果使人感到有些迷惑不解，因此有许多人退出了实验。

这家公司的一位检查部主任潘诺克对当时的实验结果进行了推测，认为产量的增加有可能是由于工人被实验所鼓动起来的一种工作热情所致。在1927年末到1928年冬，潘诺克参加了美国哈佛大学教授梅奥举办的人事经理报告会，在报告会上潘诺克把自己的想法告诉了梅奥，并当场邀请梅奥参加霍桑实验，梅奥接受了潘诺克的邀请，并组织了一批哈佛大学的教授会同电器公司的人员成立了一个新的研究小组，于是霍桑实验的第二阶段研究开始了。

乔治·埃尔顿·梅奥（George Elton Mayo，1880—1949）是原籍澳大利亚的美国管理学家，是早期的行为科学——人际关系学说的创始人。他出生在澳大利亚的阿得雷德，在阿得雷德大学获得逻辑和哲学硕士，1919年在澳大利亚的昆士兰大学任逻辑学、伦理学和哲学讲师，他是澳大利亚的心理疗法的创始人。1922年移居美国，1923—1926年作为宾夕法尼亚大学的研究人员为洛克菲勒基金会进行工业研究，1926年任哈佛大学工商管理研究院工业研究室的副教授，以后一直在哈佛大学工作到退休。他在此期间主持了著名的霍桑实验。1929年他任工业研究无任期限制的教授，同时，他也是美国艺术与科学院院士。其著作有《工业文明的社会问题》和《工业文明的人类问题》及其他一些著作，梅奥是在管理思想发展史中有着特殊地位的一位管理学家。

梅奥来到了霍桑工厂，对全国科学研究委员会实验（那时还没有完成）的初步结果很感兴趣。他敏锐地指出，解释霍桑实验秘密的关键因素是"小组精神状态的一种巨大变化"。他认为，在实验室中的工人，对于受到实验者愈来愈多的关心而感到高兴，这样就使得被实验者有一种参与实验的感觉，这是提高产量的一个重要的原因。

（二）继电器装配实验——"福利实验"

为了能够找到更有效地控制影响职工积极性的因素，梅奥选出了6名女工，在单独的房间中从事装配继电器的工作。在实验过程中，不断地增加福利措施，例如缩短工作日，延长休息时间，免费供应茶点，等等。研究者原来设想这些福利的措施能刺激工人生产的积极性，结果却并非如此。后来他们撤销了这些措施，按预想生产率应该是下降的，但实际情况表明产量不仅没有下降反而继续上升了。经过深入的了解发现，产量上升源于职工积极性的提高，这仍然是由于职工与研究者之间有一种融洽的人际关系所致。这说明，调动职工的积极性，人际关系比福利措施更为重要。

他们对于以上实验进行归纳，提出一些假设作为分析的起点：

1．在实验中改进物质条件和工作方法，可导致产量增加。

2．安排工间休息和缩短工作日，可以解除或减轻疲劳。

3．工间休息可减少工作的单调性。

4．个人计件工资能促进产量的增加。

5．改变监督与控制的方法能改善人际关系，从而能改进工人的工作态度，促进产量的提高。

在这5个假设的前提下，研究人员开始对以上假设的真实性进行逐个分析。结果是：第一阶段的照明实验就否定了第一个假设，因为，曾经有意识地使生产场所的物质条件恶化，而产量仍然是在增加的。

第二个假设也是不成立的，因为虽然增加休息，缩短工作日而使产量增加，但取消这些优惠未见产量下降。

第三个假设更加缺乏说服力，因为单调性是一种心理感受，不能只根据产量的变化来加以估计。在增加休息的实验中，工人的态度确实改变了，但这可能是因为被挑选参加实验，他们感觉到自己受到了重视和关注。即使如此，也不能因之而得出结论，说它是使产量增加的惟一原因。

第四个假设是要认真对待的，为此他们选择了继电器和云母片剥离两个小组进行实验。继电器小组由5个有经验的女工组成，实验以前实行集体计件工资制，实验时改为个人计件工资制，工人产量连续上升，最后稳定在原来产量的112.6％的水平上。9个月以后，又恢复到先前的集体工资制的水平上。实验进行到第七个星期，小组的产量下降到实验前的96.2％。而云母片剥离小组的工资制度没有改变，惟一变化的是工作场所被安排在一间特别的观察室中。在实验期间，小组产量比实验前平均提高了15％。哈佛研究小组由此得出结论：工资制度的变化与产量的提高并无直接的关系。

究竟是什么原因导致了产量的增加呢？研究人员认为，是由于管理方式的改变带来士气的提高和人际关系的改善所引起的。

在实验过程中，工人的劳动从生产现场转移到特殊的实验室中，由实验人员（研究人员）担任管理者，为他们创造了一个更为自由的工作环境。这些管理者改变了传统严格的命令和控制方法，就各种项目的实验向工人提出建议，征询意见。工人的意见被予以倾听，工人的身体状况和精神状况成为研究人员极为关心的事。这种可以自由地发表意见、得到关心的工作环境使工人感觉到自己受到了重视，士气和工作态度也随之改进，从而促进了产量的变化，这个结论正好支持了前面提出的第五个假设。

（三）大规模的访谈计划——"访谈实验"

既然实验表明管理方式与职工的士气和劳动生产率有密切的关系，那么就应该了解职工对现有的管理方式有什么意见，为改进管理方式提供依据。于是梅奥等人制定了一个征询职工意见的访谈计划，在1928年9月—1930年5月不到两年的时间内，研究人员与工厂中的2万名左右的职工进行了访谈。

在访谈前选择了一些规定的问题，主要是希望职工对管理当局的一些规划、管理政策和工作条件发表自己的意见。然而在执行计划的过程中，职工对这些问题根本不感兴趣，而对这些提纲以外的问题倒是大发意见。显然，工人认为重要的事与企业或研究人员不一致。于是研究小组对访谈计划作了调整，每次访谈前，谈话的内容和方式不作任何规定。访谈者的任务就是让工人多讲话，即工人可以就任何一个问题自由地发表一番言论，这样工人有了一个自由发表自己意见、发泄心头之气的机会，虽然工作条件或劳动报酬实际上并没有改变，但是工人普遍认为自己的处境比以前好了。

在访谈计划的执行过程中，研究人员对工人在交谈中的怨言进行分析，发现引起他们不满的事实与他们所埋怨的事实并不是一回事。工人在表述自己的不满与隐藏在心里深层的不满情绪并不总是一样的。比如，有位工人表现出对计件工资率过低不满意。但深入了解后发现，这位工人是在为支付妻子的医药费而担心。根据这些分析，研究人员认识到，工人由于关心自己个人问题而会影响到工作效率。所以管理人员应该了解工人的这些问题，为此，需要对管理人员，特别是要对基层的管理人员进行培训，使他们成为能够倾听并理解工人的访谈者，能够重视人的因素，与工人相处时更为热情、更为关心他们，这样能够促进人际关系的改善和职工士气的提高。

（四）继电器绕线组的工作室实验——"群体实验"

这是一项关于工人群体的实验，其目的是要证实在以上的实验中研究人员似乎感觉到在工人当中存在着一种非正式的组织，而且这种非正式的组织对工人的态度有着及其重要的影响。

实验者为了系统地观察在群体中的工人之间的相互影响，在车间中挑选了14名男职工，其中有9名是绕线工，3名是焊接工，2名是检验工，他们在一个单独的房间内工作。

实验开始时，研究人员向工人说明：他们可以尽力地工作，因为在这里实行的是计件工资制。研究人员原以为，实行了这一套办法会使职工更为努力工作，然而结果是出乎意料的。事实上，工人实际完成的产量只保持在中等水平上，而且每个工人的日产量都差不多。而根据动作和时间分析的理论，每个工人应该完成标准的定额为7312个焊接点，但是工人每天只完成了6000—6600个焊接点就不干了，即使离下班还有较为宽裕的时间，他们也自行停工不干了。这是什么原因呢？研究者通过观察，了解到工人们自动限制产量的理由是：如果他们过分努力工作，就可能造成其他同伴的失业，或者公司会制定出更高的生产定额来。研究者为了了解他们之间能力的差别，还对实验组的每个人进行了灵敏度和智力测验，发现3名生产最慢的绕线工在灵敏度的测验中得分是最高的，其中1名最慢的工人在智力测验上是排行第一，灵敏度测验的排行第三。测验的结果和实际产量之间的这种关系使研究者联想到群体对这些工人的重要性。一名工人可以因为提高他的产量而得到小组工资总额中的较大的份额，而且减少失业的可能性，然而这些物质上的报酬却会带来群体诘难的惩罚，因此每天只要完成群体认可的工作量就可以相安无事了。

即使在一些小的事情上也能发现工人之间有着不同的派别。绕线工就一个窗户的开关的问题常常发生争论，久而久之就可以看出他们之间不同的派别了。

研究者通过观察发现，在他们之间有时会相互交换自己的工作，或者彼此之间相互帮忙，虽然这是有违公司规定的，但是这种行为却大大增进了他们的友谊，有时却也促成了他们之间的怨恨，谁喜欢谁，都可以因此表现出来。在该项实验中，研究人员发现他们是两个派别，如图6—1所示（图中W1、W2……W9代表9名绕线工，S1、S2、S3代表3名焊接工，I1、I2代表2名检验工）。

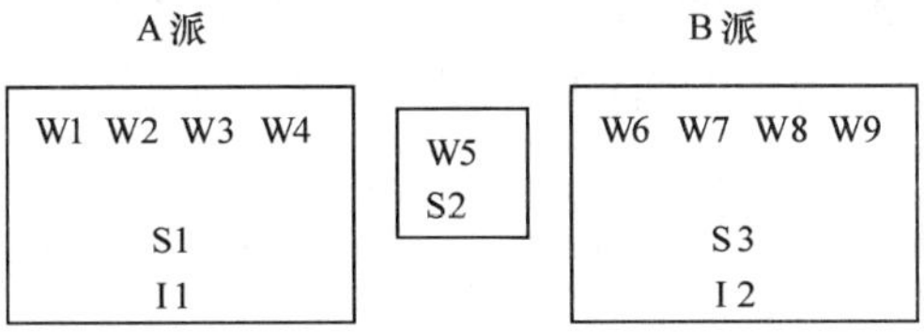

图 6—1

研究人员在观察中得出以下几点结论：

1. 他们之间的派系，并非因工作不同而形成，例如，A派包括4名绕线工，同时还有1名焊工和1名检验工。

2. 派系的形成多少受到工作位置的影响，例如A派的几位工人均在工作室前端，而B派则在后端。

3. 实验组的成员中也有人不属于任何一派的，如W5。

4. 每一个派系都自以为比别的派系好。例如A派的工人没有互相交换工作的，也不像B派那样常常喜欢比手劲，因此他们自认为优于B派。而B派的工人很少互相辩论，也很少赌输赢，因此也自认为优于A派。每个派系均有一套他们自己的行为规范。

研究人员在观察他们各自在履行自己所订立的行为规范时发现，有的规范与限制产量有关，有的则牵扯到个人的品德。而就其规范对个人行为影响来说，主要有以下几点：

1. 谁也不能干得太多或太少，以免影响大家。

2. 谁也不准向管理当局告密，做有害于同伴的事。

3. 任何人都不得远离大家，孤芳自赏，也不得打官腔，找麻烦，即使你是检查员，也不能像一位检查员。

4. 任何人不得在大家中间唠叨或自吹自擂、自以为是，一心想领导大家。

这些规范主要是通过如挖苦、嘲笑以及排斥于社会活动之外等一些制裁方法维护的，如果谁违反这些规则，就会受到群体的制裁，轻则侮辱、谩骂，重则拳打脚踢。小组中最受欢迎的人就是那些严格遵守群体规范的人；小组中最受厌恶的人，就是违背群体规范的人。私下告密在群体中是非常严重的罪过。

研究人员认为，这种自然形成的非正式组织（群体）职能在于，对内控制其成员的行为，对外保护其成员，使之不受来自管理阶层的干预，这种非正式的组织一般都存在着自然形成的领袖人物。至于它形成的原因，并不完全取决于经济的发展，主要是与更大的社会组织相联系。

以上是霍桑实验的主要经过。该项实验的结果由梅奥于1933年将它正式发表，书名是《工业文明中的人的问题》，这就是行为科学的前身——人际关系学说。[1]

第二节　行为科学的建立

一、霍桑实验的新发现

经过8年的艰苦努力，霍桑实验终于完成了它的历史使命，其伟大的历史作用在当时并没有显示出来。随着时间的推移，越来越多的管理实践证明它是一个具有划时代意义的实验。它在管理思想史上占有极其重要的地位，是管理思想的一个伟大的历史转折，给管理学的发展开辟了一个崭新的领域。行为科学也就由此成为管理学的一个重要分支，从此管理思想进入了一个丰富多彩的新境界。

162

霍桑实验使西方管理思想在经历了早期的管理理论和古典管理理论（包括泰勒的科学管理理论，法约尔的组织管理理论和韦伯的行政管理制度的组织理论）阶段之后进入了行为科学的理论阶段。

如果说霍桑实验是一次管理思想上的飞跃，还不如说霍桑实验是西方的管理学者们在当时的历史背景下寻找出路的结果。1929 年的经济大萧条，梅奥认为是世界性的经济危机集中暴露了资本主义的致命弱点。欧洲的人们在绝望之余，希望找到新的出路。结果在这种情绪的支配下，德国人选择了希特勒，从而导致一场人类大浩劫。那么新的出路究竟在什么地方呢？梅奥试图给当时的资本主义社会开一个药方，结果霍桑的实验取得了巨大的成功。

在这个药方中梅奥提出了他的重要观点：

技术的进步是一个可以大大促进工艺规范合理化的过程，但是却不能帮助我们弄清适合于人类最佳的工作环境是什么。梅奥提出，现代大工业的管理必须解决 3 个问题或 3 项基本任务：①将科学和技术应用于物质资料的生产。②系统化地建立生产经营活动的秩序。③组织工作，其实质是在工作集体中实现持久的合作与协调。

以上的 3 条中，前两条历来受到重视，第三条却几乎完全被忽视，但事实已证明，如果这 3 条失去平衡，任何组织都无法获得总体上的成功。对于一个结构复杂的大型组织来说，成功有赖于全体成员的齐心合力。实际上第三条是人们要寻找的一个和谐的相处环境。

二、人际关系学说的建立

通过霍桑实验，人们终于发现人群中的一些内部规律，为解决当时资本主义的社会问题提供了一条较好的思路。这就是当时的人际关系学说。

梅奥和缪特斯伯格所建立的人际关系学说，提出了与当时流行的泰勒科学管理思想不同的一些新观点。

（一）职工是社会人

科学管理把人当做经济人来看待，认为金钱是刺激人的积极性的惟一动力，霍桑实验则证明人是一个社会人，影响人的劳动积极性的因素，除了物质利益之外，还有社会的心理的因素。每一个人都有自己的特点，个体的观点和个性都会影响个人对上级命令的反应和工作的表现。因此，应该把职工当做不同的个体来看待，当做社会人来对待，而不应将其视作无差别的机器或机器的一部分。

（二）企业中存在非正式组织

非正式组织是与正式组织相对而言的。所谓正式组织是指为了有效地实现企业目标，依据企业成员的职位、责任、权力及其相互关系进行明确划分而形成的组织体系。科学管理只注意发挥正式组织的作用。霍桑实验告诉我们，工人在企业内部共同劳动的过程中，必然会发生一些工作以外的联系，这种联系会加深他们的相互了解，从而能形成某种共识，建立起一定程度的感情，逐渐发展成为一种相对稳定的非正式组织，这种非正式组织对工人起着两种作用：①保护工人免受内部成员疏忽所造成的损失，如生产过多以致提高生产定额，或生产过少引起管理当局的不满，加重同伴的负担。②保护工人免受非正式组织以外的管理人员干涉所形成的损失，如降低工资率或提高生产定额。

梅奥等人认为，不管承认与否，非正式组织都是存在的。它与正式组织相互依存，而且会通过影响工人的工作态度来影响企业的生产效率和目标的达成。因此，管理人员应该正视这种非正式组织的存在，利用非正式组织为正式组织的活动和目标服务。

（三）新型的领导能力在于提高职工的满足程度

科学管理认为生产效率主要取决于作业方法、工作条件和工资制度。因此只要采用恰当的工资制度，改善工作条件，制定科学的作业方法，就可以提高工人的劳动生产率。梅奥等人根据霍桑实验得出了不同的结论，他们认为，生产效率的高低主要取决于工人的士气，而工人的士气则取决于他们感受到的各种需要的满足程度。在这些需要中，金钱与物质方面的需要只占很少的一部分，更多的是获取友谊、得到尊重或保证安全等方面的社会需要。因此，要提高生产率，就要提高职工的士气，而提高职工士气就要努力提高职工的满足程度。所以，新型的管理人员应该认真地分析职工的需要，不仅要解决工人生产技术或物质生活方面的问题，还要掌握他们的心理状态，了解他们的思想情绪，以便采取相应的措施。这样才能适时、充分地激励工人，达到提高劳动生产率的目的。

三、梅奥的"社会人"假说

在霍桑实验的总结中，梅奥特别指出以下几点，要求大家予以注意：

第一，与工人谈话有助于他们解除不必要的心理负担和调整自己对于个人问题的态度及情绪，从而使他们清楚、明白地提出自己的问题。

第二，访谈有助于工人们与周围的人——同事或监督——相处得更容易、更和谐。

第三，访谈还会提高工人与经理人员更好合作的愿望和能力。研究人员从某种程度上代表厂方，因为他们来自工作群体之外，研究人员帮助工人同周围的人合作共事，这就有助于形成工人对工作群体和对工厂的双重归属感。

第四，与职工交谈是培养训练管理人员的重要方法。这有助于上情下达。管理人员首先必须善于帮助和启发他人表达自己的思想和情感，而不只是高谈阔论、教训别人、以自己为中心，这种经验是当前学校教育无法提供的。管理者倾听别人的意见比展露自己的知识要重要得多，这是成熟、判断力和智慧的标志。

第五，与职工交谈是获取信息的重要源泉。对于经理来说，与职工交谈具有巨大的客观价值。经理人员有三重任务：将科学和技术应用于物质资料的生产；使生产经营活动系统化；组织协作。有些经理人员认为与职工交谈所听到的是一些人的琐事和主观意见，没有什么价值，这说明他们心目中的管理指的是上述前两种的内容，根本没有认识到自己忽视了第三方面的任务，他们对信息视而不见，听而不闻。毫无疑问，这种疏忽和由此造成的盲目行动，必然会影响到组织的效率。

梅奥认为在当时的工业界中，有不少人已经掌握了与人打交道和处理人际关系的技巧，这主要是靠经验的积累，而且很难与他人交流，几乎只可意会不可言传。

在这里，梅奥提出了人际关系的重要性，这是一个经理人员是否成熟的一个重要标志，也是一个组织是否有效的一个重要标志。他指出经理人员应该将他的下属视为社会群体中的社会人，而不应该看成是"群氓"的个人。"群氓"是李嘉图提出的人性假设：

1. 社会由一群一群的无组织的个人所组成。
2. 每个人以一种计算利弊的方式为了个人的生存和利益而行动。
3. 每个人为了达到目的，尽可能合乎逻辑的思考和运动。

从这一假设出发，必然会得出对这些群氓只能用绝对集权来统治和管理的管理学理论。

对于社会人来说，梅奥认为：①重要的是人与人之间的合作，而不是人们在无组织的人群中互相竞争。②所有的个人主要是为保护自己在集团中的地位而不是为自我的利益而行动。③从霍桑实验的结果可以发现，人的思想和行动更多的是由感情而不是由逻辑来引导的。

社会人的本质特点之一是，在劳动中同其他人进行交往，紧密地结合在一起，经营管理者忽视人际关系的调整，必然会造成生产中问题的不断出现。

一个工人进入工厂以后与同班组的其他人的关系如何，在很大程度上决定这个工人的工作表现，并直接地影响其才能的正常发挥。

经营管理人员一旦抛弃认为工人群众是群氓的错误假设，重视企业内部人际关系的不断调整，就能获得惊人的效果。

梅奥指出：如何协调好社会中的人际关系仍然是文明世界的一个重大的问题。

四、行为科学的建立

霍桑实验及其结论随着时间的推移，其影响也逐步扩大。一些大学也开始设立相应的课程，传播和研究人际关系学说。人际关系学说及其观点也逐渐步入企业。1948年美国成立了全国性的工业关系研究会。1949年该学科被定名为行为科学以后，福特基金会成立了行为科学部，次年建立行为科学高级研究中心，并在1953年拨款，委托哈佛大学、斯坦福大学等高等学府从事行为科学的研究。然后，洛克菲勒基金会、卡耐基基金会也相继拨款支持行为科学的研究，1956年美国出版了第一期《行为科学》杂志。

自此以后，许多的管理学家、社会学家和心理学家从行为的特点、行为和环境、行为的过程以及行为的原因等多种角度开展对人的行为的研究，形成了一系列的理论，使行为科学成为现代西方管理理论的一个重要流派。理论的研究和发展反过来促进了企业管理人员重视人的因素，强调人力资源的开发，注重改善企业内部人际关系，注重使组织的需要和成员的需要协调一致，等等。

所谓行为科学，是利用许多学科的知识来研究人类行为的产生、发展、变化的规律，以预测、控制和引导人的行为，达到充分发挥、调动人的积极性的目的。人的行为都是发生在一定的组织和群体中，在一定主管人员的领导和控制下表现出来的。因此，它不仅与个体的行为基础有关，还与群体环境和管理人员的领导方式有关。人的行为研究就是关于上述各方面的研究。在西方，对于人的行为的研究形成了各种各样的观点和流派。而各个流派研究的侧重点是不相同的，归纳起来可分为个体行为研究、群体行为研究、领导行为研究、组织行为研究等几个部分。当然，这样划分只是为了叙述方便，我们沿着这个思路对行为科学的管理思想进行分析。

George Elton Mayo (1880—1949)

Personal background

- born 26 December 1880 ,Adelaide ,Australia
- studied philosophy and psychology at the University of Adelaide
- lecturer and later professor of philosophy psychology, University of Queensland, Australia,1911—1923
- married Dorothea McConnel, 1913
- conducted research programme in industrial psychiatry at the University of Pennsylvania ,1923—1926
- commenced involvement in Hawthorne experiments ,1928
- developed human relations theory of management
- conducted research on human relations in wartime industries during the Second World War
- retired and moved to England to write and continue consulting work,1947
- died 1 September 1949 ,Guildford ,England

Major works

The Human Problems of an Industrial Civilization (1933)
The Social Problems of an Industrial Civilization (1945)

Summary

Elton Mayo sought to apply the insights of psychiatry and the social sciences to the organization of work and to management practice. He criticized engineers and management theorists, such as F. W. Taylor, for focusing solely on the technical organization of work and for believing that workers were solely motivated by economic incentives. Using the findings of the Hawthorne experiments,

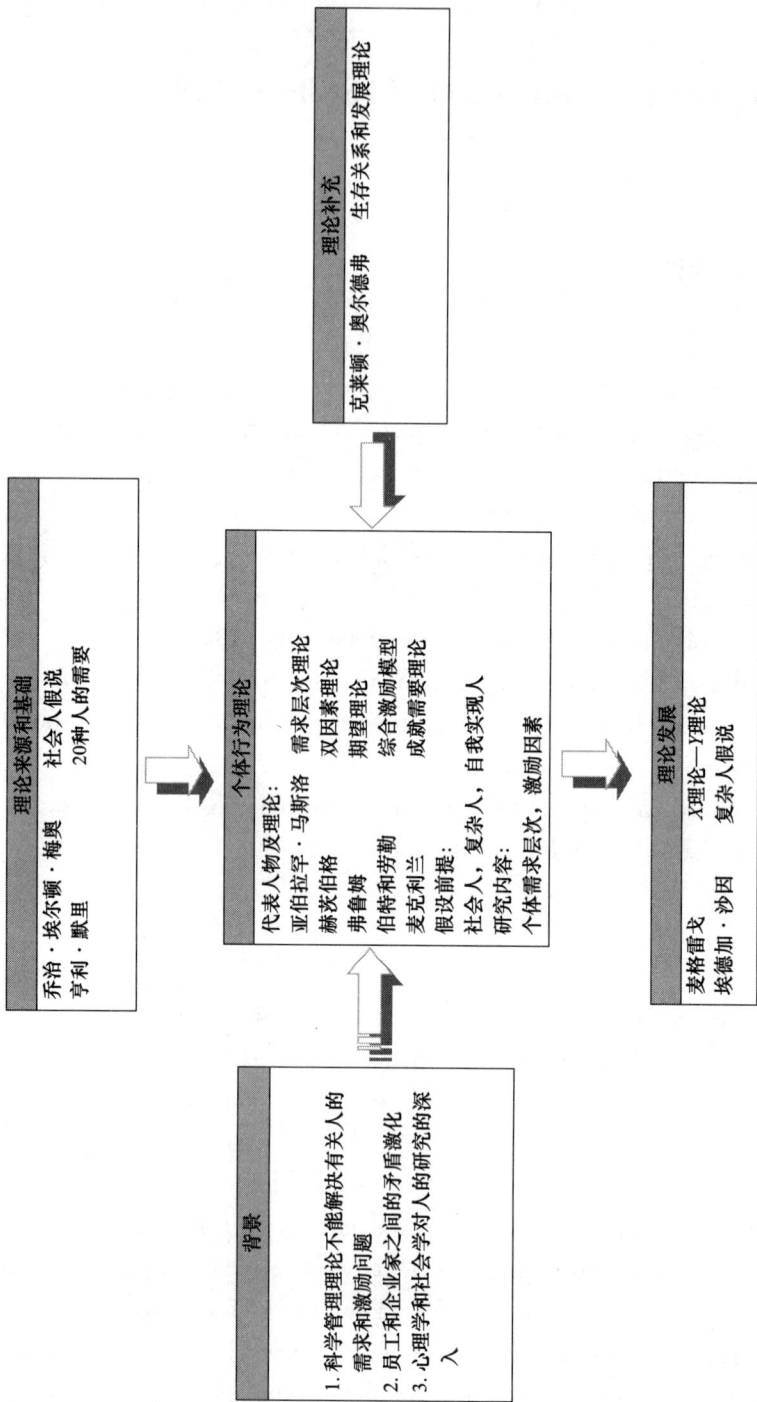

168

理论来源和基础

理论补充

理论来源和基础	
乔治·埃尔顿·梅奥	社会人假说
亨利·默里	20种人的需要

理论补充	
克莱顿·奥尔德弗	生存关系和发展理论

个体行为理论

代表人物及理论：
亚伯拉罕·马斯洛　　需求层次理论
赫茨伯格　　　　　　双因素理论
弗鲁姆　　　　　　　期望理论
伯特和劳勒　　　　　综合激励模型
麦克利兰　　　　　　成就需要理论
假设前提：
社会人，复杂人，自我实现人
研究内容：
个体需求层次，激励因素

理论发展	
麦格雷戈	X理论—Y理论
埃德加·沙因	复杂人假说

背景

背景
1. 科学管理理论不能解决有关人的需求和激励问题
2. 员工和企业家之间的矛盾激化
3. 心理学和社会学对人的研究的深入

图 6—2

in which he was the pivotal figure, Mayo argued that managers needed to take account of the social organization of the workplace and the human needs of the workers . The writings of Mayo and his colleagues at the Harvard Business School formed the basis of human relations theory and had a significant impact on management theory and practice in the 1940s and 1950s. (The IEBM Handbook of Management Thinking, Edited by Malcolm Warner, P440)

第三节　个体行为的研究

人是组成组织的最小单元，也是组织活动的具体执行者和组织活动的基础。因此，研究人的基本行为规律是构建组织模式的基础。而在人的行为中，最主要的是解释支配人的行为的动机是什么，并从中寻找出如何激励人的积极性的基本原理。由于动机与激励的程度不同，人的工作成绩也是不同的。通过对个体行为的研究，取得了一系列具有代表性的理论研究成果。

一、马斯洛的人类需要层次理论

亚伯拉罕·马斯洛（A. H. Maslow，1908—1970），1934 年在威斯康星大学取得心理学博士学位，并在该校任教 5 年，然后迁往纽约，在哥伦比亚大学和布鲁克林学院任教。1951 年任布兰代斯大学心理系教授兼系主任。他是一位著名的心理学家，在心理学方面发表了许多文章，他在管理学上的主要贡献是进一步发展了亨利·默里在 1938 年把人的需要分为 20 种的分析研究，提出了人类的基本需要等级论，即需要层次论。1943 年出版的《人类的动机理论》是他在这方面的代表作。

他把人的各种需要归纳为五大类，这五大类需要是互相作用的，按其重要性和发生的先后次序，可排成一个需要的等级图，如图 6—3 所示。

第一级：生理上的需要。包括维持生活和繁衍后代所必需的各种物质上的需要，如衣、食、住、行、性欲等。这些是人类最基本的，因而也是推动力最强大的需要。在这一级需要没有得到满足前，下面提到的各级更高的需要就不会发挥作用。

第二级：安全上的需要。这是有关免除危险和威胁的各种需要，如防止工伤事故和有伤害的威胁、资方的无理解雇、生病或养老、储蓄和各种形式的保

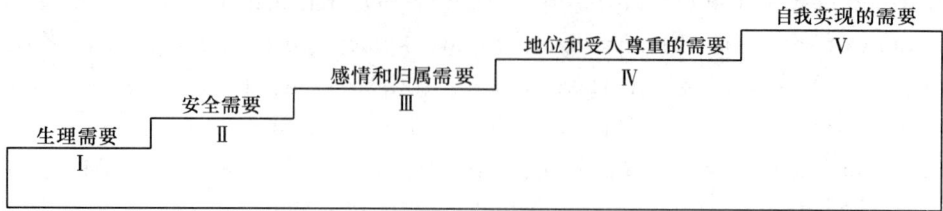

图 6—3

险，都是这一级所要考虑的。

第三级：感情和归属上的需要。包括和家属、朋友、同事、上司等保持良好的关系，给予别人并从别人那里得到友爱和帮助，自己有所归属，即成为某个集体公认的成员等。这类需要比上两类需要更精致，更难捉摸，但对大多数人来讲是很强烈的一类需要，如果得不到满足，就会导致精神不健康。

第四级：地位或受人尊重的需要。包括自尊心、自信心、能力、知识、成就和名誉地位的需要，能够得到别人的承认和尊重等。这类需要很少能得到满足，因为它是无止境的。

第五级：自我实现的需要。这是最高一级的需要，指一个人需要做他最适宜做的工作，发挥他最大的潜力，实现理想，并能不断地自我创造和发展。一个自我实现的人有以下的特点：①自动。②思想集中于问题。③超然。④自治。⑤不死板。⑥同别人打成一片。⑦具有非恶意的幽默感。⑧有创造性。⑨现实主义。⑩无偏见。⑪不盲从。⑫同少数人关系亲密等。

以上五类需要，人们不能都得到满足，一般来说等级越低越容易得到满足，等级越高得到满足的比率就越小。在现代社会中，第一级需要得到满足的概率为85%，第二级为70%，第三级为50%，第四级为40%，最高一级得到满足的概率只有10%。[2]

这些需要的层次并不都是一定按这个顺序，有时候人的需要是模糊不清的，对某种需要表现的强度也不一样，每个人都有不同的性格，这种划分只是提供了一个大概的需要层次，在实践过程中应该对所管理的人员依具体情况进行不同的分析和对待。

170

Ablaham H. Maslow (1908—1970)

Personal background

- born Brooklyn , New York 1 April 1908
- trained as behavioural psychologist , specializing initially in primate social behaviour
- professor of social psychology at Brandeis University and president of the American Psychological Association (1967 — 1968); Previously taught at Brooklyn College and the Western Behavioural Sciences Institute
- developed the theory of a 'hierarchy of needs'
- was a formative influence on the development of motivation theory
- died 8 June 1970

Major works

The Principles of Abnormal Psychology (*with Bela Mittelman*)(1941)
'*A theory of human motivation*' (1943)
Motivation and Personality (1954)
Towards a Psychology of Being (1962)
Eupsychian Management: *A Journal* (1965)
The Psychology of Science (1967)
The Farther Reaches of Human Nature (1971)

Summary

Maslow was a formative influence on motivation theory , Through clinical research , he developed an idea whereby human needs could be classified in terms of a hierarchy of five steps : physiological needs , safety needs , social or love needs, ego or self-esteem needs and self-fulfilment or 'self-actualization' needs.

Maslow's ideas took motivation theory beyond the simpler models of scientific management and behaviourist practitioners. He developed a mord dynamic model of changing needs. From 1934 when the theory was first published, until his death in 1970, Maslow dominated the field of motivation. Many later theories of motivation, such as those of McGregor (1960), Herzberg (1966) and Alderfer (1972), were direct descendants of those of Maslow, and his theory forms the starting point for most subsequent reviews of the subject. (The IEBM Handbook of Management Thinking, Edited by Malcolm Warner, P430)

二、克莱顿·奥尔德弗的生存关系及发展理论

克莱顿·奥尔德弗（Clayton Alderfer）在 1973 年提出了一种关于需要和激励的理论，也是对马斯洛理论的一种修正。他在大量调查的基础上指出人的基本需要不是马斯洛讲的是 5 种，而是 3 种。它们是：

1. 生存。这是最基本的，指人在饮食、住房、衣服等方面的基本需要，这种需要一般只有通过金钱才能得到满足。这相当于马斯洛的第一级和第二级的需要。

2. 关系。指与其他人（同级、上级、下级）和睦相处，建立友谊和有归属感的需要，这相当于马斯洛的第三等级的需要。

3. 发展。指个人在事业、能力等方面有所成就和发展。这相当于马斯洛的第四级和第五级的需要。

这 3 种需要并不都是与生俱来的，有的需要（如关系和发展的需要）是通过后天学习才形成的，而且人的需要并不一定严格地按照由低到高的次序进行，是可以越级的。

另外，当人高一级的需要得不到满足的时候，人们就退一级来寻求自己的需要，所以管理人员应该了解职工的不同需要，以便激励和控制职工的行为，实现组织目标。

三、赫茨伯格的双因素理论

美国心理学家赫茨伯格（Frederick Herzberg，1923—）在 1966 年《工作和人的性质》一书中首次提出激励因素——保健因素理论。他把企业中有关因素分为满意和不满意两类。满意因素可以使人得到满足，它属于激励因素，

这是适合人的心理成长因素，如成就、赞赏、工作内容本身、责任感、上进心等。激励因素如能得到满足，可以激励个人或集体以一种成熟的方式成长，使工作能力不断提高。

　　不满意因素是指缺乏这些因素时容易产生不满和消极的情绪，即保健因素。所谓保健因素，包括金钱、监督、地位、个人生活、安全、工作环境、政策即人际关系等。在实践中职工的不满都属于工作环境或工作关系方面的问题，如果改善这些情况就能消除不满，维持原有的工作效率，但不能激励个人有更好的表现或提高劳动热情。激励是促进人的积极性不断提高的因素。[3]

Herzberg, Frederick (1923 —)

Personal background

- born 18 April 1923, USA
- trained first in psychology, he studied mental health in the industrial world
- his research focused on human motivation in the work situation, its effects on the individual's satisfaction at work and on mental health
- extremely influenced by his Judaeo Christian roots, which explains his frequent and lengthy references to the Bible
- Professor of Management at a Utah University
- gained an international reputation and was a well-known consultant in the 1960s and 1970s

Major works

The Motivation to Work (with B. Mausner and B. Snyderman) (1959)
Work and the Nature of Man (1966)

Summary

Frederick Herzberg, psychologist by training and a university professor, studied motivation at work in companies where he was also involved as a consultant. His theory of motivation at work, also called 'actualization-atmosphere' factors, is based on the hierarchical human needs approach, as well as on the study of the great biblical myths of Adam and Abraham. The actualization factors are work and all forms of gratitude achieved through work. Acting upon these factors allows one to modify individual behaviour at work in a deep and long-lasting manner. The atmosphere factors are remuneration, job security, management policy in the company and relations between colleagues. Acting on these fators only gives temporary satisfaction and does not modify behaviour on a long-term basis. The implicit hypothesis in Herzberg's work that a person should grow through their work—and its applications in the organization of companies had considerable success in the 1970s. The management of companies puts in place policies of job enrichment and enlargement of tasks, polyvalency and job rotation, of which he was the instigator. He criticized the idea of the individual at work, central to Taylorism. Today, society has considerable evolved, and his arguments seem very far from contemporary preoccupations, which underlines even more the theoretical weaknesses in his hypothesis.

四、弗鲁姆的期望理论

美国心理学家弗鲁姆（Victor Vroom）认为人们从事各项活动能够得到的满足，与自己能否胜任这项工作和对这项工作的评价有极大的关系。他在1964 年发表的《工作与激励》一书中提出了期望理论的主要观点，即得出人们在工作中的积极性或努力程度（激发的力量）是效价和期望值的乘积：

$$M = V \times E$$

式中：M 表示激发的力量，V 表示效价，E 表示期望值。

所谓效价，是指一个人对某项工作及其结果（可实现的目标）能够给自己带来满足程度的评价，即对工作目标有用性（价值）的评价。所谓期望值，是指人们对自己能够顺利完成这项工作的可能性估价，即对工作目标能够实现的概率的估计。

期望理论指出，当行为者对某项活动及其结果的效用评价很高，而且估计自己获得这种效用的可能性很大，那么领导者用这种活动和结果来激励他就可取得良好的效果。

Victor H. Vroom

Personal background

- achieved B. Sc. from McGill University in 1953
- achieved M. Ps. Sc. from McGill University in 1955
- achieved Ph. D. from University of Michigan in 1958

Major works

Work and Motivation
Management and Motivation
The New Leadership: *Managing Participation in Organizations*

Summary

Professor Vroom is an authority on the psychological analysis of behavior in organizations, particularly on leadership and decision-making. His 1964 book, *Work and Motivation*, is regarded as landmark in that fields, and his books dealing with leadership, *Leadership and Decision Making* and *The New Leadership*, are widely cited as breakthroughs in the study of organizational behavior. A native of Canada, Professor Vroom has consulted to over 50 major corporations, including Bell Labs, GTE, American Express, and General Electric.

五、波特和劳勒的综合激励模型

这种模型认为，个人之所以获得激励是根据过去习得的经验产生的。因而对未来的期望，也就是说由于个人的行为，直接或间接的经验，使他懂得了一套因果关系，即现在的行动与将来的报偿之间存在着某种关联。换句话说，使

175

其相信今天的努力工作将来必然得到升迁。所以一个人的激励来源于努力、绩效、报偿、满足等变量。劳勒和波特对激励问题进行了大量富有成效的研究，为组织行为学的发展做出了重要贡献。劳勒提出了与弗鲁姆相似的期望理论模型，如图6—4所示。

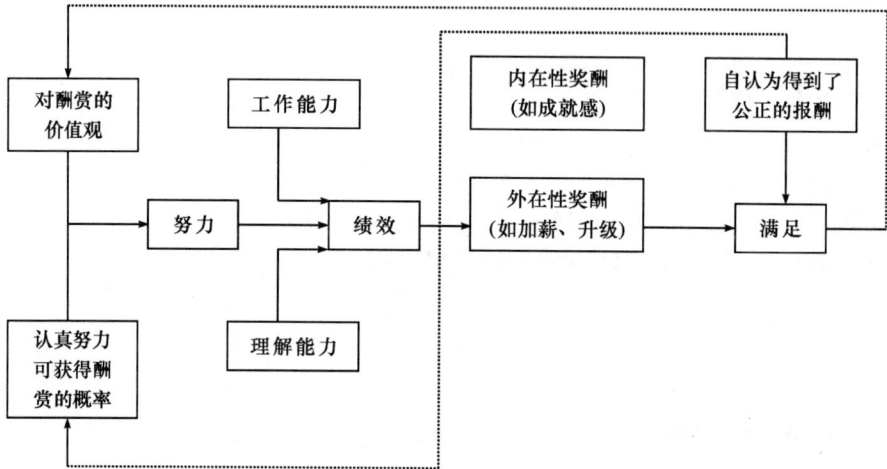

图6—4

激励＝Prob（E—P）×Prob（P—O）×价值

Prob：概率　E：努力　P：绩效　O：结果

在图6—4中可以看出，人们在工作中努力的程度（受激励的程度，工作的积极性、发挥的能力）取决于对报酬的价值（效价）、取得报酬所需的能力亦即实际取得报酬的可能性（期望值）的评价。这种努力——报酬因果关系的认识受到实际工作成绩（经验）的影响。显然，假如人们估计能够成功地从事这类工作而需要做出努力，并且由此可知获得报酬的可能性时激励的程度就大。

这种激励的模型，较为具体地描述了激励的过程。理论表明，人们在工作中的积极性（激发或受激励程度）不只受到一个因素的影响。因而积极性与影响因素不只是存在简单的因果关系，管理者应通过制定周密计划，利用目标管理的方法，借助合理的组织结构和明确的工作责任制，把努力—成绩—报酬—满足这个有机的过程贯穿到自己的具体管理过程中去。

六、麦克利兰的成就需要理论

美国行为科学家麦克利兰（David C，McClelland，1917—）1966 年在他的《促使取得成就的事物》一书中提出了成就需要理论。他认为人有三类基本激励需要：对权力的需要、对社交的需要以及对成就的需要。他对三类需要作了相当多的研究和测试。这种理论在管理上有着十分重要的作用。

1. 对权力的需要。具有较大权力欲的人对施加影响和控制表现出极大的关切。这种人一般追求领导者的地位、好辩论、健谈、直率、头脑冷静、有能力并善于提出要求，喜欢演讲。

2. 对社交的需要。极需社交的人常从友爱中得到快乐，并因被某个社会团体拒绝而痛苦，他们关心保持融洽的社会关系、亲密无间、互相谅解、助人为乐。

3. 对成就的需要。追求成就的人，对成功有一种强烈的要求，同时也十分担心失败。他们愿意接受挑战，为自己树立一个具有一定难度的目标（但不是不能达到的），对待风险采用一种现实主义的态度，愿意承担所做工作的个人责任，对他们正在进行的工作情况期望得到明确而迅速的反馈，一般不常休息，喜欢长时间工作，遇到失败后也不过分伤心，这种人一般喜欢表现自己。

他认为，作为一名企业家，比较明显的是具有高成就的需求和较高的权力欲望，但社交需要的表现却比较低。

他还发现小企业的经理具有很高的成就激励。大公司的总经理则较为一般，而权力欲和社交的劲头却比较大。处于中上层的经理们的成就激励比他们的上司要高得多。这可能是因为总经理的职位已经到顶了，而他的下属还要向上爬的缘故。

但实际情况常常是，重视成就需要的人比不重视的人提升得快。不过，对其他主管人员除了成就需要刺激外，还需要有其他的刺激。例如对具有较高社交需要的人，人与人之间的协调就是一件重要的事情。

麦克利兰指出，高成就的需求者是人类的精华。他们大多数都是中产阶级，通常具有以下特点：①希望有能独立解决问题的工作环境，以便发挥这方面的才能。②只要有了这种环境，不必再提供其他方面的激励，也能积极地进行工作。③只有在靠自己的能力解决问题时，才会感到成就的满足。所以组织上应该为这种人安排具有挑战性的工作，并给予一定的自主权，这样就能发挥他们的积极性。

David C. McClelland (1917—)

Personal background

- born 20 May 1917, USA
- married first , Mary Sharpless, 1938, five children; second, Marian Adams, 1984, two children
- completed PhD in psychology, Yale University, 1941
- professor at Wesleyan University, Connecticut; American Friends Service Committee, Bryn Mawr College, Pennsylvania, 1942—1946
- Wesleyan University, Connecticut, 1946 — 1949, 1950 — 1952, 1953 — 1956, professor and chairman in department of psychology
- programme director, Ford Foundation, 1952—1953
- Harvard University, 1949—1950, 1956—1987, professor and chairman in department of social relations
- founded the business that became McBer & Company, 1963
- Boston University, professor since 1987

Major works

Personality (1951)

The Achievement Motive (with J. W. Atkinson, R. A. Clark and E. L. Lowell) (1953)

Talent and Society (with A. L. Baldwin, U. Bronfenbrenner and F. L. Strodbeck) (1958)

The Achieving Society (1961)

The Roots of Consciousness (1964)

The Drinking Man: Alcohol and Human Motivation (with W. N. Davis, R. Kalin and E. Wanner) (1972)

Power: The Inner Experience (1975)

Motives, *Personality and Society*：*Selected Papers*（1984）
Human Motivation（1985）

Summary

Few scholars have had as much impact on the research literature on the practice of management as David C. McClelland. In his work，there have been four major themes directly related to management. One has been the creation of a theory of human motives and a supporting and enlightening empirical base，most notably addressing the needs for achievement，affiliation，power and the leadership motive profile. A second theme has been the definition of motivational change，establishment of empirical support for this theory and the inspiration，coaching and perseverance in application projects at individual，organizational，community and national levels around the world. A third theme has been the development of tests and operant methods such as the thematic apperception test，behavioural event interview and the test of thematic analysis，which have been used in research and applications. A fourth theme has been the development of job competency studies，methods and applications as a way to link human capabilities to performance at work in many occupations，from scientists to social workers，secretaries to executives，and priests to admirals.（The IEBM Handbook of Management Thinking，Edited by Malcolm Warner，P403）

七、麦格雷戈的 X-Y 理论

管理离不开人，而人又是千差万别的，所以管理是一项十分复杂的工作，难处在于如何准确地把握人的本性。对人性的认识是一个逐步深化的过程，同时要靠管理者在实践中不断探索和提炼。这方面研究的代表性成果有麦格雷戈的 X 理论、Y 理论和沙因的 4 种人性假设。

社会心理学家道格拉斯·麦格雷戈（Donglas McGregor，1906—1964）在进行大量研究的基础上，于 1957 年提出两大类可供选择的人性观。

1.X 理论。这种观点对人性的假设是：

（1）人生而好逸恶劳，所以常常逃避工作。

（2）人生而不求上进，不愿负责，宁愿听命于人。

（3）人生而以我为中心，漠视组织需要。

（4）人习惯于保守，反对改革，把个人安全看得高于一切。

（5）只有少数人才具有解决组织问题所需要的想像力和创造力。

（6）缺乏理性，易于受骗，随时被煽动者当做挑拨是非的对象，做出一些不适宜的举动。

基于以上假设，以 X 理论为指导思想的管理工作的要点是：

（1）管理者应以利润为出发点来考虑对人、财、物诸生产要素的运用。

（2）管理者对员工的工作要加以指导、控制并纠正其不适当的行为，使之符合组织的需要。

（3）管理者把人视为物，忽视人的自身的特点和精神的需要，把金钱当做人们工作的最主要的激励手段。

（4）严格管理的制度和法规，运用领导的权威和严密的控制来保证组织目标的实现。

（5）采取胡萝卜加大棒的管理方法。

2. Y 理论。这种观点对人性的假设是：

（1）人并非是生性懒惰，要求工作是人的本能。人们从事体力和脑力工作如同游戏和休息一样。

（2）一般人在适当的鼓励下，不但能接受而且追求担负责任，逃避责任并非是人的天性，而是经验的结果。

（3）外力的控制和处罚，并不是使人朝着组织的目标而努力的方法。人的追求是满足欲望的需要，与组织需要没有矛盾，只要管理适当，人们就会把个人目标与组织目标统一起来。

（4）个人目标与组织目标的统一，是人们对组织目标的承诺，就能运用自我指导和自我控制来使二者协调。

（5）所谓的承诺，与达到目标后获得的报酬是直接相关的，它是达成目标的报酬函数。

（6）一般人都具有相当高的解决问题的能力和想像力。只是一般人的智力潜能往往只有部分被发挥，其余的没有得到充分的利用而已。

以 Y 理论为指导思想的管理工作要点是：

（1）企业管理要通过有效地综合运用人、财、物等要素来实现经营目标。

（2）人的行为管理，其任务在于给人安排具有吸引力和富有意义的工作，使个人需要和组织目标尽可能地统一起来。

（3）鼓励人们参与自身目标和组织目标的制定，把责任最大限度地交给工作者，相信他们能自觉地完成任务。

（4）外部的控制、操纵、说服、奖罚绝不是促进人们努力工作的惟一方法。应该用启发式代替命令式，用信任代替监督的方法促使人们既为了组织目标也为了自己的目标而努力工作。[4]

Douglas McGregor （1906—1964）

Personal background

- born in 1906
- trained at the City College of Detroit and the Graduate School of Arts and Sciences at Harvard, reading social psychology
- president of Antioch College,1948—1954
- professor of Management at MIT,1954—1964
- died 1964

Major works

The Human Side of the Enterprise (1960)
Leadership and Motivation (1966)
The Professional Manager (1967)

Summary

Douglas McGregor was an American social psychologist who became influential as a management guru after World War Ⅱ. He is best known for his proposal of Theory Y(based on assumptions of' support')which he contrasts with Theory X(based on assumptions of 'control'). Together with organizational theorists like Argyris and Herzberg (see ARGYRIS, C. ; HERZBERG, F.), McGregor showed how organization, leadership and job design could create more enriched, motivating jobs to boost employee's autonomy and possibly creativity.

八、埃德加·沙因的复杂人假设

除了 X 理论和 Y 理论对人性进行了系统分析外，美国行为科学家埃德加·沙因（Edgar Schein，1928—）在 1965 年出版的《组织心理学》中对人性进行了归类，并提出了 4 种人性假设。

1. 理性经济人假说（相当于 X 理论）。

（1）人是由经济诱因引发工作的动机，其目的在于获得最大的经济利益。

（2）经济诱因在组织的控制之下，因此，人被动地在组织的操纵、激励和控制下从事工作。

（3）人以一种合乎理性的、精打细算的方式行事。

（4）人的感情是非理性的，会干预人对经济利益的合理追求，组织必须设法控制人的感情。

2. 社会人的假说。

（1）人类工作的主要动机是社会的需要，经过与同事之间的关系可以获得基本的认同感。

（2）工业革命和工作合理化，使工作变得单调而无意义，因此必须从工作的社会关系中寻求工作的意义。

（3）人对非正式组织的社会影响比正式组织的经济诱因对人的影响更大。

（4）人们最期望领导能承认并能满足他们的社会需要。

3. 自我实现人的假说（相当于 Y 理论）。

（1）人的需要有低级和高级的区别，其目的是为达到自我实现的需要而寻求工作上的意义。

（2）人们力求在工作上有所成就，实现自治和独立，发展自己的能力和技术，以便富于弹性，能适应环境。

（3）人们能够自我刺激和自我控制，外来的激励和控制会对人产生一种威胁，造成不良的后果。

（4）个人自我实现同组织目标并不冲突，而且是一致的，在适当的条件下，个人应自己调整自己的目标使之与组织目标配合。

4. 复杂人的假说。

（1）每个人都有不同的需要和不同的能力，工作的动机不但是复杂的而且变动性很大。人的许多动机发生在各种重要的需求层次之上，这种动机层次的构造不但因人而易，而且同一个人在不同的时间和地点也是不一样的。

（2）一个人在组织中可以学到新的需求和动机，因此一个人在组织中表现出的动机模式是他原来的动机模式与组织经验交互作用的结果。

（3）人在不同的组织和不同的部门中可能有不同的动机模式，在正式组织中与别人合不来，可能在非正式组织中能满足其社会需要和自我实现的需要；

（4）一个人是否感到心满意足，肯为组织出力，决定于他本身的动机构造和他同组织之间的相互关系。工作的性质、本人的工作能力和技术水平、动机的强弱以及与同事相处的状况都可能对其产生影响。

（5）人可以依自己的动机、能力及工作性质对不同的管理方式作出不同的反应。

沙因基本上将人性的各种情况进行了一个非常好的归纳，给管理者提供了一个较好的坐标，这也是对管理思想的一个较重要的发展。事实上没有一种适合于任何时代、任何人的万能管理方式，因此以复杂人的假设为依据产生了权变理论。[5]

Edgar H. Schein（1928—）

Personal background

- born 5 March 1928 in Zurich，Switzerland
- BA University of Chicago（1947）
- MA Stanford University（1949）
- PhD in Social Psychology from Harvard University（1952）
- served as a Captain in the US Army（1952—1956）
- professor at MIT since（1956）

Major works

Career Anchors：Discovering your Real Values（1996）
'*Culture：The Missing Concept in Organization Sciences*'，*Administrative Science Quarterly*（1996）
Organizational Psychology（1965）
Organizational Culture and Leadership（1992）

Process Consultation 3rd edition (1998)

The Clinical Perspective in Fieldwork (1987)

Summary

Besides an impressive academic background and achievements, Schein has consulted with many major corporations in the United States and Europe. These accomplishments were recognized in 1988 when he was named 'consultant of the Year' by both the Consulting Division of the American Psychological Association and the American Society for Training and Development.

Schein has developed theory in four major areas, the first being culture and his book first published in 1992 Organizational Culture and Leadership is a classic in this area. In the area of organizational learning and change Schein has expanded on many of the traditional theories. Career dynamics, and in particular the concept of career anchors' was introduced in the late 1970s. Finally Process Consultation is the book the most used theories of Schein to this day. (The IEBM Handbook of Management Thinking, Edited by Malcolm Warner, P566)

第四节　群体行为的研究

　　霍桑实验以后人们开始关注组织的行为，人际关系学派也逐渐兴起。人们开始重视群体行为研究，使之成为行为科学的一个重要组成部分。麦格雷戈曾在论述团体作用的时候指出，在人类发展历史中可以看到群体一直是解决问题的最有利的工具，足以应付一切严峻和苛刻的生存环境，有的心理学家还把群体说成是生长和维持生命的土壤。

　　心理学家赞德曾经对美国有关群体行为的文献进行过统计。他发现自1890—1940 年，该类论文从每年 1 篇逐渐增加到平均每年 30 篇，40 年代末以后平均每年 55 篇，到了 1950 年跃升为 150 篇，以后大约每年平均发表 150 篇。不过，在内容上，一般比较琐碎，研究的质量比较低，理论性不强，心理学家米切尔曾评论说：群体方面的研究缺乏理论性，要综合一个知识体系相当困难。社会心理学家特拉梅特认为 60 年代的许多实验违反了"群体"的含义，参加实验的人们所扮演的角色、规范和感情的联结，都由研究者摆布，是暂时的和人为的。甚至有人认为这时期群体的研究是劣质的，虽然其中也有一些质量较好的研究结果。[6]

在理论界，有的学者将组织和群体看成同一个概念，有的学者则将这两个概念进行了区别。事实上，有一些理论无论是群体还是组织都是适应的，这样就不必要进行严格区分。然而有一些研究成果，则必须将这两个概念严格区分，这是由所要研究的问题本身决定的。如下面要介绍的勒温的群体动力学。

卡特·勒温（Kurt Lewin，1890—1947），德国人，1933 年在德国柏林大学研究心理学，受其同事的完型心理学观点的启发而发展出一种独创的并富于成果的关于人的行为的"场论"。这是他的群体行为研究的理论基础。在西方，勒温被称为当代实验社会心理学之父。他在 1938 年提出，人的行为是他的个性与他所理解的环境的函数：

行为＝f（个性×环境）

式中 f 表示函数关系。

他还指出在实验室和现场进行有理论依据的实验能最好地理解人在群体中的行为。1944 年他首先用"群体动力学"的概念来描述群体中人与人相互接触、影响所形成的社会关系，同一年他在美国的麻省理工学院建立了群体动力学研究中心，他是在社会心理学方面对群体的研究带来革命性变化的人，对今后的群体行为的研究产生了相当大的影响。他的群体动力学的思想主要体现在以下几方面：

1. 勒温认为人们结成群体，不是静止不动的，而是一个不断相互作用、相互适应的过程。像河流一样，表面上似乎是平平静静的，实际上是在不停地流动着，这是一种准停滞平衡，也就是不动之动。所以群体的行为就不是简单的算术相加，它实际上是一个集体的个人，是一个集体的指挥。这就要产生一种新的集体的行为特征。那么这些行为的特征是由什么因素或者是由什么样的力相互作用的呢？在此就借用了物理学中场的作用的概念，这就是勒温的场论的由来。

2. 勒温所讲的群体指的是一个非正式的组织，它和正式组织一样，群体（非正式的组织）有 3 个要素：活动、相互影响、情绪。霍桑实验我们知道，非正式组织和正式组织是同时存在于同一个组织之中的，正式组织有正式组织的行动规范，而非正式组织也有其行动规范，它们相互影响、相互作用并且共同接受投入和共同对外提供产出。而这些行动都是组织内部各种力作用的结果。

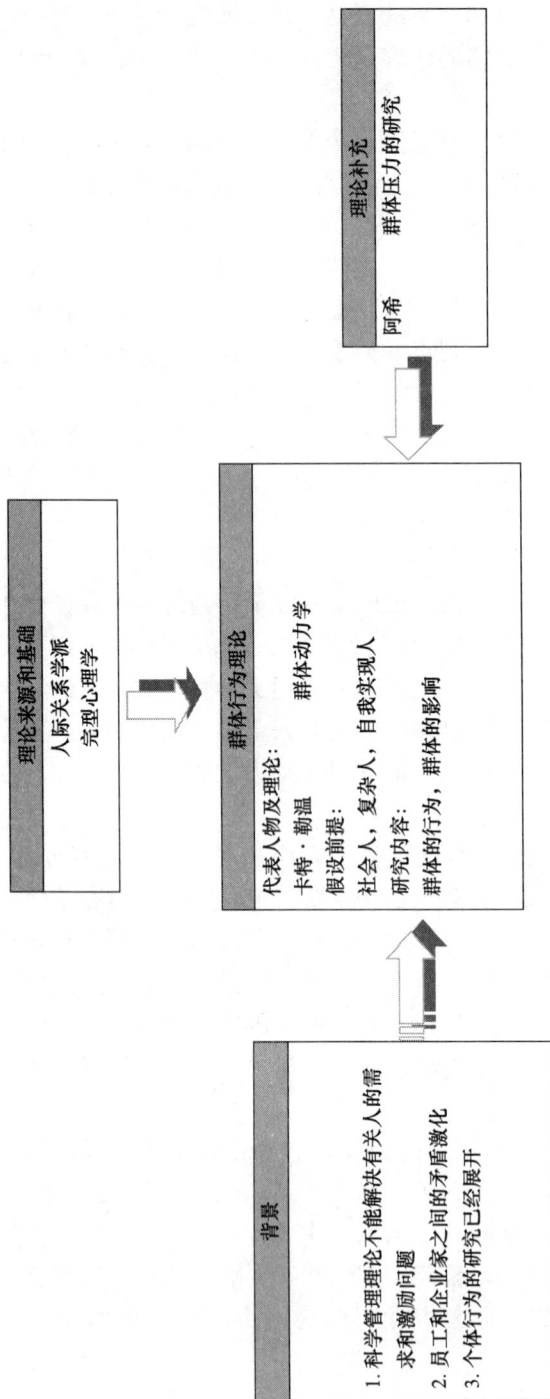

理论来源和基础

人际关系学派
完型心理学

群体行为理论

代表人物及理论：
卡特·勒温
假设前提：
社会人，复杂人，自我实现人
研究内容：
群体的行为，群体的影响

群体动力学

理论补充

阿希　　群体压力的研究

背景

1. 科学管理理论不能解决有关人的需求和激动问题
2. 员工和企业家之间的矛盾激化
3. 个体行为的研究已经展开

图 6—5

活动，是指人们在工作和日常生活中的一切行为和活动。

相互影响，是指人们在组织中相互发生各种作用的行为。

情绪，是人们内在的、看不见的心理活动。如态度、情感、意见、信念等。人的这些心理活动，是可以从其所进行的各种活动及其相互影响中判断出的。这3种因素并不是相互孤立，而是相互联系在一起的。它们有着密切的关系，只要其中的一项发生了改变，其他两项就随之变化。这3种因素的综合形成了群体的行为，也就是说群体的行为是由这3种因素所决定的。

3. 群体处于均衡状态的各种力的力场中，叫生活场所或叫自由运动场所。这些力是相互作用的，它们涉及到群体活动的环境、每个成员的个性以及每个人的生活习惯和相互之间的看法。这些力是处于一个相对的均衡状态之中，事实上是处于一个不断相互适应和不断运动过程当中的。

4. 这种群体由于不是正式的组织，所以它有着和正式组织不同的组织目标，以维持群体存在，使群体持续发挥作用。

5. 这种群体也和正式组织一样有一个组织结构，但是这一组织结构非常不明确也不容易辨认，其中包含正常的成员、非正常的成员、领导者和孤独者。一般来说正常的成员是接受并遵守群体的绝大多数规范的，而非正常的成员只接受其中的一部分规范。在这样的一个群体中，其领导者在维持群体成员的团结方面有着重要的作用。他不但帮助群体中较为弱小者，还要代表团体向正式组织提出群体的要求。而孤独者通常是向往其他群体的人。

6. 在这样的团体中，与正式组织一样存在着不同的领导方式，勒温把它分成3种：①专制型的领导方式。领导不在时活动便陷于停顿，只能达到中等效率。②民主式的领导方式，领导不在时仍然能达到应有的活动效率。③自由放任式领导方式。这样的领导只承担向成员提供资料和情报，活动极不稳定，效率不高。一般人认为民主式最好，但也有的人认为要根据不同的情况而定。

7. 这种群体的规模一般不大，因为这有利于交流各种信息和感情，以维持群体的长期存在。勒温提出根据不同的情况群体可以有不同的规模：①当群体的主要决策是做出高质量和复杂的决策时，最恰当的规模是7—12人，要有一个正式的领导者。②当群体的主要任务是解决矛盾和冲突、进行协议时，最好是3—5人，不要正式的领导者，以使每一个成员都能充分地发表意见并进行讨论。③当一个群体既要做出高质量的决议又要取得协议时，最好是5—7人组成。一般来说，效率高的组织是一些规模比较小的非正式组织。

除了勒温的群体动力学的理论外还有一些行为学家对群体的理论研究做出了贡献，如美国心理学家阿希。他认为一个人处在一个群体中，当这个人和群体的意见不一致时，就会产生一种群体的压力，在这种群体压力下就可能产生一种顺从的行为。尤其是其智力较差、信心不足或依赖性较强，就更会有顺从的行为发生。这里又有 4 种情况：①表面顺从，内心也顺从。②表面顺从，内心并不同意。③表面不顺从，内心顺从。④表面和内心都不同意。

在群体中除了有群体压力外，还存在着群体规范。群体规范可能是正式的，也可能是非正式的，大多数是非正式的规定。如果违反了则其他人给予指出，促使其遵守群体规范。这种非正式的群体规范压力，往往比管理当局的官方制度更为有力。

这一切的行为都是为了使群体存在下去，其行为的目的性是要求群体的一致性，即群体成员的行为、情绪和态度的统一。而群体成员在相互影响中会产生一种类比的作用，即彼此接近、趋同。这是由于相互摹仿受到暗示，表现出顺从的结果。这样就自动地形成了群体的规范。[7]

Kurt Lewin（1890—1947）

Personal background

- born on 9 September 1890 in Moligno, Prussia; educated in a Gymnasium in Berlin, later in universities of Freiburg, Munich and Berlin, where he received his doctorate in 1914
- from 1922 to 1931 taught philosophy and psychology in Berlin, but from 1932 onwards spent nearly all his time in the United States, starting with a visiting professorship to Stanford (1932—1933)
- during the 1930s he taught at Cornell, the State University of Iowa, the University of California, and at Harvard
- during the 1940s he was professor and director of the Research Centre for Group Dynamics at MIT and consultant to various government departments; he was also the chief consultant to Commission on Community Interrelations of the American Jewish Congress; vice president, Institute of Ethnic Affairs; and a member and chair of all major psychological bodies, including the French Psychological Society

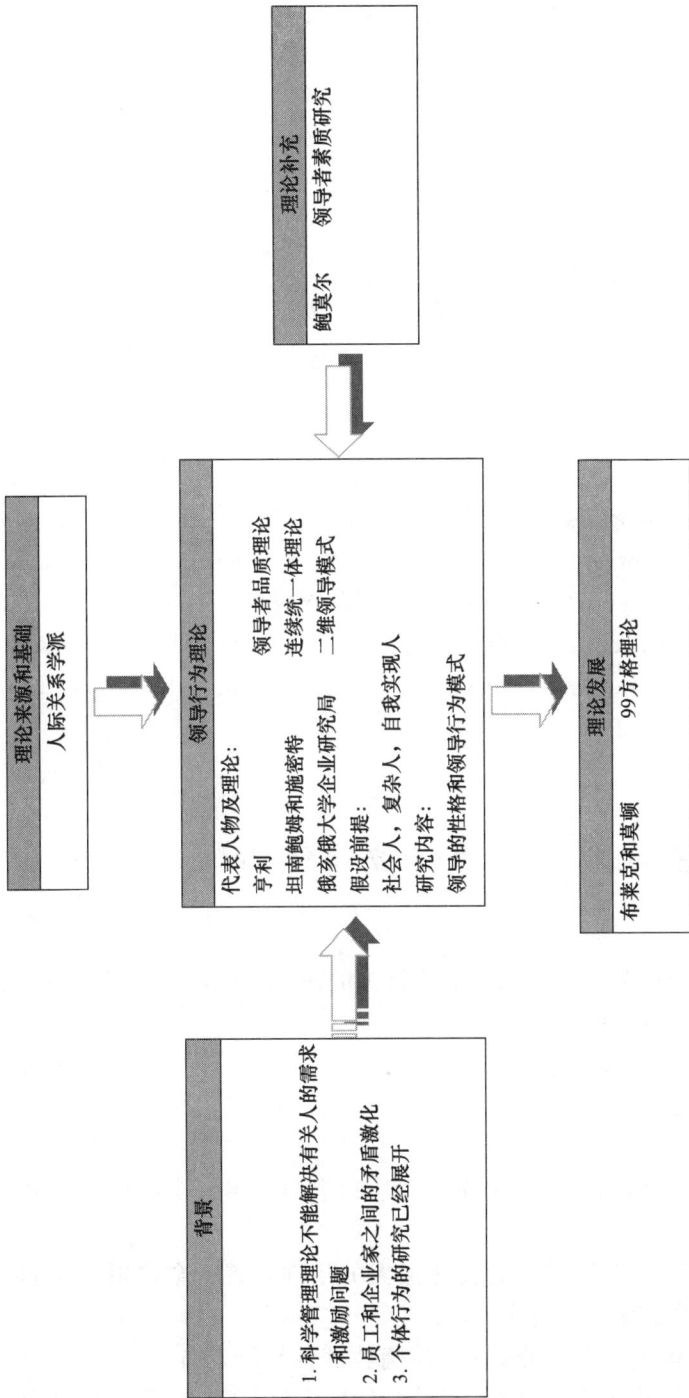

图 6—6

189

- died on 12 February 1947 at Newtonville, Massachusetts

Major works

Patterns of Aggressive Behavior in Experimentally Created Social Climates (with Lippitt and White)(1939)
Studies in Group Decisions (1954)
The Solution of a Chronic Confict in Industry (1948)

Summary

Kurt Lewin was one of the most versatile and innovative social scientists of the twentieth century. His work is particularly relevant for several areas of management theory and practice—for instance, organizational change, conflict management, motivation and leadership—and he was one of the first to attempt to build a bridge between different social science disciplines, including economics.(The IEBM Handbook of Management Thinking, Edited by Malcolm Warner, P385)

第五节 领导行为的研究

在西方，对于领导行为的研究相对群体行为的研究来说，不仅多，而且更为深入。这里进行较为详细的介绍。

一、领导者品质理论

美国行为科学家亨利，1949 年在调查的基础上归纳出一个成功领导者应具备的 12 种品质：

1. 成就需要强烈，把工作成就看成是最大的乐趣，置于金钱报酬和职位晋升之上，因此愿意完成艰巨的任务。

2. 干劲大，工作积极努力，希望承担富有挑战性的新工作。

3. 用积极的态度对待上级，认为上级水平高，经验多，能帮助自己上进和提高，因而尊重上级，与上级关系较好。

4. 组织能力强，能把混乱的事物组织得很有条理，能从资讯中预料事物发展的动向。

5. 决断力强，能在较短的时间内对各种备择的方案加以权衡并做出选择。

6. 自信心强，对自己的能力充满了信心，对自己的目标坚信不移，不受外界干扰。

7. 思维敏捷，富于进取。

8. 竭力避免失败，并且不断接受新的任务，树立新的奋斗目标，驱使自己前进。

9. 讲求实际，重视现实，不去关心不肯定的未来。

10. 不能只对上级亲近，而对下级疏远。

11. 对父母没有情感牵挂，而且一般不同父母在一起。

12. 忠于组织，尽忠职守。

美国行为学家鲍莫尔则认为，企业家除了掌握领导艺术、具备高效率的企业领导能力外，还应具备以下条件：

1. 能与人合作，用感化和说服的方法来赢得人心。

2. 实事求是，高瞻远瞩。

3. 善于授权，把适当的职权授予下级，自己抓大政方针和重要的事项。

4. 善于把人力、物力和财力组织起来调动下级积极性。

5. 灵活机智，权宜应变，不生硬僵化。

6. 责任心强，对自己严格要求。

7. 富于对新鲜事物的敏感，力求创新。

8. 勇于负责，敢担风险。

9. 谦虚谨慎，尊重他人。

10. 自持严格，受别人尊重。

二、领导方式理论

（一）连续统一体理论

这是美国坦南鲍姆和施密特二人所提出的选择领导模式的理论，其主要内容概括为：一个好的领导方式是取决于领导者和被领导者所处的环境、任务的性质、职权的关系和团体的动力等。所以，领导方式决策的基本变量便是经理运用职权程度与留给下属享有的自由度之间的比例。

他们将领导的行为列成一个连续的图谱，从独断型到放任型，共分为 7 个等级，根据领导特点的不同有不同的领导方式。如图 6—7 所示。

```
独断        经理做决策并宣布
            经理推销政策
            经理出主意并征询意见
            经理提出探试性题目以便大家修改
            经理提出问题得到建议做出决策
            经理规定范围让群体做出决策
放任        经理容许下属在经理规定的范围内行使职权
```

图 6—7

从连续体所提供的频谱带中选择领导方式，必须运用权变的观点，结合行为中的灵活性，审时度势，来确定其在统一体中的位置，选出领导的方式。

（二）二维领导的模式

俄亥俄大学企业研究局在 1945 年提出一种领导方式的模式。他们把领导的行为归并为两个方面，一为主动的结构，指以工作为中心；二为体谅的结构，指以人际关系为中心。根据他们的研究，同一位领导人可能这一方面的比重大，而另一方面比重小，所以他通常是两方面兼而有之的一个综合体。如图 6—8 所示。

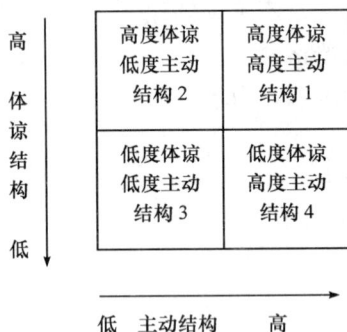

```
高           高度体谅     高度体谅
体           低度主动     高度主动
谅           结构 2       结构 1
结
构           低度体谅     低度体谅
            低度主动     高度主动
低           结构 3       结构 4

            低   主动结构   高
```

图 6—8

在第四象限领导人最关心工作，第二象限的领导人最关心的是领导与部属间的关系，互相尊重的气氛较浓。第一象限的领导人则对二者均关心。具体是哪一种比较好则视具体情况而定。这种分析方法可以使我们能同时兼顾领导行为的两个方面。

192

另外一种二维领导模式是管理方格理论。这是美国行为学家布莱克和莫顿提出来的。他们用横轴表示对事的关心度，以纵轴表示对人的关心度，并将纵横坐标轴都划分成9格，作为关心的标尺。如图6—9所示。

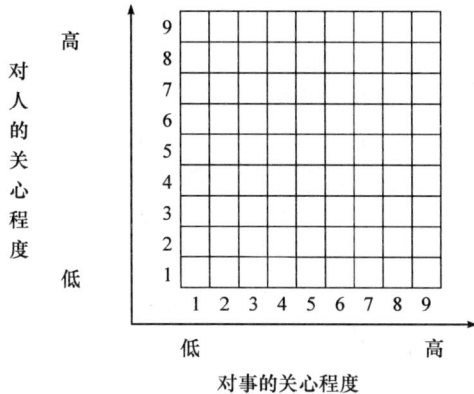

图 6—9

在管理方格图中：1.1型表示贫乏的管理，对生产和人的关心程度都很小；1.9型表示任务管理，重点抓生产任务，不大注意对人的关心；9.1型表示所谓的俱乐部式管理，重点在对人的关心，企业充满轻松友好的气氛，不大关心生产任务；5.5型表示中间型管理，对生产和人的关心都不偏重，完成任务不突出；9.9型表示理想型管理，对生产和人都很关心，能使组织的目标和个人需求最理想最有效地结合起来。

管理方格理论在美国等许多工业发达国家都受到了管理学者和企业家的重视。管理方格理论认为在企业管理的领导工作中往往会出现一些极端的方式，或者以生产为中心，或者以人为中心；或者是以X理论为指导思想而强调监督；或者以Y理论为指导思想而强调放任，这些都有趋于极端之弊的倾向。管理方格的提出，仍然需要考虑情势因素。后来这种理论经由费德勒延伸为一种权变的管理模式。

（三）Z理论

美国管理学家威廉·大内（William Ouchi）提出了一种比较流行的管理理论。他认为一切企业的成就都离不开信任、敏感和亲密，因此他主张以坦白、开放和沟通作为基本的原则来实行民主管理。他专门研究了日本的企业，对日美两国的企业进行了比较，把领导者个人决策和员工处于被动服从地位的企业称为A型组织，这种组织对员工实行短期雇佣和快速提拔，要求员工专

193

职专能。这不利于诱发员工的创造精神，易于造成决策的失误。而日本的组织和这种组织是不一样的。他将日本的组织称之为 Z 型组织，其特点是：

1. 实行长期或终身雇佣制，使员工与企业同甘苦、共命运。

2. 对员工实行长期考核和逐步提升的制度。

3. 培养适应各种工作环境的多专多能的人才。

4. 合理过程既运用统计报表、数字信息等清晰鲜明的控制手段，又注重对人的经验和潜能进行细致而积极的启发诱导。

5. 采取集体研究与个人负责相结合的决策方式，即吸收有关人员共同讨论、协商、集思广益，最后由领导者做决策并承担责任。

6. 树立牢固的整体观念，员工之间平等对待，每个人对事物均可作出判断，并能独立工作，以自我指挥代替等级指挥。

大内认为美国企业必须通过学习日本的经验而实行革新，建立民主组织。这种 Z 组织是日本在战后经济起飞的重要原因。

而美国的企业组织（A 型组织）要变成为日本的组织（Z 型组织）一般要经过 13 个步骤：①参与变革的人员学习领会 Z 理论的基本原理。②分析企业原有的管理指导思想和经营方针。③企业的领导者和各级管理人员共同研讨制定新的管理策略。④设置高效合作、协调的管理组织机构。⑤培养管理人员掌握弹性的人际关系技巧。⑥检查每个人对将要执行的 Z 型管理思想是否能充分地理解。⑦让工会参与变革。⑧确立稳定的雇佣制度。⑨制定长期的合理的考核和提升制度。⑩经常轮换工作，以培养人的多种才能，促进企业成为有机的合作系统。⑪认真做好第一线人员的发动工作，使改革能在基层顺利进行。⑫实行参与管理。⑬建立员工个人和组织的全面整体关系。

注　释

［1］Mayo Elton. The Human Problems of an Industrial Civilization. New York：Macmillan Co. ,1933

［2］Maslow A H. Motivation and Personality. New York：Harper & Row，1954

［3］Herzberg Frederick. Work and the Nature of Man. 1966

［4］McGregor Douglas. The Human Side of Enterprise. New York：McGraw－Hill Book Co. ,1960

［5］Schein E H. Organizational Psychology. USA：Prentice Hall,1985

［6］杨锡山. 西方组织行为学. 186

［7］Lewin K. Resolving Social Conflicts：Selected Paper in Group Dynamics. New York：Harper & Row, 1948

深入阅读建议

1. Lewin K. Resolving Social Conflicts. New York：Harper & Row, 1948

2. Mayo E. The Human Problems of an Industrial Civilization. New York：Macmillan Co. , 1933

3. Maslow A. Motivation and Personality. New York：Harper & Row, 1954

4. McGregor D. The Human Side of Enterprise. New York：McGraw—Hill Book Co. , 1960

5. Vroom V H. Work and Motivation. New York：Wiley, 1964

思 考 题

1. 简述行为科学理论产生和发展的主要历程。

2. 梅奥的霍桑实验解决了管理学中的哪些问题？

3. 简述马斯洛的需要层次理论。

4. 麦格雷格的 X-Y 理论的管理学含义是什么？

5. 卡特·勒温的群体动力学理论的核心是什么？

6. 20 世纪领导行为研究有哪些新进展？

行为科学理论总结

一、行为科学理论演进图

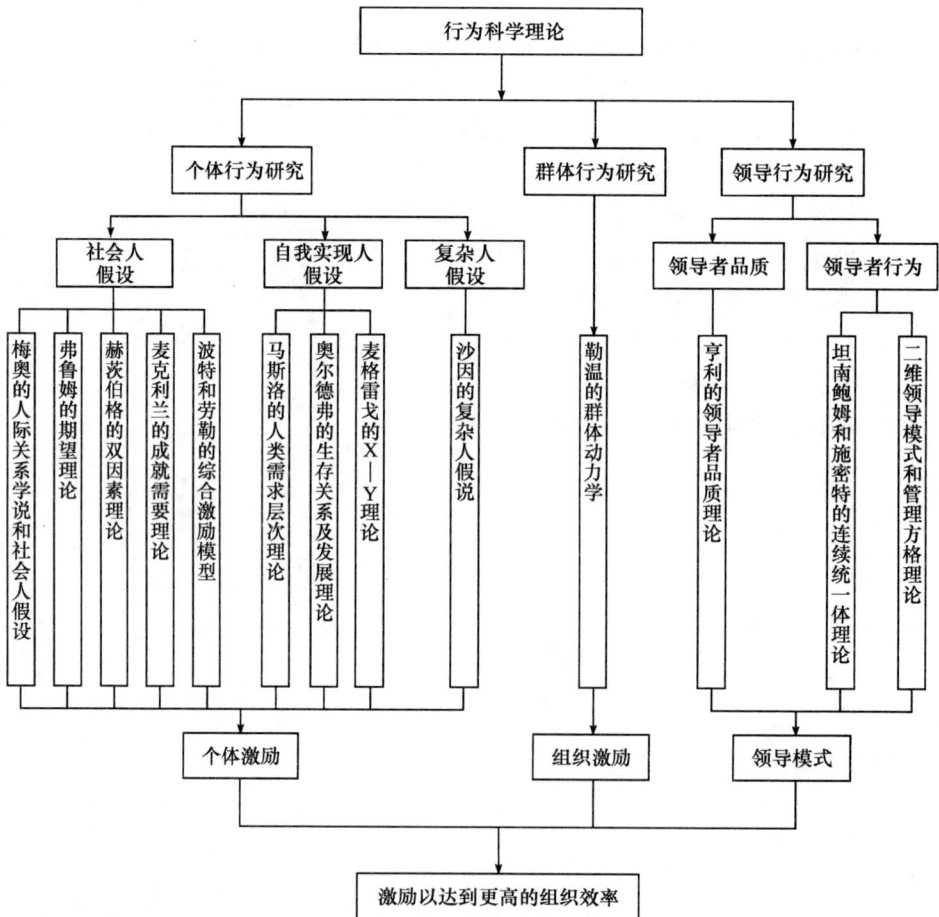

```
                          ┌─────────────┐
                          │  行为科学理论  │
                          └──────┬──────┘
        ┌────────────────────────┼────────────────────────┐
   ┌─────────┐              ┌─────────┐              ┌─────────┐
   │ 个体行为研究 │              │ 群体行为研究 │              │ 领导行为研究 │
   └────┬────┘              └────┬────┘              └────┬────┘
   ┌────┼──────────┐            │            ┌──────────┼────┐
┌──────┐ ┌──────┐ ┌─────┐       │        ┌───────┐ ┌───────┐
│社会人 │ │自我实现人│ │复杂人│       │        │领导者品质│ │领导者行为│
│假设  │ │假设   │ │假设 │       │        └───┬───┘ └───┬───┘
└──────┘ └──────┘ └─────┘       │            │         │
```

| 梅奥的人际关系学说和社会人假设 | 弗鲁姆的期望理论 | 赫茨伯格的双因素理论 | 麦克利兰的成就需要理论 | 波特和劳勒的综合激励模型 | 马斯洛的人类需求层次理论 | 奥尔德弗的生存关系及发展理论 | 麦格雷戈的X—Y理论 | 沙因的复杂人假说 | 勒温的群体动力学 | 亨利的领导者品质理论 | 坦南鲍姆和施密特的连续统一体理论 | 二维领导模式和管理方格理论 |

|个体激励| |组织激励| |领导模式|

激励以达到更高的组织效率

196

二、行为科学理论对管理思想的发展

和传统的管理理论相比较，泰罗的科学管理理论无疑是一次大的飞跃，在一定程度上促进了企业劳动生产率的提高和劳资关系的缓和。遗憾的是，科学管理理论忽略了人的感情需求这一管理活动中最重要的要素。当时现代企业大规模产销活动已经展开，企业内部分工也越来越细。这时，要对每个企业员工进行有效监督，在事实上已不大可行，而且员工的工作标准和工作定额也不易划定。在这种情况下，如何使企业员工在各自分散的岗位上有效工作，关系到企业的整体生产效率。而科学管理所倡导的经济刺激和物质激励也出现了效用递减现象。20 世纪 20 年代末—30 年代初，世界经济陷入了空前的大危机。在美国，罗斯福政府开始对宏观经济实行管制，这使得管理学者们不得不注重在微观层面上研究"硬件"以外的造成企业效率下降的影响因素，于是，一种完全不同于科学管理学派的管理理论——行为科学理论出现了。行为科学理论的出现，弥补了科学管理理论的不足，为管理学科的进一步发展输入了强大的动力，并成为管理理论的另外一块奠基石。

科学管理学派强调严格管理，认为管得严才能出效率。"行为科学"学派则强调人的行为，认为从人的行为本质中激发动力，才能提高效率。所谓行为科学，就是对工人在生产中的行为及其产生的原因进行分析研究，以便调节企业中的人际关系，提高生产率。

行为科学理论研究的内容包括：人的本性和需要、行为动机、人际关系等。主要研究个体行为、团体行为与组织行为。目的在于研究人的心理、行为等高效率地实现组织目标的影响作用。

整个系统的管理效果，实质上就是对人的管理效果的综合体现。从深层次上来讲，就是对人性的认识深度的外在表现。人是管理过程中问题的问题、关键的关键、根据的根据、原因的原因。社会越发展，环境就变化越快；环境变化越快，人的变化也就越快，对人性的认识也就越困难。从亚当·斯密提出经济人的观点开始，经李嘉图的群氓理论对人性研究的补充，到泰勒对人性的深入探讨，都是沿着人的经济行为的轨道开始构建人性大厦的。梅奥的社会人假设和马斯洛的需要层次模型，使人们开始对人的社会行为方面进行研究。人是环境的动物，但却不是环境的奴隶，对人性的研究势必伴随着社会发展和社会进步逐步深化。由于人的复杂性，对人性研究的各个层面、各个角度进行透视就会形成不同的观点。

各种行为科学的一些观点，虽然从不同的角度来探讨人的行为问题，但他们都有共同的特点，这就是从人道主义的立场出发来看待管理问题。它首次提出了管理应该注重对人的研究，从人的因素出发，行为科学对涉及到管理中人的各方面进行了深入的研究，比如对个体行为的研究，群体行为的研究，领导行为的研究，等等。这些深入而细致的研究，不但奠定了管理学进一步发展演进的基础，也为心理学、社会学等领域做出了巨大的贡献。

三、行为科学理论的缺点

然而，从现在的眼光来看，行为科学理论在对管理问题的系统论述上存在一定的局限性。

首先，他们过于强调人的作用，忽视了经济技术等方面的考虑。对人和制度，人和组织的结合问题探讨的不多。和古典管理理论一样，行为科学理论对企业发展的环境考虑的不多，特别是没有站在一个战略的高度上看待管理问题。

其次，行为科学家在研究人类行为时，将人类行为原因的复杂系统，视为是结构间相互依赖、且具功能性关系的网络，而行为科学家的角色是去"孤立"这些结构，来查找行为的原因。因此，行为科学所发展出来的概念、理论、研究方法与技术，即具有相当程度的局限性，本身在探究与解释复杂人类行为的特定层面，无法提供一个普遍性的涵盖法则。

四、行为科学理论的历史贡献

尽管行为科学理论有以上缺点，但对当时的社会和后来的经济、管理方面都做出了重大的历史贡献。

1. 行为科学的出现缓和了 20 世纪 20 年代末—30 年代初的美国经济危机中的劳资关系。

2. 行为科学中的理论的基本功能，是能够使一些不可测量或本身无意义的资料产生意义，行为科学理论不只是对于人类行为的摘要性的解释，它也说明了对于行为规则的一些想法，使人类的行为可以为人所理解。基本上，行为科学的理论是观看、组织与再现人类行为的一种方式，它提供给我们对于人类行为的了解。

3. 行为科学是管理科学中的一个重要内容和重要方面。行为科学的诞生，使人类观念发生了很大的变化，使很多领域的管理也随之逐渐趋于科学。它的研究和运用，也由最初的企业管理逐步向各领域延伸。行为科学是一门科学，是科学就带有普遍正确意义的概念。所以，它不仅适用于某一个国家，且适用于所有国家；它不仅适用于企业的管理，同样也适用于社会各类组织，包括国家，乃至整个人类世界的管理。

4. 行为科学的研究成果对今天的企业管理仍有巨大的现实指导作用，特别在人力资源的管理上。

（1）行为科学重视人的因素和挖掘人的潜能以及人的动机的研究，认为搞好人的管理是搞好管理的核心，从而强调建立以人为中心的管理制度，对我们搞好企业管理有启发作用。

（2）行为科学重视人的需要的研究，并强调把满足职工需要与达成组织目标挂钩，从需要研究行为，并把其分为物质需要、精神需要两大类。马斯洛的需要层次论指出人们的需要是从低级向高级发展的，这为我们搞好企业管理调动积极性指出了工作方向。

（3）行为科学总结个体行为一般规律的公式：$B = f(P. E)$，指出人的行为（B）是个体因素（P）与环境因素（E）相互作用的结果，这为我们分析人的行为提供了一把科学的钥匙，为我们发扬良好的行为和抑制拙劣行为，提供了有力的武器。

（4）行为科学中的双因素理论把影响人的动机分为激励因素和保健因素，并提出了"内在激励"与"外在激励"的方法，颇有借鉴意义。

（5）行为科学重视对非正式团体的研究，主张通过引导，把非正式团体作用结合起来，这对我们企业管理也是一个亟待研究的课题。

（6）行为科学中的公平理论揭示了人与人之间总存在着社会比较，这对我们每个管理者都有启示，在处理奖酬、分配等问题时应公正、公平、给人以信赖感，从而调动人的积极性。

（7）行为科学中重视对群体规范，士气与凝聚力，群体压力与群众行为等社会心理现象的研究，重视信息反馈和意见的沟通，这对我们很多企业来说是长期以来较为忽视的薄弱环节，需引起注意。

（8）行为科学中所讲的布莱克和穆顿两人的领导风格理论，从关心生产（任务）和关心职工（人）两个方面来分析领导行为和风格，从而提出一个领导者既要关心生产又要关心职工的理论，这对我们搞好现代企业管理颇有促进作用。

（9）行为科学在测量方面的种种方法，关于人员培训以及选拔管理人员的评价等，对我们都有重大的参考价值。

无论怎样，他们的观点对管理理论和管理思想以及管理的实践都产生了深远的影响。而行为科学本身，也仍然在不断的发展之中。

第四篇

现代管理理论流派和思潮

跨过盘根错节的现代管理理论丛林，就找到了达到管理最优境界之路。

——郭咸纲

现代管理理论综述

背景	1. 经济背景：第二次世界大战后的经济发展。 2. 科学技术背景：原子能、计算机、新材料、空间技术和生物工程。 3. 战后资本主义发展的三个阶段：恢复、发展、危机。 4. 企业结构发生变化：垄断企业规模巨型化、混合化、大中小企业协作化、股份分散化、国际化进程加快。 5. 深层原因：生产力导致生产方式变化；宏观经济的调节作用；受教育程度的提高；自然科学的渗透。 6. 方法论准备：系统论、信息论、控制论、耗散结构论、协同论、突变论。
人性假设	经济人、社会人、自我实现的人、复杂人、全面发展的人
基本特征	表现出管理理论的复杂性、渗透性、交互性和灵活性。
代表人物及其学说名称	哈罗德·孔茨　　　　　管理过程学派 巴纳德　　　　　　　　社会系统学派 赫伯特·西蒙　　　　　决策理论学派 理查德·约翰逊　　　　系统管理理论 希尔　　　　　　　　　数量管理科学学派 伯恩斯　　　　　　　　权变理论学派 德鲁克　　　　　　　　经验主义学派 明茨伯格　　　　　　　经理角色学派 　　　　　　　　　　　计算机管理学派
评价	企业管理的主要课题，开始由如何提高组织内部效率转向了组织如何适应环境的领域，探讨组织与环境关系的研究活跃起来。而为了探讨这些关系，20世纪80年代以来许多多新的管理理论相继涌现如雨后春笋，争相竞荣，可以说一个新的管理理论丛林已经枝繁叶茂。由于研究条件、掌握材料、观察角度以及研究方法等各方面的不同，必然产生不同的看法和形成不同的思路，从而形成了多种管理学派。

第七章

现代管理理论产生的历史背景和准备

管理思想中的时代从来不会在某一年份截然地开始和结束。相反的，存在着旋律的重叠，各种主题在大调、小调的各种调式的变换中演奏出来。

——雷恩:《演变》

心理学的发展，促成了行为科学理论的产生与发展。而当人们对人性认识得越多，其人性本身的复杂性和研究的深化就会产生更多的人性假设，因而人们在管理学的研究方向上，就越发呈现出多样性。

而另一方面，自然科学思想也以其成熟的魅力渗透进管理科学的研究中，众多自然科学新的研究成果，如信息论、系统论和控制论，对管理科学研究百花齐放局面的出现起到了推波助澜的作用。

"二战"后，科学技术和社会格局的巨大变化，使管理学的主流从行为科学逐渐演变成现代管理理论的丛林。

第一节　现代管理理论产生的历史背景

一、现代管理理论形成的经济背景

现代管理理论是从第二次世界大战以来一直到 20 世纪 80 年代初的整个历史阶段中形成的西方管理理论。这一历史阶段的理论是在资本主义社会通过第二次世界大战以后的政治、经济格局的重新调整过程中所形成的，所以有必要了解这几十年的政治、经济发展的历史背景。

第二次世界大战是人类历史上迄今为止规模最大的战争。其卷入的国家之多，所用军事人员的数量与战斗规模之大，给参战国造成的损失都远远超过了第一次世界大战。第二次世界大战给人类社会带来了巨大的破坏并产生了极其深远的影响。

经过这次大战，在战胜国中，英、法两国沦为二等国家，只有美国在战争中得到了繁荣，成为惟一的超级大国。我们可以从一些数据中看到这些国家在第二次世界大战前后的一些变化。

1913—1938 年资本主义世界工业生产总值共增长了 52%，而在战后 1946—1970 年的 25 年当中，资本主义世界生产大约增长了 4 倍，如果把 1937 年的工业生产定为 100 的话，那么战争刚结束时的 1946 年各国的指数是：美国为 150（战时最高点达到 207），英国为 88，法国为 69，德国为 31，意大利为 72，日本为 24。战后只有美国出现了繁荣，其他国家的工业都大大减产。

20 世纪 50—60 年代是美国经济空前发展的时期，50 年代工业生产年平均增长率为 4%，从 1961 年 1 月—1969 年 10 月，美国经济持续出现了 106 个月的高速增长，这在美国经济史上是罕见的，所以 20 世纪 60 年代是美国的繁荣时代。

二、现代管理理论形成的科学技术背景

科学技术的发展在第二次世界大战以后取得了多方面的巨大突破，推动了世界经济的发展。

首先是原子能的应用。18 世纪第一次工业革命的导火线是人们掌握了将热能转换成机械能的本领，即发明了蒸汽机，实现了能源的第一次革命，使人类进入了工业文明时代。第二次能源革命是在 19 世纪，人们通过对电磁现象的了解，将其他的一些能量转变为电能，又一次引起了能源革命，使人类进入了电气化时代，这成为现代文明时代的首要物质基础。第二次世界大战以后的原子能应用和开发使人类进行第三次能源革命，人类的生活又一次揭开了新的篇章。

其次是计算机的诞生、应用及发展。计算机是第二次世界大战中的最伟大的发明之一，计算机发明以后，突飞猛进地发展，计算机技术自身的发展速度成为所有技术中发展最快的领域之一。人工智能的实现，人类智力的延伸成为可能。这是一个巨大的历史变革，它将改变人类生活的方方面面，将使人类的生产力产生新的巨大飞跃，对管理理论同样产生巨大的推动力量。

再次是新材料的不断发现和应用。现代新技术的兴起和广泛应用，主要是以新材料作为支柱和先导的。每一种新材料的出现都给工业和生活带来了巨大的变化，从而大大促进了生产力的发展。如超导材料，当其实现了工业化生产，进行工业应用以后，所产生的影响是十分巨大的。能源（原子能）、信息

（电子计算机）、材料（人工合成材料）被认为是当代社会发展的三大基础，而材料是关键。

最后就是人类的空间技术和生物工程的应用与发展，这些发展将逐渐改变人类的生活，进一步解放社会生产力。

科学技术革命从以下几方面推动了工业生产力的发展：

1. 科技革命促进了劳动生产率的提高。现代工业的发展，主要是通过劳动生产率的提高来实现的。而劳动生产率提高的决定性因素是科学技术的发展，一项发明往往使生产力提高几倍或几十倍，例如 1951—1977 年日本工业生产主要是靠技术上的进步，才使工业以平均每年 12% 的速度增长。

2. 科技革命创造了工业扩大再生产的物质条件。战后以来，发达的资本主义国家为了促进工业的迅速发展，进行了大规模的设备投资，这为经济的高速增长奠定了基础，并且大规模的设备投资是大规模资本积累的前提条件。

3. 科技革命开辟了工业品广阔的国内外市场。现代工业生产是高度发达的商品生产，产品没有市场企业就无法生存。一方面在科技革命中建立了一系列的新兴的工业部门，另一方面，科学技术在一系列消费品领域进行广泛的应用。因此，科学技术的发展，为生产资料和各类消费开辟了新的广阔的市场。科技革命的影响是极其深远的，它带动着整个世界的前进，成为推动世界经济发展的强有力的动力。

三、战后资本主义发展的三个阶段

一般认为，战后主要资本主义国家的经济发展大体上经历过三个历史阶段：

第一个阶段是从战后到 20 世纪 50 年代初，这个阶段是资本主义国家的政治调整和经济恢复时期。在政治上由于轴心国的战败，德、意、日的经济遭到极大的破坏。德国被分为东西两个德国，原有的经济体系遭到彻底的破坏。由于苏联的社会制度和资本主义的社会制度的不同，世界上出现了阵线分明的两大阵营，形成了独具特色的历史景观。

在经济上，除了美国没有受到战争的破坏以外，英国、法国的经济均受到了极大的破坏，都需要经济上的一个恢复过程。在第二次世界大战中美国非但没有遭受战火的破坏，反而借助这次战争得到了来自各国的大量订货，从而大力发展了军火工业生产，又一次发了横财，登上了资本主义世界霸主的宝座。

为了与苏联对抗，推行"冷战"政策，美国对军事工业进行了大量的投资。美国军费从 1947 年的 91 亿美元上升到 1949 年的 133 亿美元，由于这一刺激，美国出现了战后经济的第一次高涨。英国在战前是资本主义的强国之一，由于在战争中受到巨大的破坏，经济、政治和军事地位严重削弱，黄金的储备几乎枯竭，并欠下了 30 亿英镑的外债，甚至成为自己的殖民地的债务国。法国在战争中的损失比英国还大，经济损失达 14000 多亿法郎。到 1944 年秋法国解放时，工业的产值只有战前 1938 年的 20％。德国由于是战败国，其损失更是巨大，1946 年的工业生产只有战前 1938 年的 22.1％。日本在战争丧失了 45％的国民财富，40％的城市建筑和一半以上的工业遭到破坏。1950 年由于朝鲜战争的爆发使日本成为美国对朝战争的最主要的物资转运站，美国向日本发出了巨额的特需订单，使日本出现了战后的景气现象。

总的来说，发达的资本主义国家在战后恢复时期的进展是比较顺利的，发展也是比较快的。为了协调资本主义世界发展的平衡问题，他们发起并建立了有利于各国的经济合作和交流的布雷顿森林国际货币体系、国际货币基金组织、关税和贸易总协定等，这些政策和措施有力地促进了各国的经济恢复。

资本主义发展的第二阶段是 20 世纪 50 年代中期以后到 70 年代初，这个时期被称为发达资本主义国家经济发展的黄金时期，经济发展速度超过了历史上的任何一个时期。

20 世纪 50—60 年代是美国经济空前发展的时期。50 年代工业生产年平均增长率为 4％。而 60 年代是繁荣的 10 年。这一时期美国以科技革命为先导，在 1953—1973 年美国取得了 65 项突破性发明创造，美国的工业生产率在 1950—1970 年增加了 94％，劳动生产率得到大幅度提高，生产量增大，成本降低，利润增加。西欧的经济发展也非常迅速，并且在经济一体化方面有突破性的进展。20 年间经济总量增加了 5 倍多，年平均增长 6.1％。这个速度仅次于日本。英国在这一时期的发展比其他国家慢，年平均增长为 3％，到了 1970 年英国由世界的第二位降到第五位。在这一时期西欧国家的经济发展不仅表现在经济强国迅速增长上，也表现在西欧国家经济联合日益加强和扩大上。经济联合与合作又是西欧各国经济得以迅速增长的一个重要条件。日本在这一时期的经济成就令世人瞩目。1956 年日本政府宣称今后的增长将由现代化来支撑，从此日本经济进入了以现代化为中心的高速发展时期，1955—1960 年平均增长为 8.5％，1960—1965 年平均增长为 9.8％，1965—1970 年平均增长为 11.8％，国民生产总产值增长了 7.2 倍。单就工业来说增长更快。1950—1970 年工业总产值增长 15.7 倍，年平均增长 14.1％。在资本主义国家中日本经济增幅最快，其国民生产总值在 1960 年超过加拿大，1967 年压倒了英国和法国，1968 年追过了德国，一跃成为资本主义世界的第二经济大国。

20 世纪 50 年代中期到 70 年代初期，发达的资本主义国家经济获得了空前的发展，国民经济面貌发生了巨大的变化，工业在大发展的基础上，新产品和新部门不断涌现，并实现了自动化和半自动化，这些都为资本主义的发展奠定了物质基础。

战后资本主义发展的第三阶段是从 1973 年末开始的，这一时期爆发了世界性的经济危机，从此资本主义世界进入了滞胀时期，是对经济结构、经济政策进行重新调整的时期。危机标志是，1973 年，意、德、英、美、日、法等国家相继进入了危机阶段。工业生产大幅度下降，整个资本主义世界工业生产下降了 8.1%，企业破产，股票行情下跌。这次经济危机的一个突出现象是失业人数大量增加，创战后的最高纪录。1973—1975 年经济危机过后复苏得比较慢，在这一阶段资本主义世界没有出现过大规模的经济高涨的现象。到了 1979—1982 年又发生了世界性的经济危机，这次危机不但持续的时间长而且发展也比较曲折。美国从 1979 年 4 月起到 1982 年 12 月，工业断断续续下降了 44 个月，超过了 30 年代的大危机，而且在这两次危机中没有出现过真正的繁荣现象。

四、企业结构发生变化

在 20 世纪初，资本主义国家的生产和资本集中的基础是私人垄断资本。经过两次世界大战特别是第二次世界大战以后，随着科技革命成果的运用，石化工业和新型的工业部门的建立，第三产业的大发展，使资本主义国家的生产和资本进一步集中，垄断资本的统治也和战前不同，主要有以下一些特点：

（一）垄断企业规模巨型化

企业规模的大小，是判断和衡量资本主义国家生产集中和垄断程度高低的一个重要标准。在战后发达资本主义国家中，出现了规模越来越大的垄断企业。在美国，资产超过 10 亿美元的大工业公司，1901 年只有 1 家，即美国的钢铁公司，1948 年有 12 家，1960 年增加到 80 家，1970 年达到 152 家，1980 年增加到 249 家。资产在 100 亿美元以上的超级大公司，在 1955 年只有 2 家，到了 1970 年猛增到 10 家，1980 年更达到 19 家。其他国家的公司虽然达不到美国公司的规模，但是也增加很快。法国在 1960 年只有一家 10 亿法郎资产的大公司，到 1970 年增加到了 27 家，1980 年又增加到了 68 家。德国 1 亿马克以上的公司 1954 年为 39 家，80 年代增加到了 175 家。在日本，10 亿日元以上的大公司由 1955 年的 169 家增加到了 1974 年的 1576 家，到 1984 年增加到了 2726 家。

大公司的不断增加反映了社会大生产逐渐集中于少数的大企业，生产和资本日趋集中是企业间竞争和兼并加剧的结果，是战后科技革命发展的必然结果，也是生产力发展到一定水平的必然结果。这给管理理论和实践提出了一系列新问题，从而促进了管理思想的发展。

（二）垄断企业混合化

资本主义国家大的垄断企业基本上是在激烈的市场竞争中通过企业兼并或合并建立起来的。战后各国的企业竞争更为激烈。20 世纪 50—60 年代是发达资本主义国家经济发展的较快时期，也是企业兼并或联合的高潮期。美国在 1954—1974 年的 20 年间，企业合并共达 21328 起，平均每年 1015 起。1960—1970 年英国企业兼并达 9062 起，平均每年 800 起以上，仅 1970 年一年就有 4656 家企业宣告破产，创 30 年的最高纪录。1950—1969 年法国有 500 家最大的公司合并、兼并和吞并了 1193 家企业。1960 年日本有 440 家企业进行了合并，1965 年增为 891 个，1970 年达 1147 个。这些企业的合并混合，不同的时期比重是不一样的，美国 50 年代前半期占 42.6％，后半期占 63.8％，1968 年达到 82.6％。这种大规模的混合合并的结果，使大多数垄断企业都变成了跨部门多样化的经营联合企业。

混合兼并的产生不是偶然的，这是当时的历史条件和生产力发展到一定的水平的必然结果，也是国际市场竞争日益激烈的必然趋势。

首先，它适应了战后科技革命使产业结构不断变化的形势，便于把发展缓慢的工业资本逐渐转移到新型的工业部门中去，从而保证资源得到最大限度的应用，使资源得到最佳配置。

其次，它适应了战后经济形势发展的需要，能使资本逃避经济危机的打击。

最后，由于战后的特殊经济形势，过度的竞争很可能导致两败俱伤，因此通过合并在一定程度上缓和了各企业之间的厮杀。

（三）大中小企业协作化

为了使经济得到最快的增长，使战后经济得到尽快的恢复，各国最大限度地发挥大中小企业的优势。尽管在资本主义国家中各企业间弱肉强食，大的企业吞并小的企业，但中小企业本身具有灵活性高、适应性强的特点。就市场而言，并不是所有市场大企业都能覆盖，同时大企业还需要小企业的支持，而中小企业往往有很强的生命力，是新技术、新产品的开拓者。例如 1982 年有 25346 家企业倒闭，而新开张的企业就有 56692 家。战后中小企业发展在各个发达国家都占有相当大的比重，这样，在科技革命和生产社会化日益加深的情况下，大企业为了充分发挥企业经营多样化和专业化的优势，力求利用中小企业适应性强、灵活性大、劳动工资低的特点和中小企业合作使之变成为大企业的协作厂和附属厂，形成了大中小企业相互补充、相互利用的经营格局。

（四）企业股份高度分散化

资本主义企业一方面向垄断的方向发展，一方面为了最大限度地吸收社会游资，进一步缓和劳资双方的矛盾，调动员工的积极性，大企业发行了大量小面额股票分散股权，如美国在 80 年代有 7000 家公司的 1000 万工人、雇员持有本公司的股票。

（五）企业加快国际化进程

由于企业不断扩大，企业国际化的进程明显加快，垄断资本国际化的主要形式是建立跨国公司，通过对外投资在国外设立分公司或子公司，从事跨国经营和销售。如美国通用汽车公司在 25 个国家直接投资，在 100 多个国家和地区设立子公司和分支机构。据统计，跨国公司的生产总值约占世界总值的1/3，其销售额占世界贸易的1/2。

战后国际形势的这些变化，无疑给企业的管理提出了各种各样的要求。首先是企业规模的不断扩大，对如此巨型的企业用什么样的管理理论来指导？其次，跨国公司的不断涌现，由此而产生的跨国界、跨地区、跨文化的管理问题，也要求新的理论的指导。另外，由于生产力的不断提高，人们的生活水平也在逐步提高，人的需求呈现出丰富多彩的多样化趋势。那么，对人的管理也随着人的多样化而需要不同的管理方法。管理是推动经济发展的一个车轮，历史需要它不断适应环境的变化，因此，第二次世界大战以后，管理理论就出现了各种不同的观点和不同的流派。它们构成了现代管理理论发展的大趋势。

第二节　现代管理理论产生的条件

一、现代管理理论丛林产生的深层原因

第二次世界大战以后的管理理论呈现出流派纷呈的局面。其深层次的原因，除了生产力和科学技术的高度发展起着重要的作用外，以下几个方面也发挥着重要的影响。

（一）生产力导致生产方式变化，促进管理思想的发展

从家庭手工业生产单元单个经营的生产方式转变到工业化大生产，促进了

现代科学管理理论的产生。现代大工业的社会化生产方式也使管理方式发生变化。而这种变化就是钱德勒所说的"看得见的手"。从亚当·斯密"看不见的手"到钱德勒"看得见的手",管理的专业化过程开始实现,管理阶层逐步形成,这种变化对经济发展的促进作用与市场力量的作用相比毫不逊色,极大地影响了管理思想的发展。

（二）宏观经济的调节作用，推动管理思想的发展

经历了20世纪30年代的经济危机，亚当·斯密放任式的经济理论遇到了空前的困难。是不是"看不见的手"已经失灵？西方的经济学家们苦苦地思索着。在这种情况下凯恩斯提出了以宏观调控为核心的宏观经济理论，使政府干预经济活动成为各国发展经济的普遍政策。在凯恩斯主义经济理论的指导下，西方经济很快走上轨道，经济得以快速发展。现代管理理论的形成正是配合这种经济快速发展的要求，并在这一过程中形成了一种思想，即人们通过主动干预企业组织行为过程，将会有力地促进企业发展。

（三）受教育程度的提高深化了对人的认识

随着社会的发展，人们受教育的程度不断提高，对各种客观事物的认识程度也在不断地提高，人的个性特征更加明显，人的行为更加显示出多样化的倾向。无论是人自身的变化，还是对客观事物的认识深度都呈现出多样化的趋势。在一个企业组织中，如何提高效率和效益，将面临着崭新的课题。由于对人的行为多样化认识的加深，导致了现代管理理论的进一步丰富和深化。

（四）日益激烈的市场竞争环境强化了市场观念，导致内外协调的管理思想的产生

为适应剧烈的市场环境变化，尤其是企业从国内发展到国际，从一国拓展到多国，管理理论家和实践家怎样把环境因素的变化融合到具体的企业管理中去，成为管理思想发展的一个重要方向。

（五）自然科学思想对管理科学的渗透，导致了以系统科学为理论基础的管理思想的产生

随着现代科学技术的发展，人们可以用现代科学提供的方法来分析管理对象和管理行为。特别是系统论、信息论和控制论，为人们提供了科学的思想方法和分析工具，为人们提高管理效率提供了有效的思维方法，从而为管理思想的发展开辟了崭新的天地。

二、现代管理理论丛林出现的方法论准备

由于人们心理、行为的多样性和对客观事物认识的深度、广度不同，管理

大师们所采用的分析模式也是多视角的，这样就形成了不同的管理流派。一般来说，管理实质上是人类社会活动的一个组成部分，它随着人类活动的历史进程不断演变。从管理这门学科的角度来看，无论是管理主观性、客观性方面，还是管理的两重性方面，都可以看做是客观存在的一种主观反映，并且可以认为管理是将这种反映应用到人类现实生活中去的一种综合的、高级的人类社会活动。由于人们处在生产力发展的不同阶段，由于个人的观点和人生经历的不同，由于个人的世界观和使用方法论的不同，由于客观环境的多变性，使管理大师们在一定历史条件下所形成的管理思想、管理理论也各不相同，所采用的管理方法也是不同的。试图用一种思想、一种观点、一种理论来对丰富多彩的现实生活提供解释和指导是不可能的。所以，管理理论流派纷呈是一种正常的现象，而且随着社会生产力的持续发展，人类活动日益多样化、丰富化，人类竞争环境日益激烈化，这种管理理论也会呈现出更加丰富多彩的局面。

这就好像不同的人，如艺术家、园艺家、美术家、美食家、文学家、诗人、哲学家等等共同评论庭院中的一棵苹果树，其结果是可想而知的：艺术家认为这棵苹果树应该如何修剪是最有艺术价值的；园艺家认为怎样修剪才能得到最大的果实收成；美术家则认为如何打枝是最有透视效果的；美食家却在这棵苹果树是什么品种的问题上下功夫，认为和什么样品种进行嫁接得到的品种是最美味的；文学家可能对苹果树的所在季节大发感叹，也许一篇绝妙的散文正在酝酿之中；诗人的诗兴已起，"啊，苹果树，似少女的脸庞，父亲的脊背。象征着丰硕的金秋季节，愉快的累累硕果的人生岁月"；哲学家正在为这棵苹果树所见证的历史变迁的哲理而大发宏论。对一个客观存在的苹果树进行的这番评价，无论如何都不能用一个一致的观点来描绘，更不可能形成一个统一的理论。对一个几乎静止不动的事物如此，如果面对着的是一个几乎不断变化的事物，其观点和理论可想而知是如何繁杂无章了，更何况管理主体和管理客体都是不断变化的人，所以管理思想和管理理论的多样性就客观存在于管理实践中。

那么是否管理就没有它的客观性呢？其实不然。任何事物的发展演变过程都有其客观规律，人们只要掌握这种变化的规律就掌握了这种事物的本质，就形成了这一事物的科学理论，然后这一理论在实践中不断接受检验，不断修改补充和完善。管理理论和自然科学的最大不同是管理对象是不可重复出现的，而自然科学可以通过进行反复的科学实验直到得出应有的结论，寻找出其内在的规律。管理科学的管理对象是一个随着时间不断变化的函数，时间是不可逆的，所以管理理论也是一个受一定客观条件约束的理论体系。因此，在研究管理实践时应该有这样的观点：管理对象是在不断变化的，管理理论是过去事实的总结，隐含着对过去的管理现象所总结出的规律，同时又有它的自身的一些特殊性。所以，管理者在应用管理理论时既不能否认已有的管理理论的科学性，也不能完全照搬管理理论。

任何一门学科，一般来说都有其理论上的假设、定义、概念、原理、方法、应用等内容，并往往建立在其他学科提供的知识框架的基础上。随着管理对象的日益复杂、多变，对管理方法的要求也就越来越科学化、定量化，这就需要管理理论要有科学的方法论来指导，要有科学工具来支持。

现代管理理论的基础，也是现代科学的基础理论，即系统论、信息论、控制论和耗散结构理论、协同论、突变理论，通常把前三者称为老三论，把后三者称为新三论，这些都是最新科学研究的方法论。

（一）系统论

系统论是 20 世纪 20 年代由美籍奥地利生物学家贝塔朗菲（Ludwig von Bertalanffy）创立的一门新学科，是研究一切综合系统或子系统的一般模式、原则和规律的理论体系。目前它的方法已被广泛应用于各种科学理论研究与现实社会实践中，尤其在现代管理理论发展史中，系统论的广泛应用具有方法论的普遍意义。

系统是由相互作用和相互联系的若干组成部分结合而成的整体。它具有各组成部分孤立状态所不具有的整体功能，它总是同一定的环境发生着联系。首先，在管理学上，凡管理形态中内部各组成部分之间存在着一定的相互联系、相互作用的要素组合在一起，都可以看成为系统，所以系统论的应用适合于管理学的研究对象。其次，系统观念作为管理理论基础具有普遍的方法论意义。

系统论归纳了管理整体和部分之间的相互关系、管理系统与环境之间的相互关系。管理系统的构成及其规律是系统规律的具体化。管理人员具有的系统观念是管理主体世界观的重要组成部分。所以，系统论的科学思维方法是现代管理思想具有的一种普遍的思维方法。[1]

（二）信息论

信息论也是现代科学理论的主要方法之一。随着当代科学技术的发展，管理获得的新理论、新概念层出不穷，不断涌现。但其中位居显著地位的是信息。如今，信息已渗透到一切领域，成为当今社会活动的三大支柱之一，是构成现代文明和人类发展水平的重要标志。随着计算机应用的大众化，人类进入了信息化时代。

信息论已成为现代管理思想的重要的科学方法论之一。信息价值、信息量、信息反馈、信息的时效性和真实性、信息处理、信息传递等概念贯穿管理理论与实践的始终，信息论与信息科学成为现代管理活动的命脉。事实上信息已成为现代管理思想的载体，并形成了一个特殊的管理形态——信息管理系统。

（三）控制论

控制论是在 20 世纪 40 年代由美国著名的数学家诺伯特·维纳（Norbert Wiener）开创的。控制论一经产生，不仅与量子论、相对论以同等的荣誉被载入史册，而且以强大的活力获得了迅速的发展，形成了包括管理、经济、工程、社会、生物等领域的庞大的学科群。控制论的产生和发展所带来的影响甚至导致了世界学科图景的改观，它也使管理思维方式发生了改变，使得当代管理思想进一步深化。控制论思想有着深刻的管理哲学意义，它不仅引导管理主体在管理科学研究中开拓新领域，而且促使他们对整个管理世界的认识产生新的飞跃。[2]

控制论思想描绘了管理形态和运动规律的多样性。按照辩证唯物主义观点，管理形态和运动规律的多样性是客观存在的。管理主体在自身认识发展中有目的地通过管理实践活动去探索这种多样性的统一也是顺理成章的。

我们知道，科学是内在的整体，它被分解为独立的部门不是取决于事物的本质而是取决于人类认识能力的局限性。实际上，管理科学被分为各种不同的学派、各种不同的观点，可以说是人类对管理对象认识能力局限性的具体反映。一旦这种局限性得到突破，管理就会形成一幅整体的图画，而控制论恰好在一定的程度上完成了这种突破。它揭示了管理过程中宏观的、微观的、客体的、主体的种种联系和控制过程的统一，使人们懂得上述这些截然不同的领域都存在着信息传递和反馈等共同特点，存在着交流和控制的共同规律。

（四）耗散结构理论

耗散结构理论是 1969 年比利时自由大学教授普利高津（I. Prigogine）提出的。耗散结构理论主要讨论一个系统从混沌走向有序的机理、条件和规律。普利高津指出，一个远离平衡状态的开放系统，当其中某个变量达到一个临界值时，通过涨落发生突破即平衡突变，就有可能从原来的混沌无序状态转变为一种空间、时间或功能有序的新状态。这种远离平衡态的非线性区域的宏观有序结构，需要不断与外界交换能量才能维持，并保持一定的稳定性。普利高津将这种要耗散物质和能量才能维持其有序的结构称为耗散结构，将系统在一定条件下能够自行产生的组织性叫做自组织现象。

（五）协同论

协同论（Synergetics），是研究系统从无序到有序转变规律的理论。其力图阐明在具体性质极不相同的系统中产生新结构和自组织的共同性，揭示合作效应引起的系统的自组织作用。哈肯（H. Haken）等科学家以现代最先进的理论（信息论、控制论、突变论）为基础，同时又采取了普遍性很强的统计学、动力学理论，通过类比，对各种从无序到有序的现象建立了一整套数学模型和处理方案，从而把由一门学科中所取得的成果很快推广到其他学科的类似现象上。

（六）突变论

突变论是法国数学家雷内·托姆（R. Thom）于 1968 年始创，1972 年在《结构稳定和形态发生学》中确立的理论。托姆指出，系统从一种稳定状态进入不稳定状态之后，略作变化而进入另一种稳定状态，就发生了突变。因此，突变论研究的是系统从一种稳定状态到另一种稳定的状态。事物的量变质变问题一直是自然科学、社会科学争论不休的问题。任何一个突变都有一个临界点，那么这个临界点取决于什么状态？这一直使人迷惑不解。突变论则在一定程度上解决了这一问题。突变论认为系统所处的状态可用一参数描述，即当系统参数处于稳定状态时，标志该系统状态的某个函数就取惟一值（如能量最小、熵取极大，等等），如当参数在某一范围内变化，该函数值有不止一个极值时，系统就处于不稳定状态，而当函数值从这些极值中取了另一极值时，系统就发生了突变。

新三论对于管理学上的意义在于将管理对象视为一个系统，而这个系统是不断变化的，如何对这一系统加以认识是进行管理研究的关键性问题。同时这一系统各种各样的演变会呈现出什么样的规律呢？作为管理理论的研究者或管理实践者又如何把握这种演变规律呢？这是一个始终困扰着现代管理大师们的非常重要的课题。而由于有了耗散结构理论、协同论和突变论，就可以很好地把握管理对象这一演变过程。所以，这些科学方法论是现代管理科学的方法论基础。

注　释

[1] von Bertalanffy L. General System Theory: Fundations, Development, Application, 1968

[2] Wiener Norbert. Cybernetics: or Control and Communication in the Animal and the Machine, 1948

深入阅读建议

1. 维纳. 人有人的用处. 商务印书馆，1978
2. Von Bertalanffy L. General System Theory
3. Norbert Wiener. Cyberneties
4. Sames Gleick，Chaos：Making a New Science.
5. Ilya Prigoging & Isabelle Slengers，Order out of Chaos.

阅读互动

1. 塔朗菲在 1925—1926 年间提出 Organism 概念，生理学家 Cannon 在 1929—1932 年间提出稳态概念，心理学家 Kohler 在 1924 年提出"格式塔"（gestalt 亦称"完型"）概念。

2. 信息论作为一门科学理论，其产生的渊源可以追溯到 19 世纪。代表人物有：C. E. Shannon，Norbert Wiener，R. Fisher。

3. 从字源上来说，Cybernetics（控制论）是从希腊文 Κνβερνζτηξ（掌舵人的意思）演变而来的。

4. 其中艾根（M. Eigen）关于生命自组织巨系统的超循环（Hypercycle）理论对现代管理学有很深的启发意义。

思 考 题

1. 简述现代管理理论产生的历史背景。
2. 现代管理理论为何会有"丛林"现象产生？
3. 现代管理理论的基础理论有哪些？
4. 为何对现代管理理论的学派有不同的划分？

第八章

现代管理理论主要流派和思潮

尽管丛林盘根错节，但每一棵树都有它独特的风采。

——郭咸纲

现代管理理论丛林表现出管理理论的复杂性、渗透性、交互性和灵活性。其本身也说明管理是一个复杂的过程，是一个随着时间、环境、情景、人员的不同而不同的函数，同时也反映了现代管理理论的繁荣和兴旺。

本章，我们试图分别从概述、主要代表人物、经典著作、管理思想和方法论特点等几个方面对各个主要流派进行介绍。

第一节 管理过程学派

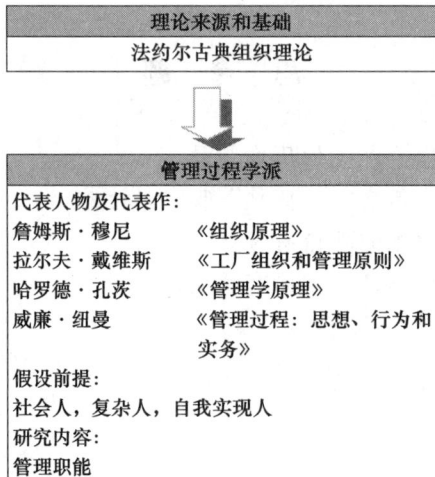

理论来源和基础
法约尔古典组织理论

管理过程学派
代表人物及代表作：
詹姆斯·穆尼　　　《组织原理》
拉尔夫·戴维斯　　《工厂组织和管理原则》
哈罗德·孔茨　　　《管理学原理》
威廉·纽曼　　　　《管理过程：思想、行为和实务》
假设前提：
社会人，复杂人，自我实现人
研究内容：
管理职能

图 8—1

一、概述

管理过程学派又叫管理职能学派、经营管理学派。这个学派在西方是继古典管理理论学派和行为科学学派之后影响最大、历史最久的一个学派。事实上古典管理理论的创始人之一法约尔就是这个学派的开山鼻祖，这个学派后来经美国的管理学家哈罗德·孔茨等人的发扬光大，成为现代管理理论学丛林中的一个主流学派。这个学派把管理看做是一个过程，无论从理论基础还是从研究方法上来看，这种观点和自然科学的研究方法有些类似，因而它的科学性比较容易被人们所接受，目前在现代管理理论中占有相当重要的地位。

二、主要代表人物

这一学派的主要代表人物除法约尔·亚力山大·丘奇之外，还有：

詹姆斯·穆尼（J. D. Mooney，1884—1957），美国高级管理人员和管理学家。1908 年毕业于凯斯学院，获采矿工程学位。历任美国通用汽车公司副经理、通用汽车出口公司总经理、美国海军航空局局长、威利斯汽车公司董事长兼总经理。其主要著作是《组织原理》。

拉尔夫·戴维斯（Ralph C. Davis），美国管理学家和一些大公司的顾问。1916 年在康奈尔大学获机械工程学位。他比较强调管理哲学的重要性，认为只有管理哲学才能为企业问题的解决提供依据。其主要著作有《工厂组织和管理原则》、《采购和储存》、《组织和系统中的一些基本考虑》、《企业组织和作业的基本原理》、《工业组织和管理原理》、《高层管理的基本原理》、《工业组织和管理》、《管理哲学》等。

哈罗德·孔茨（H. Koontz），美国管理学家，早年于美国耶鲁大学获博士学位，以后在美欧各国讲授管理学，并在美国、荷兰、日本等国的大公司中任咨询工作，曾担任美国管理学会会长，以后在美国加利福尼亚管理研究院任管理学的名誉教授。从 1941 年起，他陆续出版了 20 余种书和发表了八九十篇论文，主要代表著作有《管理学原理》、《管理理论丛林》、《再论管理理论丛林》等。

威廉·纽曼（William H. Newman），美国哥伦比亚大学管理学教授，著作有《管理过程：思想、行为和实务》等。

管理过程学派的主要著作：

法约尔：《工业管理与一般管理》；

穆尼：《组织原理》；

孔茨、奥唐奈：《管理学原理》；

纽曼：《管理过程：思想、行为和实务》；

戴维斯：《工业组织和管理》；

丘奇：《管理的科学和实务》。

三、管理过程学派的管理思想及特点

（一）研究对象

管理过程学派的研究对象就是管理的过程和职能。他们认为，管理就是在组织中通过别人或同别人一起完成工作的过程。管理过程同管理职能是分不开的，所以他们试图对管理过程和管理职能进行分析，从理性上加以概括，把用于管理实践的概念、原则、理论和方法结合起来形成一门管理学科。

管理是一种普遍而实际的过程，与组织的类型或组织中的层次无关，管理知识中有一个纯属管理的核心部分，如直线参谋制、部门化、管理制度、管理评价、管理控制技术等，普遍适用于各种组织和组织中的各个层次。把这些经验加以概括，就成为基本的管理理论。

（二）基本信条

管理过程学派的管理理论是以以下 7 条基本信念为依据的。

1. 管理是一个过程，可以通过分析管理人员的职能，从理论上很好地对管理加以剖析。

2. 根据在各种企业中长期从事管理的经验，可以总结出一些基本管理原理。这些基本管理原理对认识和改进管理工作能起到一种说明和启示的作用。

3. 可以围绕这些基本原理开展有益的研究，以确定其实际效用，增大其在实践中的作用和适用范围。

4. 这些基本管理原理只要没有证明不正确或被修正，就可以为形成一种有用的管理理论提供若干要素。

5. 就像医学和工程学那样，管理是一种可以依靠原理的启发而加以改进的技能。

6. 有时在实际管理工作中，会违背某一管理原理而造成损失，或采用其他办法来弥补所造成的损失，但管理中的基本原理与生物学和物理学中的基本原理是一样的可靠。

7. 管理人员的环境和任务受到文化、物理、生物等方面的影响，管理理论也从其他学科中汲取有关的知识，这些只限于同管理有关的但不包括其他学

218

科的知识。

（三）孔茨的职能管理

孔茨把管理揭示为通过别人使事情做成的各项职能。他非常强调管理的概念、理论、原则和方法，认为管理工作是一种艺术，其基本原理和方法可以应用于任何一种现实情况。至于管理的各项职能，应划分为计划、组织、人事、指挥和控制五项。他认为协调本身不是一种单独的职能，而是有效地应用了这五种职能的结果。

1. 计划。计划是五种管理职能中最基本的，它涉及到的问题是在未来的各种行为过程中做出抉择，其他四种管理职能都必须反映计划职能的要求。计划的种类很多：

（1）目的和任务。企业的目的一般是生产及销售有经济价值的商品和劳务。任务指社会赋予企业的基本职能。

（2）目标。这是指活动所要达到的结果。企业的目标构成整个企业的基本计划。部门的目标则构成部门的计划，并为实现企业的目标服务。

（3）策略。策略表示一种总的方案、工作的布置重点和资源的利用方法，并以此来全面地实现目标。

（4）政策。表现在计划之中的文字说明或协商一致的意见。

（5）程序。规定处理未来活动的例行方法和时间顺序。

（6）规则。根据具体情况规定采取或不采取某种特定的行动，不规定时间顺序，所以程序事实上就是一系列的规则。规则可以是程序的一个组成部分，但也可以单独成立。

（7）规划。是为了实施既定方针必须有的目标、政策、程序、规则、任务安排、工作步骤、所用的资源及其他要素的复合体，通常要由预算支持。

（8）预算。是用数字表示的一种预期报告书。

2. 组织。组织职能的目的是设计和维持一种职务结构，以便人们能为实现组织目标而有效地工作，组织结构必须反映企业的目标、计划、管理人员可利用的职权，企业所处的环境条件（经济的、技术的、政治的、社会的、以及伦理的条件）等。

组织中的授权问题是一个非常重要的问题，孔茨认为必须遵守以下原则：

（1）按照预期的成果，授权给有能力达到预期成果的管理人员，这就要确定目标、编制计划，使人们了解目标与计划，按照目标和计划来设置职位。

（2）明确划分每一个部门的职能界限。

（3）明确划分等级系列及每一等级的职权范围。

（4）管理层次的原则就是在明确划分每一部门的职能界限和每一等级的职

权范围基础上，每个管理人员应该在其职权范围内做出决策。

（5）统一指挥原则。

（6）职责绝对性原则。由于职责作为一种应该承担的义务是不可能授予别人的，所以上级对下级的业务工作进行工作授权和委派任务时也负有绝对的责任。

（7）权力和责任相称的原则。

孔茨的组织工作的十五条原则：①目标一致原则。②效率原则。③管理制度原则。④分级原则。⑤授权原则。⑥职责绝对原则。⑦权力和职责对等原则。⑧统一指挥原则。⑨职权管理层次原则。⑩分工原则。⑪职能明确原则。⑫检查部门和业务部门分设原则。⑬ 平衡原则。⑭灵活原则。⑮便于领导原则。

3. 人事。人事职能包括选择、雇佣、考评、储备、培养和其他一些有关职工的工作。

关于对职工进行选择的方法有如下四类：①智力测验，其目的在于衡量职工的脑力、记忆力、思想的灵敏性及观察复杂事物相互关系的能力。②熟练和适应性测验，其目的在于发现职工现有的技术熟练程度以及掌握这类技术的潜在能力。③职业测验，其目的在于发现职工最适宜从事的工作。④性格测验，其目的在于衡量职工在领导方面的才能。关于考评，其中包括的项目有：与人友好共事的能力、领导能力、分析能力、勤奋程度、判断力、首创精神、业务知识、完成任务的能力、生产成果或节约费用等情况，以及计划和指令的执行情况。

4. 指挥。指挥就是引导下级人员有效地领悟和出色地实现企业既定目标。因此，要理解指挥的性质。

孔茨认为指挥或领导是一门艺术，这门艺术由三部分组成：①了解人们在不同的时间与不同的条件下具有不同的激励能力。②鼓舞人们士气的能力。③按照某种方式去形成一种环境，以便使人们对激励作出反应的能力。

5. 控制。控制的职能就是按照计划的标准衡量计划完成的情况，并纠正计划执行中的偏差，以保证计划目标的实现。控制的原则：①保证实现计划目标。②控制要针对未来。③控制的职责要明确。④控制讲究经济效率。⑤应尽可能采用直接控制。⑥控制必须反映计划的要求。⑦控制必须有适当的组织来保证。⑧控制必须采用适合具体人员的技术和信息。⑨控制必须有客观的、精确的和合适的标准。⑩控制必须抓住关键点。⑪控制必须集中于例外情况。⑫控制必须灵活。⑬发现偏差后必须及时采取行动，予以纠正。[1]

（四）穆尼的管理思想

1. 关于组织。其定义是组织某种人群的联合达到某种共同的目标形式。穆尼对此作了进一步解释：①组织是一种"纯属的过程"，即做某种事情。②从某种意义上讲组织是管理的机构，即管理的过程。③组织是属于管理的，是管理得以进行工作的手段。要使管理能正常地进行下去，首先必须要有组织。④组织还必须包含一种仔细而恰当的分工，以便管理方面能有效地进行协调，履行其职责。

2. 关于协调。穆尼认为协调是人们为追求共同的目的而在一起的一致行动。为了实现协调，必须有某种形式集中权威。这种集中权威可能是专制的，也可能是民主的。

3. 关于阶层。穆尼认为阶层是组织中的不同成员按其权利和责任的不同程度而在承担责任方面分成不同的群体。阶层原理重要之处表现在管理者同被管理者之间的上下级关系。正因为如此，最高当局者可以使基层人员去完成任务。

4. 关于职能。穆尼把职能分成为 3 种：①决定职能，即决定什么？②应用职能，即使事情做成。③解释职能，即解释执行过程中的差异和问题。这 3 个可以分成为原理、过程、后果。在组织中这三者往往体现在一个人的身上。

管理过程学派还有其他一些代表人物，其主要观点是对管理的过程和管理职能进行重要的补充和说明。该学派对管理的定义：通过计划、组织、指挥和控制诸因素来协调有关的资源以达到组织既定的目标。

四、管理过程学派的基本方法

1. 把管理人员的工作划分为一些职能：①计划，选择目标和实现的手段。②组织，设计出一个有一定目标的权责机构，并且承担相应的权责。③用人，选拔、考核和培训人员，以便有效承担责任。④领导，采取措施激励人们，使他们认识到为组织目标出力是符合他们自己利益的。⑤控制，对人们的活动进行估量，及时纠正偏差，以保证计划的实现。

2. 对管理的职能进行研究，在丰富的管理实践中探求管理的基本规律，在分析基本职能的基础上对每项职能提出以下一些基本问题：①每项职能的特点和目的。②每项职能的基本结构。③每项职能的过程、技术、方法及其优缺点。④有效实施每项职能的障碍以及排除这些障碍的手段和方法。

Harold Koontz (1908—1984)

Personal background

- started as a professor of Management in the UCLA School of Business (now the Graduate School of Management) in 1950
- retired in July 1979
- died February 11, 1984

Major works

Principles of Management
A Practical Introduction to Business

Summary

Harold Koontz had a remarkable career in working with top managers in business and government and in teaching and writing in the field of the management of organizations. Prof. Koontz was a keynote speaker and invited lecturer both in the United States and abroad at numerous universities, scholarly meetings, executive seminars and business conventions. His speaking and writing were based on earlier full-time employment in many companies, service on the boards of directors of several business organizations, and international management consulting. Prof. Koontz was a congenial, valuable colleague who was always available to any colleague needing help, frequently taking the initiative in advancing colleagues' careers.

第二节 社会系统学派

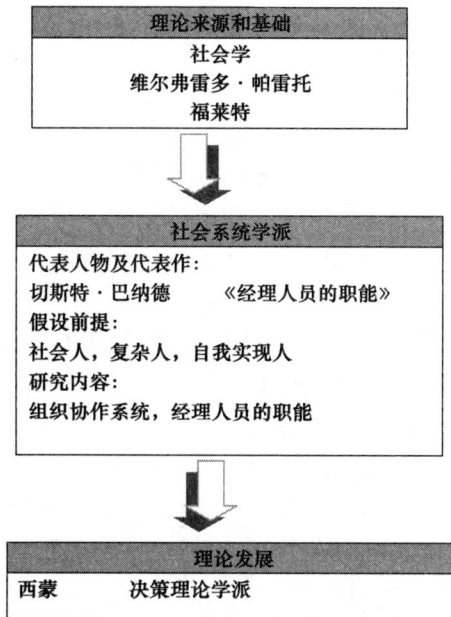

理论来源和基础
社会学
维尔弗雷多·帕雷托
福莱特

↓

社会系统学派
代表人物及代表作:
切斯特·巴纳德 《经理人员的职能》
假设前提:
社会人，复杂人，自我实现人
研究内容:
组织协作系统，经理人员的职能

↓

理论发展
西蒙 决策理论学派

图 8—2

一、概述

社会系统学派从社会学的观点来研究管理，认为社会的各级组织都是一个协作的系统，进而把企业组织中人们的相互关系看成是一种协作系统。这种思想可以追溯到意大利的社会学家维尔弗雷多·伯雷托（1848—1923）和 20 世纪 20 年代的美国女学者福莱特。社会系统学派的创始人是美国管理学家切斯特·巴纳德。

二、代表人物

巴纳德（Chester Barnard，1886—1961），出生于美国的马萨诸塞州，5岁丧母，由外祖父收养。外祖父一家人都很爱好音乐和探讨哲学，巴纳德从小就养成了用哲学思考问题和弹钢琴的习惯。巴纳德在上初中的时候，由于家庭生活困难，靠为别人弹奏钢琴为生，同时筹资读完了高中。后来他得到了哈佛大学的一笔助学金以及为别人打工的机会，在1906—1909年读完了哈佛大学的经济学课程，却因缺少实验成绩没有得到学位，完成学业以后就谋生去了，后来因在研究组织和管理性质及理论方面作出的杰出贡献而得到7个名誉博士学位。巴纳德于1909年进入美国电话电报公司（AT&T）统计部工作，专门研究欧洲的一些国家中电话电报的收费问题，很快就成为这方面的专家。在第一次世界大战时他是美国这一方面的技术顾问。1915年被提升为美国电话电报公司的商业工程师。1922年担任美国电话电报公司所属的宾夕法尼亚贝尔电话公司的副总经理助理，1926年任这个公司的总经理。1927年任规模庞大的新泽西州贝尔电话公司总经理，并多年担任这一职务。巴纳德在美国电话电报公司的职业生涯中，前10年担任参谋人员职务，以后长期担任直线人员的领导职务，这两方面的经验对他以后创立社会系统学派的理论提供了很大的帮助。巴纳德还是一位积极的社会活动家，担任了许多社会职务。他是通过自学成为专家的，曾许多遍地读过伯雷托、韦伯、勒温等人的著作，并受到亨得森的影响。亨得森原来是生物学家，但对系统思想很有研究并把系统思想引进社会学。巴纳德经常和亨得森讨论这一问题，并结合社会学和系统论的思想来考虑经营问题，这与他建立社会系统理论有很大的关系。到1961年他去世时，这位没有取得学士学位的哈佛大学学生已在管理学界具有很高的地位。

巴纳德一生著作很多，其中最有代表性的是1938年出版的《经理人员的职能》，被管理学界称为美国管理文献中的经典著作。以下是巴纳德的一些主要著作：

《组织实践中的业务原则》，1922年；《社会进步中企业利益》，1929年；《为企业服务的大学教育》，1930年；《经理人员的能力的培养》，1925年；《雇主和职业指导》，1936年；《关于经济行为中的非理性》，1938年；《关于能力理论》，1937年；《工业关系中的高层经理人员的职责》，1939年；《集体协作》，1940年；《经理人员的教育》，1945年；《伦理和现代组织》，1945年；《工业研究组织的若干方面》，1947年；《科学和组织》，1951年；《企业道德的基本条件》，1955年，等等。

三、社会系统学派的管理思想及特点

巴纳德的管理思想非常丰富。他认为，人在生活中会遇到各种互相冲突的力量，因此要找出一种恰当的平衡，把各种差异结合起来，从而避免极端化。管理人员的职责在于使各种冲突的力量、各种不同的需要和目的得以维持一种恰当的平衡。他在《管理人员的职能》一书中提出了一个框架，即组织理论是以系统观念为依据的。他把组织看成是一种开放式的系统，认为组织中的所有人员都是寻求取得平衡（即达到稳定状态）的系统，他们调整内部和外部的各种力量，不断地使整个系统得以保持平衡。社会系统学派是当代西方出现较早的一个管理理论学派，其他一些管理理论学派都和它有深刻的联系。

（一）社会系统学派的理论的特点

1. 社会系统理论认为，管理人员有些什么职能以及应当如何行使这些职能，是由组织的本质、特性和过程决定的。从这一点来看，阐述管理人员职能的管理理论同组织理论极为相近。

2. 社会系统理论的特点是对组织的本质（组织中人的行为）进行描述性的分析。对此有的管理学者认为，管理理论可以分为3种类型：①技术性的管理理论，如泰勒的科学管理理论。②规范性的管理理论，如管理科学理论。③描述性的管理理论，如巴纳德的社会系统管理理论。

3. 社会系统理论不是把作业而是把决策作为主要研究对象。组织中人的行为可以看成是由决策和作业两个部分组成的。科学管理看重的是作业部分，阐明的是最大限度地提高作业效率的各种原理和技术。社会系统理论则着重研究组织决策过程，这一特点，到社会系统理论的继承和发展者——西蒙等人那里表现得更为明显。

（二）巴纳德的组织协作系统

1. 巴纳德认为，组织是两个或两个以上的人有意识协调活动和效力的系统。对这个系统要作为整体来看待，因为其中的每个组成部分都以一定方式与其他部分相联系。

组织是由个人组成的。组织要生存下去，就必须有两个或两个以上的人愿意为达到一个确定的目标而进行协作活动，个人对是否参加组织的活动可以做出选择，这种选择是以个人的目标愿望等为依据的，即要受到个人动机的影响。组织中的管理人员就是通过改变个人动机来影响他们的行为，从而促进组织目标的实现。

为了影响个人的动机和行为，管理人员就必须研究组织成员的个人特征。

在对组织成员进行管理的过程中，管理人员应该意识到：

（1）职工既是一个完整的个人（其行为的个性、直觉和主观方面），又是在特定组织中扮演有限的角色的组织成员（其行为的理性、客观、非个性化的方面）。

（2）管理人员的权限取决于指挥下属的命令是否为下属所接受，如果命令不被服从，权限也就不存在了。

（3）个人具有自由意志，但他的行为又受到遗传、社会和环境中各种力量的影响。因此，管理人员一方面要让下属对他们自己的行为负责，同时又必须认识到，在许多情况下人们是无法对自己的行为负责的，所以不要盲目地对个人无法控制的事情进行指责，而是要通过改变环境条件，提供恰当的刺激手段来影响和引导组织成员的行为。

2. 巴纳德认为，作为正式组织的协作系统，不论其规模大小或级别高低，都包含以下 3 个基本要素。

（1）协作的意愿。组织是由个人组成的，组织成员愿意提供协作条件的劳动和服务是组织程序所不可少的，协作的意愿意味着个人自我克制、交出对自己的控制权，个人行为的非个人化，其结果是个人的努力结合在一起。没有这种意愿，就不可能对组织有持续的个人努力，就不可能将不同组织成员的个人行为有机地结合在一起，协调组织活动。

但是，不同组织成员的协作意愿的强度是不同的，同一成员在不同时期的协作意愿也是不断改变的，个人协作意愿强度的高低，取决于自己提供协作而导致的"牺牲"与组织因为自己的协作而提供的"诱因"这两者之间的比较。由于诱因与牺牲的尺度通常由个人主观所决定，而不是客观的，比如有人重视金钱，而另一些人则可能更重视威望，所以组织为了获得和提高成员的协作意愿，一方面要提供必要的金钱、威望、权力等各种客观的刺激，另一方面要运用说服力来影响成员的主观态度，培养他们的协作精神，号召他们忠于组织、相信组织目标等。

（2）共同的目标。共同的目标是达到协作意愿的必要前提。协作的意愿没有共同的目标是发展不起来的。没有共同的目标，组织成员就不知道要求他们提供何种努力，同时也不知道自己能从协作劳动的结果中得到何种满足，从而不会进行协作活动。

由于组织成员对共同目标（即组织的目标）的接受程度影响到对组织提供的服务，同时，由于个人之所以愿意为组织目标做出贡献，并不是因为组织目标就是个人目标，而是因为意识到实现组织目标有助于实现他的个人目标，因此，管理人员的一项非常重要的职责，就是帮助组织成员加深这种认识，并努力避免组织目标和个人目标的不一致或理解上的背离。

（3）信息的沟通。组织的共同目标和不同成员的协作意愿只有通过信息沟通才能相互联系，形成动态过程。没有信息沟通，不同成员对组织的目标就不可能有共同的认识和普遍的接受；没有信息沟通，组织就无法了解组织成员的协作意愿及其强度，也无法将不同成员的努力形成协作劳动。因此，组织的存在及其活动是以信息沟通为条件的。为了有效地进行信息沟通，巴纳德列出了几个必须遵守的原则：

第一，信息的沟通渠道要被组织成员所了解。

第二，每个组织成员要有一个正式的信息沟通线路。

第三，必须依照正式的路线沟通信息，不要在沟通过程中跳过某些层次，以免产生矛盾和误解。

第四，信息沟通的路线必须尽可能直接而便捷。

第五，作为信息沟通中心的各级管理人员必须称职。

第六，组织工作期间信息沟通的路线不能中断。

第七，每一信息沟通都必须具有权威性。

3. 经理人员的职能。巴纳德认为，经理人员在组织中的作用，就是在信息沟通系统中作为相互联系的中心，并通过信息沟通来协调组织成员的协作活动，以保证组织的正常运转，实现组织的共同目标。经理人员的职能主要有 3 项：①建立和维持一个信息沟通系统。巴纳德认为，组织活动的复杂性亦即协调不同成员劳动的重要性，决定了有必要建立一个正式信息沟通系统，即经理人员（或管理人员）组织，这项工作包括：确定和阐明经理人员的职务，以及找到适合的人担任这一职务。②从不同的组织成员那里获得必要的服务，包括招募和选聘能够提供适合服务的工作人员，维持组织的诱因，以保证协作系统的生命力。③规定组织的共同目标，并用各个部门的具体目标来加以阐明。

巴纳德认为，经理人员的上述职能是由协作系统组织的本质和特征决定的。

四、巴纳德管理思想的方法论基础

巴纳德学说的方法论，是以对职工个人和组织机构的区别和联系为基础的。巴纳德认为，每一个职工都是一个独立的个人，每个人通过各种方式来学习和了解周围的事物，但他往往并未充分意识到自己的思想过程、自己的价值观或行动。个人往往并不真正地了解自己，他的行动往往受到他自己没有意识到的个人需要和情感的影响，往往趋向于为自己的行为辩解，自圆其说，而并不是合乎理性的行动。他倾向于依据自己的直觉、预感和经验来行事。所以，总的来说个人的行为和思想往往是主观的、受感情影响的、非逻辑的、下意识的。巴纳德认为在一个组织中，个人的行为和要求与正式组织对其行为要求之间是有区别的，如表8—1所示。

表8—1

个人	正式组织
非逻辑的思维过程	逻辑的思维过程
非正式组织	正式组织
反应式行为	决策式行为
自由意志	决定论
效率原则	效力原则
道义上的责任	法律上的责任
以协议同意为依据的权威、主观地解释一种秩序	以等级地位为依据的权威、客观地解释一种秩序

巴纳德还对效率和效力做了一些分析，这种分析具有相当重要的意义。他认为：当职工个人目标和正式组织的目标不一致时，需要用"效率和效力"这两条原则来解决。当正式组织运行正常而取得成功时，它的目标就能够实现，这个正式组织是有效力的。如果这个组织运行不正常而没有实现目标，它就是没有效力的，这个组织将崩溃瓦解。所以组织的效力是组织存在的必要条件。组织的效率则是指组织中的成员个人目标的实现程度、组织程度，如果组织成员的个人目标不能实现，人们就会认为这个组织是没有效率的，他们就不会支持甚至退出这个组织。所以归根到底，一个组织的效率的尺度就是它的生存能力，即它继续为其成员提供使他们的个人需要得到满足的诱导，以获得集体民主得以实现的能力。如果一个组织是无效率的，它就不可能是有效力的，因而也就不可能存在。西方学者认为巴纳德把正式组织的要求同个人的需要连接起来了，这个论点是管理思想发展史上的一个里程碑。

五、理论评析

社会系统学派是当代西方较早出现的一个管理理论学派。巴纳德所提出的理论既吸收了古典组织理论的合理成分，又融合了人群关系理论关于非正式组织的观点，围绕"协作系统"和"决策"等新概念，建立了现代组织理论的基本框架。几年后，当时从事公共管理研究的西蒙对巴纳德理论做了进一步的整理和发展，确立了"决策"作为描述组织现象和管理过程的统一的核心"概念"。到20世纪40年代末，现代组织理论的构架已经形成，并于20世纪50年代后伴随着管理科学和运筹学的兴起向管理实践领域渗透，从而进一步推动管理研究的进程。因此，决策理论学派、系统管理学派和现代组织管理理论同社会系统学派都有较深的渊源。这个学派的创始人和最重要的代表者巴纳德是一个较为严肃的西方管理学者，提出了有关组织和经理人员职能的许多值得注意和参考的观点。他认为，经营管理的过程就是领悟到作为一个整体的组织以及与之有关的全部形势，这就是管理"艺术"。它是内部平衡和外部适应的综合。各级组织都是社会这个大协作系统的各个部分和各个方面，每一个组织都必须符合这些条件才能生存。

巴纳德思想的主要特点表现如下：

1. 巴纳德最早把系统理论和社会学知识用于管理领域，创立了社会系统学派。

2. 关于经理的职能，他与他的前人不同。他的前人多采用静态的、叙述的方式来说明，而他采用分析性和动态性的方式加以说明。

3. 他首先对"沟通"、"动机"、"决策"、"目标"和"组织关系"等问题进行了开创性的专题研究。

4. 巴纳德将法约尔等人的研究向前推进了一大步。

5. 巴纳德的"权威接受论"对权威提出了全新的看法，对后人很有启发。

总之，巴纳德在组织管理理论方面的开创性研究，奠定了现代组织理论的基础，后来的许多学者如德鲁克、孔茨、明茨伯格、西蒙、利克特等人都极大地受益于巴纳德，并在不同方向上有所发展。

作为经理人员，尤其是将一个传统的组织改造为现代组织的经理人员来说，巴纳德的价值尤其突出。因为传统的组织偏重于非正式组织和非结构化的决策与沟通机制，目标也是隐含的，要将其改造为现代组织，就必须明确组织的目标、权力结构和决策机制，明确组织的动力结构即激励机制，明确组织内部的信息沟通机制，这是现代组织的柱石。同时在转变的过程中，要充分考虑利用非正式组织的力量。

可以看出，巴纳德在许多基本问题上，都提出了同传统管理理论截然不同的观点。首先是组织理论，巴纳德的组织理论是他的管理理论的基础；其次是管理职能理论，巴纳德的管理职能理论奠定了管理职能分析的基础；再次，他又从职能分析的进一步展开过程中提出了许多新的理论观点；最后，从巴纳德管理理论的方法论来看，贯穿着如下两个特点：

第一，运用社会心理学的分析方法，把人性的理论作为其管理理论的出发点。

第二，运用系统分析的方法，把企业组织作为一个由相互联系的各个部分构成的整体，并把企业组织这一整体置于同社会这一更大整体的相互联系之中。

Chester Irving Barnard (1886—1961)

Personal background

- born 7 November 1886, Massachusetts, into a humble family; obtained entry to Mount Hermon school in 1904 and thence to Harvard College (1906—1909)
- began work in statistics department of American Telephone and Telegraph Company(AT & T)in Boston
- married Grace F. Noera
- promoted through AT &T to become president of New Jersey Bell Telphone Company 1927—1947
- public service as state director of New Jersey Relief Administratin during the Depression of 1930s
- continued to read widely and mix with the Harvard circle of intellectuals, developing a lifelong interest in the relationship between people and organizations
- created and became president of United Service Organizations Inc. (USO) 1942—1945

- active retirement as president of Rockefeller Foundation (1948—1952) and chairman of the National Science Foundation (1952—1954)
- died 7 June 1961

Major works

The Functions of the Executive (1938)
Organization and Management (1948)

Summary

Chester Barnard(1886—1961) was a successful businessman whose pioneering and influential exposition of organization theory and leadership was based on a synthesis of his own business experience and ideas drawn from a wide range of reading in the social sciences. He defined an organization as a cooperative system enabling individuals to achieve through interaction that which they would be unable to achieve on their own. The role of executive managers was to define the purpose of the organization; to establish a communicatin system; and to develop an appropriate system of incentives to recruit, retain and motivate employees of the organization. His contribution to ideas on leadership and decision—making, and his emphasis on the values and culture of the organization as a whole have had a continuing influence on management thought up to the present time. (The IEBM Handbook of Management Thinking, Edited by Malcolm Warner, P37)

第三节 决策理论学派

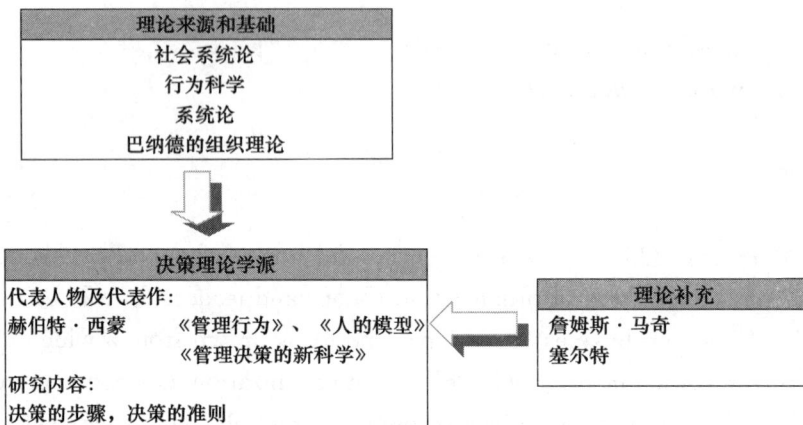

理论来源和基础
社会系统论
行为科学
系统论
巴纳德的组织理论

决策理论学派
代表人物及代表作:
赫伯特·西蒙 《管理行为》、《人的模型》
《管理决策的新科学》
研究内容:
决策的步骤，决策的准则

理论补充
詹姆斯·马奇
塞尔特

图 8—3

一、概述

决策理论学派是以社会系统论为基础，吸收了行为科学、系统论的观点，运用电子计算机技术和统筹学的方法而发展起来的一种理论。

美国的管理学家西蒙和马奇发展了巴纳德的管理理论，特别是决策理论。西蒙的决策理论学派是从社会系统学派中独立出来的。

决策理论学派是现代管理理论的一个重要学派。

二、主要代表人物

赫伯特·西蒙（Herbert Alexander Simon，1916—）是决策学派的主要代表人物。他是美国的经济学家和社会科学家，在管理学、组织行为学、经济学、心理学、政治学、社会学、计算机科学方面都有造诣。他早年就读于美国芝加哥大学，于 1943 年获得博士学位。1949 年以前在芝加哥、伯克利大学任教，1949 年以后一直在卡耐基—梅隆大学任教。他曾经来中国访问和讲学。

他长期讲授计算机科学和心理学等课程，并曾从事过经济计量学的研究。由于他在决策理论的研究方面做出贡献，被授予 1978 年度的诺贝尔经济学奖。西蒙主要研究的是生产者的行为，特别是当代公司中决策的组织基础和心理依据。他于 20 世纪 50 年代开始对经营管理科学产生兴趣，并在对公司行为理论的研究中起了重要作用。这种公司行为理论对简单的利润最大化假设提出挑战，强调了大公司复杂的内部结构及其目标的多重性以及必须建立令人满意的而不是最优的决策模型的理论框架。然后，西蒙又研究大型组织的信息处理问题，认为信息本身及人们处理信息的能力都是有一定限度的。他为大公司的决策人员提供了决策的辅助系统。

詹姆斯·马奇（James G. March，1916—），1953 年在美国耶鲁大学获得博士学位，以后在卡耐基工艺学院任教。1964 年成为加利福尼亚大学的社会科学学院的首任院长，1970 年成为斯坦福大学的管理学教授，同时还讲授政治学、社会学和教育学，还在胡佛研究所担任研究员。他的主要成就是关于组织理论的研究。他写过许多这方面的著作，出版过诗集，是一个多才多艺的人。

决策理论学派的经典著作：

西蒙：《管理行为》，1945 年；

西蒙：（和史密斯伯格等合写）：《公共管理》，1950 年；

西蒙：《人的模型》，1957 年；

西蒙和马奇：《组织》，1958 年；

西蒙：《管理决策的新科学》，1960 年；

马奇和赛尔特合写：《公司行为的一种理论》，1963 年。

三、决策理论学派的管理思想及特点

西蒙等人的决策理论是以社会系统理论为基础的。第二次世界大战以后，他们吸收了行为科学、系统理论、运筹学和计算机科学等学科的内容而发展起这一理论，是西方有较大影响的管理学派。他们对管理决策问题特别重视并有独到见解。

他们将决策分为四个阶段：收集情报，拟定计划，选定计划，评价计划。他们特别强调信息联系在决策过程中的作用。与巴纳德不同的是，他们更重视非正式渠道的信息联系，认为非正式渠道应在信息联系中起重要作用。

关于决策的准则问题是他们对管理学的重要贡献之一。他们提出，以"令人满意的准则"代替"最优化"准则作为决策的准则，受到许多人的肯定，认为是较为实际可行的理论。关于程序化决策和非程序化决策的技术以及决策中的思维过程，也是他们对管理学的重要贡献。

西蒙等人把社会系统理论同心理学、行为科学、系统理论、计算机技术、运筹学结合起来考察人们在决策中的思维过程，并分析了程序化决策和非程序化决策及其使用的传统技术和现代技术，提出了目标—手段分析法等决策的辅助工具，被人们认为对经理人员的决策确有帮助，并为今后对人工智能等问题的深入研究提供了基础。他们的理论得到了人们的较高评价，西蒙因此获得了诺贝尔经济学奖。

决策理论学派主要的管理思想由以下几个方面组成。

（一）关于组织的理论

西蒙认为，组织就是作为决策的个人所组成的系统。决策贯彻于管理的全过程，管理就是决策。他认为，组织的任何一个成员的第一个决策，是参加或不参加这个组织。在他做出这个决策的过程中，他就要对他为组织所做的贡献（劳动或资本）和从组织得到的诱因进行比较。如果诱因大于贡献，他就参加。以这个满足函数中的零点（即盈亏平衡点）决定参加这一组织的机会成本。一个人在做出决定，参加某一组织以后，虽然他的个人目标依然存在，但退居从属的地位。西蒙在《管理行为》中曾指出，所谓同组织一体化，就是指个人在决定时采用组织决策的价值标准，即用组织目标（组织服务目的或组织存续目的）代替个人目标的过程。因此要了解一个组织的结构和职能，就必须分析其成员的决策和行为及其受组织的影响，就必须研究影响人群行为的复杂的决策网状结构。西蒙在研究复杂的决策网状结构时很重视权威问题。西蒙的中心思想是，管理人员应该有效地利用各种形势的外部影响力来塑造职工的性格。他认为，使职工变得自动，而不是由上级指示或按组织的需要来决策和行为。他认为经营中组织的最理想状态是，它的所有成员由于把个人目标和组织的共同目标结合起来，因而都愿意为提高组织效率而做出贡献。这样，组织只需要在做必要调节时使用权威，使制裁方式的应用不占重要地位。西蒙提出了另一个意义深远的结论，认为在当代社会中职能地位的重要性愈来愈大，而等级的地位的重要性愈来愈小。

（二）关于决策过程中的信息问题

西蒙等人认为，信息联系在决策过程中具有重要作用。他们把信息联系定为决策的前提，而决策则是以命令、情报或建议的形式出现的。

西蒙等人对非正式渠道更加重视，把权力机构放到次要的地位。他指出在信息联系的三个阶段（发出信息、传递信息、接受信息）都可能发生阻塞现象和歪曲现象，在系统中造成信息联系混乱的障碍可能是多种多样的。由于信息联系这一问题的复杂性，在绝大多数的组织中有必要成立一个特别的信息联系服务中心和良好的信息系统，这主要应该借助于计算机。

西蒙等人认为，当代是信息爆炸时代。重要的不是获得信息，而是在于对信息的加工和分析，使之对决策有用。决策者需要的是对决策有意义的新信息，决策者的注意力是最宝贵的资源，不能无谓消耗在大量无关的信息上。对信息的提供，应当有一定条件的限制，不符合这些条件的信息，不应该输送给决策者。

所以，信息系统应该包括一个筛选系统，以保证提供与决策有关的有用信息。

（三）关于决策的准则和标准

西蒙对决策的准则和标准有独到见解，他认为应当用令人满意的准则代替最优化的准则。因为做出决策的准则，并不是像有人主张的那样绝对理性即最优化准则。以往的经济学家和管理学家往往把人看成是以绝对理性为指导，按最优化准则行为的经济人或理性人，但这事实上是做不到的。"最好是'好'的敌人"，如果企图找那个最好的，不但最好的找不到，也许连好的也找不到。反之，如果能满足于找一个好的，也许在找好的过程中会碰到一个最好的。人们之所以不能用绝对理性作为决策的准则，是由于要实现绝对理性必须有 3 个前提：

1. 决策者对可供选择的方案及其未来的后果要无所不知。

2. 决策者要具有无限的估量能力。

3. 决策者头脑中对各种可能的后果有一个完全而一贯的优先顺序。

但是决策者在认识能力上和受时间、经费、情报来源等方面的限制，不可能完全具备这些前提。所以，事实上人们不可能做出完全合理的决策。人类实际上的理性既不是完美无缺的绝对理性，也不是非理性。人们在决策时，不能坚持要求最理想的解答，常常只能满足于足够好或令人满意的决策。因为人们没有求得最优化的才智和能力，所以只能满足于令人满意的这一准则。

西蒙用管理人来代替以最高准则行动的经济人。这种管理人要求：①用满意的准则代替最优化准则。②不考虑一切可能的复杂情况，只考虑与问题有关的特定情况。对工商企业来说，这种令人满意的准则就是适当的市场份额、适度利润、公平价格等。一个组织存在的意义和目的也就在这里，因为组织的主要职能之一就是弥补个人有限的理性从而能做出满意的决策。

（四）关于程序化决策和非程序化决策

西蒙把人的符合目的的行动分为两种类型：踌躇选择型和刺激反应型。踌躇选择型的意思是，为了实现决策的合理性，对替换手段将会产生的后果，以及对这种结果进行选择等，都需要花费时间加以考虑，这就是踌躇后再进行选择。刺激反应型的特点是，只注意情况的某些方面，而排除了其他方面，毫不犹豫地做出反应。

西蒙把组织的全部活动分为两类：一类是例行活动，这是些重复出现的例行公事，如定货、材料的出入等。有关这类活动的决策是经常反复的，而且有一定的结构。因此，这类决策可以建立一定的程序，当这类活动重复出现时予以应用，不必每次都做新的决策，这类决策叫做程序化决策。另一类是非例行活动，这类活动不是重复出现的，也不能用对待例行公事的办法来处理，这类活动往往是比较重要的活动，如新产品的研究和开发，企业经营的多样化，新工厂的扩建等。有关这类活动的决策是新出现的，不能程序化地处理，这类决策叫做非程序化决策。但是程序化决策和非程序化决策并非截然分开，而是一个像光谱一样的连续体，其一端为高度程序化的决策，另一端则为高度非程序化的决策，我们沿着这个光谱式的统一体可以找到不同灰色程度的各种决策。所谓的程序化决策和非程序化决策只是用来作为光谱黑色和白色的标志，决策可以使非程序化呈现出重复和例行状态，能够制定出一套处理这些决策的固定程序，以至每当碰到这种情况就不需要重复处理它们。

西蒙还对程序化和非程序化决策的一些技术问题进行详细的论述，并对决策者的要求进行详细的分析，提出了一些必须具备的品质和条件。

1. 不是靠强迫命令而是靠以身作则来树立权威。

2. 全局观念。组织这个系统是社会大系统的一个组成部分，所以组织的目标不能背离社会的目标。

3. 信赖和培养下级。社会发展主要不是靠设备而是靠人运用才能和知识取得的。

4. 主动承担责任，敢于担当风险。

5. 有广博的知识和丰富的经验。作一项决策，特别是重大的决策，涉及许多方面和领域，因此，决策者必须有广博的知识，才能触类旁通，权衡利弊，做出恰当的决策。

6. 有敏锐的预测能力和机智的判断力。

决策理论学派的管理定义是：管理就是决策。

四、决策理论学派的决策方法

西蒙等人认为，决策决不只限于从几个备择方案中选定一种行动，而是包括几个阶段和涉及许多方面的整个过程。决策过程包含 4 个阶段。

1. 收集情报阶段。收集企业所处环境中有关经济、技术、社会等方面的情报并加以分析，以便为拟定和选择计划提供依据。在这一阶段的任务是探查环境，寻求决策的条件，可以称之为情报活动。

2. 拟定计划阶段。以企业所需解决的问题为目标，依据第一阶段所收集到的情报，拟定出各种可能的备择方案。第二阶段的任务是设计制定和分析可能采取的行动方案，可以称之为设计活动。

3. 选定计划阶段。根据对当时的情况分析和对未来发展的预测，从各个备择方案中选定一个。第三阶段的任务是从可供选择的各种方案中选出一个适用的行动方案，可以称之为抉择活动。

4. 对已定的方案进行评价。第四阶段的任务是对已作出的抉择进行评价，可以称之为审查活动。

上述四个阶段中的每一个阶段本身都是一个复杂的决策过程。例如在第一阶段，面对大量的情报，就要加以分析，决定取舍，其中就有决策。第二阶段，决策的性质更为明显，所以不可以认为只有第三阶段才有决策。事实上，如前所述，经理在前两个阶段做好了，才能在第三阶段做出正确的抉择。至于第四阶段的审查和评价的阶段也是离不开决策的。

解决问题的步骤是：问题是什么？备择方案是什么？哪一个备择方案最佳？

决策理论学派的方法论已成为现代管理理论中占据重要地位的思想方法之一。

五、管理评析

从西方管理理论发展的脉络来看，西蒙的管理思想在许多方面都受到了巴纳德管理思想的深刻影响。西蒙的决策理论可以说是巴纳德组织理论的直接继承和发展。

西蒙管理理论的一个重要特点，是把各种具体的组织观念加以抽象，重点分析组织活动的一般特征，指出决策是贯穿于组织活动全部过程的核心内容，进而提出了"管理就是决策"的命题。因此，决策理论不仅适用于企业，而且适用于其他各种组织的管理，具有普遍的适用性。与其相联系，西蒙的管理理论不仅仅讨论管理的政策措施问题，也不是仅仅讨论管理的技术方法问题，而是深入分析和说明组织活动的机制，并为此提出了诸如决策前提、组织影响力、决策的程序化和非程序化、诱因与贡献等一系列与决策相关联的概念，并由此确立了自己的理论结构，为行为科学的决策理论奠定了理论基础。

Herbert Alexander Simon (1916—)

Personal background

- born 15 June 1916 in Milwaukee, Wisconsin, the younger of two brothers
- father a German immigrant to USA, electrical engineer and inventor mother an accomplished pianist
- BA in political science, University of Chicago, 1936
- married Dorothea Pye, 1937
- director of research group into municipal administration, University of California, Berkeley, 1939—1942
- PhD in political science, University of Chicago, 1943, dissertation on decision making in organizations
- professor at Graduate School of Administration, Carnegie Institute of Technology, 1949
- Richard King Mellon Professor of Computer Science and Psychology, Carnegie Mellon University, 1966
- Nobel Prize in economics, 1978
- National Medal of Science, 1986

Major works

Administrative Behavior: A Study of Decision Making Processes in Administrative Organization (1947)
Organization (with J. G. March) (1958)
The New Science of Management Decision (1960)
Human Problem Solving (with A. Newell) (1972)

Summary

In challenging classical economic theory, which ascribes business decision makers with near omniscience about options and with superhuman ability to compute theoptimal choice, Herbert Simon has made a major impact upon our understanding of the processes of management. In place of a super-rational economic model of man assumed by classical ecomomics, he advocates an administrative model, a person of much more modest ability who is incompletely informed about available options and their outcomes and who therefore "satisfices". Satisficing is accepting a satisfactory outcome rather than striving to maximize utilities through ever more comprehensive search and involved computations. It is a process whereby decision makers take short cuts, use rules of thumb and a whole range of intuitive methods.

The associated paychological condition is "bounded rationality", a condition whereby it is accepted that perfect knowledge about options can never be achieved in complex decision making. However, minimum performance standards can be set and once this minimum standard is reached an appropriate choice is made and search for further options stopped.

In broader terms, Simon therefore challenged prevailing economic theories of management and led a reaction against the Harvard case method of teaching which had become dominant in US business schools. It was for his ability to apply so many different perspectives, emanating from psychology, computer science, economic theory and political science that he was awarded the Nobel Prize for economics in 1978. (The IEBM Handbook of Management Thinking, Edited by Malcolm Warner, P612)

第四节 系统管理学派

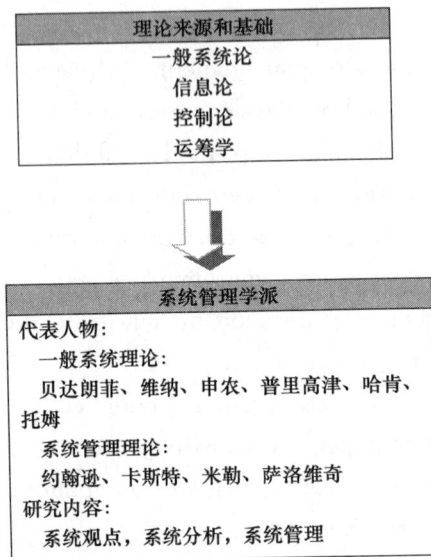

理论来源和基础
一般系统论
信息论
控制论
运筹学

系统管理学派
代表人物：
一般系统理论：
贝达朗菲、维纳、申农、普里高津、哈肯、托姆
系统管理理论：
约翰逊、卡斯特、米勒、萨洛维奇
研究内容：
系统观点，系统分析，系统管理

图 8—4

一、概述

系统管理学派是运用系统科学的理论、范畴及一般原理，全面分析组织管理活动的理论。系统管理学派的主要理论要点是：组织是一个由相互联系的若干要素组成的人造系统；组织是一个为环境所影响，并反过来影响环境的开放系统。组织不仅本身是一个系统，它同时又是一个社会系统的分系统，它在与环境的相互影响中取得动态平衡。组织同时要从外界接受能源、信息、物料等各种投入，经过转换，再向外界输出产品。

系统科学也是 20 世纪形成的新型学科。它是一门理论深刻、严谨而又有强烈技术实践能力的科学学科。它的发展大致分为三个阶段。

第一个阶段，是一般系统论与系统工程理论各自独立发展的阶段。

现代系统思想的发展应当说在一定程度上受到了 19 世纪辩证法哲学思想的影响。那种有机地相互作用、相互联系的整体性思维方式，渗透于 20 世纪

240

初科学理论与科学工程实践当中。于是，在 20 世纪 20—30 年代，首先在两个相隔较远的领域——基础理论和工程实践中形成了两个看来互不联系的学科：一般系统论和系统工程。

一般系统论是由美籍奥地利理论生物学家贝塔朗菲（L. V. Bertalanffy，1901—1971）创立的。20 世纪 20 年代，理论生物学界存在着一场关于生命本质问题的争论。一些科学家持机械论的观点，认为无论生命有多么复杂，它在本质上只不过是一架更为精细的机器。另一些人则持着一种"活力论"的观点。他们认为：生命体之所以具有目的性、主动性和自动调节等能力，是因为生命体中有一种科学所不能解释的"活力"。贝塔朗菲则批评了这两种各有其片面性的观点，指出了生命的本质在于它是一种由多个部分相互作用而形成的有机的整体。由此他率先建立起一种"机体系统论"。1948 年，这种机体系统论发展成了"一般系统论"的思想。一般系统论认为，所有复杂事物，如生命现象或社会现象等，无论其规律过程还是其所有复杂行为，原因都在于事物内部各要素之间的相互作用和有机结合。

与一般系统论相伴随，在实践的领域中，系统工程理论也发展起来了。在泰罗的科学管理制度中就包含着系统工程的萌芽。后来美国贝尔电话公司在进行电话网络的设计和其他多种巨大复杂的工程设计中使用了一种方法，它是把每一项工程的进程划分为规划、研究、发展、发展期间研究和通用工程五个阶段，并且按照程序规定的五个阶段认真地执行，取得了很好的效果。40 年代，他们把这种方法称之为"系统工程"。1957 年，美国密执安大学的古德和麦克霍尔合著了《系统工程学》，综合论述了运筹学方法及其一些具体分支，为系统工程初步奠定了基础。1962 年，霍尔（A. D. Hall）写了《系统工程方法论》一书。他强调要把系统工程看做一个过程，一种解决实际问题的程序，并提出了系统工程的三维结构模型，推动了系统工程理论的进一步具体化和向更广泛的领域中的应用。

第二个阶段，是在 20 世纪 40—50 年代系统技术理论的发展，这就是信息论、控制论和运筹学的形成与发展。

1948 年，由美国数学家、通讯工程师申农（C. E. Shannon，1916—）和韦弗（Warren Weaver，1889—1970）建立了信息论。信息论一问世就产生出巨大的影响，然而最初人们所注意的主要是它在通讯工程和自动化控制工程中的作用，对于社会科学和管理科学似乎还没有表现出什么重要价值。但是随着计算机的发展和它在管理科学中的应用，信息论就越来越显现出它在社会科学的管理方面的重要应用价值。

信息论产生的同一年，美国著名数学家诺伯特·维纳（Norbert Wiener，

1894—1964）出版了《控制论》一书。维纳一直对机电自动化的问题深感兴趣。第二次世界大战期间，他在美国军事科学研究机构中研究防空火力控制系统的预测装置。1943年他与生理学家罗森勃吕特、毕格罗通过对神经生理学和军事工程中高射炮自动瞄准控制装置的研究，合作发表了《行为、目的和目的论》一文。经战后的数年研究，他天才地创立了能够使机电系统表现出来像生物那样有目的追踪目标行为的自动化控制的理论。对于控制论的应用领域，维纳说："从我对控制论感觉兴趣的一开始，我就已经完全领会到，我发现的那些可以用在工程学和生理学上的有关控制和通讯的想法，也可以用在社会学和经济学方面。"正如维纳所料，控制论原理不仅对机械技术工程和自动化工程起到了革命性的作用，而且也大大地推动社会科学和管理科学的发展。

许多社会学家认为，由于控制论所形成的关于信息和反馈的科学研究具有相当的普遍性，以致使得社会科学也会因此而进入一种具有科学性的新阶段。的确，自20世纪50年代以后的有关管理的书籍几乎无一不涉及信息、反馈和控制论。与控制论和信息论发展的同时，最初的运筹学也有了长足的发展。在第二次世界大战中，为了消灭法西斯，同盟国的军事领导机构组织了许多学科的科学技术专家研究和解决军事的攻防作战、后勤供给、武器布署、使用等等的规律性问题。这样，便出现了军事运筹学。由布莱克所领导的科学家小组通过运筹学研究所提供的方案，使部队中的飞机侦察、舰艇搜索、后勤组织等多种军事活动的效率大大提高，其理论和实践价值得到了普遍承认。战后，运筹学的科学家们把目标转向各种民事经济工程和企业管理问题，在许多企业和经济组织中产生了显著的效果。美国兰德公司倡导的"系统分析方法"，取得很大成功。在解决不同的工程学问题过程中，运筹学逐渐形成了许多理论分支，如规划论、对策论（博弈论）、排队论、搜索论、库存论、决策论等等，使得运筹学逐渐发展成为一种独立的系统技术。运筹学对管理科学产生了巨大的影响。在有些人看来，运筹学也就是管理技术学。

第三个阶段，是从20世纪60—80年代，一方面是基础理论的进一步深化，另一方面是向更加广泛的实践领域的发展。

在基础理论方面，从动态的角度更深入研究一般系统概念、原理的自组织理论发展起来，它补充和发展了贝塔朗菲的一般系统论。自组织理论运用实验和数学的方法，进一步研究了系统的产生、进化、质变、发展以及自调节、自稳定、自复制和自评价选择等等问题。这就是比利时化学家普里高津（I. Prigogine，1917—）的"耗散结构理论"，德国物理论学家哈肯（H. Haken，1927—）的"协同学"，德国生物化学家艾根（Manfred Eigen，1927—）的"超循环"理论等实验型自组织理论，以及突变论、混沌论、分形理论等有关非线性复杂系统的数学理论，等等。自组织理论把系统科学的理论向前大大地推进了一步，它的许多思想和方法已经渗透到社会科学和管理科学的领域中，而它在这些领域中将发挥的作用是难以估量的。

在技术和工程领域方面，系统工程快速地向社会实践领域中深入。在系统工程的基本方法方面，出现了像系统工程方法论、系统动力学、灰色系统理论和泛系统理论等一般系统工程方法。这些理论、技术方法向实践领域的深入，形成了大批系统工程的领域和学科，我们大致上可以把它们分为5个方面：

1. 机械系统工程，包括工程系统工程、机械自动化工程、计算机科学、人工智能工程等。

2. 有机系统工程，包括生物系统工程、人口发展科学、生态系统工程、农业系统工程等。

3. 社会系统工程，包括经济系统工程、管理科学、领导科学、军事系统工程、企业系统工程等。

4. 文化系统工程，包括科学研究与发展系统工程、教育系统工程、人才学、文化发展学等。

5. 综合系统工程，包括环境科学、城市发展系统工程、国家发展工程、未来学、国际发展战略工程、空间科学系统工程等。

可以看出，系统科学与管理科学不仅都是20世纪发展的新型科学，而且它们在发展中也总是有各种各样的联系。如果说在基础理论的发展上管理科学紧密地依赖系统科学，那么在技术、工程和实践的发展上系统科学也总是离不开管理科学。系统管理学与管理科学之间的演变关系可以由图8—5来说明。

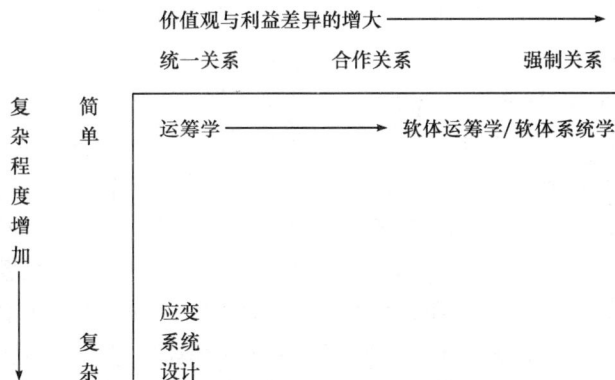

图8—5　管理科学与系统管理学的演变

图 8—5 是 M. C. 杰克逊与英国赫尔大学的 Paul Keys 于约 1984 年创制的（Jackson 和 Keys，1984）。该图简单易懂，纵、横两轴共同描绘可能存在的"典型"的问题。横轴表示与问题直接相关或受影响的人的价值观的差异大小，其术语"统一关系"、"合作关系"及"强制关系"是从工业关系学的文献中借用过来的。"统一关系"是指参与者享有同样的价值观及利益，"合作关系"是指参与者虽然价值观及利益有所不同，但因为共同点还很多，故仍能成为组织中合作并存的成员，"强制关系"则是指组织中参与者的价值观和利益根本对立，其中某个或某些群体居于统治地位，而其他人的意见则受到压制。

二、主要代表人物

（一）一般系统理论

1. 一般系统理论的创始人贝达朗菲。

奥地利籍生物学家和哲学家路德维格·冯·贝达朗菲（Ludwig von Bertailanffy）于 1937 年在芝加哥大学的一次学术讨论会上最早提出了"一般系统理论"的概念。1945 年以后，他陆续发表文章和著作，介绍一般系统理论的基本原理。1950 年以来，他在《科学》杂志上发表了题为《物理学与生物学的开放系统理论》的文章，阐述了一般系统理论的主要观点。1954 年，美国成立了"一般系统学会"，并出版《一般系统年鉴》。1968 年，贝达朗菲在《一般系统理论的基础、发展和应用》一书中把"系统"作为科学研究的对象，系统而全面地阐述了动态的开放系统的理论。该书被西方学者认为是一般系统理论的经典著作。他试图从各门学科中找出它们的共同属性，并概括为一种理论结构，从而为各个专门学科的研究提供了一个共同的基础。

2. 控制论的创始人维纳。

维纳（Norbert Wiener）是天才的神童。他 11 岁上大学，学数学，但喜欢物理、无线电、生物和哲学，14 岁考进哈佛大学研究生院学动物学，后又去学哲学，18 岁时获哈佛大学数理逻辑博士学位。1913 年，刚刚毕业的维纳又去欧洲向罗素和希尔伯特这些数学大师们学习数学。正是多种学科在他头脑里的汇合，才结出了控制论这颗综合之果。维纳在 1919 年研究勒贝格积分时，就从统计物理方面萌发了控制论思想。第二次世界大战期间，他参加了美国研制防空火力自动控制系统的工作，提出了负反馈概念，应用了功能模拟法，对控制论的诞生起了决定性的作用。1943 年维纳与别格罗和罗森勃吕特合写了《行为、目的和目的论》的论文，从反馈角度研究了目的性行为，找出了神经系统和自动机之间的一致性。这是第一篇关于控制论的论文。

3. 信息论的创始人申农。

信息论的创始人是美国贝尔电话研究所的数学家申农（C. E. Shannon），他为解决通讯技术中的住处编码问题，突破老框框，把发射信息和接收信息作为一个整体的通讯过程来研究，提出通讯系统的一般模型；同时建立了信息量的统计公式，奠定了信息论的理论基础。1948 年申农发表的《通讯的数学理论》一文，成为信息论诞生的标志。

4. 耗散结构的建立者普里高津。

普里高津（I. Prigogine）于 1917 年生于莫斯科，1945 年在比利时布鲁塞尔自由大学获得博士学位后留校工作，两年后被聘为教授。他主要研究非平衡态的不可逆过程热力学。普里高津于 20 世纪 70 年代提出耗散结构（Dissipative Structure）理论，是物理学中非平衡统计的一个重要新分支。由于这一成就，普里高津获 1977 年诺贝尔化学奖。

5. 协同学的理论创始人哈肯。

1973 年以后，联邦德国斯图加特大学理论管理学教授赫尔曼·哈肯（H. Haken）通过非平衡相变与平衡相变以及非平衡相变之间的类比，得出了"协同"（Synergetics）的概念，并且进一步指出，一个系统从无序向有序转化的关键并不在于热力学平衡还是不平衡，也不在于离平衡态有多远，而在于只要是一个由大量子系统构成的系统。在一定条件下，它的子系统之间通过非线性的相互作用就能够产生时间结构、空间结构或时空结构，形成一定功能的自组织结构，表现出新的有序状态。

6. 突变论的创始人托姆。

突变论的创始人是法国数学家雷内·托姆（R. Thom），他于 1972 年发表的《结构稳定性和形态发生学》一书阐述了突变理论，荣获国际数学界的最高奖——菲尔兹奖章。突变论的出现引起各方面的重视，被称之为"是牛顿和莱布尼茨发明微积分 300 年以来数学上最伟大的革命"。

（二）系统管理理论

1. 理查德·约翰逊和弗里蒙特·卡斯特。

理查德·约翰逊（Richard A. Johnson）、弗里蒙特·卡斯特（Fremont E. Kast）和詹姆斯·罗森茨韦克（James E. Rosenzweig）于 1963 年共同撰写了《系统理论与管理》一书，比较全面地阐述了管理的系统理论。1970 年卡斯特和罗森茨韦克又合作出版了《组织与管理——系统方法与权变方法》一书，进一步充实了这一理论。

卡斯特和罗森茨韦克认为："传统组织强调结构分系统和管理分系统，从而重视制定原则。人际关系学家和行为科学家则强调社会心理分系统，把注意力集中在激励、群体动力学和其他有关因素上。管理科学学派则强调技术分系统和给决策与控制过程以定量化的方法。这样，组织与管理的每个学派都各倾向于侧重特定的分系统，而不承认其他分系统的重要性。现代管理学派则把组织看做一个开放的社会技术系统，因而要研究一切主要的分系统及其相互关系。"

2. 米勒。

詹姆斯·格黑尔·米勒（James Grier Miller）是实用系统理论的代表人，其生物学系统观——把系统及其部分划分为有机确定的子系统，被称为"生命系统论"。"社会技术系统学"（见《应用行为学》，1986），比尔（Beer）的"组织控制论"（1979）和米勒（Miller）的"生存系统论"（1978）等，则清楚明确地运用模型来帮助设计复杂应变系统，以提示什么是系统设计中必须包含的、经久的应变因素。

米勒和弗里森具有开创意义的实证性类群研究，是在权变理论基础上发展起来的。它不提倡管理理论探索一种在各种情况下该怎么做的最佳管理模式，而试图回答在某一类已知的情况下管理人员可应用某一种合适的管理模式以取得良好的管理成效。

3. 梅·萨洛维奇。

梅·萨洛维奇是数学系统理论的代表人物。梅·萨洛维奇，Y. 塔卡哈拉和他们的同事发展了演绎法。用这种方法，当系统概念被作为一对有序集合引入后，通过映射概念研究系统之间的关系。这个方法的优点在于可通过对集合M 或集合 R 或两者增加更多理论条件，来加以验证所获系统的丰富程度。

三、系统管理学派的管理思想及特点

系统管理学派从系统观点出发，认为工商企业是一个由相互联系而共同工作的各个要素（子系统）所组成的以便达到一定目标（既有组织的目标，又有其成员的个人目标）的系统。工商企业又是一个开放的系统，它同周围环境（顾客、竞争者、工会、供货者、政府等）之间存在着动态的相互作用，并具有内部和外部的信息反馈网络，能够不断地自动调节，以适应环境和自身的需要。

（一）企业系统

企业系统由许多子系统构成。子系统可以分为六个部分：①传感系统，用来度量传感企业内部和周围环境的变化。②信息处理系统，如会计和数据处理系统。③决策系统，下达接受输入的信息，做出决策并传达贯彻下去。④加工子系统，利用信息、能量和物资完成一定的生产任务。⑤控制子系统，保证企业按原计划进行，通过反馈获知偏差，并纠正它们。⑥记忆和存储信息子系统，可用来记录事件、编制手册、制定工艺规程、设计电子计算机程序等形式。

还可以从其他方面如子系统的内容、职能等方面给企业子系统分类。如从内容角度可分为目标子系统、技术子系统、工作子系统、结构子系统、社会人际关系子系统和外界因素子系统等。

对于企业来说，根据研究问题的需要可以分为不同的子系统。如系统管理学派将企业的子系统分为目标和价值子系统、技术子系统、社会心理子系统、结构子系统、管理子系统。

目标和价值子系统是企业的一个重要子系统。通过该系统从外界社会文化环境中取得信息并确定企业的社会价值观，以便企业履行某些社会大系统所确定的目标和职能，这是企业生存和发展所不能回避的。也就是说，由于企业又是社会系统的子系统，所以企业必须为社会目标而尽相应职责。

技术子系统是由企业按任务要求由技术要素构成的，它随着活动特点而改变。同时，它将影响组织结构子系统和社会心理子系统。

社会心理子系统由企业成员的行为动机、地位角色关系、团体动力、影响力等组成。其发展变化又受到外界环境力量、企业任务、技术及内部组织结构的影响。

结构子系统是由组织图、职位说明、作业说明、规章、规程等决定的，它为技术子系统和社会心理子系统提供正式联系的渠道。当然，技术子系统和社会心理子系统之间，还存在着不通过结构子系统的非正式联系。

管理子系统及各子系统即整个组织，它使企业同外部环境联系起来制定目标，进行计划、组织、控制等管理职能的活动。这一子系统存在着这样的关系：

管理子系统中的计划管理委员会作为企业系统的中心决策机构，综合企业内外部情况，对本企业的产品方向、工作规划、作业子系统、人事等做出战略决策。财务部门、规划研究、发展部门和市场研究部门负责对计划决策机构提出建议及提供协助，资源分配和经营管理部门分别执行决策。它们之间相互独立又相互联系、相互制约，形成统一体，负责企业主要经济活动的输入—转换—生产全过程的管理。一般的企业都存在着明确的三级分工或三级组织。

第一级，从事企业系统计划、控制等职能的计划管理部门。

第二级，主要负责分配人力和设备，并协助第三级组织的工作。

第三级，主要是负责经营管理的业务部门，它们旨在满足第二级计划要求作业的计划。

这三级通常是稳定的，但在这个结构下的企业活动是灵活的。系统管理学派认为，这样的组织结构模式能更好地实现其基本职能。系统理论强调各级活动的结合及各子系统的重要性，这样容易了解各系统在企业系统中的地位、作用及相互关系。这一点比起传统的组织理论注重划分部门并实行直线职能制来说是一个优点。

系统管理学派认为在一个复杂的管理制度中，还存在着执行不同法律任务的3个子系统——战略子系统、协调子系统和作业子系统。要把系统观点、系统分析、系统管理运用于上述3个子系统，才能取得应有效果。在应用时应该考虑3个子系统的特点。

（二）系统动态学

美国麻省理工学院的福莱思特和罗伯茨等创立的系统动态学是系统管理的进一步发展。它主要解决以下问题：

1. 系统结构、管理政策和时间延误之间的相互作用如何影响系统的动态特征。

2. 和系统结构及所取政策有关的系统增长性预测定量化和实践问题。

3. 如何确定一个基本结构以便有利于各种管理职能的有机结合。

4. 在企业、公司、国家经济部门或其他系统内，信息、货币、定货、材料、人员和设备等各种流程之间如何相互影响。

5. 如何更有效地设计工业和经济等复杂的大系统。

6. 如何把人的判断力、经验和严密的逻辑推导结合起来，等等。

（三）系统观点、系统分析和系统管理

系统管理学派认为：系统观点、系统分析和系统管理都是以系统理论为指导，它们三者之间既有联系又有区别。表8—2、图8—6所示。

表8—2   系统理论

	系统观点	系统分析	系统管理
观点	概念的	优化的	实践的
方法	思考	建立模型	综合
组织子系统	战略的	作业的	协调的
任务	把组织同环境结合起来	有效利用资源并实现目标	把组织内部各项活动结合起来

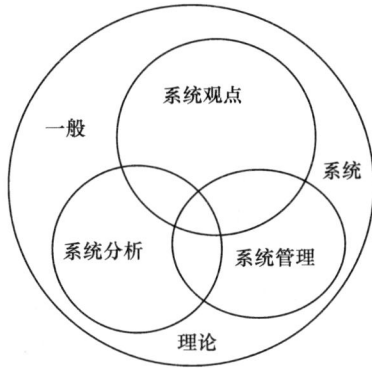

图 8—6

1. 系统观点。

系统观点是以一般系统理论为依据的，其主要的观点是：①整体是主要的，其余各个部分是次要的。②系统中许多部分的结合是它们相互联系的条件。③系统中的各个部分组成为一个不可分割的整体。④各个部分围绕着实现整个系统的目标而发挥作用。⑤系统中各个部分的性质和职能由它们在整体中的地位所决定，其行为则为整体对部分的关系所制约。⑥整体是力的系统结构或综合体，作为一个单元来行事。⑦一切都应以整体作为前提条件，然后演变出其各个部分及各个部分之间的相互关系。⑧整体通过新陈代谢使自己不断更新。

2. 系统分析。

系统分析的含义：系统分析就是对一个系统内的基本问题用逻辑的思维推理，科学分析计算的方法，在确定的或不确定的条件下，找出各种可行的备择方案，加以分析比较，进而选出一种最优的方案。

系统分析的准则：一是在对各种备择方案进行分析和选择，应紧密围绕建立系统的目的；二是要从系统的整体利益出发，使局部利益服从整体利益；三是在进行系统分析时，既要考虑到当前利益又要考虑到长远利益；四是定量分析和定性分析相结合；五是抓关键，不要限于细枝末节。

3. 系统管理。

系统观点和系统分析可以应用于各种资源的管理。把组织单位作为系统来安排经营时，就叫系统管理。其特点是：以目标为中心；以整个系统为中心；以责任为中心；以人为中心。

四、系统管理学派的管理方法

该学派的管理方法的一个重要特点就是采用模型分析方法。

建立工业系统动态模型的方法有 6 个步骤：

1. 分析工业实际情况，找出管理中存在的问题。

2. 系统地表述企业系统特有的各主要因素间的依存关系。

3. 建立"动态"程序设计系统。

4. 用电子计算机对这个动态系统进行运算，并把运算的结果同企业实际行为的试验数据进行比较。

5. 依据比较结果对模型进行修改，以保证动态模型与企业行为尽可能一致。

6. 运用模型确定各个参数最适宜的变化幅度，以便改变企业的行为，并把这些变化从计算机语言变成管理者会使用的工具。

进行分析时，要遵守一定的程序：确定目标—收集资料，拟定对比方案—建立分析模型—对比各方案的数量指标和质量指标—综合分析或试验确定最优方案—实施方案和信息反馈。

系统管理学派的影响是很大的，尤其是利用系统论的方法来进行管理，使管理的思想有了一个巨大发展。现在任何一个现代的管理人员都应该掌握的管理思想就是系统的思想。

系统管理学派对管理的定义是：用系统论的观点对组织或企业进行系统分析、进行系统管理的过程。

系统管理学派认为，要进行成功有效的管理，就要对企业系统的基本问题进行系统分析，以便找出关键所在。系统分析要求有严格的逻辑性，即在拟定方案前先要确定方案的目的，实现的场所、地点、人员和方法。

五、理论评析

系统管理学派盛行于 20 世纪 60 年代，当时系统科学的兴起对管理学派的发展和演变产生了巨大的影响。系统管理学派的管理思想基础是一般系统理论。他们把一般系统理论应用于工商企业管理，系统地阐述了系统观点、系统分析、系统管理三者的关系，侧重以系统概念分析和考察企业的组织结构模式以及各项管理职能。该学派和社会系统学派及决策理论学派有密切的联系，但又各具特点。

进入 20 世纪 60 年代以后，系统管理理论和权变管理理论开始流行起来。

系统管理理论和权变管理理论的出现同特定的经济发展与社会状况有密切的联系。

第二次世界大战以后，随着经济危机的加深，资本和生产更加集中，企业的规模日益扩大，企业内部的组织结构也愈加复杂，从而提出了一个重要的管理课题——如何从企业整体的要求出发，处理好企业组织内部各个单位或部门之间的相互联系，保证组织整体的有效运转。另一方面，由于企业经营活动的范围更加扩大，加之各国政府对社会经济活动的干预以及工会力量对企业活动的影响都有所增强，使企业面临一个更加复杂多变的外部环境，从而提出了另一个重要的管理课题——如何使企业组织建立起同外部环境可靠的联系，以适应外部环境的变化。然而，以往的管理理论都只侧重于管理的某一个方面，它们或者侧重于生产技术过程的管理，或者侧重于人群的心理分析，或者侧重于一般的组织问题，并且大都把企业组织视为一种"封闭系统"。在他们的理论中，很少涉及企业的外部环境因素，因而难以适应经济发展与社会变化的要求。

系统管理理论和权变管理理论的出现，还同西方管理理论自身的发展状况有密切的联系。

第二次世界大战以后，西方管理理论有了进一步的发展，新的学派纷纷出现，呈现一种丛林的趋势。来自不同学科的管理学家运用不同的研究方法，从不同的角度，提出了各自不同的管理理论。1961 年，哈罗德·孔茨发表了《管理理论的丛林》一文，指出早期管理理论的萌芽，已经发展成为各种管理理论和流派盘根错节的丛林。人们开始探索能使各种学派的管理理论融为一体，引导人们走出丛林的途径。系统管理理论和权变管理理论的出现，就是试图走出丛林的一种努力。1973 年，美国管理学家弗雷德·卢桑斯（Fred Luthans）发表了一篇论文，题目就是《权变理论：走出丛林的道路》，认为权变理论是能把各种管理的基本原理统一起来的理论。

系统管理和系统分析在管理中被应用，提高了管理人员对影响管理理论和实践的各种相关因素的洞察力。该理论在 20 世纪 60 年代最为盛行，但由于它在解决管理的具体问题时略显不足而稍有减弱，但仍然不失为一种重要的管理理论。

目前这个学派受到了太多管理理论和实践的挑战。有人认为，由于系统管理学派不能满足各方面对它的期望，对那些希望获得具体行动指南的企业经理们来说，它太抽象，不够成熟，不能付诸实施，对那些希望从事分析和研究的学者来说它又太复杂，可变的因素太多，不便研究。尽管如此，系统管理理论中的许多内容有助自动化、控制论、管理信息系统、权变理论等的发展，尤其是系统的动态理论的建立和发展及应用对研究社会及全球问题有特殊的意义。

　　系统管理学派的理论基础是系统科学，而系统科学在进入 20 世纪 90 年代后有长足发展。尤其是在老三论的基础上发展起来的新三论，即耗散结构理论、协同学和突变论，以及超循环理论和混沌理论，这些理论的新进展对系统管理理论的发展产生了新的促进作用。

Norbert Wiener（1894－1964）

Personal background

- born 26 November 1894，Columbia，Missouri，USA
- at the age of 10，wrote his first paper entitled "The theory of ignorance"
- studied mathematics and philosophy from Harvard University
- at 19 he received a doctorate in philosophy from Harvard University
- married to Margaret Engelmann，1926
- pioneer of the new science of cybernetics
- spent most of his academic life at the Massachusetts Institute of Technology (USA) as professor mathematics
- was author of over 200 papers in mathematical and scientific journals and eleven books
- received five prizes and medals—including the National Medal of Science from the US president and three honorary doctorates
- died of a heart attack in Stockholm on 18 March 1964

Major works

Cybernetics: or Control and Communication in the Animal and the Machine (1948)

The Human Use of Human Beings: Cybernetics and Society (1950)

Ex—prodigy (1952)

I am a Mathematician (1956)

God and Golem, Inc. (1964)

Invention: The Care and Feeding of Ideas (1993)

Summary

Norbert Wiener (1894—1964) was the father of cybernetics, an interdisciplinary new science that was born after the Second World War. Cybernetics created connections between wartime science and post—war social science by developing a non—causalistic and ecological view of systems, both physical and biological. In his books about cybernetics Wiener showed the existence of invariants in the communication and control mechanisms that are observed in both animals and machines. Cybernetic principles have provided, on the one hand, basic principles for the design of many sorts of machines such as radar, communication networks, computers and artificial limbs, and on the other hand, fundamental insights to the study of animal characteristics like learning, memory and intelligence. Cybernetic ideas have also been widely developed and used in the managerial sciences and in a much broader sociological context.

第五节　数量管理科学学派

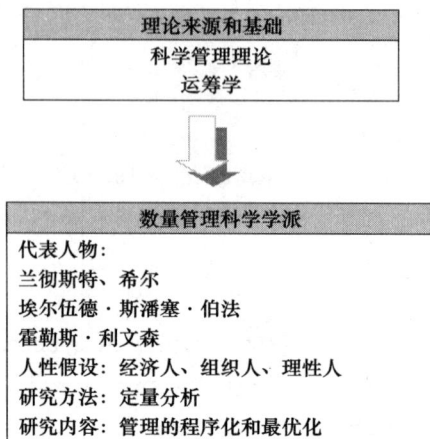

理论来源和基础
科学管理理论
运筹学

数量管理科学学派
代表人物：
兰彻斯特、希尔
埃尔伍德·斯潘塞·伯法
霍勒斯·利文森
人性假设：经济人、组织人、理性人
研究方法：定量分析
研究内容：管理的程序化和最优化

图 8—7

一、概述

数量管理科学学派，也称管理科学学派、数量学派。也有人把管理科学与运筹学看成是统一语，这是因为该学派正式成立始于 1939 年由美国曼切斯特大学教授布莱克特领导的运筹学小组。当时运筹学广泛围绕着城市防卫与进攻，雷达网络的优化配置，轰炸敌方潜艇的飞机有效高度及配合等军事问题，战后，运筹学广泛应用于企业管理方面。

管理科学学派的理论渊源，可以追溯到 20 世纪初泰勒的"科学管理"。"科学管理"的实质，是反对凭经验、直觉、主观判断进行管理，主张用最好的方法、最少的时间和支出，达到最高的工作效率和最大的效果。这一点与管理科学所要求的"最优化"不谋而合。但作为科学管理学派的进一步发展，它的研究范围已经远远不是泰勒时代的"操作方法"和"作业研究"，管理科学学派运用了更多的现代自然科学和技术科学的成就，研究的问题也比"科学管理"更为广泛。

第二次世界大战时期，为解决国防需要产生了"运筹学"（Operational

Research，缩写为 OR），发展了新的数学分析和计算技术，例如：统计判断、线性规划、排队论、博弈论、统筹法、模拟法、系统分析等。这些成果应用于管理工作就产生了"管理科学理论"，其主要内容是一系列的现代管理方法和技术。提出这一理论的代表人物是美国研究管理学和现代生产管理方法的著名学者伯法等人。他们开拓了管理学的另一个广阔的研究领域，使管理从以往定性的描述走向了定量的预测阶段。到 20 世纪 40 年代后期，由于战后恢复和经济建设的需要，英美对管理科学（运筹学）的研究逐步从军事转入民用企业的应用，并成立了各种组织从事管理运筹科学的研究和推广。1953 年，美国成立管理科学学会（Institute of Management Science），并发行《管理科学》（Management Science）杂志，宣称其宗旨就是"发现、扩展和统一有助于了解管理实践的科学知识"。

数量管理科学学派的管理思想，注重定量模型的研究和应用，以求得管理的程序化和最优化。他们认为，管理就是利用数学模型和程序系统来表示管理的计划、组织、控制、决策等职能活动的合乎逻辑的过程，对此做出最优的解答，以达到企业的目标。数量管理科学就是制定用于管理决策的数学或统计模式，并把这种模式通过电子计算机应用于企业管理理论和方法的体系中，这种方法通常就是运筹学。所以该学派的狭义解释就是作为运筹学的同义语。其广义解释是，古典管理理论、行为科学理论及当代的各种管理理论都可称作为管理科学。

因为这个学派是新理论、新方法与科学管理理论相结合，而逐渐形成的一种以定量分析为主要方法的学派，因此它是泰勒科学管理理论的拓展。随着计算机技术的发展，这个学派的数量特点得到进一步的发挥，因而被广泛应用与研究城市的交通管理、能源分配和利用、国民经济计划编制以及世界范围经济发展的模型等一些更大和更复杂的经济与管理领域。

20 世纪 70 年代后运筹学日趋成熟，在工商界得到更广泛的应用。目前在美国、日本、欧洲等国都有相当完善的运筹学机构。

但是有些学者对数量学派持批判态度，认为数量并不能真正地解决管理中的重大问题。而且有些管理学家侧重于定量的技术方面而不了解管理中存在的问题，尤其是对管理对象中的人的因素往往无法进行定量计算，这样数量学派的特长就得不到很好的发挥。

二、主要代表人物和经典著作

（一）兰彻斯特和希尔

第一次世界大战期间，英国的兰彻斯特（F. W. Lanchester）在1915年就把数学定量分析法应用于军事，发表过关于人力和火力的优势与军事胜利之间的理论关系的文章。当时的英国军需部并成立了防空试验组，由生理学家希尔（A. V. Hill）上尉（以后成为教授）领导，应用数理分析方法来运用于防空武器。在这个防空试验组中还有一些当时参军的科学家，其中有4人以后成为英国皇家学会会员。希尔被人称为运筹学研究的创始人之一。

（二）埃尔伍德·斯潘赛·伯法

埃尔伍德·斯潘赛·伯法（Elwood S. Buffa）是西方管理科学学派的代表人物之一，曾任教于美国加利福尼亚大学管理研究院，哈佛大学工商管理学院，代表作是《现代生产管理》（1975）。《生产管理基础》是伯法根据《现代生产管理》改写的，简明易懂，曾被《哈佛商业评论》推荐为经理必读书目。在这本书里可以看到大量的图表和数学公式，正是这些科学的计量方法，使得管理问题的研究由定性走向定量。

（三）霍勒斯·利文森

霍勒斯·利文森（Horace C. Levencon）于20世纪30年代把复杂的数学模型应用于传统办法难以进行的大量数据处理工作。他最有名的研究工作之一是对一个小型邮购商店的顾客拒收邮购包裹的情况进行研究。他的研究表明，拒收率大约占总销售额的30%。最常被顾客拒收的货物有两类：一类是较贵的定货，另一类是发货迟于定货后5天的货物。平均说来，定货迟付5天就无利可图。用这些数据，邮购公司很容易地对拒付费用和较高的快发费用进行比较，从而确定最佳发货日期和发货数量。

从20世纪50年代开始，出现了一批管理科学（运筹学）方面的教科书，如韦斯特·丘奇曼（C. West Churchman）、拉塞尔·阿考夫（Russell L. Ackoff）、伦纳德·阿诺夫（L—eonard E. Arnoff）合著的《运筹学入门》，爱德华·鲍曼（Edward H. Bowman）和罗伯特·费特（Robert B. Fetter）合著的《生产管理分析》，塞缪尔里奇蒙（Samuel B. Richmond）的《用于管理决策的运筹学》，以及许多关于线性规划、决策模型、培欣决策法、对策论等方面的书籍。

三、数量管理科学学派的管理思想及特点

数量管理科学学派的管理思想是建立在系统思维的基础上的，系统的观点是要求从系统的整体效果出发进行理论考察、分析与解决问题，其目的是使整个系统的总效果达到最优。管理学派认为，组织中的任何部分或任何功能的活动必然会影响其他部分或功能，所以评价一个组织中任何决策或行动都必须考虑到它对整个组织的影响和相关问题。正确的决策必须从整个系统出发，考虑到各个部门和各个因素，对整个组织最有利才是最优化。如果只考虑其中的一个部门和部分因素则不是最优的。如何求出最优化所采取的方法就是运筹学的方法。

该学派的特点是：

1. 从系统观点出发研究各种功能关系。对企业组织中的任何一个部分或功能关系的研究，都是从系统观点出发的。认为组织中任何部分或任何功能的活动必然会影响其他部分或功能，所以评价一个组织中的任何决策或行动都必须考虑到它对整个组织的影响和所有的重要关系。

2. 应用多种学科交叉配合的方法。该学派在创立的时候就采用了多学科交叉的方法。他们认为尽管各个学科对问题的描述各不相同，但如果把各个方面综合起来看，会对问题有更全面的理解，更有助于问题的解决。除了计算机和数学以外，随着研究对象的不同，需要应用经济学、管理学、心理学、行为学、会计学、物理学、化学等各种自然科学和工程技术。

3. 应用模型化和定量化来解决问题。数量学派的重要特点就是模型化和定量化。把一个要研究的问题按预期的目标和约束条件，将其主要因素和因果关系变为各种符号来建立模型以便求解。

4. 随着情况的变化而修改模型，求出新的最优解，通过模型来解决问题通常对问题有着较为深入的了解。随着对问题由简单到复杂的深入了解，其模型也逐渐复杂，以前的最优后来或许就不是最优了，这时就要不断地对模型进行优化。

该学派对组织的看法是：

1. 认为组织成员是"经济人"，或者叫"组织人"、"理性人"。他们认为，人是理性的动物，追求经济上的利益，会由于经济利益的激励为达到组织目标而努力工作，同时也满足自己。

2. 组织是一个追求经济利益的系统，它和系统科学学派有着紧密的联系。他们认为，组织是以最小的成本追求最大的利益，在这个追求最大的

利益的过程中，是系统的整体利益最大，而不是系统的某个部分利益最大。

3. 组织是由作为操作者的人同物质技术设备所组成的有机系统。那么对于这个有机系统的投入和产出的分析，就是要建立相应的数学模型。

4. 组织是一个决策的网络模型。对于管理决策来说，其决策是具有结构性，并组成网络，这样就可以应用计算的模型来进行决策。

四、数量科学管理学派的管理方法（模型法）

目前在管理中应用比较广泛有效的数学模型有决策理论模型、盈亏平衡模型、库存模型、资源配置（线性规划）模型、网络模型、排队论、投入产出模型等。它们有的是描述性的，例如，盈亏平衡模型、排队论；有的是规范性的，例如决策理论模型、库存模型、线性规划模型、网络模型等；有的含有多种确定性变量，如盈亏平衡模型、库存模型、线性规划模型；有的含有各种随机的变量，如决策理论模型、网络模型和排队模型等。可以用图8—8来表述。

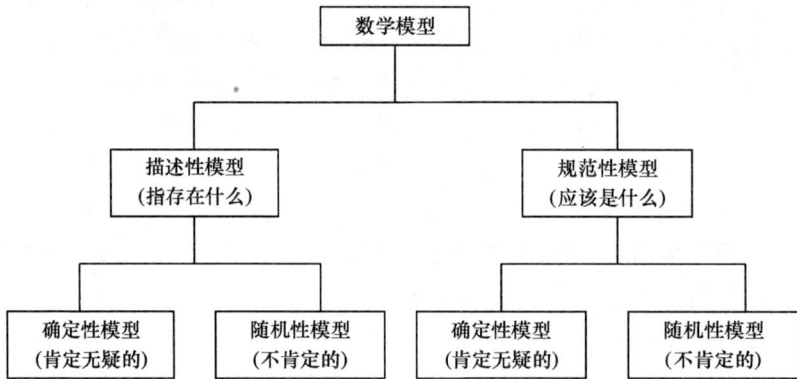

图 8—8

数量管理科学学派建立和使用数学模型的逻辑步骤一般的程序是：

1. 提出问题并阐述问题。就是要对其中所有的要素进行清楚的解释。

2. 建立数学模型。对问题的要素用一组变量的函数来表示，一般的形式是：

$$E = F (X_F, Y_F)$$

式中 E 代表系统的效益（如利润、成本等），F 代表函数关系，X_F 代表可控制变量，Y_F 代表竞争者所控制的变量，模型要求这两类变量都是可计量的，各变量间的关系都必须是确定的。

3. 解出模型的答案，从而取得使系统的最佳效益的数量值。

4. 检查模型及解的实际意义，深入了解这个解法的价值对实际预测的准确度。

5. 对所求的解进行控制，就是要制定出当变量与函数发生某些变化时对方案能够采取调整的措施，以保证各种变量和关系都不走样。

6. 把方案付诸实施。所有采用这个模型的解法的人，都要了解模型的基本原理。管理人员必须随时记录贯彻执行过程中的变化情况。注意模型的目标、假设、省略的东西和限制条件等因素，在一个过程之后，重新复查系统模型，以便改进它，使之更符合实际，有利于获得更好的系统效益。如图 8—9 所示。

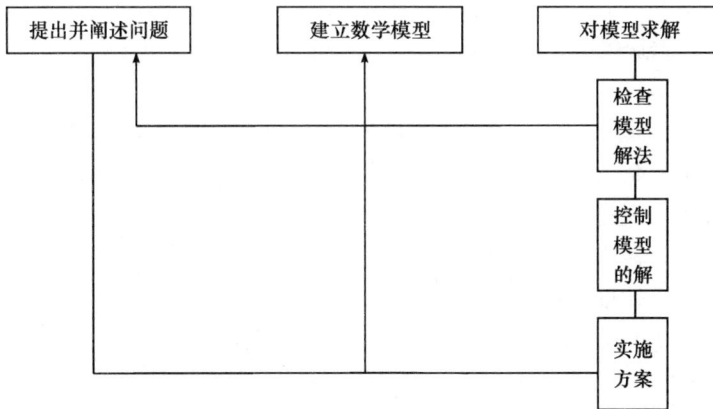

图 8—9

数量管理科学学派所追求的管理最优化目标，同系统管理学派关于组织的看法有密切的联系。他们认为，组织是由经济人组成的旨在追求经济利益的系统，又是由理性人与技术设备和决策网络组成的人—机系统和决策系统，在这个系统中双重性格的人会受到经济的激励为实现最大经济收益目标而努力，同时本身也会得到最大的满足。管理科学所追求的管理程序化和模型化，就是旨在把科学的管理原理方法和工具应用与管理的各种活动，特别是决策活动结合起来，以减少经营管理中的不确定性，使投入的资源发挥更大的作用，得到最大的经济效益。这个经济效益是整个系统的最优化，而非局部最优化，局部最优化对整个组织来说是不可取的，是不符合最优化原则的。

五、理论评析

"管理科学"理论把现代科学方法运用到管理领域中，为现代管理决策提供了科学的方法。它使管理理论研究从定性到定量在科学的轨道上前进了一大步，同时它的应用对企业管理水平和效率的提高也起到了很大作用。另外一点，管理科学学派重视不同学科的交融与渗透，这种不同领域的专家相互合作的方式有助于优势互补，开拓思路，形成更全面、更合理的决策。高层在决定管理决策的人员构成时，应该考虑到个人背景、知识结构上的合理搭配。因此由多种学科的人员交叉配合进行研究，不失为一种较好的管理方法。

但是，同其他理论一样，它也有弱点。

1. 把管理中与决策有关的各种复杂因素全部数量化，完全采用管理科学的定量方法来解决复杂环境下的组织问题还面临着许多实际困难，是不可能也不现实的。

2. 过分依赖物质工具，而忽视管理中人的决定性作用。实际上，管理科学一直将企业组织看成是一个人—机系统，二者交互作用。人不仅是工具（机器）的使用者，也是工具的能动的创造者。因此，没有决定性的人进行相关的管理改造，建立相应的管理制度，理顺信息的流转和沟通，MIS 或 ERP 就永远停留在计算机软件和硬件的物质层面上。

3. 管理问题的研究与实践，不可能也不应该完全只领先定量的分析，而忽视定性的分析。

尽管如此，它的科学性还是被人们所普遍承认。

第六节　权变理论学派

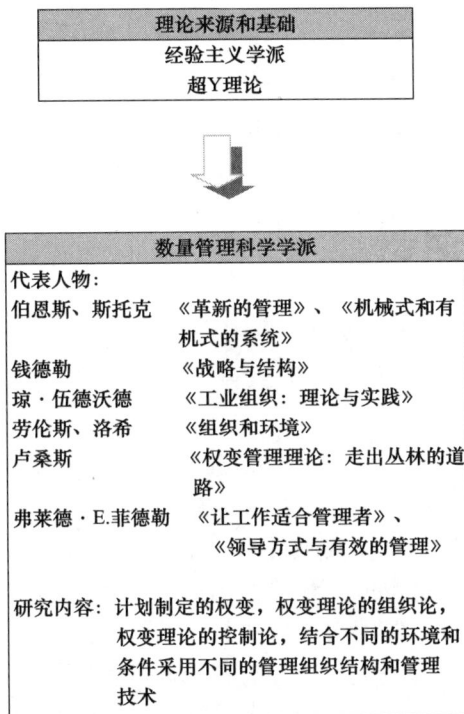

理论来源和基础
经验主义学派 超Y理论

数量管理科学学派
代表人物: 伯恩斯、斯托克　《革新的管理》、《机械式和有 　　　　　　　　机式的系统》 钱德勒　　　　　《战略与结构》 琼·伍德沃德　　《工业组织: 理论与实践》 劳伦斯、洛希　　《组织和环境》 卢桑斯　　　　　《权变管理理论: 走出丛林的道 　　　　　　　　路》 弗莱德·E.菲德勒　《让工作适合管理者》、 　　　　　　　　《领导方式与有效的管理》 研究内容: 计划制定的权变,权变理论的组织论, 　　　　　权变理论的控制论,结合不同的环境和 　　　　　条件采用不同的管理组织结构和管理 　　　　　技术

图 8—10

一、概述

权变理论学派是 20 世纪 60 年代末 70 年代初在美国经验主义学派基础上进一步发展起来的管理理论。权变理论认为,在组织管理中要根据组织所处的环境和内部条件的发展变化随机应变,没有什么一成不变、普遍适用、"最好的"管理理论和方法。权变管理就是依托环境因素和管理思想及管理技术因素之间的变数关系来研究的一种最有效的管理方式。

有的管理学者还把权变学派称为因地制宜理论或权变管理,即权宜管理和应变管理的合称。这个学派以系统观点为理论依据，从系统观点来考虑问题。以往的理论有两个方面的缺陷：一是忽视了外部环境的影响，主要侧重于研究加强企业内部的组织管理，如泰勒的科学管理，法约尔的古典组织理论、过程管理理论、行为科学等。而系统管理理论尽管也强调系统和环境之间的关系，但是它不太抽象，又把企业作为一个独立的系统来研究。其实在许多情况下，企业不仅仅是一个独立的系统，而是一个与环境紧密相联的实体。二是以往的管理理论大都带有普遍真理的色彩，追求理论的普遍适用性和最合理的原则、最优化的模式，但是真正在解决企业的具体问题时，却常常显得无能为力，而权变理论的出现意味着管理理论向实用主义方向发展前进了一大步。

该学派出现时，受到西方一些管理学者的高度评价，认为它比其他的管理理论有更大的前途，是解决在环境动荡不定情况下进行管理的一种好的方法，能使管理走出管理理论的丛林。

二、主要代表人物及主要著作

（一）伯恩斯和斯托克

伯恩斯（Tom Burns）和斯托克是最早运用权变思想来研究管理问题的人。他们对生产电子设备、机械产品和人造丝等不同产品的 20 个企业进行调查研究，得出以下结论：企业按照目标、任务、工艺，以及外部环境等活动条件的不同，可以分为"稳定型"和"变化型"两大基本类型。"稳定型"的企业，适宜于采用"机械式"的组织形式。它的特征是有一种严格规定的组织结构，有很明确的任务、方法、责任和与各个职能作用相一致的权利，管理系统内部的相互作用是上、下级垂直的命令等级；在组织活动中，具有重要意义的是职务的权利和责任，而不是工作人员的技能和经验。如果是"变化型"的企业，那么采用"有机式"的组织模式较为适宜。它的特点是，有相当灵活的结构，可以不断调整每个人的任务，系统内部的相互关系是网络型的，而不是等级控制，强调横向的联系而不是垂直的领导；在组织活动中，技能与经验居于优先地位，权利的分散以技术业务专长为基础，而不是以等级职位为基础，等等。他们认为，这两种组织模式可以同时存在，甚至在同一个企业内部的不同部门中，也可同时并存，它们在不同的条件下都有效率。他们反对把"机械式"看做是陈旧的模式，把"有机式"看做是进步的和现代的模式。当前采用"有机式"的组织结构的企业增多，这是由于资本主义企业活动条件不稳定性增加和它们渴望适应新的需要的反应。不能说"机械式"的组织结构已经过时。1961 年他们又发表了《机械式和有机式的系统》，专门论述了上述观点。

（二）钱德勒

钱德勒（Alfred Chandler）在 1962 年出版《战略与结构》一书，强调在不同条件下有多种组织方案的论点。他对"杜邦"、"通用汽车"、"新泽西标准石油公司"等近 70 个大型企业的组织结构的变化机理研究后指出，组织管理结构是随着企业战略的变化而变化的，而战略本身又由于市场的、金融的、科学技术的和其他条件的变化而变化。

（三）琼·伍德沃德

20 世纪 50 年代，女管理学家琼·伍德沃德（Joan Woodward，1916—1971）和她的助手们对英国南伊塞克斯的 100 家公司进行了广泛的调查，于 1965 年出版《工业组织：理论与实践》，证明了企业组织的技术分系统与结构分系统具有直接的相互关系。

（四）劳伦斯和洛希

保罗·罗杰·劳伦斯（P. R. Lawance）和杰伊·威廉·洛希（J. W. Lorsch）被称为是现代权变学说的创始者。1967 年他们合写《组织和环境》一书，论述了外部环境和组织结构之间的关系。他们的基本主张是：按照不同的形势、不同的企业类型、不同的目标和价值，采取不同的管理方法。他们认为普遍适用的"万能主义"理论与方法是不存在的。

按照他们的观点，组织结构的最主要的特点就是分散化和整体化。分散化就是把组织系统划分为各种分系统，每个分系统根据与它相适应的外部环境所提出的要求，发展其特有的性质。与此相适应，整体化是努力使各个分系统在完成组织任务时达到统一的过程。这种组织任务至少包括某些产品和劳务的计划、生产、分配的输入—转化—输出的完整周期。而组织的外部环境的不确定性程序是从以下几个方面进行估计的：从外部环境获得信息的清晰程度，对于组织所采取行动的反馈时间，组织活动条件的计划性程度。由这几个方面所形成的外部环境是决定组织结构分散化还是整体化的主要因素。他根据对生产食品、塑料和集装箱等 10 个不同企业的调查，提出以市场的、生产的和科学技术的环境为一方，以组织内部结构和行为机制为另一方，双方之间存在着固定的依存性。

在企业结构模式上，根据工艺技术和外部环境两个方面的因素把企业分为 4 种模式：

1. 市场等外部条件变化快、内部各种产品之间工艺技术差别大的企业，例如：美国通用汽车公司，组织设计是按产品划分为各个事业部。

2. 外部环境变化较快，但工艺技术差别不大的企业，例如：美国休斯飞机公司，组织设计采取矩阵组织结构。

3. 外部环境稳定、工艺技术也较稳定的企业，例如：美国大陆包装品公司，组织设计采用直线职能制结构。

4. 外部环境十分稳定，而且产品非常单一的企业，例如：美国麦当劳公司，组织设计采用高度集权结构。

在管理方式和领导方式等问题上，该派学者也都根据有关因素把企业划分为若干不同类型，提出各种不同的模式。

（五）卢桑斯

弗雷德·卢桑斯（Fred Luthans）是美国尼勃拉斯加大学教授，1973 年发表了《权变管理理论：走出丛林的道路》一文，1976 年出版《管理导论：一种权变学说》，系统地介绍了权变管理理论，提出了用权变理论可以统一各种管理理论的观点。卢桑斯是权变学派的主要代表人物。

卢桑斯把过去的管理理论划分为 4 种学说：过程学说、计量学说、行为学说和系统学说。他认为，这几种学说，即使是重视环境影响的系统学说，都没有把管理与环境妥善地联系起来。同时，这些学说的代表人物都强调他们的学说具有普遍的适用性，而实际上，上述任何一种学说的特有的管理观念和技术都不能使管理有效进行，致使理论与实践相脱节。

权变学说试图把环境对管理的作用具体化，并使管理理论与管理实践密切联系起来。

卢桑斯认为，权变学说不仅不抛弃上述几种学说，而且还是它们发展的结果。从 20 世纪 50 年代开始，过程学说沿着行为学说的人群关系理论和计量学派的狭义的运筹学这两条完全不同的路径发展。两者在 20 世纪 50 年代和 20 世纪 60 年代占支配地位。20 世纪 60 年代中行为学说向组织行为发展，计量学说向"管理科学"发展，而这两方面又都在系统学说的基础上前进。当过程、计量、行为、系统 4 种学说结合在一起时，就产生了"不同于部分总和的某种东西"，这就是管理的"权变学说"。

卢桑斯在论述权变学说时指出，如果从"Contingency"的字面意义来理解，很可能把权变管理看成是一种紊乱的、非科学的、"凭感官判断"的学说。实际恰恰相反。他认为，权变关系是两个或两个以上的变数之间的一种函数关系。权变管理就是考虑到有关环境的变数同相应的管理观念和技术之间的关系，使采用的管理观念和技术能有效地达到目标。他把权变关系看做是一种"如果—那么"的函数关系，"如果"是自变数，"那么"是因变数。在权变管理中，通常的情况是，环境是自变数，而管理的观念和技术是因变数。这就是说，如果存在某种环境条件，那么，对达到目标来说，某种管理的观念和技术将比其他的更加有效。例如，如果经济正处在衰退中，而企业是在一种受少数生产者影响的市场结构中活动，那么，为了达到目标，行政的组织结构是最合适的。另一方面，如果经济繁荣，企业是在一种存在着垄断者竞争的市场结构中活动，那么采用自由形式的联合组织结构最为恰当（必须说明，这仅仅是作为说明的例子，它尚未被实践所证实）。在某些情况下，也会产生相反的情况，即管理变数成为自变数，而环境变数成为因变数。例如，如果企业管理的高级领导阶层采取"参与制"和开放的领导方式，那么全体人员会以"自我控制"和对社会准则负责任的态度来响应。

关于权变管理，卢桑斯提出了一个观念性的结构，用下面的矩阵图（见图8—11）来表示。这个结构有3个主要部分：环境，管理观念和技术，它们两者之间的权变关系。沿着矩阵的横轴是独立的"如果"，纵轴是从属的"那么"。权变管理就是要确定有关的环境条件，然后同一种能最有效地达到目标的相应的管理观念和技术联系起来。这个图只是一个观念模式，实际情况要复杂得多。

这个观念性结构中的3个主要部分的内容大致如下：

图8—11　卢桑斯的观念性结构

环境变数：环境分为外部环境与内部环境两个方面。外部环境又分一般的和特有的两种。一般的外部环境是由社会的、技术的、经济的和政治的、法律的力量所组成，它们对正式组织系统的影响一般不是直接的，但却是巨大的。特有的外部环境包括供应者、顾客、竞争者。他们虽然也在正式组织系统的外面，却直接影响它。一般的与特殊的外部环境之间，以及它们各自内部的各组成部分之间都互相影响、互相作用。内部环境基本上是正式组织系统。它的各变数间，以及它与外部环境各变数间是相互关联、相互依存的。主要的内部变数包括组织结构、决策、交流和控制过程，以及工艺的组织状态。卢桑斯在权变管理的观念性结构中，却明确地把大部分内部环境变数并入到从属的管理变数中去。

管理变数：主要是指过程学说、计量学说、行为学说、系统学说等所主张的管理观念和技术。其主要内容如下：

过程的管理变数有计划、组织、指挥、交流和控制。

计量的管理变数有基本的计量方法、决策模式、运筹学。

行为的管理变数有学习、行为的改变、动机的形成、集体动态、组织行为。

系统的管理变数有普通系统理论、系统设计和分析、信息管理系统。

这些管理变数还可以进一步细分。如计划还可细分为预测、战略计划、战术计划；运筹学可细分为线性规划、经济定货模式、等候线模式、模拟模式等。卢桑斯认为这4个学说的管理观念和技术都是权变管理中的管理变数，它们对于权变管理都能做出贡献。

权变关系，是独立的环境变数同从属的管理变数间的函数关系。它是权变管理的核心，这正是权变学说不同于其他学说的地方。但是，要确定权变关系是很复杂的。而且，即使一种权变关系的经验上得到了证实，它也只不过是确定和贯彻管理行动所需要的很多个输入中的一个输入。实际的管理是一个多维的复杂事物。复杂的管理问题，绝不能机械地加以解决。卢桑斯看到了这些困难。他认为到目前为止，已被经验明确证实的权变关系为数不多，要填满权变矩阵中的小格将是缓慢的、艰苦的过程，但权变学说的力量正在于它提供了一种关于这种种复杂性的思想方法，它的将来是充满希望的。

1973年，卢桑斯和豪德盖茨（R. M. Hodgetts）写了《组织设计：一种权变研究方法》一文，说明企业的生产技术条件与外部环境条件都是企业组织结构的制约因素，因此，设计组织结构，应当同时考虑上述两方面的条件。他们按照技术与环境两方面条件的不同组合，提出4种不同类型的组织结构。

（六）弗莱德·E. 菲德勒

菲德勒（F. E. Fidler）早年就读于美国芝加哥大学，获博士学位。毕业后，留在芝加哥大学任教。1951年移居伊利诺斯州，担任伊利诺伊大学心理学教授和群体效能实验室主任。1969年，菲德勒前往华盛顿大学，担任心理学和管理学教授，同时兼任荷兰阿姆斯特丹大学和比利时鲁汶大学客座教授。

菲德勒是当代美国著名的心理学家和管理学家。他从1951年起进行了长达15年的调查，提出了"有效领导的权变模式"。他认为任何领导形态都可能是有效的，关键在于领导者必须与环境情景相适应。菲德勒从管理心理学和实证环境分析两个方面研究了组织领导问题，提出了"权变领导理论"，使组织领导学从以往的形态学转向动态学。

在前人对组织领导研究的基础上，菲德勒对领导方式的形态进行了科学概括，区分出控制型与宽容型两大类。他进一步将领导方式类型与领导情境结合起来，并发明了 LPC 表对领导方式与领导情境的关系做了具有独创性的论述。由于将原有的领导方式类型理论与领导情境结合起来，菲德勒创造出领导权变的理论。同时，菲德勒运用领导权变思想对领导的动态过程做了深入的探讨。

主要著作：《让工作适合管理者》（Engineer the job to Fit the Manage，1965）、《领导方式与有效的管理》（F. E. Fiedler and M. M. Chemers.，Leadership and Effective Management，1974）。

此外，其他管理学者如约翰·莫尔斯、雷丁、豪斯、坦南鲍姆、弗鲁姆、卡曼、唐纳利等对权变管理理论也做出了巨大的贡献。

三、权变学派的理论基础

权变学派的理论基础是所谓的超 Y 理论，美国的麻省理工学院教授麦格雷戈曾于 1957 年提出的 X—Y 理论，在 1969 年出版的《企业人事方面》一书中得到了进一步发挥。他认为现在的工业企业一般都是按 X 理论进行管理的。由于 X 理论这种假设必须强迫、控制指挥并以惩罚相威胁才能实现组织目标，且由于 X 理论这种假设不符合实际，所以企业应放弃这种假设，并转变对人的看法。他认为 Y 理论与 X 理论假设相反的观点是符合人类本性的，管理应该按 Y 理论行事，情况是否应该这样呢？莫尔斯和洛希对两个工厂和两个研究所分别采取了 X 理论和 Y 理论的管理实验。其中一个工厂和一个研究所按 X 理论以严密的组织和严格监督为主，另一个工厂和研究所按 Y 理论以松弛组织、参与管理、诱导和鼓励为主。实验的结果是，在研究所里实行 Y 理论效率高；在工厂中实行 Y 理论效率低；而在以工人为主的工厂中实行 X 理论效率高，在以研究人员为主的研究所里实行 X 理论效率低。这样得出的结论是：Y 理论并不是在所有的情况下都比 X 理论效率高，管理思想和方式依据成员的素质、工作的特点环境情况而定，不能一概而论。由此他们在《超 Y 理论》一文中和《组织及其成员：权变法》一书中，提出超 Y 理论：

1. 人们是怀着许多不同的需要加入工作组织的，而人们的需要有不同的类型，有的人需要正规化的组织机构和规章制度，有的人却需要更多的自治，更多的责任，更多发挥创造性的机会实现责任感。

2. 组织形式和管理方法要与工作性质和人们的需要相适应。例如上述对工厂里的工人应采取 X 理论，而对研究人员应该采取 Y 理论的管理。

3. 组织机构和管理层次的划分，职工的培训和工作的分配、工资报酬、控制程度的安排都要从工作的性质、工作目标、职工素质等方面来考虑，不能千篇一律。

4. 当一个目标达到以后，可以继续激起职工的成就感，使之为达到新的、更高的目标而努力。

四、权变学派的管理方法

（一）计划制定的权变论

权变学派认为，计划是事先制定的，为了进行某项工作，它预先决定做什么和怎么做的程序。包括确定总任务，确定产生主要成果的领域，规定具体的目标，以及制定靠目标所需要的政策、方案和程序。计划具有三个特点：①它一定涉及未来。②它一定涉及行动。③它一定涉及个人或组织的参与因果关系。这就是说，未来的行动方案将由组织内拟订计划的人员或其他人员来实施。在拟订计划前要对下面四个方面因素加以分析：①环境中的机会——组织可能做到些什么？②组织的能力与资源——组织实际能做些什么？③经营管理上的兴趣和愿望——组织要做些什么？④对社会的责任——组织应做些什么？制定计划的权变方法就是要对上面四个方面的因素及其相互关系进行分析。

权变学派认为，制定计划时对目标的明确性问题要做具体分析，对封闭式的机械组织和程序化的活动来说，明确目标是可行的，并能收到良好的效果。但是对开放式有机组织和非程序化的作业活动来说，明确目标以及达到目标而规定的效果就不会那么理想。这里要考虑一下是模糊性还是明确性，在比较复杂的管理过程中要能恰当地掌握明确性和模糊性相结合的度是非常重要的。

（二）权变理论的组织论

权变学派认为：每一种有着类似目的和类似工艺技术复杂程度的生产系统都有其独特的组织模型和管理原则。一个企业目的指的是它的产品和市场，这些目的决定着它会有什么样的生产技术和组织的复杂性。可以把这种组织复杂性的结构因素分为5种：①工作的专业化程度。②程序标准化程度。③规划或信息正规化（以书面形式记录）程度。④集权化程度（由具有正式决策权力的等级层次数目来判断）。⑤权力结构的形式（由管理幅度和等级层次数目来判断）。他们研究发现，组织面貌同企业的规模大小和企业对其他单位的依赖程度是密切相关的。

权变学派认为结构上的变数有四个方面，同时，还要确定一套同组织结构有关的"关系"变数，如表 8—3 所示。

表 8—3　　　　　　　　　　　结构变数和关系变数

结构变数	关系变数
1. 各种活动的结构	规模、工艺流程整体化、母公司的规模
2. 权力的集中化	对其他公司的依赖程度、位置数、组织的年数、作业分化程度、工艺流程的整体化、母公司的规模
3. 工作流程控制线	作业变化程度、工艺流程整体化、位置数
4. 支持部分的相对规模	组织的历史、所有权控制、目标、规模、工艺技术、位置、对其他公司的依赖程度

　　这表明结构变数和关系变数是关联的，即组织结构和环境及组织中的一些特点有关。这样可把企业分为 4 种类型：①工作流程——行政型。这类组织的活动结构程度高，权力集中程度低，非人格的控制成分高，大企业和大规模制造业属于这种类型。②人员——行政组织型。这类组织的活动结构程度低，权力集中程度高，直接控制成分高。地方和中央政府部门和大企业所属的小工厂就属于这种类型。③含蓄结构型。这类组织的活动程度低，权力集中程度低，直接控制成分高，一些在管理和所有权上重复、主要依靠习惯而不是依靠规则工作的单位就属于这种类型。④完全的行政组织型。这类组织的活动结构程度和权力集中程度都高，非人格的控制成分高。这类组织很少，只有中央政府部门所属的制造工厂才属于这一类型。

　　（三）权变理论的控制论

　　权变控制模型理论研究的是在动态领导过程中领导者个性与领导情境之间的相互关系。构成权变模型的第一个重要变量是领导者个性。领导者个性即领导者的动机构成是通过其在领导情境中设定的主要目标来确定的。一种类型的领导是"以关系为动因"的，其在领导的情境中是凭借良好的人际关系完成任务并以此来获得自我尊重的。在一些不太确定的情境中，重关系的人目标尤为明显。在一定的时期内，他可能对下属体贴，下属们愿意为他出力。一旦取得了良好的效果，这种个性的领导人马上就会通过关系取得上级的认可。为了极力给上级留下好的印象，他会对下属的福利不太关心。

　　领导者的另一种个性是"以任务为动因"。他们试图通过证明自己的才干来得到尊重和满足。在一些不确定的领导情境中，他们的注意力主要集中在完成任务上面。当然，一旦"以任务为动因"的领导人在确信任务可以完成时，也会变得比较有人情味，花费时间同下属结成良好的人际关系。

权变模型的另一个重要变量是领导情境。它包括三个指标：一是领导者与成员的关系，指的是领导人得到或感到群体成员认可和支持的程度；二是任务的结构性，指的是任务的明确性程序，上下级之间的关联性程度及对工作目标、程序、进度所作规定的详尽程度；三是职位权力，指的是领导者实施奖惩的能力以及通过组织制裁的权威性。如果领导者得到群体支持，任务的结构性明确，职位权力强，则他对情境有高度的控制力。反之，如果领导者得不到群体支持，任务模糊不清且无结构性，职位权力弱，则他对情境的控制力就小。大量的经验研究表明，领导者与成员关系的权数为4，任务结构权数为2，职位权力的权数是1。

可见，在领导情境系统中，最重要的是领导者与成员的关系，最不重要的是职位权力。菲德勒的这一发现十分重要。在以往的研究组织领导的理论中，特别是韦伯的理论中，职位权力占有最为重要的地位。

运用LPC表对领导情境加以评分见表8—4。

表 8—4

领导者与成员关系	好		好		好		好		坏		坏		坏		坏	
任务的结构性	清 楚				含 糊				清 楚				含 糊			
职位权力	强	弱			强	弱			强	弱			强	弱		

菲德勒进一步将领导情境按其三个构成因素纳入到三维坐标系中，这样就形成了一个组织领导环境分类模型。依据构成因素的高低、强弱和好坏等指标，一共构成8种类型的情境。第一种是最有利于领导的，第8种是最不利于领导的。

领导权变控制模型理论的重要内容是将领导个性与领导情境结合起来加以考虑，以发现不同环境下与之相适应的领导个性。菲德勒以横坐标代表8种不同的组织领导情境类型，以纵坐标表示领导者个性的LPC分值。每一种情境下领导者的LPC分值与工作成绩相关系数平均值的连线，虚线表示零相关线。可以看出，在最有利于领导和最不利于领导的两种极端情境下，领导的LPC值与工作成绩之间呈现出负相关（曲线在零相关以下），这时应采取以工作任务为动因的专制领导方式。

而当曲线在零相关线以上时，则表示领导者的LPC分值与工作成绩之间

270

呈正相关。这说明这时以人际关系为动因的民主型领导方式效果较好。这一结论是与实际情况相符合的。在一个组织中，当人们对领导已非常尊重和信任时，他们需要的不是领导对他们进行民主式的征求意见，而是要求领导以任务为中心，给予实质性的指导和帮助。例如，当一个组织对某一领导本来就欢迎，而这位领导还要去征求每个人的工作意见时，大家就会告诉他：什么也不要干，都回家。这说明这种情境下的领导只能采取以任务为动因的专制领导方式。

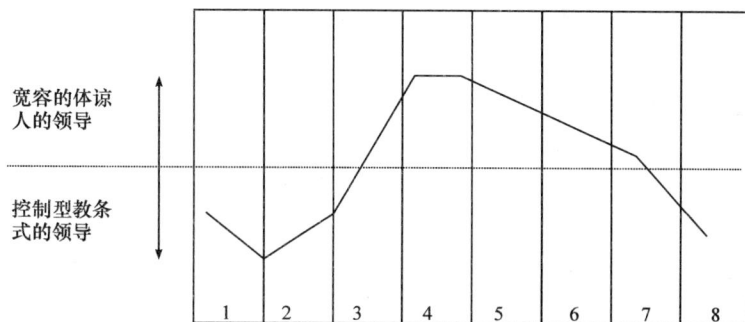

图 8—12　有效的领导方式随情境的变化而变化

环境或情境并不是一成不变的。当情境发生变化时，组织领导的领导方式或个性就应当随之改变。因此，即使一个组织的领导目前的领导方式与其情境一致，这种一致性也绝不是固定不动的。一旦情境改变，原先行之有效的领导方式也必须变更。比如一个企业，原先工作程序很明确、严格，职工也信任领导，企业负责人只需下达指令就行了。但是，在市场竞争中，企业突然遇到危机，企业负责人将顾问们请来商量对策，并请职工参与管理，出谋划策，共渡难关。这时的领导方式实际上已从原先的以任务为中心的专制式转变为以人际关系为动因的民主式。

五、理论评析

权变学派的主要作用是将管理理论有效地指导管理实践，它在管理理论与实践之间成功地架起了一座桥梁。它反对不顾具体的外部环境而一味追求最好的管理方法和寻求万能模式的教条主义，强调要针对不同的具体条件采用不同的组织结构领导模式及其他的管理技术等。该理论把环境作为管理理论的重要组成部分，要求企业各方面活动要服从环境的要求。

权变理论的出现，对于管理理论有某些新的发展和补充。主要表现在它比其他一些学派与管理实践的联系更具体一些，与客观的现实更接近一些。但是，权变理论在方法论上也存在着严重的缺陷，主要问题是仅仅限于考察各种具体的条件和情况，而没有用科学研究的一般方法来进行概括；只强调特殊性，否认普遍性；只强调个性，否认共性。这样研究自然不可避免地滑到经验主义的立场上。权变学派把各个学派的优点加以综合，也看到了其他学派的不足。尽管它得到了广泛的应用，但是权变学派对于管理理论没有突破性的发展，它的成绩在于以往的管理理论的灵活应用，所以它本身并没有独特的内容。

Tom Burns(1913 －)

Personal background

- born 16 January 1913 in London
- gained a BA from the University of Bristol
- served in the Friends Ambulance Unit，1939－1945
- prisoner of war in Germany，1941－1943
- research assistant for the West Midland Group on Post－War Reconstruction and Planning，1945－1949
- lecturer, senior lecturer, reader at the University of Edinburgh，1949－1965
- professor of sociology at the University of Edinburgh，1965－1981
- fellow of the British Academy，1982

Major works

The Management of Innovation （Burns and Stalker）（1961）
The BBC：Public Institution and Private World （Burns）（1977）

Summary

Tom Burns was the senior author, in collaboration with George Stalker, of *The Management of Innovation*, one of the most influential books on orgnizational behaviour in the second half of the twentieth century. The book identified two 'ideal types' of organization structure: the mechanistic (extremely bureaucratic, hierarchical and standardized) and the organic (extremely flexible, collegiate and motivating). Mechanistic organizations are appropriate for stable environmental conditions and established products; organic organizations are appropriate for changing environments and innovative outputs. Many writers have elaborated on this distinction (cf. e. g. Drucker, Handy, Kanter, Mintzberg, q. v.), agreeing with Burns that modern environments, being fast changing, requrie more organic types of structure.

Joan Woodward (1916—1971)

Personal background

- born 19 June 1916
- 1936, BA (Hons), Class 1, philosophy, politics and economics, University of Oxford
- 1938, MA medieval philosophy, University of Durham
- 1939, diploma in social and public administration, University of Oxford
- 1939—1946, Industrial War Service, Lancashire textiles, Buckinghamshire electronics, Royal Ordnance Factory, Bridgwater
- 1946—1948, Administrative class of Civil Service, Ministry of Supply
- 1948—1953, University of Liverpool, lecturer and senior research fellow
- 1951, married Leslie Thompson Blakeman, who became Director of Labour Relations for The Ford Motor Company and a member of the Commission on Industrial Relations

- 1953—1957, Director, Department of Scientific and Industrial Research Human Relations Research Unit, South East Essex Technical College
- 1957—1962, University of Oxford, lecturer and special tutor in industrial sociology
- 1962—1971, Imperial College of Science and Technology: 1962—1965 reader in industrial sociology; 1969 professor of industrial sociology
- 1960s, member of the Mallibar Committee on Government Industrial Establishments
- 1968—1970, member of the Prices and Incomes Board
- died of cancer, 18 May 1971

Major works

Social Aspects of a Town Development Plan (*with other members of the Department of Social Science, University of Liverpool*) (1951)

Employment Relations in a Group of Hospitals (1951)

The Dockworker (*with other members of the Department of Social Science, University of Liverpool*) (1954)

Labour, Management and the Community (1956)

Management and Technology (1958)

The Saleswoman: A Study of Attitudes and Behaviour in Retail Distribution (1960)

Industrial Organization: Theory and Practice (1965)

Experiment in Industrial Democracy: A Study of the John Lewis Partnership (*with A. Flanders and R. Pomerantz*) (1968)

Industrial Organization: Behaviour and Control (1969)

Behaviour in Organizations (1970)

Summary

Joan Woodward was born on 19 June 1916. She gained a first—class degree in Philosophy, Politics and Economics at Oxford in 1936, in 1938 an MA in Medieval History from the University of Durham, and in 1939 a Diploma in Social and Public Administration from the University of Oxford. Her war service was spent in personnel and planning in industry, where she developed an abiding interest in industry, where she developed an abiding interest in seeking ways to improve the management process. This was confirmed in 1946 with a move to the Civil Service and a posting to the Ministry of Supply. In 1948 she was appointed to a lectureship in Industrial Sociology at the University of Liverpool. Posts at South East Essex Technical College and Oxford University followed. In 1962 she was appointed to a senior lectureship in Imperial College, London, where, in an institution famous for its science and engineering, her ground— breaking work in bringing together technological and social analysis was recognized in 1969 by her appointment to the founding Chair in Industrial Sociology. Her commitment to finding practical solutions coupled with her keen analytical mind resulted in appointments as consultant to large companies, such as Tube Investments, Pilkington and the John Lewis Partnership, as well as to government departments and quasi—governmental organizations, such as the General Post Office, the Department of Employment and Productivity and the Prices and Incomes Board.

As a woman, Woodward was a rarity in her academic discipline and in Imperial College, where she was only the second woman to become a professor in its entire history. Her legacy to organizational analysis through surveys, case studies and practical experience is impressive for its breadth and depth. She led a generation of industrial sociologists in the pursuit of knowledge, in a field in which it was to be theoretically interesting and rigorous. Her name became synonymous in Britain with the recognition of a crucially important relationship between social and technical systems. Groundwork in this area had been undertaken at The Tavistock Institute of Human Relations, and contemporary scholars in the UK and USA were making similar observations, but it is her name, which, in the UK, is most frequently associated with the discovery of relationships between production technology, organization structure and behaviour.

Paul Roger Lawrence (1922—)
and Jay William Lorsch (1932—)

Personal background
Paul Roger Lawrence

- Paul Lawrence born Rochelle, Illinois, 26 April 1922
- Educated at Albion College and then at Harvard University (MBA 1947, DCS 1950)
- Appointed Donham Professor of Organization Behaviour at Harvard, 1961

Jay William Lorsch

- Jay Lorsch born St. Joseph, Missouri, 8 October 1932
- Educated at Antioch College and Columbia University, then took DBA in organization behaviour at Harvard University in 1964
- Taught at Harvard Business School since 1965; currently Louis E. Kirstein Professor of Human Relations

Major works

Organization and Environment: Managing Differentiation and Integration, *Lawrence and Lorsch* (1967)
Organizations and Their Members: A Contingency Approach, *Lorsch(with J. J. Morse)* (1969)
Matrix, Lawrence(with S. M. Davis) (1983)

Summary

Paul Lawrence and Jay Lorsch can be regarded as the first researchers (perhaps along with Fiedler) to explicitly use the term 'contingency theory' in their writings. At the time of the publication of Organization and Environment in 1967, several other researchers on both sides of the Atlantic were following similar lines of enquiry that were beginning to converge on the notion that were was no one universalist 'best way' to manage an organization, but rather a 'best way' for managing in a particular context. The idea of contingency became a label for the fit between internal organization, individual predisposition and the external context. The work of Lawrence and Lorsch focused particularly on the impact that the environment, characterized by uncertainty and rapid rates of change, had on internal organization characteristics. Their subsequent and separate works have built on from these early ideas and findings.

Fred Luthans(1939—)

Personal background

- born in Clinton Iowa, 1939
- graduated from the University of Iowa, 1965
- served in the US Army at West Point, 1965—1967
- professor at the University of Nebraska, Lincoln, 1967—
- president of the Academy of Management, 1986

Major works

Organizational Behavior (1973)
Organizational Behavior Modification (*with R. Kreitner*)(1975)
Real Managers (*with R. M. Hodgetts and S. Rosenkrantz*)(1988)
International Management (*with R. M. Hodgetts*)(1991)

Summary

Luthans has published a number of major books including the widely used *Organizational Behavior*, now in its eighth edition, and the more specialized *Organizational Behavior Modification*, which won the American Society of Personnel Administration award for outstanding contribution to human resources management. His book Real Mangers resulted from a four — year research study, which has been recently replicated with a large sample of mangers in Russia, and the resulting papers have been published in academic journals. His most recent book is *International Management*, which was published by McGraw—Hill, and is now in its third edition. He has well over a hundred refered journal articles, the latest being a meta—analysis of his research studies over the past 20 years on organizational behavior modification to be published in the *Academy of Management Journal*. The consulting editor for the McGraw—Hill Management Series for 22 years, Professor Luthans also serves on a number of editoral boards and is currently the editor of *Organizational Dynamics*, the major journal of the American Management Association and is editor—in—chief of the *Journal of World Business* (formerly the *Columbia Journal of World Business*).

Fred E. Fiedler(1923—)

Personal background

- born in Vienna in 1923, left for America in 1938
- studied at University of Chicago gaining a master degree in clinical psychology (working with Carl Rogers) and a PhD on the therapeutic relationship, 1946—1949
- moved to Illinois to work with Lee Cronbach in 1951 and, two years later, established the Group Effectiveness Research Laboratory

- became professor of psychology at the University of Washington in 1969
- retired in 1992, though continues to be active, primarily in the leadership training area
- developed the notion that leadership effectiveness was contingent on the relationship between the leader and situational factors; produced training programmes to put the contingency model into practice

Major works

A Theory of Leadership Effectiveness (1967)
Improving Leadership Effectiveness: The Leader Match Concept (with M. M. Chemers and L. Mahar) (1with M. M. Chemers and L. Mahar) (1976)
New Approaches to Effective Leadership: Cognitive Resources and Human Performance (with J. E. Garcia (1987)

Summary

Without doubt Fiedler is best known for his 'contingency model' of leadership effectiveness. This provided a new way forward in the leadership are—an area where researchers had failed to show that effectiveness was predictable solely on the basis of leader characteristics—be they personal traits or behaviors. His original contribution was the provision of a metric for measuring and classifying leadership situations, a way of distinguishing between two sorts of leader and a way of combining these with data about leadership effectiveness. He also is well known for his work on leadership training, promoting the view that leadership effectiveness could be improved, not by trying to change the leader but by changing the situation; he has produced training materials for just this purpose. Contingency models came to be the norm and not just in the leadership area; some now think they have outlived their usefulness.

第七节　经验主义学派

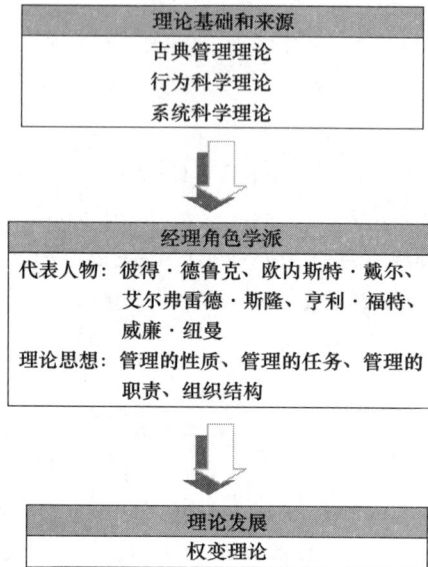

<table>
<tr><td colspan="1">理论基础和来源</td></tr>
<tr><td>古典管理理论
行为科学理论
系统科学理论</td></tr>
</table>

<table>
<tr><td colspan="1">经理角色学派</td></tr>
<tr><td>代表人物：彼得·德鲁克、欧内斯特·戴尔、
艾尔弗雷德·斯隆、亨利·福特、
威廉·纽曼
理论思想：管理的性质、管理的任务、管理的
职责、组织结构</td></tr>
</table>

<table>
<tr><td colspan="1">理论发展</td></tr>
<tr><td>权变理论</td></tr>
</table>

图 8—13

一、概述

经验主义学派又被称为经理主义学派，这一学派以向西方大企业的经理提供管理企业的成功经验和科学方法为目标。可以划归为这一学派的人很多，其中有管理学家、经济学家、社会学家、统计学家、心理学家、大企业的董事长、总经理及管理咨询人员。他们的基本管理思想是：有关企业管理的理论应该从企业管理的实际出发，特别是以大企业管理经验为主要研究对象，加以抽象和概括，然后传授给管理人员，向经理提出实际建议。他们认为管理学就是研究管理的经验。通过研究管理中的成功和失败，就能了解管理中存在的问题，就自然而然地学会进行有效管理。

这是一个庞杂的学派。其成员有的受古典管理理论影响较深，有的倾向于行为科学，有的认为系统科学也比较有用，有的介于这些学科之间。但是他们都把实践放在第一位，以适用为主要目的。对实践经验高度总结是经验主义学派的主要特点。

二、主要代表人物

（一）彼得·德鲁克

彼得·德鲁克（Peter F. Drucker，1909—）是当代最著名的经验主义管理学家，他的代表作是《管理——任务、责任、实践》。德鲁克 1909 年生于奥地利首都维也纳，早年曾学过法律、经济、哲学等，1931 年获法学博士学位。为逃避纳粹德国的迫害，他于 1933 年去英国伦敦，并任银行、保险公司及其他公司的顾问，不断在报纸杂志上发表文章。后于 1937 年移居美国，成为美国公民。在美国，他开始是作为由若干家美国银行和保险公司组成的集团的经济学家，后又担任美国通用汽车公司、克莱斯勒汽车公司、国际商用机器公司等大企业及一些外国公司的顾问，并于 1945 年创办了德鲁克管理咨询公司，自任董事长。他于 1942—1949 年期间任本宁顿学院政治和哲学教授，1950—1972 年期间任纽约大学工商管理研究生院管理学教授，1972 年以后成为纽约大学高级教授。

他的主要著作有：

《经济人的目的》（1939 年）；

《产业人的未来》（1942 年）；

《公司的概念》（1946 年）；

《新社会》（1950 年）；

《管理实践》（1954 年）；

《美国未来的二十年》（1957 年）；

《明天的标志》（1959 年）；

《效果管理》（1964 年）；

《有效的管理者》（1966 年）；

《不连续的时代》（1969 年）；

《管理——任务、责任、实践》（1974 年）；

《动乱时代的管理》（1980 年）；

《创新与企业家精神》（1985 年）。

（二）欧内斯特·戴尔

欧内斯特·戴尔（Ernest Dale）是美国管理学家，并担任美国和国际性的一些大公司的董事和顾问，是欧内斯特·戴尔协会的主席。他的主要著作有：

《公司组织结构的计划和发展》（1952）、《伟大的组织》（1960）、《组织中的参谋工作》（1960，与林戴尔·厄威克合写）、《企业管理的理论与实践》等。

（三）艾尔弗雷德·斯隆

艾尔弗雷德·斯隆（Alfred Sloan，1875—1966）是美国的高级经理人员，曾长期担任美国通用汽车公司的总经理和董事长。他是事业部管理体制的首创人之一。他在1921—1922年期间就提出了一种叫"集中政策控制下的分散经营"组织机构模式，这是事业部的雏形。

斯隆于1923年任通用汽车公司总经理。那时，美国企业界有两种截然不同的领导方式：一种是高度集权，企业的所有权都集中在最高层手中。这种领导方式效率高、决断很有力，但随着企业的扩大和外界环境变化的加速，已逐渐不能适应需要。另一种方式是高度的分权，几乎没有集中的控制和领导。这种极端分散的领导方式也不可能使企业得到健康的发展。斯隆的最大贡献就是设计出了一种组织模式，使集权和分权在当时的条件下得到较好的平衡。他把通用汽车公司按产品划分为21个事业部，分属4个副总经理领导。有关全公司的大政方针，如财务控制、重要领导人员的任免、长期计划、重要研究项目的决定等，由公司总部掌握，其他具体业务则完全由各事业部负责。斯隆认为，这种管理体制贯彻了"政策决定与行政管理分开"这一基本原则，因而能使集权和分权得到较好的平衡。通用汽车公司经过斯隆的改革和整顿以后，迅速发展成为世界上最大的汽车公司。斯隆在1963年出版的《我在通用汽车公司的年代》一书中介绍了他在该公司的工作经验。

（四）亨利·福特

亨利·福特（Henry Ford，1863—1947）是美国福特汽车公司的创建人和长期的领导者，流水线大量生产管理技术的倡导者。福特于1899年创建底特律汽车公司，但以破产告终。此后，他与詹姆斯·卡曾斯、道奇兄弟等人于1903年创建福特汽车公司并任总经理。1919年，福特独占该公司，并使之发展成为美国第二大汽车公司。他在生产和管理上的最大成就，是于1913年在占地面积为278英亩的新厂中首先采用了现代化的大规模装配作业线。工人操作时无需移动就可以从旁边和高架的供应线上获取各种零件、部件和工具。在流水作业和大量生产的基础上，汽车的生产成本和售价都逐渐降低，增加了销售额。如"T型车"1910年售价为950美元，1924年已降到290美元。福特最早注意到通过提高工资和福利来提高工人的劳动生产率。1914年，美国非熟练工人的日工资一般为1美元，熟练工人的日工资只有2.5美元，而福特却付给工人5美元工资。福特认为，这样可以吸引和保持生产率最高的工人，并使工人有较多的钱购买工业品，从而扩大工业品的市场。福特于1914年开始在工人中实行利润分享计划，每年把 3000 万美元分给职工。他还设立了设备较完善并拥有专职人员的医疗部门和福利部门。他于 1916 年在工厂中开办职业学校，1936 年创建了福特基金会，用于资助科学、教育、慈善事业，以扩大福特本人和福特汽车公司的影响。他的著作有：《我的生活，我工作》(1925)、《今天和明天》(1926)、《前进》(1931) 等。

（五）威廉·纽曼

威廉·纽曼（William Newman），美国管理学家，哥伦比亚大学教授。他的主要著作有：《经济管理活动：组织和管理的技术》(1951)、《管理的过程》(1961，与萨默合写)。

三、经验主义学派的主要管理思想

（一）管理的性质

经验主义学派的各个代表人物虽然对管理的理论和实践的一些看法有相当大的分歧，但都认为管理是对人进行管治的一种技巧，是一种特殊的独立的活动，同时也是一个独立的知识领域。他们认为管理学是由一个工商企业管理的理论和实践的各种原则组成，管理的技巧、能力、经验不能移植并应用到其他机构中去，管理的定义是努力把一个人群或团体朝着某个共同目标引导、领导和控制。显然，一个好的管理者就是能使团体以最少的资源和人力耗费达到其目的的管理者。

管理活动有其特殊的内容，人进行管理的技能同它应用的具体条件无关，管理活动是所有各种领导方式的主要组成部分，这是一种同所有的其他活动（工程、技术等活动）在性质上都不同的活动，管理侧重于实际应用而不是纯粹的理论研究。

（二）管理的任务

管理的任务主要有三项：

1. 取得经济成果。因为企业就是为了取得经济效果，取得经济效果在企业机构中是合理的并且本身就是它的目的。企业的决策人员在他们作出决策的时候，都必须首先考虑经济效果。一个企业如果未能产生经济效果，不能按顾客支付价格的意愿提供商品和劳务，如果不能维持或提高社会支付给它的经济资源的生产能力，那么这个企业就是失败的。

2. 使企业具有生产性，并使工作人员有成就感。工商企业有三类资源：资本、人力和时间。但真正的资源只有一种——人，这对其他机构和组织来说也是一样的。企业都是通过人力资源更有生产性来执行其工作，通过工作来取得成绩。具有生产性的工作首先能给企业的成长做出直接贡献。其次，也是最为困难的是使工作人员有成就感。对人的管理最大的困难是人的心理具有多变性，而今天的管理是不能忽视人的心理因素的。

3. 妥善处理企业对社会的影响和企业承担对社会的责任的问题。这是因为没有哪一个机构是为了自己而存在的，是以自身为目的的。每一个机构都是社会的机器，都是为社会而存在的，企业的好坏不是由企业自身来评价的。企业对社会的主要责任就是它应该对社会产生积极的影响和卓越的效果。

以上三项任务是在同一时间、同一管理行动中执行的，人们甚至不能说其中哪一项任务是最重要的或需要更大的技巧和更大的能力。

（三）管理的职责

作为企业的主要管理经理，有两项职责是别人不能替代的。第一个职责是他必须造成一个生产的统一体，这个生产统一体的生产力要比它的各个组成部分的生产力的总和更大。从这个意义上讲，经理要造成生产统一体就要克服企业中的所有的弱点，并使各种资源（特别是人力资源）得到充分的发挥。经理的第二个职责是在做出每一次决策或采取每一个行动时，要把当前的利益和长远的利益协调起来。每一个经理都有一些共同的必须执行的职责。这些职责是：

1. 树立目标并决定达到这些目标要做些什么，然后把它传达给与目标的实现有关的人员。

2. 进行组织工作。对工作分类并划分成一些较小的活动，以便进行管理，建立组织机构，选拔人员等。

3. 进行鼓励和联系工作。经理要利用表扬、奖金、报酬、提拔等手段来鼓励人们做好工作。

4. 对企业的成果进行分析，并对企业的所有人员的工作进行评价。

5. 使职工得到成长和发展。经理执行其职能的情况如何，将使得职工更易于或更难于发展自己的能力。

他们认为经理的工作就是激励、指挥和组织人们去做他们的工作，而不是其他。不论经理所重视的是哪一种工作，他的效果取决于他的听和读的能力，取决于他的说和写的能力。他需要把他自己的思想转达给别人，并找出了解别人在想什么的技巧。

（四）组织结构

他们对组织结构是很重视的。他们认为：①法约尔和斯隆有关组织结构不是"自发演变"的观点是正确的，"自发演变"的组织结构只能带来混乱、摩擦和不良后果。组织结构的设计是需要思考、分析和系统研究的。②设计一个组织结构并不是第一步，而是最后一步。第一步是确定一个组织结构的基本构造单位，即那些必须包含在最后结构之内并承担已建成大厦的负荷的业务活动。③战略决定结构。组织不是机械的，不是装配件，不能预测。组织是有机的，并且每一个企业或机构各有特点。结构是实现一个机构各种目标的一种手段，因此有关结构的任何工作都应从目标和战略出发。战略就是对"我们的企业是什么？应该是什么？将来是什么？"这些问题有明确的答案。它决定组织结构的宗旨，因而决定某一企业或机构中那些最关键的活动。有效的组织结构就是使这些关键活动能够进行工作并取得成就的那种组织设计，而这些关键活动反过来成为一个能进行工作承受负载的组织结构要素。组织设计所应关心的就是这些关键活动和关键工作。

组织结构设计的规范是：

1. 明确性。组织中的任何一个管理部门、任何一个人都应该有明确的位置。"归谁领导，应该到哪里取得所需要的信息，同谁进行协作"。

2. 经济性。用于控制、监督、引导人们取得成绩的力量应该保持在最低限度，良好的组织结构应该是使人自我控制、自我激励。

3. 远景方向。组织结构应该引导每个管理部门和每个人的愿景，使其为取得整个企业的成绩而做出努力。

4. 理解本身的任务和其目的任务。一个组织应该使自己的每个任务适应于整体的任务，因此在组织结构中不应该出现信息流通的障碍。

5. 决策。组织结构必须能使组织做出正确的决策并能把这些决策转化为工作上的成就。

6. 稳定性和适应性。一个组织要有充分的稳定性和适应性，也就是说能在动荡的环境中开展工作，能不断地对未来进行规划，做到稳定而不僵化。

7. 永存性和自我更新。一个良好的组织结构，必须能够从内部产生未来的领导者，能够在每一层次上培养和考察每一个人担任更高一级职务的能力，并且能接受新的思想和做新的事情。

德鲁克认为目前基本上有5种结构。其中职能制和事业部制是大家都熟悉的。另有3种是新的，即规划——目标结构（矩阵结构），模拟分权制结构，系统结构。按组织设计所依据的准则来划分，则可分为三大类：职能制结构、矩阵结构是以工作和任务为中心的组织设计，事业部制和模拟事业部制是以成果为中心的组织设计，而系统结构是以关系为中心的组织设计。

四、经验主义学派的管理方法

(一) 管理技能

1. 做出有效决策。经验主义学派认为，管理是特殊的工作，因而要有一些技能，如作出有效的决策，在组织内部和外部进行信息联系，正确运用控制和衡量，正确运用分析工具。经理要能够掌握这些技能，并使每一个管理人员都必须对这些基本管理技能有所了解。

2. 有效地进行信息联系。信息联系有四项原则：①信息联系是知觉的，即信息联系决定的一方是信息的接受者。②信息联系是期待的，它所说的知觉是人们期待着的知觉。③信息联系提出要求，即信息联系必须要求信息接受者成为某样的人，做某种事，相信某种事。④信息联系和信息是不同的。它们在很大程度上是对立的，但又是相互依存的。信息联系是知觉，而信息是逻辑，是纯粹形式上的，不是人与人之间的信息。它越是摆脱人的感情的因素，客观的价值就越大。

信息联系必须把重点放在被接受者和发出者双方都知觉到的东西上，放在他们共同的东西上，放在预定的信息接受者已有动机的东西上，必须从一开始就了解到预定的信息接受者的价值观、信念和期望。因此，目标管理是有效信息联系的一个先决条件。

(二) 目标管理

目标管理是使管理人员和广大职工在工作中实行自我控制并达到工作目标的一种管理技能和管理制度。德鲁克指出，在生产发展的现阶段，由于重复性的例行工作都由自动化工具和半自动化工具来做，工人的活动有了很大的变化，主要从事机器的安装、维修和控制等。工业生产的进步要求扩大管理的范围，把工人也吸引来参加管理。因此，并提出了"目标管理"的建议。以后又经过其他一些人的补充和发展，目标管理逐渐为许多国家所采用。德鲁克认为，古典管理学派偏重于以工作为中心，忽视人的一面，行为科学又偏重于以人为中心，忽视了同工作相结合。目标管理则是综合了以工作为中心和以人为中心的管理技能和管理制度，能使职工发现工作的兴趣和价值，从工作中满足其自我实现的需要，企业的目标也同时因而实现了。这样就把工作和人的需要两者统一起来了。在德鲁克之后对目标管理理论做出了重大贡献的奥迪奥恩（George Odiorne）曾给目标管理下了这样一个定义："简言之，目标管理制度可以描述为如下一个过程：一个组织中的上级和下级管理人员一起制定共同的目标；同每一个人的应有成果相联系，规定他的主要职责范围；并用这些措施来作为经营一个单位和评价其每一个成员的贡献的指导。"

目标管理的基本要点如下：

1. 企业中目标的性质。

企业中的目标可分为战略性目标、策略性目标，以及方案和任务，分别由企业中的各级管理人员和一般职工来制定。

2. 目标管理成功的先决条件。

有以下 6 条：

（1）高层管理人员的参加。总经理和其他高层领导人员必须积极参加制定和实现公司的战略目标和高级策略目标。

（2）下级人员必须积极参加目标的制定和实现。目标管理计划之所以能起激励作用并改善人际关系，就因为它能吸引各级经理人员和广大职工参加制定目标并为目标的实现承担责任。

（3）有充分的情报资料。制定有效的目标就要有充分而精确的情报资料。各级管理人员如果不了解高层领导制定的目标，就不能合适地制定他们自己的目标。此外，各级管理人员还必须掌握有关成本、可用资源、同事及其他人的协作意愿、市场条件、自己的行为对企业内其他单位的影响等方面的情报资料。

（4）对实现目标的手段有控制权。要使目标管理成功，一个管理人员应该对实现目标的一些手段（生产过程、人员、物资、资金）有一定程度的控制权。否则目标虽然制定了，却并不能影响管理行为并取得成果。

（5）对由于实行目标管理而带来的风险要予以激励。以往都是按照各人做的工作来对职工进行评价，至于是否达到一定的目标，职工并不承担什么责任。实行目标管理以后，每个人都要为实现一定的目标而承担责任。为此，他就要承担一定的风险——目标不一定能实现，因此会影响对他的评价。所以，必须为此而予以激励。不然的话，有的人口头上赞同目标管理，实际上却不积极，甚至暗中抵制。

（6）对职工要有信心。一般说来，目标管理要求以 Y 理论来看待职工，相信职工能制定目标并承担实现目标的责任，相信人的本性愿意承担责任、能够自信、愿意上进和发展。许多目标管理计划的失败是由于企业的高层管理用 X 理论来看待职工，而未按目标管理要求对职工的态度做出转变。也有的是由于职工习惯于在 X 理论的环境中工作，不能迅速适应目标管理的要求。所以，企业管理当局和职工两方面都应在态度上有所转变，才能使目标管理获得成功。

3. 目标管理的三个阶段。

目标管理的第一阶段是制定目标。整个企业制定一年或一个时期的战略目标，各级管理部门制定部门要实现的策略目标，每个职工制定自己的目标（方案和任务）。这样形成了一个目标体系。这一阶段十分重要。目标愈明确、具体、数量化，实现目标的过程管理和对成果的检查与评价也就越容易。这一阶段又分为五步，具体内容如下：

（1）准备。对各级管理人员和准备参加目标管理的人员系统地提供有关目标管理的性质和利益的情报，尽可能使参加者了解自己在目标管理制度中的个人利益和职能，并消除他们的顾虑。

（2）由企业的高层领导制定战略目标。这一步要注意战略目标要足够宽泛，以便在情况复杂时有足够的机动余地。战略目标要表述为企业准备达到的各种标准，如在道德和法律的限度内取得最大的利润，通过向企业成员提供生产率、补偿、挑战等方面的机会来激励他们，等等。

（3）在各管理阶层制定试探性的策略目标。这些策略目标（包括高层领导制定的高级策略目标）是试探性的，可予以改变。

（4）各级管理人员提出各种建议，相互讨论并修改。各级管理人员提出的建议，有时要经过反复的讨论和修改才能定下来。这样虽然要费些时间，但能让大家把意见都讲出来，并使每个人都感到是他自己订的计划，从而提高实现计划的积极性。

（5）对各项目标和评价标准达成协议。通过各级管理人员对建议的讨论和修改，就各项目标和评价标准达成协议，形成一个完整的目标体系。每一级达成协议的目标和评价标准要报送上一级。

目标管理的第二阶段是实现目标的过程。这也是连结第一阶段的第六步，在一般监督下为实现目标而进行过程管理。这种过程管理同传统的管理方法不同，主要由职工自主管理或自我控制，上级只是根据例外原则对重大的问题才过问和干预。因为每个职工都有自己制定的目标，他就能充分发挥自己的积极性、创造性和主动性来实现他自己的目标。上级只需加以支持和诱导，鼓励职工为实现自己的目标而努力。由于职工的个人目标和各级管理人员的策略目标是以整个企业的战略目标为依据的，所以，当职工的个人目标和各级管理人员的策略目标实现时，企业的战略目标也就实现了。

但在许多目标管理计划中，往往只有一般的计划，没有逐日的安排。这样，计划就只能对企业管理行为起一般的影响，不能保证其具体实现。为了使目标管理计划贯彻于日常活动中，必须以目标管理计划为依据，做出逐日的安排。各级管理人员和每个职工每日在开始工作时要问一问自己，我今天能够具体做些什么来为实现自己的目标做出贡献？对这个问题的回答可以围绕以下 6 个题目来组织：

（1）开始。今天有什么项目应该开始？

（2）继续。今天有什么项目应该继续进行？

（3）完成。今天有什么项目应该完成？

（4）先后次序。今天的工作应该按什么次序来安排，以便有效地利用资源并在规定的时间内完成？

（5）检查。今天有什么项目应该检查其进行情况，以便如期完成？

（6）时间安排。除了上面提到的活动以外，今天的时间应该怎样最好地予以利用？此外，还要考虑哪些工作本来是自己做的，现在可以授权给别人去做？如何防止干扰？有哪些特别耗费时间的活动可以免除？等等。

目标管理的第三阶段是对成果进行检查和评价，也就是连接上两个阶段的第七步。把实现的结果同原来制定的目标相比较，对做得好的，肯定成绩，予以各种形式的奖励；对做得不好的，一般并不予以惩罚，而是尽量使各级管理人员和职工自己总结教训，上级予以辅导，以便将来更好地发挥自己的能力，为企业做出贡献。最后一步是把这一个周期中总结出来的经验和教训应用到目标管理的下一个周期中去，以便不断地提高目标管理工作的质量。这样，目标管理就成为一个动态环境。

五、理论评价

经验主义学派认为："归根到底，管理是一种实践，其本质不在于'知'而在于'行'，其验证不在于逻辑，而在于成果；其惟一权威就是成就。"因此，管理理论"自实践产生而又以实践为归宿"。经验主义学派主张通过分析经验（通常也就是一些案例）来研究管理问题。经验主义学派的特点是：

1. 主要代表人物兼任重要管理职务。例如，德鲁克既是纽约大学的管理学教授，又是众多美国大公司（通用汽车公司、国际商用机器公司、克莱斯勒公司）的顾问，1945 年创办德鲁克管理咨询公司，任董事长。

2. 注意将理论研究和实践活动结合起来，注意吸收古典学派和人际关系学派的理论。

3. 经验或案例学派并未形成完整的理论体系，其内容也比较庞杂，但其中的一些研究反映了当代社会化大生产的客观要求，是值得注意的。

Peter F. Drucker (1909—)

Personal background

- born in Vienna, 13 May 1909
- settled permanently in the USA in 1937, working as an economist and consultant
- professor of philosophy and politics, Bennington College, Vermont 1942
- professor of management, New York University, 1952
- published Management: Tasks, Responsibilities, Practices, 1974
- published his first novel, The Last of All Possible Worlds, 1982

Major works

The End of Economic Man (1936)

The Future of Industrial Man (1942)

The Concept of the Corporation (1946)

The Practice of Management (1954)

Managing for Results (1964)

The Effective Executive (1967)

People and Performance (1973)

Management: Tasks, Responsibilities, Practices (1974)

The Unseen Revolution (1976)

Adventures of a Bystander (1979)

Towards the Next Economics (1981)

Innovation and Entrepreneurship (1985)

The Frontiers of Management (1987)

Summary

Peter Drucker is one of the most prominent writers and thinkers on management this century. His works span a wide range of political and economic issues, but it is his writings on management that have made him famous. He coined the term 'management by objectives' and is considered largely responsible for changing attitudes away from scientific management towards a more philosophical approach in which management can be reduced to a series of generic tasks and in which goals are of greater importance than functions. (The IEBM Handbook of Management Thinking, Edited by Malcolm Warner, P160)

Sloan, Alfred Pritchard, Jr (1875—1966)

Personal background

- Born 23 May 1875 in New Haven, Connecticut
- eldest of four sons of a New Haven tea, coffee and cigar wholesaler and retailer
- grew up in Brooklyn, New York, from the age of ten
- graduated with degree in electrical engineering from Massachusetts Institute of Technology in 1895
- began career with Hyatt Roller Bearing Company, New Jersey, in 11895, becoming its president at the age of twenty-six
- after Hyatt was acquired by General Motors (GM) he became vice president and a member of its executive committee in 1918, then its operating vice president in 1920, then its president and chief executive officer in 1923
- reorganized GM from an untidy group of largely separate businesses into a widely emulated model of rational organization
- divided GM into five different divisions, each with its make of car in a differ-

ent price range
- decentralized production while centralizing administration
- built up GM to surpass Ford's car sales in the USA in the late 1920s, and to become the largest company in the world
- funded several charities named after him, a centre for the advanced study of engineering and the prestigious Sloan School of Management at the Massachusetts Institute of Technology

Major works

Adventures of White Collar Man (*with B. Sparkes*) (1941)
My Years with General Motors (1964)

Summary

Alfred P. Sloan, Jr (1875 — 1966) was an administrative genius who, with Henry Ford, brought the modern car industry into being. His successes followed Ford's with the Model T Ford, which was becoming increasingly obsolescent as General Motors (GM) began developing a wider range of cars. His very successful reorganization and development of GM along federal lines and evolving elaborate decentralization is imitated all over the world. Sloan used cost accounting, market analysis and internal competition as strong frameworks for a philosophy and style of management, which was relatively fair, open, informal and democratic. Sloan joined GM in 1918 and retired in 1956, and was its chief executive officer from 1923 to 1946. Sloan's flexible and innovative approach to very large-scale organization and management was extremely successful, but elements of complacency and fear of change were apparent in GM by the 1960s. Habits of undue emphasis on economy and rather stereotyped approaches to marketing, as well as decreasing emphasis on technical innovation, combined with foreign competition to give the company problems from the 1970s onwards. Nevertheless most of the main elements of Sloan's philosophy are still widely praised for their administrative, economic, moral, political, psychological and social logic.

第八节　经理角色学派

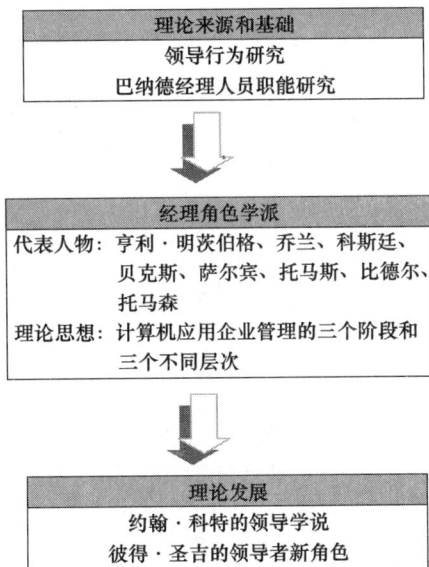

理论来源和基础
领导行为研究
巴纳德经理人员职能研究

↓

经理角色学派
代表人物：亨利·明茨伯格、乔兰、科斯廷、 　　　　　贝克斯、萨尔宾、托马斯、比德尔、 　　　　　托马森
理论思想：计算机应用企业管理的三个阶段和 　　　　　三个不同层次

↓

理论发展
约翰·科特的领导学说
彼得·圣吉的领导者新角色

图 8—14

一、概述

经理角色学派是 20 世纪 70 年代才在西方出现的一个管理学派，是英文 Management Roles Approach 的意译。它之所以被人们叫做经理角色学派，是由于它以对经理所担任角色的分析为中心来考虑经理的职务和工作，以求提高管理效率。他们所讲的"经理"是指一个正式组织或组织单位的主要负责人，拥有正式的权力和职位。至于"角色"，该学派的创始人明茨伯格曾在《经理工作的性质》一书中作了这样的说明："角色这一概念，是行为科学从舞台的术语中借用到管理学中来的。角色就是属于一定职责或地位的一套有理的行为。演员、经理和其他人担任的角色是事先规定好的，虽然各人可能以不同的方式来解释这些角色。"

二、主要代表人物

(一) 亨利·明茨伯格

亨利·明茨伯格（Henry MintZberg，1930—）于 1961 年在加拿大麦吉尔大学获机械工程学士，1962 年获乔治·威廉士大学文学学士，1965 年获得美国麻省理工学院管理学硕士，1968 年获得该院斯隆管理学院博士学位。他长期在麦吉尔大学任教，现为该校管理学教授，并担任《战略管理》、《管理研究》、《一般管理、经济和工业民主》、《行政管理》、《企业战略》等杂志的编委，又是加拿大皇家学会会员。

1973 年出版的《经理工作的性质》是明茨伯格的主要代表作，也是经理角色学派最早出版的经典著作。该书是以他 1968 年完成的博士学位论文《工作中的经理——由有结构的观察确定的经理的活动、角色和程序》以及其他有关文献为基础完成的。

(二) 乔兰

乔兰（I. Choran）用结构分析的方法对 3 个小公司的总经理所担任的各种角色进行研究，并于 1969 年出版《小公司的经理》一书。

(三) 科斯廷

科斯廷（A. A. Costin）对 200 个中层经理所担任的各种角色进行了研究，并于 1970 年出版《工商业和政府中的管理轮廓》一书。

(四) 贝克斯

贝克斯（John Bex）于 1971 年 9 月在英国运筹学学会召开的大会上宣读了《对变动环境中的经理角色的某些观察》一文。

(五) 萨尔宾和艾伦

萨尔宾（T. R. Sarbin）和艾伦（V. L. Allen）于 1968 年发表《角色理论》一文。

(六) 托马斯和比德尔

托马斯（E. J. Thomas）和比德尔（B. J. Biddle）于 1966 年出版《角色理论：概念和研究》一书。

(七) 托马森

托马森（G. F. Thomason）于 1966 年发表论文《经理工作角色和关系》。

三、经理角色学派的管理思想及特点

经理角色学派是一个仍在不断发展的学派。由于这一学派对实际工作的经理人员有相当大的指导作用，所以受到管理理论和实践工作者的重视。其中有许多人的著作还在陆续出版，有些管理思想也处于进一步形成之中。

该学派认为，其他一些管理学派未能全面地理论结合实际，未能对经理的工作进行深入的研究，不能反映出经理工作的真正面貌和实质，因而对提高经理的工作效率帮助有限。因此他们一方面采用日记的方法对经理的工作活动进行系统的观察记载，另一方面又在观察的过程之中及观察结束以后对经理的工作内容进行分类。这样，既得到了有关经理工作特点的资料，又得到了有关经理工作内容的描述，从而可以更深入地了解经理工作的实质。经过调查，他们发现，在各种经理类型的经理职务之间存在着一些区别，也存在着一些基本的共同点，找出这些共同点就可以找到探讨提高经理效率的共同规律性的东西。

（一）经理工作的 6 个特点：

1. 工作量大，节奏紧张。由于全面负责一个组织或组织中的一个单位的工作并要同外界联系，所以经理总有大量的工作要做，必须毫不松懈，保持较快的工作节奏，而且很少有休息时间。

2. 活动短暂、多样而琐碎。社会上的大多数人的工作是专业化和专一化的，而经理的工作是全面而多样的。他们作了一个统计，总经理每天有 36 个书面联系和 16 个口头联系，每项涉及的都是不同的事务，而且工作活动也是非常短暂的，一般在 10 分钟左右。由于短暂和多样，他们也只有用相同的方式来进行工作。所以，必然造成经理工作的肤浅性，这是要努力克服的。

3. 把现实的活动放在优先的地位。经理倾向于把主要精力放在现场的、具体的、非常规范的活动上，他们对现实的、涉及到具体问题和当前大家关心的问题的信息做出积极的反应，而对例行报表及定期报告则不那么关心。他们强烈希望的是获得最新信息。

4. 爱用口头交谈的方式。经理适用的工作联系方式主要有 5 种：邮件、电话、未经安排约会、经安排约会和视察。但他们一般都爱用口头交谈的方式，这占他们的时间比例是很大的，大约为 78%。

5. 重视同外部和下属的信息联系。经理对三个方面维持着信息联系：上级、外界和下属。经理实际上处于下属和其他人之间，用各种方法把他们联系起来。

6. 权力和责任的结合。经理的责任很重大，经常有急事要他们处理，似

乎很难控制环境和他自己的时间。他们的权力很大，他至少有两个方面的控制权。①他可以主动地选择承担或不承担某项责任。②他可以利用在承担某项责任中为自己的目的服务。

各种经理的活动都体现了这6个特点。认识了这些特点，有助于我们进一步认识经理的工作性质和他所承担的责任。

（二）经理的角色图

经理角色学派认为在一般的情况下经理都担任10种角色。他们是：①挂名首脑。②领导者。③联络者。④信息接受者。⑤信息传递者。⑥发言人。⑦企业家。⑧故障排除者。⑨资源分配者。⑩谈判者。

他们把这10种角色进行了分类，如图8—15所示。

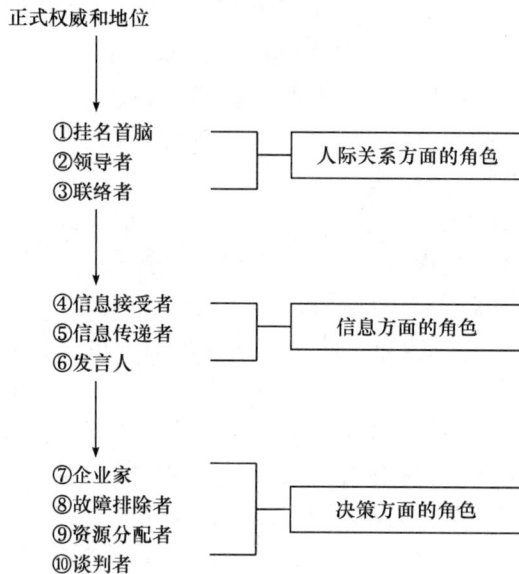

正式权威和地位

①挂名首脑
②领导者　　　→　人际关系方面的角色
③联络者

④信息接受者
⑤信息传递者　→　信息方面的角色
⑥发言人

⑦企业家
⑧故障排除者　→　决策方面的角色
⑨资源分配者
⑩谈判者

图 8—15

这些角色不是相互孤立的，而是一个整体，一个结合起来的整体。经理实际是一个投入—产出系统，因其权威和地位产生人际关系方面的角色，人际关系方面的角色导致投入（信息），而这又导致产出（信息和决策）。人们不能随意地取消一种角色而使其余角色完整无缺。

（三）经理的6项基本目标

组织之所以需要经理，不仅是由于制度中的不完善和环境中预料不到的变化，而且由于需要有一个正式的权威来担任某些基本的、经常的职责。经理的

10 种角色表明，经理有以下 6 项基本的目标。

1. 经理的主要目标是保证组织实现其基本目标——有效地生产出某些产品或服务。这又导致了经理产生第二项目标。

2. 经理必须设计和维持他的自治业务的稳定性，经理必须规划其组织业务并对这些规划进行监督，以保证工作流程有一个稳定的模型。

3. 经理必须负责组织的战略决策系统，并使组织以一种可控的方式适应于变动的环境。

4. 经理必须保证组织为那些对组织有影响的人服务。对组织有影响力的人对经理施加动力，以便组织为其共同目标服务。

5. 经理必须在组织同环境之间建立起关键的信息联系。由于经理具有正式的权威，只有他能够处于某些特殊的信息的神经中枢。他通过联络者的角色建立起这种联系，通过信息接受者的角色，把一些比较模糊而杂乱的信息整理成清楚的信息传递给下属；另一方面，他通过发言人角色和谈判者的角色把组织的信息传递给外界。

6. 作为正式的权威，经理负责他所在组织的等级制度运行，这项工作虽然通常是例行的和程序化的，但经理仍然要履行这些职责。

经理角色学派认为，在各种类型经理的职务中，既有共同性，又有差异性。为了全面地认识经理的职务和工作，对其差异性也必须加以分析。影响经理职务的因素是：环境因素、职务因素、个人因素和情境因素。

（四）经理职务的 8 种类型

可以用经理职务的 8 种类型来概括经理职务的绝大多数的变化。

1. 联系人。有些经理把他们大部分的时间用于他们的组织之外，同那些可以给他们提供优惠、提供定单和有利信息的人打交道。他们所担任的主要角色是联络者角色和挂名首脑角色。

2. 政治经理。这种经理也把大部分时间用于同外界打交道，但其目的却不同于联系人经理。他关键性的角色是发言人和谈判者，绝大部分政府机构和公共机构的高层经理属于这种类型。

3. 企业家。这种类型的经理把很大一部分时间用于寻找机会和实行组织变革，他的关键角色是企业家角色，同时在谈判者角色上也花费相当多的时间。处于成长期的小企业，生存是关键问题，所以上述角色成为其主要特征。

4. 内当家。有些经理主要关心维持内部的业务平衡，他们把时间大都用在建立机构、培训人员、监督下属正常进行作业，他们主要是通过分配资源进行工作，同时也承担一些领导者的角色。

5. 实施经理。这类经理同内当家类似，主要是关心组织内部的业务，但其时间尺度和处理问题的原则有所不同。这种经理也称为解决问题的能手，他更重视组织的当前业务，致力于保证组织的日常工作的持续不断。

6. 协调经理。这类经理也面向组织的内部，他主要关心的是创造出一个团结一致的整体，能有效地进行作业。

7. 专家性经理。在某些情况下，一个经理除了担任通常的经理职务外还必须担任一个专家的职务。这种经理往往是一个专家参谋集团的首脑，在大组织中作为专业化信息的一个中心，他在专业问题上提供对其他经理的咨询。

8. 新经理。这种类型的经理在担任经理职务开始时缺乏联系和信息经验，集中精力于信息的收集者和联系者角色，试图建立起联系网络和信息基地，在他拥有更多的信息以前，决策角色不能充分发挥作用。

四、经理角色学派的管理方法

经理角色学派就如何提高经理工作效率提出 10 项要点：

1. 与下属同享信息。经理由于同外界有广泛的联系而易于从外界获得大量的信息。由于他在组织中处于最高地位，又能全面而及时地掌握组织内部的大量信息。这些信息大多是口头进行的，如果不注意交流，就可能使信息中断，而信息是下属有效工作所必须的。下属由于地位和条件的限制，难于获得足够的信息。如果下属误以为是经理故意扣压信息，就会使工作十分不利。

2. 自觉地克服工作中的表面性。经理的工作由于量大、紧张、多样、琐碎、简短，很容易陷于日常事务中。经理必须自觉地对待驱使他工作的压力。有一些问题必须使他集中精力，深刻理解，另一些问题他只需粗略地过问一下就可以了。经理必须就这两类问题进行权衡，这样他就可以把工作分为三类：①一般性的，只要交给下属处理就可以了。②有些重要的，只要过问一下就可以，即由下属拟定方案，最后自己审批即可。③最为重要、最复杂和最敏感的问题，必须亲自处理。这些问题往往是属于机构改组、组织扩展、重大矛盾事件等。这样分类对提高经理的效率是有很大帮助的。

3. 在共享信息的基础上，由两三个人分组分担经理的职务。克服经理工作负担过重的一个办法是由两三个人来分担经理的职务，形成二位一体、三位一体、管理小组和总经理办公室等领导体制。这里要注意：①领导集体中的每个人都必须共享信息，因为信息是经理能承担其职务的关键因素。②领导集体中各个成员必须协调配合，对组织的方针和目标有一致的认识。否则的话就会朝着不同的方向使劲，领导机构和整个组织就要解体。

4. 尽可能利用各种职责为组织目标服务。经理必须履行各种职责，花费许多时间。其实经理的每一项职责都给他提供了为组织目标服务的机会。他的成功与失败和他是否能充分利用各个职责给他提供的机会有密切关系。

5. 摆脱非必须的工作，腾出时间规划未来。为了组织的长远发展，经理必须用较大的精力和时间对未来进行谋划，使组织能适应未来的环境。经理必须在维持组织的稳定运行和寻求组织的变革机会之间加以平衡。

6. 以适应当时的具体情况的角色为重点。尽管经理承担不同的角色，在不同的时候承担不同的角色，但是一个重要的原则是，在不同的场合充当不同的角色，而这些角色是不能混乱的。因此经理必须以当时、当事的角色为重点。

7. 既要掌握具体的情节，又要具有全局的观点。经理要做好工作，必须掌握事物的具体情节，所以必须通过多种渠道来掌握各种有关具体情节的信息。但是他又必须有全局的观点，不能只见树木不见森林。

8. 充分认识自己在组织中的影响。经理必须时时注意到下属对自己平时的言行十分敏感，所以经理要意识到自己对组织的影响，凡事谨慎从事。这点对任何形式的组织都是适用的。

9. 处理好各种对组织有影响力的人和机构的关系。组织之所以存在，是由于一些人支持它，这些人都对组织有影响。经理的任务之一就是处理好这些对组织能施加影响的人和机构的关系，使之协调起来，共同促进组织的发展。

10. 利用管理科学家的知识和才能。环境变化是十分复杂的，经理要处理大量的日常、琐碎的工作，能否在战略高度来对组织的生存发展提出有意义的战略方案，取决于经理有无利用大量的科学家为组织的发展提供帮助的意识。因为战略的问题是一个十分复杂的问题，需要经过系统分析的权衡才能做出恰当的决策，而经理没有足够的时间做这些工作。在这个方面，各类科学家可以提供帮助，尤其是管理学家。他们可以帮助经理寻找好的机会，分析各种方案的成本和效益，提出较好的模型以供选择。如果经理和各类科学家处理好关系，经理就能得到必要的帮助，使自己的组织得到顺利的发展。

经理角色理论是在现代企业组织理论基础上发展起来的，是在经营权与所有权分离，经理成为一种职业后的产物。该理论不仅对理解经理人的角色、工作性质、职能、经理的培养具有重要意义，而且还对如何提高经理工作效率，尤其是对经营管理体制（如激励机制、监控机制、决策机制）设计具有重要的现实意义。由于经理工作极为重要，权力又非常大，其行为的影响又非常深远，因此如何建立既不影响经理发挥职能，又能有效地发挥其积极性、创造性，同时又能约束其滥用职权的制度，就是现代企业制度研究的重要课题。

经理角色学派在发展中取得了一些成就，但是在现代管理丛林中能否进一步成为主流，尚待客观环境的综合作用结果而定。

Henry Mintzberg（1939—）

Personal background

- born Toronto，2 September 1939
- received degree in mechanical engineering from McGill University(1961)，BA from George Williams College(1962),SM in management from Massachusetts Institute of Technology (1965)and PhD from Sloan School of Management (1968)
- took up teaching post at McGill University，1972
- won McKinsey Award for best article in Harvard Business Review，1975,1987
- appointed Bronfman professor of Management at McGill University，1978
- president of the Strategic Management Association,1988—1989

Major works

The Nature of Managerial Work (1973)
Mintzberg on Management：Inside the Strange World of Organizations (1989)
The Strategy Process (with J. B. Quinn)(1991)
The Rise and Fall of Strategic Planning (1994)

Summary

Mintzberg was the first scholar in management studies to be elected to Canada's Royal Society and has the rare distinction of publishing four articles in Harvard Business Review since 1975，twice winning the McKinsey Award. It is perhaps typical of Mintzberg that, with thousands of eager strategists ac-

300

knowledging his leadership of the Strategic Management as a concept. (The IEBM Handbook of Management Thinking, Edited by Malcolm Warner, P466)

第九节　计算机管理学派

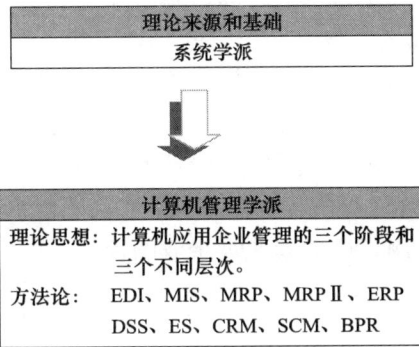

理论来源和基础
系统学派

计算机管理学派
理论思想：计算机应用企业管理的三个阶段和三个不同层次。
方法论：EDI、MIS、MRP、MRP II、ERP、DSS、ES、CRM、SCM、BPR

图 8—16

一、历史背景

自 20 世纪 50 年代以来，一些发达国家相继将计算机应用于企业管理。近来，由于信息技术与计算机技术的发展，在管理中已普遍采用计算机，目前发达国家中应用于企业管理和其他非数值处理的计算机占装机总数的 80% 以上。在企业管理中采用计算机是现代生产力发展的必然趋势，也是实现管理现代化的必由之路。

二、概述

该学派继承了系统学派的观点，认为一个组织是一个由相互联系的若干要素组成的人造系统，因此对于这个系统的管理就需要采用系统的工具和软件。随着计算机广泛应用在管理方面，出现了很多的管理系统软件平台以及管理概念。

301

（一）EDI（电子数据交换）

EDI 是英文 Electronic Data Interchange（电子数据交换）的缩写。作为一种电子化商业贸易方式，通俗地讲，EDI 就是标准化的商业文件在计算机之间从应用到应用的传送和处理。EDI 将企业与企业之间的商业往来文件，以标准化、规范化的文件格式，无须人工介入，无需纸张文件，采用电子化的方式，通过网络在计算机应用系统之间，直接地进行信息业务的交换与处理。相对于传统的订货和付款方式，传统贸易所使用的各种单证、票据全部被计算机网络的数据交换所取代。EDI 系统的大范围使用，可以减少数据处理费用和数据重复录入费用，并大大缩短交易时间，降低库存和成本，提高效率。

（二）MIS（管理信息系统）

管理信息系统（MIS）是综合计算机技术、网络技术、管理技术和决策技术，与现代管理思想、方法、手段相结合，进行信息采集、加工、存储、传递的人—机信息系统。MIS 能够实测企业各种运行状况，利用过去的数据预测未来，从全局出发辅助企业进行决策，帮助企业实现其规划目标。MIS 作为信息技术在管理中的应用，已发展成为企业的神经系统，成为企业未来发展与成功的基石。

（三）MRP（物料需求计划）

20 世纪 60 年代，为解决订货点法存在的缺陷而提出的以库存控制为核心的 MRP 软件（时段式 MRP），标志着现代企业管理软件的起点。其主要目标是确定每项物料在每个时区的需求量，从理论上部分解决了企业订货的时间和数量不精确的问题。70 年代闭环式 MRP 系统除物料需求计划外，还将生产能力需求计划、车间作业计划和采购作业计划也全部纳入 MRP，形成一个封闭的系统。

（四）MRPⅡ（制造资源计划）

20 世纪 80 年代，为解决 MRP 只涉及物流的缺陷，MRPⅡ纳入信息流、资金流，增加了生产能力的平衡、计划下达过程和实施过程的反馈调整等功能，信息可与其他系统共享。如 MRP 加上生产计划可以建立供应计划，而库存记录可用来进行成本核算，逐步形成集生产、供应、销售、财务等功能于一体的系统，一般包括八大模块，即销售管理、生产计划、MRP、生产作业计划、采购管理、能力需求计划、数据管理和库存管理。

MRPⅡ是一套先进的生产管理技术，它的基本思想是通过运用科学的管理方法和现代化的工具——计算机，规范企业各项管理，根据市场需求的变化，对企业的各种制造资源和整个生产、经营过程，实行有效组织、协调、控制，在确保企业正常进行生产的基础上，最大限度地降低库存量、缩短生产周期、减少资金占用、降低生产成本、提高企业的投入产出率等，从而提高企业的经济效益和市场竞争能力。

（五）ERP（企业资源计划）

面对全球化竞争，加快新产品的开发和上市时间 T，改善质量 Q，降低成本 C 以及完善售前售后服务 S，成为企业的永恒主题。围绕 T、Q、C、S，展开了企业管理变革和技术创新。ERP 把原来的 MRPⅡ拓展为围绕市场需求建立企业内外部资源计划系统，把客户需求、企业内部制造活动、供应商的资源融合在一起，完全按市场需求制造。其基本原理是将企业的制造流程看做是一个从供应商、制造工厂、分销网络到客户密切相关的"供应链"，运用计算机硬、软件手段尽力缩短这个"供应链"，提高其运转效率，为企业产品质量、市场需求和客户满意提供保障，最终提高企业的市场竞争能力。

（六）DSS（决策支持系统）

决策支持系统是帮助决策者利用数据、模型和知识去解决非结构化或半结构化决策问题的人—机交互系统。主要由人机接口、数据库、模型库、知识库及其相应的管理系统等几部分组成。自 20 世纪 70 年代美国学者 Scott Morton 首次提出 DSS 的概念以来，已引起国内外学者的高度重视。目前，人们对数据库和知识库的表示研究已取得了巨大的成功，如数据库有成熟的关系数据库管理系统（RDBMS），知识库有 PROLOG 语言中的一阶谓词。但对模型库的研究大多只停留在单个模型的应用水平上。主要原因是模型库与数据库有较大的差别，使得它的开发有较大的难度。因此，模型的表示及其建模是一个较难的课题。

（七）ES（专家系统）

专家系统是计算机化的系统，它在某些特定领域内，能以人类专家的水平去解决该领域中的问题，在某些方面甚至可能超过专家。

专家系统有以下特点：

1. 取众专家之长。

2. 凭经验进行启发推理，即以知识为基础。

3. 以适当的方式与人进行对话，包括使用自然语言。

4. 基于符号描述进行操作和推理。

5. 能处理有错误的数据和不确定的判断。

6. 同时考虑多个不同的假设。

7. 对提出的问题做出解释。

（八）CRM（客户关系管理）

所谓 CRM 是指通过管理客户信息资源，提供客户满意的产品和服务，与客户建立起长期、稳定、相互信任、互惠互利的密切关系的动态过程和经营策略。CRM作为一种新的经营管理哲学,其内涵可以从以下几个不同角度、不同层次来理解。

1. 客户关系管理是一种管理理念,其核心思想是将企业的客户(包括最终客户、分销商和合作伙伴)作为最重要的企业资源,通过完善的客户服务和深入的客户分析来满足客户的需求,保证实现客户的终生价值。

2. 客户关系管理又是一种旨在改善企业与客户之间关系的新型管理机制。它实施于企业的市场营销、销售、服务与技术支持等与客户相关的领域,通过向企业的销售、市场和客户服务的专业人员提供全面、个性化的客户资料,并强化跟踪服务、信息分析的能力,使他们能够协同建立和维护一系列与客户和生意伙伴之间卓有成效的"一对一关系"。一方面使企业得以提供更快捷和周到的优质服务,提高客户满意度、吸引和保护更多的客户,从而增加营业额;另一方面则通过信息共享和优化商业流程来有效地降低企业经营成本。

3. 客户关系管理也是一种管理技术。它将最佳的商业实践与数据挖掘、数据仓库、一对一营销、销售自动化以及其他信息技术紧密结合在一起,为企业的销售、客户服务和决策支持等领域提供了一个业务自动化的解决方案,使企业有一个基于电子商务的面对客户的前沿,从而顺利实现由传统企业模式到以电子商务为基础的现代企业模式的转化。

(九)SCM(供应链管理)

1989年Stevens初步提出供应链管理(Supply Chain Management,简称SCM)的概念,至今SCM的实践已经扩展到一种所有加盟企业之间的长期合作关系,使之从一种作业性的管理工具上升为管理性的方法体系。

供应链是现代工商业的一种新的业态形成,它通过有效的客户和市场管理、对客户需求的准确预测和迅速反应,以及最大程度地降低从原材料到生产、再到销售整个过程的库存和运转费用,为终端顾客提供最大的让渡价值,提高供应链成员整体的竞争力。

(十)BPR(企业流程集团)

BPR是20世纪90年代由美国的Michael Hammer和Jame Champy提出的。1993年,他们在《公司重组——企业革命宣言》一书中指出,200年来,人们一直遵循亚当·斯密的劳动分工的思想来建立和管理企业,即注重把工作分解为最简单和最基本的步骤,而目前应围绕这样的概念来建立和管理企业,即把工作任务重新组合到首尾一贯的工作流程中去。他们给BPR下的定义是:"为了飞跃性地改善成本、质量、服务、速度等现代企业的主要运营基础,必须对工作流程进行根本性的重新思考并彻底改革。"它强调以业务流程为改造对象和中心、以关心客户的需求和满意度为目标、对现有的业务流程进行根本的再思考和彻底的再设计，利用先进的制造技术、信息技术以及现代化的管理手段，最大限度地实现技术上的功能集成和管理上的职能集成，以打破传统的职能型组织结构，建立全新的过程型组织结构，从而实现企业经营在成本、质量、服务和速度等方面的巨大改善。它的重组模式是：以作业流程为中心、打破金字塔状的组织结构、建立横宽纵短的扁平式柔性管理体系，使企业能适应信息社会的高效率和快节奏、适合企业员工参与企业管理、实现企业内部上下左右的有效沟通、具有较强的应变能力和较大的灵活性。以集体智慧将企业系统所欲达到的理想功能逐一列出后展开功能分析，经过综合评价和通盘考虑筛选出基本的、关键的和主要的系统功能，并将其优化组合成企业新的运行系统。BPR 的提出在美国、西欧和日本引起了很大的轰动，是在 20 世纪 90 年代达到了全盛的一种管理思想。

三、主要的理论观点

（一）计算机用于企业管理经历的三个阶段

1. 单项数据处理阶段。这是计算机用于管理的初级阶段，主要是模仿手工管理，用于工资计算、统计报表等部分事务工作。原始数据的收集还保留手工方式，计算机只是局部代替了管理人员的手工劳动，使部分管理工作的效率有所提高。这一阶段管理工作的性质没有改变，计算机的效率未能充分发挥。

2. 数据的综合处理阶段。这个阶段的第一个特点是开始应用计算机控制某个管理子系统，并有一定的反馈功能。例如，在库存管理子系统中，计算机不仅要统计仓库日常的收发料量，而且要安排采购订货计划，保证库存物品既能满足需要，又不会因缺货而导致损失，做到尽量少占用资金。这样计算机要计算最经济订货批量，制定各项物资的储备定额，确定库存的上下限，当实际库存量超过上下限时计算机能自动报警。

这个阶段的第二个特点是从单机——单用户发展到计算机网络。在网络上汇集、交换信息，通过交互处理方式使一台大型计算机可以为多个终端用户服务。

这个阶段的第三个特点是使用实时处理方法。把输入数据从发生地点直接向计算机输入，经处理后得出的输出数据又直接传送给使用场所。这为提高管理的实效创造了十分有利的条件并推动了管理向实时性、集中化发展。

3. 数据的系统处理阶段。这一阶段的特点是在管理中全面使用计算机。企业的各项管理业务都由计算机进行系统处理，企业的主要信息都存储在数据库内，供各级决策者使用。在大型企业内建立多级计算机网络系统，即多级——多用户网络，在更大的范围内实现计算机资源和信息资源的共享，构成一个管理信息系统。

（二）计算机应用于企业管理具有三个不同层次

1. 上层管理（战略规划）。它是通过建立在数据库中的企业管理信息并结合现代管理方法，对重大战略问题决策。它所涉及的时间范围是长期的，其决策项目涉及企业的经营目标、方针、政策等长远规划的决策。

2. 中层管理（管理控制）。这一层主要是按照已定的战略方针进行具体的计划和组织。例如，编制年度的生产计划和供应计划；平衡人力、设备、资金、材料等资源条件，以求得较好的经济效益；组织企业内外各部门协作；掌握各部门的动态，通过分析比较做出指示等。管理信息系统主要是完成这一层的工作。

3. 基层管理（作业管理，运行控制）。计算机辅助企业管理大多数是由这一层开始的。这部分工作量大面广，专门用来处理经常性事务，完成大量重复处理的业务工作。例如，账目结算、编制统计报表、管理订货合同、仓库货物管理、人事档案建立和检索等。它是构成战略规则和管理控制的基础。完成这一层任务的系统也称为电子数字处理系统。

四、理论评析

计算机应用于企业管理已经取得了明显的经济效果。由于提供了完整、准确的信息，提高了管理工作的效率和决策水平，使经济效益不断提高。此外，计算机应用于企业管理还可得到一系列的间接经济效果，如使管理体制合理化、管理方法有效化、基础数据科学化等，这些都会给企业带来难以估量的价值，会在更高的水平上推动企业管理的全面进步。

注　释

[1] Koontz Harold. The Management Theory Jungle. Journal of the Academy of Management，1961，4(3)

深入阅读建议

1. Harold Koontz. The Management Theory Jungle. Journal of the Academy of Management，1961，14(3)；Academy of Management Review，1980，5 (2)

2. D. A. Wren, The Evolution of Management Thought. 此书有中译本：管理思想的演变．中国社会科学出版社，2000

3. 黄孟藩、马孜学．外国经济管理的最新趋势．新华出版社，1988

阅读互动

1. George Odiorne 是 Peter Drucker 的学生，他是著书全面论述目标管理的第一人。

思 考 题

1. 简述现代管理理论流派和思潮的内在联系。
2. 分别列出不同学派对"人性的定义"。
3. 分别列出不同学派对"组织"的理解。
4. 分别叙述各学派的方法论基础。

现代管理理论总结

一、现代管理理论丛林图示

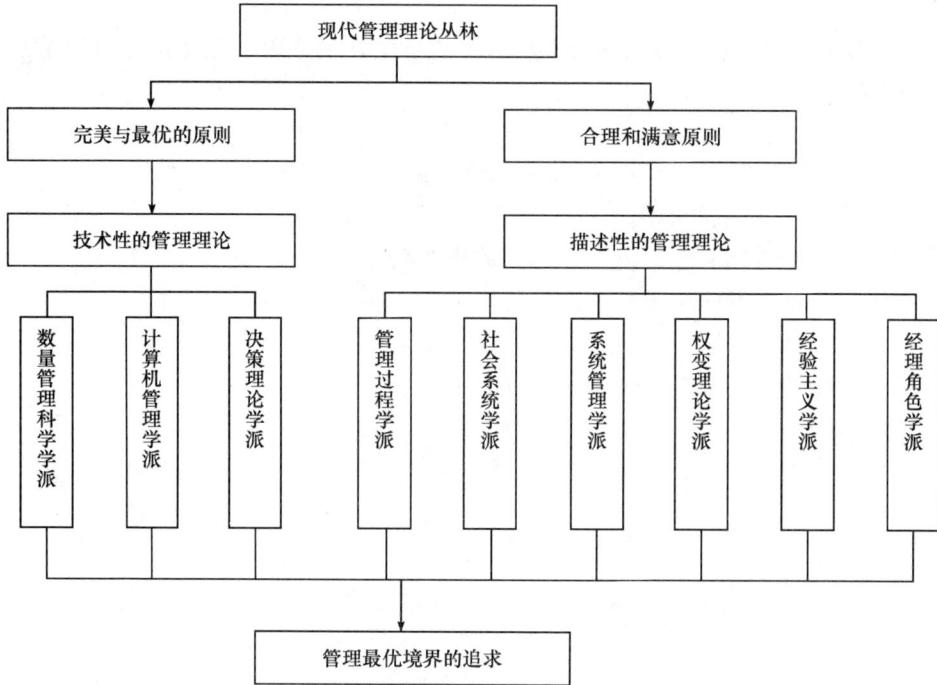

```
                        现代管理理论丛林
                              │
              ┌───────────────┴───────────────┐
              │                               │
        完美与最优的原则                   合理和满意原则
              │                               │
        技术性的管理理论                   描述性的管理理论
              │                               │
      ┌───────┼───────┐       ┌───────┬───────┼───────┬───────┬───────┐
   数量管理   计算机   决策    管理过程 社会系统 系统管理 权变理论 经验主义 经理角色
   科学学派   管理学派 理论学派  学派    学派    学派    学派    学派    学派
      │        │      │       │       │       │       │       │       │
      └────────┴──────┴───────┴───────┴───────┴───────┴───────┴───────┘
                              │
                        管理最优境界的追求
```

二、现代管理理论的归类

　　西方古典管理理论和行为科学理论出现以后，特别是第二次世界大战以后，美国国力与经济水平都得到了大幅度的发展，企业所处的环境、生产经营

308

方式以致社会资源的配置方式都发生了重大变化，致使企业管理面临许多新情况和新问题，实践要求产生新的管理理论。这个时期除了行为科学理论得到长足发展以外，许多管理学者（包括社会学家、数学家、人类学家、计量学家等）都从各自不同的角度发表自己对管理学的见解，出现了许多新的理论和学说，从而形成了许多学派。它们是相互影响、相互渗透、相互作用的，形成了盘根错节、竞相争荣的局面。

不同的学者也根据各自不同的认识对这些理论进行了不同的分类。1961年，美国管理学家哈罗德·孔茨发表的《管理理论丛林》一文把当时西方的管理学派分为6个学派。它们是：管理过程学派、经验学派、人群行为学派、社会系统学派、决策学派、数理学派。还有一些西方学者提出了补充，如经济分析和会计学派、管理科学学派、工业工程学派，等等。1980年孔茨又发表了《再论管理理论丛林》一文，指出西方的管理理论已经发展到11个学派：经验案例学派、人际关系学派、群体行为学派、社会协作系统学派、数学（管理科学）学派、社会技术系统学派、决策理论学派、系统学派、权变学派、经理角色学派、经营管理（管理过程或管理职能）学派。

美国的管理思想史学家丹尼尔·雷恩则把西方的管理理论分为三大学派。第一个学派是管理过程学派，这个学派一共延续了五代，第一代是以法约尔为代表的同一时期的管理学家，第二代是以纽曼、孔茨为代表的管理学家，第三代以后就进入了管理理论丛林，并且各种学派混杂交错在一起形成共同繁荣的局面，第四代主要指系统管理学派和管理比较研究，第五代主要指权变理论学派。第二个管理理论学派是指组织行为学派。第三个管理理论学派主要指管理科学即管理中的数量学派。

美国的管理思想史学家劳德·小乔治把西方管理理论划分为四大学派：传统学派（科学管理），行为学派、管理过程学派、数量学派。

而管理学家哈罗德·波拉德把西方的管理理论分为三大学派。①工作学派：其中包括泰勒、吉尔布雷思、甘特、德鲁克等。②经验学派：其中有法约尔、谢尔顿、巴纳德等。③社会学派：其中包括福莱特、梅奥、麦格雷戈、赫茨伯格等管理学家和社会心理学家。

三、现代管理思想对管理思想的发展

随着世界经济的飞速发展，企业管理的主要课题开始由如何提高组织内部效率转向了组织如何适应环境的领域，探讨组织与环境关系的研究活跃起来。20世纪80年代以来，许许多多新的管理理论相继涌现，如雨后春笋争相竞荣，可以说一个新的管理理论丛林已经枝繁叶茂。由于研究条件、掌握材料、观察角度以及研究方法等方面的不同，必然产生不同的看法和形成不同的思路，从而形成了多种管理学派。而各种现代管理思想对管理思想的发展主要在于：

1. 由"封闭系统"向"开放系统"转变。

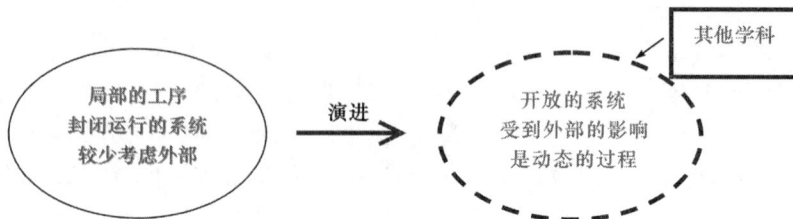

2. 由"定性分析"→"定性、定量"分析结合的转变。

定量分析和定性分析的区别如下表所示：

项目 方法	内容	适用范围	特　点
定性 分析	理论思辩 经验总结	非程序性决策 非理性行为	解决"如何做正确的事情的决策"，可以为管理者提供正确的方向。
定量 分析	最优化技术 预测技术 决策技术	程序性决策 理性行为	解决"如何正确地做事情的工具与技术"，可以为已做出的决策提供最小成本实现目标的方法。

3. 将科学的技术与方法引入并运用到管理之中，帮助进行计划、控制过程。

四、现代管理理论的缺点

西方当代的管理理论已经划分为各种不同的学派。然而到底将某人划分为哪一个学派，各人的看法是不一样的。这是由许多原因所形成的。孔茨在他的《管理理论丛林》一文中分析了造成这一现象的原因。

1. 语义上的混乱。

如管理这个词，多数人同意是指别人或同别人一同去把工作做好。这里所说的"别人"是指正式组织中的人，还是左右群体活动的人，对此有不同的解释。在管理中，对人是加以统治、还是进行引导或加以教育，各人也有不同的看法。又如"组织"这个词，管理过程学派大都用它来表示一个企业的工作职权结构，即企业中的正式组织，而另有些组织理论家把组织看成是一切群体活动中的人的关系的总和，几乎把组织与社会结构等同起来。还有人把组织用做企业的代名词。又如"决策"一词，有人只把它看成从各种方案中选择一种方案的过程，而另一些人认为应当包括管理的整个过程。又如"领导"一词，有些人把它看成是管理的同义词，而另一些人则认为这两者之间是有区别的。还有如"人际关系"，有的人把它理解为受一定的思想情绪的控制，有的人把它理解为人际关系的技巧。

2. 对管理和管理学的定义和所包含的范围没有取得统一的意见。

有人认为凡是处理人际关系的活动都是属于管理的范围，而有的人则认为范围要小一些。关于管理学的范围，有人认为等于社会学和社会心理学范围的总和，有人则认为不是这样的。由于对管理和管理学定义和范围没有取得统一的意见，以至于把一切事物都归纳到管理学的范围，这样就降低了管理理论的科学价值，对实际就没有起到更好的指导作用。

3. 把前人对管理经验的概括和总结看成先验而加以抛弃。

法约尔、厄威克、古利克等人将管理经验加以概括和总结，提出了一些非常重要的分析和见解，却被人认为是先验的假设抛弃，这只会造成管理学理论上的混乱。

4. 曲解和抛弃前人提出的一些管理原则。

如有人抓住企业中存在的隶属关系的混乱而否定统一指挥的原则，对于过去的理论攻其一点不顾其余，这样也会造成管理理论上的混乱。

5. 管理大师缺乏沟通。

管理理论中的许多纠缠不清的问题都是由于管理学者们不愿意或不能相互了解造成的。这些管理学者们由于各种原因，使其相互间缺乏沟通或沟通不够。

五、现代管理理论的历史贡献

尽管各学派彼此相互独立，但基本目的是相同的。这些理论的核心目标集中在管理的合理化，提高企业的业绩。它们在管理思想史上占有极其重要的地位。

管理信息系统的产生可以根据组织各层次所需要的各种信息进行组织、分析，并帮助决策。

现代管理理论为管理提供了各种工具。模型的运用可以使我们更清楚地了解组织的复杂性及所处的环境，也使我们更精确地控制和管理。

现代理论学派的视野已大大超出关于评价比较方案过程的范围。他们把评价方案仅仅当成考察整个企业活动领域的出发点，决策不再是单纯地局限于某个具体决策上，而是把企业当做一个"小社会"来予以系统地、广泛地考察，因而又涉及社会学、心理学、社会心理学等多种学科。

我们认为现代管理理论在不断发展，而且随着社会经济环境的变化而变化。对现代西方管理理论的各种流派进行介绍，有助于认识管理思想史发展历程中各种学说、各种流派异彩纷呈的局面，更好地使我们走出管理理论的丛林，并最终走向管理最优境界的理论领域。

第五篇

当代管理思想的新发展

在急剧分散的五光十色、杂乱无章的原子化组织世界中，绝对必须有某种黏结剂，使互不相关的工作单位保持一致。

——阿伦·肯尼迪，特伦斯·迪尔

当代管理思想综述表

背景	1. 世界经济的结构性变化：原材料经济与工业经济、制造业的生产和就业脱钩，资本流动是经济发展的助动力。 2. 19世纪80年代后世界格局的变化：价值观西化、文化的交融、科技成为生产力、生产要素的周期性变化。
人性假设	经济人、社会人、自我实现的人、复杂人
基本特征	较为突出的是，来自于战争的词汇——"战略"开始引入管理界。
代表人物及其学说名称	托马斯·彼得斯的管理思想 迈克尔·波特的竞争战略学说 约翰·科特的领导学说 彼得·圣吉的学习型组织 戴明与朱兰——质量管理理论双子星座 企业战略和核心能力学说 企业文化理论 企业再造理论 6σ理论
评价	开始重视研究如何适应充满危机和动荡的环境的不断变化，谋求企业的生存发展，并获得竞争优势。

第九章

当代管理思想的历史背景

20世纪70年代后期和80年代初期，世界国与国之间的竞争开始由以军事实力为基础向以经济实力为基础转移。在这个转移的过程中，世界发生了急剧变化，旧的格局解体，一种新的世界格局逐渐形成。1989年8月19日，前苏联发生剧变，紧接着波及整个东欧。

第一节 世界经济的结构性变化

如果我们从世界经济发展的角度来分析，世界经济在这一阶段也呈现出结构性变化。

一、初级产品经济与工业经济脱钩

这也就是说原材料经济与工业经济脱钩。随着科技的发展，人们对充分利用自然资源有了更深的认识。在整个工业发展的过程中，提高资源的价值和附加值是工业和科学技术发展的主要标志。受20世纪70年代世界能源危机的影响，80年代以后，西方世界更加注重提高能源的利用率。例如，日本1984年的每单位工业产品的原材料消耗量仅是1973年的60%，这一过程仅用了11年。因此原材料经济与工业经济脱钩是世界经济中一个结构性的变化，在某种意义上特别加剧了初始产品和加工产品的竞争。这种情况使得初始产品严重过剩，因此不断压低价格，导致竞争日趋激烈。另外，加工产品科技含量越来越高，产品周期也越来越短，市场竞争更加激烈，所以20世纪80年代以来的国际经济是以最为激烈的竞争形式出现的。

二、加工工业经济内部生产与就业脱钩

从主要方面来说，就是制造业的生产与制造业的就业相脱钩。在发达国

家，增加制造业实际上就是意味着减少蓝领工人的就业人数。其结果是人工成本作为一种比较成本和竞争因素，其重要性逐渐减弱。

在1973—1985年期间，美国制造业生产实际上提高了大约40%，而在同一时期制造业的就业人数则不断下降。与1975年相比，现在美国制造业中蓝领人数减少了500万人。然而在这段时期内，美国就业总人数增长速度比任何时期都要快。美国就业总人数从8200万人增加到1.1亿人，即整整增加了1/3，然而增加的全部就业人数都在制造业以外，而且特别是在非蓝领的工作岗位上。发达国家的经济的发展呈现出两种趋势：科学技术在制造业中越来越成为发展的主要力量，纯体力劳动因素的影响越来越小。在非制造业方面，尤其是在服务业方面，纯体力劳动因素的影响越来越大，形成了新的竞争领域。这从另一方面说明了竞争加剧是20世纪80年代世界经济的主要特征。

三、资本流动而不是商品和劳务贸易成为世界经济发展的主动力

这两者或许还没有脱钩，但它们之间的联系越来越松散了，越来越变得难以预料。

我们可以把资本的流动看做象征性的经济，即汇率和信贷的周转，把货物的和劳务的流动作为实际性经济。这样来看，象征性的经济和实际性的经济在相当大的程度上是相互独立的，这尽管不易为人所理解。但是，在世界经济中资本却起着极其重要的作用。我们可以从世界货物贸易量来进行分析。货物和劳务贸易在20世纪80年代达到25000亿—30000亿美元，伦敦欧洲美元市场每个工作日的交易额就超过3000亿美元，即每年为750000亿美元，它至少是世界货物和劳务贸易总额的25倍。

世界上一切参与竞争的资本主要看其实力的大小，而实力大小的重要标志主要表现在两个方面：即科技含量和资本量。一句话，世界经济的竞争已经从有形向无形转变，从实际性向象征性发展。这说明了竞争的知识和技术含量越来越高，而且将会比资本量的作用与价值越来越重要。

德鲁克说，不管是什么原因，它们已造成了一种基本的变化。在世界经济中，货物与劳务的"实际"经济及货币信贷与资本"象征"经济已不再紧密地联系在一起了。事实上，它们离得越来越远，而经济竞争的激烈程度离我们越来越近了。

德鲁克最后得出结论：经济的动力已经决定性地转向世界经济。

一个国家必须根据世界经济的发展状况来制定它的经济政策，以致出现了这样的状况，许多国家试图预测世界经济发展趋势，并利用世界经济的发展优

势作为自己发展的机会。这是一个国家，也是一个企业把注意力转向世界经济并赋予世界经济优先考虑的地位，这是取得成功的真正秘密。

第二节 20世纪80年代以后世界格局的变化

进入20世纪80年代，由于整个世界格局处于一个大动荡的前夕，许多矛盾在不断酝酿着、积聚着。东西方两大板块在不断地碰撞、交融、渗透。由于意识形态领域方面的不同，以及各种传统文化的差异，使得整个世界的格局处于一个动荡不安的状态，主要表现在以下几个方面。

一、价值观的西化，强调个性将是人类社会的主流

资本主义的市场经济以新教伦理、自由意志伦理和市场伦理为基石，这是从人的价值观出发来规定了人的基本行为，主要是强调人的本性，即具有独立的人格特征作为社会基本的生活单元。这样，在由每个独立的人所组成的社会中，由于受组织的自然规律支配，从而形成了各种各样的社会组织形态。这样，就形成了今天的丰富多彩的社会画面，而这些社会画面的基本要素就是每一个人都是独立的。在人实现其个人价值的过程中，在人满足各种需要的过程中，随着生产力的发展，人们在满足基本需要以后，紧接着就会在追求个性心理需求方面要求得到满足，从而导致了需求的多样化。为了满足不断变化的市场需求，企业在机遇和风险并存的条件下，生存发展的难度不断上升。

二、传统文化和外来文化的交融

由于科学技术不断发展，现代交通和通讯的发展使得我们居住的地球越来越小了。现代的经济理论也证明了这一点，即经济的发展是世界经济的发展而不是一个国家经济的发展，在发展的过程中形成了区域经济圈。圈内与圈外、圈与圈之间的交融，形成了不同的文化融合，人们的传统习惯被不断地打破和改变，而且新的文化概念也在不断地形成，从而影响了人们的行为习惯。无论是人们的消费行为还是人们的社会行为都以新的方式出现，这无疑给企业发展增加了压力。一方面是企业的产品和服务不仅要提高质量，而且还要在品种和方式上不断更新，另一方面，由于文化对人的行为产生了巨大的影响，不同文

化的冲突给管理企业带来了巨大的困难，从而导致企业生存率下降，使企业在新的竞争环境下发展更加困难。

传统文化和外来文化的交融，使社会文化呈现多样化，社会发展的不确定性更加突出，市场变得更加难以捉摸。

三、科学技术的发展和日常消费的联系日趋紧密

科技是生产力，已成为全世界各国政府和人民的共识。科技的发展进一步加强了竞争的激烈程度，尤其是发展中国家对科技发展在经济中作用的认识进一步加深。

推动经济发展的动力是什么？在市场经济条件下，追求最大利润是经济发展的基本动力。而在这个动力作用下，要使利润最大限度地得以实现，主要是靠科技和管理。也就是说，科技和管理是推动经济发展的两个轮子。

这两个轮子的转动都是对于市场经济来说的，只有在市场竞争的条件下，这两个轮子才能转动。因为市场竞争，最初和最终都反映在价格方面的竞争。而价格构成中的最主要的组成部分就是成本，或者除了利润以外的一切都是成本。科技和管理是提高效率、降低成本、增强市场竞争力的最直接、最有力的手段，在这两个轮子的推动下，由于市场机制的作用，使得经济得以发展，生产力得到解放。同时，科学技术也在市场中起着引导和开拓的作用。随着科学技术的发展，新的市场领域不断被开发出来，交通和通讯更加便捷，人们的沟通更为方便，使得市场变化更快，更难以捉摸。

四、生产要素分化、组合、凝结的周期性变化更加明显

在竞争的强大压力下，生产要素不断重新分化、组合、凝结、再分化、再组合、再凝结的周期性的变化更加明显。

20 世纪 80 年代以后，在西方经济发展的过程中，一个比较突出的现象是兼并的浪潮此起彼伏。由于竞争的加剧，各企业为了生存和发展，都在不断地寻求生存发展的空间。企业的兼并是一种避免倒闭、增强实力的比较有效的方法，随着时间的推移，兼并从敌对性兼并发展到协作性兼并。

20 世纪 80 年代，德鲁克指出，兼并的新浪潮使美国经济的轮廓和里程碑大为改观，它已成为美国管理行为的支配力量之一。[1] 1980 年以前，敌对性兼并实际上是很少的。进入 20 世纪 80 年代以后，资本市场的发展成为经济发展的主要因素，得到了大量的金融支持，就开始形成了大规模的敌对性兼并。德

鲁克在分析敌对性兼并的原因时指出：在任何通货膨胀时期，资本货物的成本总是比它所生产的货物价格上升得更为迅速。因此，购买现存的资产，总比在新设备和新机械上进行投资合算得多。[2] 进入 20 世纪 90 年代以后，兼并逐步从敌对性兼并向协作性兼并发展，其主要原因是由于世界经济新格局的形成，尤其是苏东剧变以后，以三大经济圈为主要代表的区域性经济格局的崛起。作为国家主义、民族主义至上的人类社会，必然要从本区域的最高利益出发，从而形成了以区域为标志的利益集团。因此，进入 20 世纪 90 年代以后的世界经济的主要特征是以区域经济为标志的。

注　释

[1] Drucker. PF Towards the Next Economics, and Other Essays. London: Heinemann, 1981

[2] 同上。

第十章

当代管理思想的新发展

从现在起，任何国家——也包括企业，尤其是大企业——要想在经济上有所作为，就必须接受：世界经济正起着主导支配的作用，国内经济政策只有在加强该国的国际竞争地位，至少是不损害这种国际竞争地位的情况下，才能取得成功，这也许是变化的世界经济的最重要的——肯定是最显著的——特色。

——彼得·德鲁克：《管理的前沿》

20 世纪 80 年代以后，在剧烈竞争的环境下，为了适应这一环境变化的需要，出现了以彼得斯和沃特曼为代表的适应变化的管理思想，还有德鲁克的动荡年代中的管理思想。为了适应企业的兼并和企业的发展，必须制定企业的发展战略，从而有波特的战略管理思想的诞生。在新的环境和新的形势下，过去的许多已经习惯和熟悉的规则发生以后的西方管理思想，主要是以美国为代表出现的这些新变化。可以说，美国是适应变化、灵活运用管理学思想的典范。20 世纪 90 年代，打破了过去以作业链进行价值分析的方法，这种热潮的出现对美国的管理思想的发展有极大促进作用。

第一节　托马斯·彼得斯的管理思想

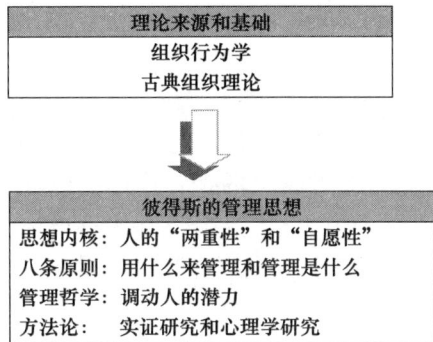

理论来源和基础
组织行为学
古典组织理论

彼得斯的管理思想
思想内核：人的"两重性"和"自愿性"
八条原则：用什么来管理和管理是什么
管理哲学：调动人的潜力
方法论：　实证研究和心理学研究

图 10—1

进入 20 世纪 80 年代以后，美国失去了战后以来在国际市场上的绝对优势，尤其是 20 世纪 70 年代末的能源危机，使美国的企业面临严峻的挑战。当时，美国的管理界认为美国的经济正在衰落，甚至认为美国的人均国民总产值在 1986 年已滑到日本、联邦德国、瑞士、瑞典、丹麦等国家的后面，因此在美国掀起了一股改革之风。他们认为美国经济之所以遭受严重打击，主要原因在于美国的产品质量普遍太差，以及由于颇成问题的服务和麻木迟钝的反应，美国未能充分利用世界上最大的国内市场的优势。[1] 面对这种形势，美国企业界进入了史无前例的动荡年代，兼并风潮骤起。吞并和兼并是 20 世纪 80 年代美国企业界的一道独特的风景线。随着企业发展的思维发生变化，企业界的竞争战略也发生了重大转变，下面的一段文字是最有力的证明：

由我们的前辈按祖先传统管理的美国工业，变得庞大有力而不安分了。我们建立了世界上最大的钢铁厂，最大的炼油厂，最大的化工厂，最大的汽车流水线。我们能制造产品，我们企业不总是能够生产最佳产品，但我们以最低的成本生产了大部分产品，而美国的工业也成了世界上其他国家的典范。我们是规模、生产率、效率方面的典范——但并不一定是质量方面的典范。你一定听到过这样的表述："它走得像瑞士表一样"，或者，"它具有德国机器的精密性"。我们美国人对此实在并不介意。我们把市场中容纳专业化、高质量产品和服务的角落让给了别人，而我们自己则专注于规模大，容量大的大生产经济……然而，到了 20 世纪 60 年代和 20 世纪 70 年代我们得到了一些暗示……我们在某些方面的自负倾斜了。[2]

美国人发现了深入其经济制度中心的两个假设：一是越大越好、最大最好；二是劳动中的人应该更为细致地专职化。然而在进入 20 世纪 80 年代以后，这些观点都发生了变化。

托马斯·彼得斯是美国最负盛名的管理学大师。他对美国经济情况十分熟悉，对企业了解的程度也十分深入，无论是巨型公司还是小企业，无论是制造业还是服务业方面的管理，他都有很高的造诣。他和小罗伯特·沃特曼合著的《追求卓越》以及后来和南希·奥斯汀合著的《志在成功》这两本畅销书，对 20 世纪 80 年代的美国的影响是非常大的，并且在世界管理学界产生了巨大的影响。20 世纪 80 年代后期，他的《振兴于混乱之上——管理革命的手册》同样掀起巨大的轰动，这说明了彼得斯的思想反映了美国 20 世纪 80 年代的管理思想的一个重要方面。

第二次世界大战以后到 20 世纪 70 年代末，整个美国的管理思想对企业发展的影响概括起来说就是结构紧跟战略，即只要把战略计划写在纸上，正确的组织结构就将轻而易举地产生，剩下来的就是调动人的积极性来进行组织实施，从而得到战略目标的实现。这是一个非常美丽的图画。再加上第二次世界大战以后的国际形势对美国极为有利，所以美国的企业基本上是沿着这个思路发展的。

然而进入 20 世纪 80 年代以后，整个世界的形势发生了巨大的变化，美国的管理思想进行重大的调整也就在情理当中了。

一、彼得斯管理思想的内核

托马斯·彼得斯（Thomason J. Peters）的管理思想基本上有这么两个方面：一是人受到"两重性"驱动，他既要作为集体的一员，又要突出自己；他既要成为一个获胜队伍中的一个可靠的成员，又要通过不平凡的努力而成为队伍中的明星。二是只要人们认为某项事业从某种意义上说是伟大的，那么他们就会情愿地为了这个事业吃苦耐劳。

二、管理的 8 条原则

彼得斯在分析美国的许多大小企业之后，提出了成功的公司必须遵循的 8 条原则：①看准就干，行动果断，以求发展。②接近顾客。③自主创业。④以人促产。⑤深入基层。⑥专心搞本行。⑦精兵简政。⑧张弛互济。

这8条原则看起来是老生常谈，但是真正做起来，实在是不容易的，里面包含着深刻的管理思想的改变。

首先是用什么来管理，或者说是用什么思想来进行管理，这是整个问题的前提。传统的管理思想无疑是一种纯理性的管理模式，也就是说是用人的大脑中的左脑进行管理的，是用一种严密的理性的逻辑推理进行分析和管理企业的。无论是泰勒的科学管理，还是梅奥的行为研究，都建立在这种理性的思维基础上。然而整个企业界到处充满着非理性的感情用事的人，或者说他们是通过直觉进行管理和决策，人们用直觉进行思维，利用简单的决策规则进行思维。许多企业家是通过直觉进行重大决策的。虽然他们并不排除理性和数字的分析，但主要是靠他们的天才直觉。彼得斯说："只有直觉的飞跃才能解决这个复杂世界所面临的问题。"[3]

其次是管理什么。这里最直接的回答是：管理的是人。那么人是怎样的？人是一个矛盾的综合体。

三、调动人的潜力

彼得斯在建构他的管理思想时应用了大量的心理学的研究成果，以寻求调动人的最大的潜力。

1. 所有的人都是以自我为中心，对来自他人的赞扬感到快慰，有普遍趋于认为自己是优胜者的趋势。

2. 人是环境的奴隶。

3. 人迫切需要活得有意义，对于这种意义的实现愿意付出极大的牺牲。

4. 人们通常将成功看成是由自身因素决定的，而把失败归于体制，以便使自己从中开脱出来。

5. 大多数人在寻求安全感时，好像特别乐于服从权威。而另一些人在利用他人向他们提供有意义的生活时，又特别乐于行使权力。

彼得斯引用了欧内斯特·贝克尔在《死亡的否定》一书中的论述："这样，人们具有的激情就不可否认地带有二重性。个性化是指人要和自己以外的自然界相对立（突出个人）。然而个性化恰恰造成了一种孤立状态，这种状态人们是难以忍受的，然而却是需要的，以便独立地发展。个性化造成的这种变化成为一种负担，它既强调了个人的渺小，又强调了突出个人。"[4]

四、彼得斯的管理哲学

在彼得斯看来，成绩优秀的公司为人们提供了出人头地的机会，但又将这一机会和一种具有超越意义的哲学和信念体系结合起来，这真是一种绝妙的结合。这里说明了一个重要的事实，所谓的管理新思想是把我们引入一个模糊不清的、自相矛盾的世界。但是这是一个重要的原则，是一个具有更大用处的原则，最重要的事情是看他们是否懂得这个原则，是否知道运用这个原则如何去处理这些自相矛盾的事情。最后彼得斯对人性的认识进行了归纳：

1. 人们需要有意义的生活。

2. 人们需要受一定的控制。

3. 人们需要受到鼓励和表扬。

4. 人们的行动和行为在一定程度上形成态度和信念，而不是态度和信念形成行动和行为。[5]

在这些理论的基础上我们再看看彼得斯的 8 条原则，这里确实体现了一种全新管理思想的转变。显然，彼得斯对人性的认识比前人大大地深化了一步，这种基础性认识对管理思想的发展做出了应有的贡献。

Thomas J. Peters（1942—）

Personal background

- Born Baltimore，Mary land，7 November 1942
- Served in the US Navy，1966—1970
- BCE，MCE Cornell University，MBA Stanford University（1972），PhD（1977）
- Consultant with Peate Marwick Mitchell in Washington. DC，1970—1973
- Worked for the US government in Washington，1973—1974
- Joined McKinsey & Co. in San Francisco，1974，becoming principal practice leader on organizational effectiveness，1976
- Left McKinsey & Co. in 1981 to set up his own firm，the Tom Peters

Group, based in Palo Alto, California
- widely quoted and cited commentator on business in the USA, appearing frequently in US newspapers and on television
- married with family, lives in California and Vermont

Major works

In Search of Excellence: Lessons from America's Best-run Companies (with Robert H. Waterman, Jr)(1982)
A Passion for Excellence: The Leadership Difference (with Nancy Austin) (1985)
Thriving on Chaos: Handbook for a Management Revolution (1987)
Liberation Management: Necessary Disorganization for the Nanosecond Nineties (1992)

Summary

Tom peters (1942—) is possibly the most popular and widely read management 'guru' or the 1980s and 1990s. Unlike contemporaries such Michael porter, peter Drucker and Charles Handy, (q. v.) peters does not have a strongly academic background; his theories on management are derived from his own personal experiences as a consultant. Peters has come to believe that many of the fundamental principles on which management in the USA is based are wrong, and he speaks increasingly of the need for 'revolution' and 'liberation' from old outmoded management techniques and styles. He has been criticized for an allegedly superficial approach in his writings, but many of the concepts he has called for, such as looser structures, broader perspectives and the ability to manage ambiguity, are now part of the accepted canon of management thinking. (The IEBM Handbook of Management Thinking, Edited by Malcolm Warner, P526)

第二节　迈克尔·波特的竞争战略理论

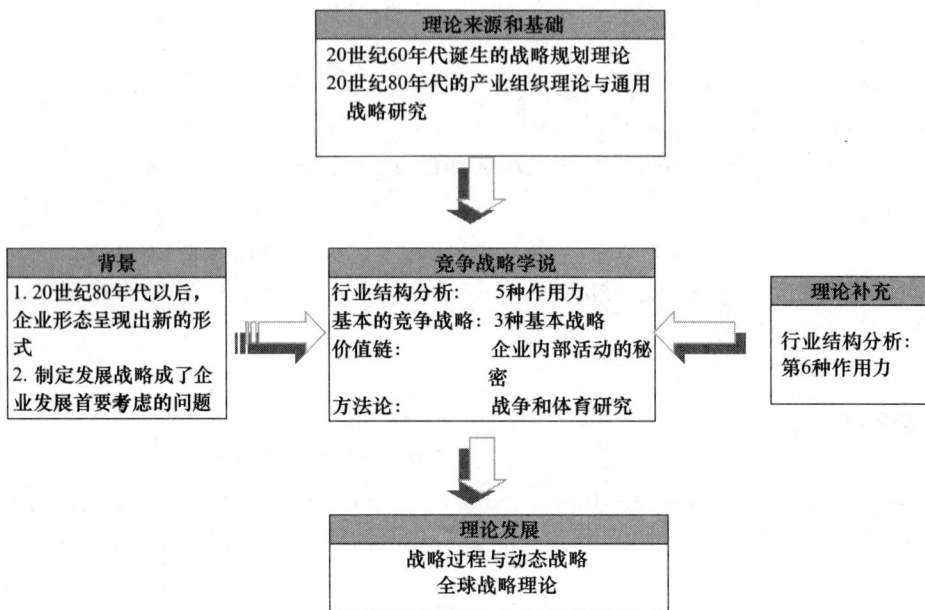

```
┌─────────────────────────────────────┐
│            理论来源和基础             │
├─────────────────────────────────────┤
│ 20世纪60年代诞生的战略规划理论        │
│ 20世纪80年代的产业组织理论与通用      │
│   战略研究                           │
└─────────────────────────────────────┘
                  ↓
┌──────────────┐   ┌─────────────────────────┐   ┌──────────────┐
│     背景     │   │       竞争战略学说       │   │   理论补充   │
├──────────────┤   ├─────────────────────────┤   ├──────────────┤
│1.20世纪80年代│   │行业结构分析：  5种作用力 │   │行业结构分析：│
│以后，企业形态│ → │基本的竞争战略：3种基本战略│ ← │第6种作用力  │
│呈现出新的形  │   │价值链：    企业内部活动的秘│   │             │
│式            │   │              密         │   │             │
│2.制定发展战略│   │方法论：    战争和体育研究 │   │             │
│成了企业发展首│   │                         │   │             │
│要考虑的问题  │   │                         │   │             │
└──────────────┘   └─────────────────────────┘   └──────────────┘
                  ↓
┌─────────────────────────────────────┐
│              理论发展                │
├─────────────────────────────────────┤
│       战略过程与动态战略             │
│         全球战略理论                 │
└─────────────────────────────────────┘
```

图 10—2

　　20 世纪 80 年代以后，由于竞争的进一步激烈，企业形态呈现出新的形式，国际经济形势的变化更加促进了企业向国际化、大型化方面发展，同时社会的进一步分化又提供了许多新的市场机会，小型企业得到了快速发展。于是每一个企业为了生存和发展，都在寻找自己的发展道路，都在寻求一个适合于自己的发展战略，制定战略成了企业发展首要考虑的问题。在这种背景下，美国哈佛的管理学家迈克尔·波特（Michael E. Porter，1947—）提出了他的战略三部曲，其中对企业发展的战略思想影响比较大的是《竞争战略》和《竞争优势》，这两本书已成为企业发展战略的理论方面的经典著作。下面主要介绍他的有关战略管理的思想。

一、行业结构分析

决定企业盈利能力的重要因素和根本因素是行为的吸引力。任何行业的竞争规律都体现了如下 5 种竞争力的作用，是它们决定行业的盈利能力。如图 10—3 所示。

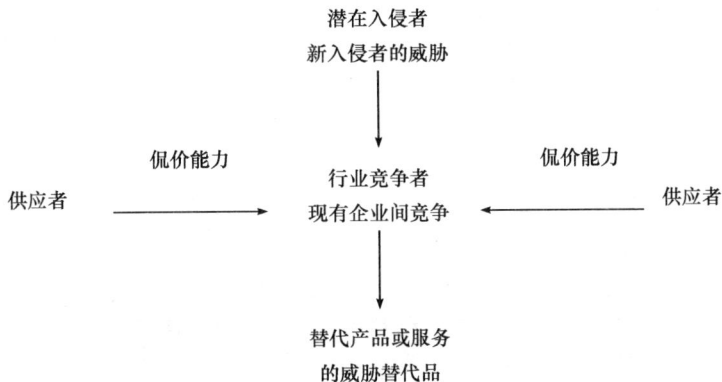

图 10—3

这 5 种竞争的作用力的总和决定某行业中企业的获取超出资本成本和平均投资收益率的能力。在波特看来，行业的这 5 种作用力决定了行业结构，也决定了行业的盈利能力。它们影响价格、成本和企业所需的投资——即影响投资的收益的诸多因素。

因此，波特对上面的 5 种结构作用力进行了较为详细的分析。

1. 新入侵者。任何一个企业在进入一个新的行业的时候，首先必须要攻破这个行业给企业设置的入侵壁垒，这些壁垒主要是由下列因素所构成的：在产品方面，主要有规模经济、专卖产品的差别、商标专有性；在经营方面，主要由转换成本、资本需求、分销渠道、绝对成本优势、政府的政策、预期的反击等方面所构成。企业是否决定要进入某一个行业，决定于企业攻破这些壁垒的实力。在预测攻破这些壁垒以后，多花成本还能否达到企业预期的利润，是企业考虑的主要问题。如果对此没有深入的考虑，企业就有可能犯战略性的错误。

2. 决定供方力量的因素。在企业进入某一行业以后，它必须要在市场获取资源，这种获取是要花成本的。对供方来说，是提供投入产品的差异，而对于进入某个行业的企业来说，就要考虑行业中供方和企业的转换成本。除了这个因素以外，还必须考虑替代品投入的现状和供方的集中程度，而批量大小对供方的重要性与产业总成本和特色也影响产业中企业前向整合和后向整合。

3. 决定替代威胁的因素。替代品是一个企业产品生存的主要威胁之一，这种威胁主要来自于替代品相对价格表现，这种价格竞争一直是企业竞争的主要手段。对于消费者来说，转换成本是其考虑的主要因素之一。如何增大消费者对于使用替代品的转换成本是企业考虑的战略因素。同时，还必须把客户对替代品的使用倾向考虑在内。

4. 竞争的决定因素。决定某一行业竞争激烈程度的直接影响因素主要包括以下方面，第一是该行业的增长性。是夕阳行业还是朝阳行业，行业的快速增长在很大程度上缓和了该行业竞争的激烈程度。第二是固定（存储）成本或附加价格。产品构成的固定成本是行业竞争的因素之一，因为它直接决定企业获利能力。第三是周期性生产过剩。产品的生命周期严重地影响着该行业中的竞争企业，如果同类产品的生命周期相同，该行业的竞争激烈程度就高。第四是产品差异。独特的产品始终是制胜的法宝和无形的壁垒，而商标专有是企业经营者利用法律所设置的一个障碍，从而造成其转换成本加大，有利于提高企业的竞争力。在竞争激烈的行业，其信息也呈现相当的复杂性：一方面是真实的信息获取的困难性提高，另一方面是市场本身同样也不断产生出虚假信息。这是由于在竞争激烈的行业内竞争者的多样性所造成的。在众多的竞争者中，企业的风险精神和行业的退出壁垒有关。退出的壁垒低，企业所冒的风险相对较小，而退出的壁垒高，则企业的战略必须要冒较大的风险。所以，退出壁垒是直接影响行业竞争激烈程度的因素。

5. 决定买方力量的因素。对于进入的企业来说，购买企业产品的买方是决定企业生存的主要力量。他们主要从两个方面影响企业：①侃价杠杆。首先是双方地理上集中度的比较，即买方的集中程度相对企业的集中程度。如果集中程度高，对企业有利，反之则不利；其次是买方数量，包括买方组成的数量和买方购买的数量，无论是哪个方面的数量对企业的竞争都构成影响；再次是买方转换成本相对企业转换成本。这就是说，这两个成本的比较也对企业的竞争有重要影响；最后是买方信息获取的成本和替代品对企业的影响。这些又会影响企业的前向和后向一体化的战略，这也是克服危机的一种能力。以上都是构成买方侃价的主要因素，形成买方侃价杠杆。所以企业对以上的各种要素都必须认真考虑。②价格敏感性。一般来说，买方对价格是非常敏感的。除了价格外，其购买的总量也是一个重要的方面。产品差异和品牌专有也是买方所关注的重点之一，还有产品质量及性能的影响，这两个方面直接影响买方对价格敏感性的强度。最后要考虑的是买方购买后所能形成的利润。这是买方对购买价格的决定相关联的力量。所以买方对价格敏感是行业获利能力的关键因素之一。

这样5种作用力构成了行业分析的框架。波特指出，并非所有5种作用力都同等重要，这些因素是否重要，与其依据结构不同而不同。每一个行业都是独特的，都有其独特的结构。

在对行业结构的5种作用力进行深入的分析以后，波特提出了企业的3种基本竞争战略。

二、基本竞争战略

波特认为企业的其他战略都是在这3种基本战略的基础上制定的，因此有必要对这3种基本战略进行较为深入的分析。这3种基本战略如图10—4所示。

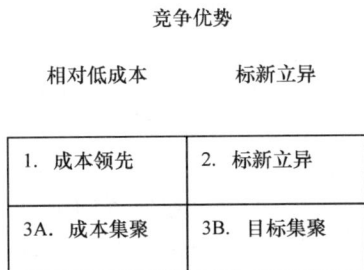

竞争优势

相对低成本	标新立异
1. 成本领先	2. 标新立异
3A. 成本集聚	3B. 目标集聚

图10—4　3种基本战略

这3种战略就是成本领先战略、标新立异战略和目标集聚战略。波特认为这3种基本战略概念的深层含意是竞争优势为任何战略的核心所在，而创造竞争优势要求企业做出选择——如果企业要获得竞争优势，它必须要选择它所要获得的竞争优势的类型以及活动于其中的镜框。[6]波特对这3种基本的战略进行了分析。

1. 成本领先战略。这是3种战略中最明确的一种，主要包括追求规模经济、专有技术、优惠的原材料以及其他一些因素，使企业的产品成本处于行业的平均水平以下，以获得较大的利润和市场份额。成本领先战略在很大程度上依赖企业的技术水平和管理水平。即使这样，也不能放弃企业的特异追求。

2. 标新立异战略（特异优势战略）。这种战略是企业力求使自己在行业内独树一帜，在行业内有一种或多种特质，以其特质获得溢价报酬。

这种战略主要依赖于建立的基础产品本身、销售交货体系、营销渠道及一系列其他因素。但是追求这种优势的企业也不能放弃追求成本领先地位。

3. 目标集聚战略。波特认为，这种战略是在着眼于行业内的一个狭小的空间内做出选择。这一战略，与其他战略相比是不同的，集聚战略的企业选择行业内一种或一组细分市场，并量体裁衣使其战略为它们服务而不是为其他细分市场服务。集聚战略有两种形式，成本集聚战略和特异成本战略。成本集聚战略是在一些细分市场的成本行为中发掘特异，而特异集聚战略则是开发特异细分市场上顾客的特殊的需求。这些差别意味着多目标竞争者不能很好地服务于这些细分市场。这样就取得了竞争的优势。

然而如何分析和实施这些战略呢？

波特提出了一种独特的分析工具即价值链。

三、价值链

波特的观点是：一个企业的盈利能力关键是企业是否能搜取其为买方创造的价值，或是否确保这种价值不落入他人手中。[7] 价值是买方愿意为企业提供给他们的产品所支付的价格。价值用总收入来衡量。总收入则是企业产品得到的价格与所销售的数量的反映。如果企业所得的价值超出了创造产品所花费的各种成本，那么企业就有盈利，因此分析竞争地位时必须使用价值，而不是成本，所以应该采取价值链的方法。

波特认为每一个企业都是用来进行设计、生产、营销、交货以及对产品起辅助作用的各种活动的集合。所有这些活动都可以用价值链表示出来。而这个价值链中的各种活动反映了企业的历史、战略、推行战略的途径和这些活动本身的根本的经济利益。[8]

波特认为一定水平的价值链是企业在特定的行业内活动的组合，且竞争者价值链之间的差异是竞争优势的一个关键来源。

他把企业的整个活动分为两大类，基本活动和辅助活动。基本活动是涉及到产品的物质创造及其销售，转移给买方和售后服务的各种活动，任何企业的基本活动都可以分为图10—5中的下半部分的5个方面内容。辅助活动是辅助基本活动并通过提供外购投入、技术、人力资源、以及各种公司范围的职能以相互支持，整个活动是有机地联系在一起的。

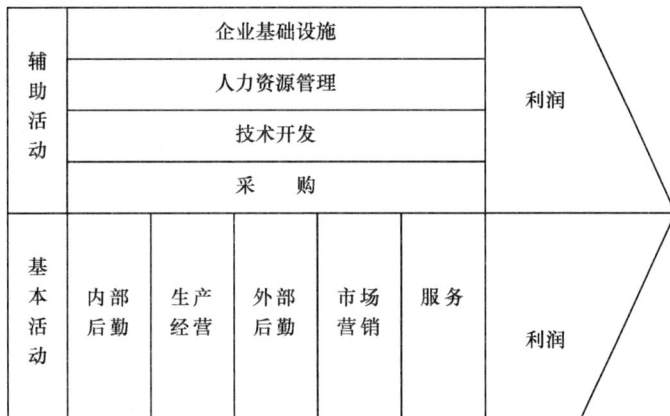

图 10—5　波特的价值链

价值活动是竞争优势的各种相互分离活动的组成。每一种价值活动与经济效果结合是如何进行的，决定一个企业在成本方面相对竞争能力的高低。每一种价值活动的进行也将决定它对买方需要以及特异方面的贡献，与竞争对手的价值链的比较揭示了决定竞争优势的差异所在。[9]

波特用价值链的分析方法揭示了企业内部活动的秘密，把企业竞争的内涵通过价值链反映出来。他通过价值链深入地分析了每一个活动的价值和对其他活动的影响，在此基础上提出了一些战略的概念。这些战略相对于竞争对手来说主要是防御性战略和进攻性战略。

波特的竞争战略的理论体系是非常完整的，从企业竞争的最基本因素即行业结构开始，到提出具体的战略构想都作了全面的分析，并且在美国企业得到广泛应用。波特的竞争战略思想对西方在进入 20 世纪 80 年代的企业竞争方面提供了有力的思想武器，现在成为竞争战略方面经典的管理理论。

然而对波特提出的 3 种竞争优势战略：成本最低，产品特异和重点进攻的理论，有些管理学者提出异议。其主要观点是：

1. 波特的竞争战略的思想主要是来自战争和体育运动方面，在这里，无论是战争还是体育运动，有一个和企业竞争十分不同的地方是，战争和体育运动其敌方或对手是非常清楚的，而在正常的经营中并不是只有一个很容易识别的竞争对手，所以用竞争对手的思想来分析问题，实际操作时往往无从下手。

2. 企业的经营和战争及体育运动不同的另一个方面是它的和为正值，有一个竞争对手在那里大获全胜，并不意味着你一定是大败而归，因为经营可能有多个胜利者，有时多个竞争对手在一个地方能引起相互激化效应，使大家都获利。

3. 在对竞争对手的分析方面，往往是从远处看待竞争对手的。由于晕轮效应的作用，常常把竞争对手理想化，这种错觉对企业的经营是十分有害的。只有进行目标集中的竞争分析才能消除这种错觉。

综上所述，尽管波特的竞争战略理论是一个指导企业竞争的有效武器，但是在运用时也要注意到它的局限性的一面。

Michael E. Porter（1947—）

Personal background

- born Ann Arbor. Michigan，23 May 1947
- served in US Army Reserve，1969—1977，reaching rank of captain
- BSE Princeton University，1969；MBA Harvard University 1971，phD1973
- joined faculty of Harvard University in 1973 ，made full professor in 1981
- member，president's Commission on Industrial Competitiveness，1983 —1985

Major works

Interbrand Choice，*Strategy and Bilateral Market Power*（1976）
Competitive Strategy：*Techniques for Analyzing Industries and Competitors*（1980）
Competitive Advantage：*Creating and Sustaining Superior Performance*（1985）
Competition in Global Industries（1986）
The Competitive Advantage of Nations（1990）

Summary

Michael porter's primary goal has been to relate business strategy to applied microeconomics，two fields of study，which had previously been considered independently, and build a set of models and tools for analysis. His second major book, Competitive Strategy, revolutionized approaches to business strategy; his third, Competitive Advantage, extended his thinking from analyzing competition to creating sustainable creative advantage. More recently, porter has concentrated on global applications of his strategic principles, including the nature of global competition and national determinants of competitive force. (The IEBM Handbook of Management Thinking, Edited by Malcolm Warner, P544)

第三节　约翰·科特的领导理论

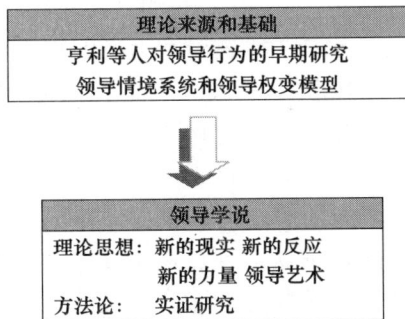

```
┌─────────────────────────────────┐
│          理论来源和基础          │
├─────────────────────────────────┤
│     亨利等人对领导行为的早期研究     │
│     领导情境系统和领导权变模型       │
└─────────────────────────────────┘
                 ↓
┌─────────────────────────────────┐
│             领导学说             │
├─────────────────────────────────┤
│ 理论思想：新的现实 新的反应        │
│           新的力量 领导艺术        │
│ 方法论：    实证研究               │
└─────────────────────────────────┘
```

图 10—6

　　约翰·科特（John Kotter，1947—）是美国哈佛大学商学院有影响的管理学者。他用 20 年的时间对在哈佛商学院学习过 MBA 的企业家们进行跟踪调查，分析得出了许多令人耳目一新的启示，对进入 20 世纪 80 年代后的管理思想发展有相当的影响。

　　科特认为：美国经济的发展可以分为三个阶段。第一个阶段是 1860 年到 1930 年，这是美国经济发展迅速的阶段。是美国大企业快速增长的阶段。在这一阶段中美国的经济发展主要有两个特征，一是美国的大多数的大公司都是在这一阶段成长和发展起来的，二是美国在这一阶段的发明超过了历史上任何一个国家 50 年发明的数量。[10]

　　第二个阶段是从 1929 年的那个黑色的星期二开始的，大萧条的发生，摧毁了人们对放任的资本主义经济体制的信任，凯恩斯的经济学第一次得到了广泛应用。通过政府的干预，美国大公司在第二阶段许多方面取得成功，尤其是在第二次世界大战以后，国际形势给美国经济的发展带来了良好的发展机遇，使美国的经济和大公司的发展都取得了巨大成功。

第三个阶段是从 1973 年 10 月 16 日开始的。海湾石油生产国第一次大幅度统一提高石油价格，使西方世界发生了一次极大的能源危机，这一事件对美国的经济霸主地位的影响比以前的其他任何一次事件都来得大，它标志着战后美国经济统治时代的结束，开始了真正的全球经济时代。

可以这么说，美国经济发展的第一阶段是深受工业革命的影响，第二阶段是深受政府行为的影响，而进入第三阶段则深受经济全球化的影响。

以前的管理理论是建立在大企业和大工业的基础上，在周围的经济环境对美国有利条件下产生的，具有很强的针对性。进入 20 世纪 80 年代以后，国际经济形势和世界格局发生了变化，科特认为在新的形势下应该遵守的不是以前的管理规则，而是应该遵守一种新的规则，这种规则是建立在经济发展的第三阶段的特征基础上的。他认为：在经济发展的第二阶段，经济是平稳的，许多公司经理的表现是很好的，执行主管在管理上花的精力超过了花在领导方面的精力，在许多行业供求相等或供小于求的情况下，成功的关键是把产品按时、按量地放在门外。但是在竞争加剧和变化莫测的经济发展的第三阶段，仍然这样做就不再有效了。在某些行业，供过于求，在另一些行业，什么东西能畅销是经常变化的。在这样的情况下，尽管在过去做得很好的，但现在再像以前那样做显然就不会有效了。为了成功，现在企业必须降低成本，提高质量，开发新产品和更快地前进。现在企业的应变能力，对是否成功变得越来越重要，这一切都需要有强而有力的领导。[11]科特在新的形势下提出了一些新的规则。

一、新的现实

不要依靠传统。因循 20 世纪大多数胜者走过的职业道路，今天将不会再保证你成功，而应该紧紧盯住全球化和它相应的后果。一切都在变化，既提供了巨大的机会，也带来了相应的风险。

二、新的反应

离开庞大的官僚化的公司，去小公司和更企业化的公司，在竞争日益加剧的世界里，速度和灵活易变是胜利的法宝。

从外部也从内部帮助大企业，巨大的机会存在于咨询业和其他服务业中。

不仅仅是管理，现在您必须能够领导并帮助组织成为胜利者。

善于决断，大量的机会存在于金融业和其他决策性的职业中。

三、新的力量

增强你的竞争动力，高标准和强烈的取胜愿望对今天和将来是必要的。

不要停止成长，终身学习对职业的成功显得越来越重要。[12]

从上面的这些新的规则中我们可以发现，无论是对一个人来说还是对一个企业来说，面临的世界都是一个不断变化的世界，所以人们应该有一个适应变化的观念和思想。我们的管理思想发展也是适应这一变化而变化的，要从一个新的角度来认识这一问题。

四、领导艺术

科特除了用一个新的角度来认识企业发展的外部环境以外，他对企业管理中关键的因素即领导和管理也有一些新的提法。这些提法，对我们认识在新的环境下的管理思想的发展有一定的帮助。

科特认为，在企业中领导和管理是一个十分不同的概念。管理是计划、预算过程的确定和详细的日程安排，并调拨资源来实现计划，而领导是确定经营方向，确立将来的远期目标，并为实现远期目标制定进行变革的战略。[13]在企业的发展过程中这两者是缺一不可的，只有有力的管理和有力的领导联合起来，才能带来满意的效果。在企业具体的管理中，会出现管理过分而领导不足的现象，同样也会出现领导过重而管理不足的现象，这都会给企业的发展带来很大的危害。

他指出，管理的中心内容是控制，管理过程要求持续达到预期的效果，必须尽量避免冒风险。这意味着管理过程不能建立在超常或难以实现的东西上，因此管理系统和组织结构的惟一目的，就是帮助普通人日复一日地用普通方式成功地完成日常工作。它既不具有刺激性也不具有诱惑力，这就是管理。

而领导的行为是不同的，要战胜障碍实现远大的愿景目标，就需要不时激发出非凡的力量，而某些激励和鼓动过程则能带来这种力量。激励和鼓动过程要达到激励效果，不是通过控制机制将人们往正确的方向上推，而是通过满足人们的基本需要来达到目的，即满足人们的成就感、归属感、自尊感，让他们觉得自己已得到认可，能掌握自己的命运，实现自己的理想。[14]

领导怎样来激励呢？科特提出了他的 4 个基本要素。

1. 在向相关人员明确阐述远期目标时，要极力强调他们的价值（使他们感到目标的实现对他们至关重要）。

2. 让他们积极参与进来，决定如何实现与他们密切相关的远期目标或远期目标的一部分（给他们一种操纵感）。

3. 积极支持他们为实现他们远期目标而做出的努力，并辅之以指导，使他们起到反馈和模范带头作用（有助于提高他们的业务水平，增强他们的自尊）。

4. 对他们的成功加以公开的认可和奖励（给予他们认可，让他们有一种归属感）。[15]

由此可见，在新的环境、新的观念和新的规则下，对企业的发展，对管理思想的认识都有一个适应变化的过程。为了适应这一变化，科特提出了领导的四要素。尽管对这四要素的表述可能有些不同，但是基本的内涵是不变的。这四要素是：

1. 动力和精力。这是由个人人格特点所决定的，是由人的遗传和后天的经历所决定的，具有旺盛的内在动力，渴望求得发展获得成功，这是领导人必不可少的特征。

2. 智力和智能。这是具有卓越的领导才能的领导者必须具备的基本条件。虽然他们不是天才，但是他们的某种基本的智力是超常的。而对于智能来说，经营方向的拟定是至关重要的。如果没有这一条件就不可能吸收大量不同的信息，并找出这些信息之间的联系，因为这是一种颇具难度和相当复杂而艰巨的任务。

3. 精神和心理健康。精神和心理健康在领导的全过程中都具有十分重要的作用，对联系他人和准确地把握他人的情感和价值观都起作用，尤其对拟定经营方向起非常关键的作用，这是领导者的阅历和修养的结果。

4. 正直。正直是领导人物的一个重要品质。领导人的正直对其下属和同事有极其重要的影响。许多人特别善于判断领导人是否看重他们，关心他们的幸福，他们只稍观察他的所作所为及产生的影响即可。正直是领导者的基本素养，也是做人的基本素养。

所以科特认为，这4种基本的领导特征——动力、智力、心理健康和正直是对重要领导职位的最低要求，只有这4种都达到了一定的水平才行，如果这4种中的任一项达不到最低要求都会对领导的行为产生不利的影响。

科特提出现在需要的是管理和领导能力都具备的人，这是一个很难达到的要求，而现代社会就是提出这样的要求。但由于领导和管理差异很大，以至于它们很容易发生冲突，一家主要由领导人员和管理人员构成的公司通常会分化成两大敌对的阵营，最终导致一边占上风（通常是管理阵营，因为其阵营要大一些），而另一边遭到排挤，在领导兼管理型的公司中是极少发生这样的情况的。

科特指出："主导当今社会的是无数综合企业组织。培养、发展足够的领导兼管理型的人员帮助经营这些企业是一个巨大的挑战，是我们必须迎接的挑战。"[16]

John Kotter (1947—)

Personal background

- born in San Diego，USA，in 1947
- received a BSc in electrical engineering，from the Massachusetts Institute of Technology（MIT），1968
- received an MS in management from the Sloan School of Management，MIT，1970
- received a PhD in organizational behavior from the Graduate School of Business Administration，Harvard University，1972
- from 1972 has a career at the Graduate School of Business Administration，Harvard University，where he received tenure and full professorship in 1980
- he is the Konosuke Matsushita Professor of leadership，organization behavior and human resource management

Major works

Mayors in Action：Five Approaches to Urban Governance（with P．R．Lawrence（1974））

The General Managers（1982）

A Force for Change：How Leadership Differs From Management（1990）

Corporate Culture and Performance（with J．Heskett）（1992）

The New Rules：How to Succeed in Today's Post-Corporate World（1995）

Summary

The importance of good leadership in modern business and what should be done to develop good leaders and to help them to become yet more effective has become the major theme of Kotter's work. In his early writings, he contributed to studies of managerial behavior. He has been following the careers of the MBA class of 1974 from the Harvard Business School and in 1995 published his findings and conclusions about the nature of successful careers today. He has also studied the effects of corporate culture upon business performance. Most of Kotter's books are based on extensive research and the conclusions and their implications are presented succinctly and attractively in books, articles and videos for executives and as an aid to teaching executives. (The IEBM Handbook of Management Thinking, Edited by Malcolm Warner, P366)

第四节　彼得·圣吉的学习型组织理论

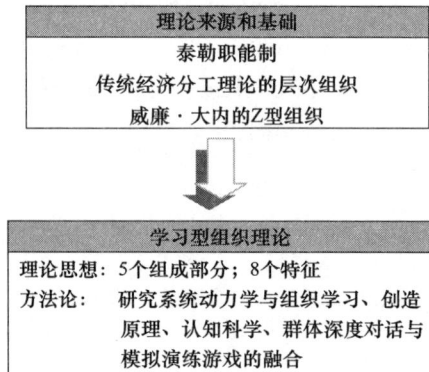

理论来源和基础
泰勒职能制
传统经济分工理论的层次组织
威廉·大内的Z型组织

学习型组织理论
理论思想：5个组成部分；8个特征
方法论：　研究系统动力学与组织学习、创造原理、认知科学、群体深度对话与模拟演练游戏的融合

图 10—7

　　企业组织的管理模式问题一直是管理理论研究的核心问题之一，而对未来企业组织模式的探索研究，又是当今世界管理理论发展的一个前沿问题之一。从传统的以泰勒职能制为基础，适应传统经济分工理论的层级组织，到威廉·

大内提出的适应企业文化环境的 Z 型组织，都是为了建立一个适应经济发展的企业组织形态。20 世纪 80 年代以来，随着信息革命、知识经济时代进程的加快，企业面临着前所未有的竞争环境的变化，传统的组织模式和管理理念已越来越不适应现实环境，其突出表现就是许多在历史上曾名噪一时的大公司纷纷退出历史舞台。因此，研究企业组织如何适应新的知识经济环境、增强自身的竞争能力、延长组织寿命，成为世界企业界和理论界关注的焦点。在这样的大背景下，以美国麻省理工学院教授彼得·圣吉（Peter M．Senge）为代表的西方学者，吸收东西方管理文化的精髓，提出了以"五项修炼"为基础的学习型组织理念。

彼得·圣吉 1947 年出生于芝加哥，1970 年在斯坦福大学获航空及太空工程学学士学位，之后进入麻省理工学院攻读博士学位，师从弗莱斯特（Jay Forrester）教授，研究系统动力学整体动态搭配的管理理念；1978 年获得博士学位后，圣吉留在斯隆，继续致力于系统动力学与组织学习、创造原理、认知科学、群体深度对话与模拟演练游戏融合的研究，从而发展出"学习型组织"理论。1990 年圣吉的代表作《第五项修炼——学习型组织的艺术与实务》在美国出版，并于 1992 年荣获世界企业学会（Word Business Academy）最高荣誉——开拓者奖（Pathfinder Award）。圣吉本人也于同年被美国《商业周刊》推崇为当代最杰出的新管理大师之一。

圣吉的学习型组织理论认为，在新的经济背景下，企业要持续发展，必须增强企业的整体能力，提高整体素质。也就是说，企业的发展不能再只靠福特、斯隆、沃森那样伟大的领导者一夫当关、运筹帷幄、指挥全局，未来真正出色的企业将是能够设法使各阶层人员全心投入并有能力不断学习的组织——学习型组织。

一、学习型组织的 5 个组成部分

1. "系统思考"。这是五项修炼的核心。企业在处理问题时要扩大思考的空间，通过电脑模拟把事件的前因后果都考虑到，建立系统的处理模式。

2. "自我超越"。这是五项修炼的基础。在认识客观世界的基础上，创造出自己最理想的环境，不是用降低理想来适应环境，而是用提升自己来达到理想。这需要创意和耐力，需要不断的学习和不断的超越。

3. "心智模式"。强调每个人都要以开放求真的态度，将自己的胸怀扩大，克服原有习惯所形成的障碍，不断改善它，最后还要突破它，这样才能以一个全新的心智模式出现。

4. "共同愿景"。是在共同的理想、共同的文化、共同的使命作用下，组织在一起，为了一个共同的未来的目标努力工作。

5. "团队学习"。团队学习的修炼包括两个方面：深度会谈和讨论。前者可以对本质进行广泛的探索；后者相反，它逐步缩小范围，直到最佳选择。这两种方法相互补充。但是，要想得到互补的效果，就必须将两者分开来做。许多团队不能将两者区分开来，因而也无法做到有意识地在两者之间进行转换。

二、学习型组织的 8 个特征

所谓学习型组织，是指通过培养弥漫于整个组织的学习气氛、充分发挥员工的创造性思维能力而建立起来的一种有机的、高度柔性的、扁平的、符合人性的、能持续发展的组织。这种组织具有下面的几个特征：

1. 组织成员拥有一个共同的愿景。组织的共同愿景（Share Vision），来源于员工个人的愿景而又高于个人的愿景。它是组织中所有员工共同愿望的景象，是他们共同的理想。它能使不同个性的人凝聚在一起，朝着组织共同的目标前进。

2. 组织由多个创造性个体组成。在学习型组织中，团体是最基本的学习单位，团体本身应理解为彼此需要他人配合的一群人。组织的所有目标都是直接或间接地通过团体的努力来达到的。

3. 善于不断学习。这是学习型组织的本质特征。所谓"善于不断学习"，主要有四点含义。一是强调"终身学习"。即组织中的成员均应养成终身学习的习惯，这样才能形成组织良好的学习气氛，促使其成员在工作中不断学习。二是强调"全员学习"。即企业组织的决策层、管理层、操作层都要全心投入学习。尤其是经营管理决策层，他们是决定企业发展方向和命运的重要阶层，因而更需要学习。三是强调"全过程学习"。即学习必须贯彻于组织系统运行的整个过程之中，约翰·雷丁（J. Redding）提出了一种被称为"第四种模型"的学习型组织理论。他认为任何企业的运行都包括准备、计划、推行三个阶段，而学习型企业不应该是先学习然后进行准备、计划、推行，不要把学习与工作分割开，应强调边学习边准备、边学习边计划、边学习边推行。四是强调通过保持学习能力，及时铲除发展道路上的障碍，不断突破组织成长的极限，从而保持持续的发展态势。

4. "地方为主"的扁平式结构。传统的企业组织通常是金字塔式的，学习型组织的组织结构则是扁平的，即从最上面的决策层到最下面的操作层，中间相隔层次极少。它尽可能将决策权向组织结构的下层移动，让最下层单位拥有充分的自决权,并对产生的结果负责,从而形成以"地方为主"的扁平化组织结构。例如,美国通用电气公司目前的管理层次已由9层减少为4层。只有这样的体制,才能保证上下级的不断沟通,下层才能直接体会到上层的决策思想和智慧光辉,上层也能亲自了解到下层的有关动态,吸收第一线的营养。只有这样,企业内部才能形成互相学习、整体互动思考、协调合作的整体,才能产生巨大的、持久的创造力。

5. 自主管理。学习型组织认为,"自主管理"是使组织成员能边工作边学习并使之紧密结合的方法。通过自主管理,可由组织成员自己发现工作中的问题,自己选择伙伴组成团队,自己选定改革进取的目标,自己进行现状调查,自己分析原因,自己制定对策,自己组织实施,自己检查效果,自己评定总结。团队成员在"自主管理"的过程中,能形成共同愿景,能以开放求实的心态互相切磋,不断学习新知识,不断进行创新,从而增加组织快速应变、创造未来的能力。

6. 组织的边界将被重新界定。

学习型组织边界的界定,建立在组织要素与外部环境要素互动增大的基础上,超越了传统的根据职能或部门划分的"法定"边界。例如,把销售商的反馈信息作为市场营销决策的固定组成部分,而不像以前那样只是作为参考。

7. 员工家庭与事业的平衡。学习型组织努力使员工丰富的家庭生活与充实的工作生活相得益彰。学习型组织对员工承诺支持每位员工充分的自我发展,而员工也以承诺对组织的发展尽心尽力作为回报。这样,个人与组织的界限将变得模糊,工作与家庭之间的界限也将逐渐消失,冲突也必将大为减少,从而提高员工的家庭生活质量(满意的家庭关系、良好的子女教育和健全的天伦之乐)达到家庭与事业之间的平衡。

8. 领导者的新角色。在学习型组织中,领导者是设计师、仆人和教师。领导者的设计工作是一个对组织要素进行整合的过程,他不只是设计组织发展的基本理论;领导者的仆人角色表现在他对实现愿景的使命感,他自觉地接受愿景的召唤;领导者作为教师的重要任务是界定真实情况,协助人们对真实情况进行正确、深刻的把握,提高他们对组织系统的了解能力,促进每个人的学习。

三、学习型组织的真谛

学习型组织有不同凡响的作用和意义,它的真谛在于:一方面,学习是为了保证企业的生存,使企业组织具有不断改革的能力,提高企业组织的竞争力；另一方面，学习更是为了实现个人与工作的真正融合，使人们在工作中体现生命的意义。

尽管学习型组织的前景十分迷人，但如果把它视为一副万灵药则是危险的。事实上，学习型组织的缔造不应是最终目的，重要的是通过迈向学习型组织的种种努力，引导出一种不断创新、不断进步的新观念，从而使组织日新月异，不断创造未来。

学习型组织的基本理念，不仅有助于企业的改革和发展，而且对其他组织的创新与发展也有启示：人们可以运用学习型组织的基本原理，去开发各自所置身的组织创造未来的潜能，反省当前存在于整个社会的种种学习障碍，思考如何使整个社会早日向学习型社会迈进。这才是学习型组织所产生的更深远的影响。[17]

Peter M. Senge（1947—）

Personal background

- BSc in engineering，Stanford University
- PhD in system dynamics from MIT(1978)
- wrote The Fifth Discipline，published in 1990
- co-founded the consulting firm Innovation Associates（1992）
- currently Director of the Systems Thinking and Organizational Leaning Program at the Sloan School of Management，MIT

Major works

The Fifth Discipline：The Art and Practice of the Learning Organization（1990）

The fifth Discipline Fieldbook：Strategies and Tools for Building a Learning Organization（with Charlotte Roberts，Richard Ross，Bryan Smith and Art Kleiner)（1994）

Summary

Peter Senge (1947—) became one of the most widely read and discussed management thinkers of the 1990s. His major work, The Fifth Discipline, articulated the concepts of systems thinking and the learning organization, terms which are now part of the standard management vocabulary. Systems thinking, 'the fifth discipline' of the title (the others are personal mastery, shared vision, team learning and mental models) can help organizations to view themselves as totalities and understand the interconnected natures of organizations themselves and their relationship with their environment. Senge's view of management is highly humanistic, and he contrasts his 'learning organization' which enables and grows people, with 'controlling organizations' which confine and limit them. (The IEBM Handbook of Management Thinking, Edited by Malcolm Warner, P600)

第五节　戴明与朱兰——质量管理理论双子星座

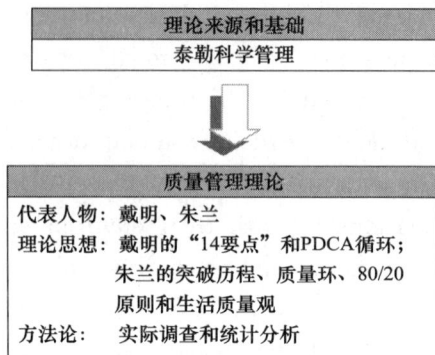

理论来源和基础
泰勒科学管理

质量管理理论
代表人物：**戴明、朱兰**
理论思想：**戴明的"14要点"和PDCA循环；**
朱兰的突破历程、质量环、80/20
原则和生活质量观
方法论：　实际调查和统计分析

图 10—8

一、戴明的质量管理法

（一）戴明其人

戴明（W. Edwards. Deming，1900—1993）博士是世界著名的质量管理专家。他对世界质量管理发展做出的卓越贡献闻名世界。戴明在其早期的工作生涯中，发展了运用统计方法来提高组织效率的思想。虽然在 20 世纪 50 年代他在美国还不太出名，可在日本却很快成了国家英雄。1960 年日本天皇授予他杰出人才奖。这是一个他所欣赏的奖励，也表明了对他的高度承认。他日后在美国和日本传播的思想均得益于他在日本的经历。直到 20 世纪 80 年代初，西方世界才认真地对待戴明。10 年之后，虽然有争议，戴明还是成为全世界最有影响的管理大师。

作为质量管理的先驱者，戴明对国际质量管理理论和方法始终产生着异常重要的影响。其主要观点为"14 要点"，成为 20 世纪全面质量管理 TQM 的重要理论基础。

（二）戴明的"14 要点"

1. 创造产品与服务改善的恒久目的。最高管理层必须从短期目标的迷途中归返，转回到长远的正确方向，也就是把改进产品和服务作为恒久目的，坚持经营。这需要在所有领域加以改革和创新。

2. 采纳新的哲学。必须绝对不容忍粗劣的原料，不规范操作，有瑕疵的产品和松散的服务。

3. 依靠大批量的检验已经太迟，且成本高而效率低。正确的做法，是改良生产过程。

4. 废除"价低者得"的做法。价格本身并无意义，只有相对于质量才有意义。因此，只有管理当局重新界定原则，采购工作才会改变。公司一定要与供应商建立长远的关系，并减少供应商的数目。采购部门必须采用统计工具来判断供应商及其产品质量。

5. 无论是采购、运输、工艺、流程、检验、维修、销售、分销、会计、人事、顾客服务及售后跟踪必经全面进行质量控制。

6. 培训必须是有计划的，且必须是建立在可接受的工作标准上。必须使用统计方法来衡量培训工作是否奏效。

7. 督导人员必须要让高层管理者知道需要改善的地方。当知道之后，管理当局必须采取行动。

8. 驱走恐惧心理。所有同事都必须有胆量去发问、去提出问题或表达意见。

9. 打破部门之间的围墙。每一部门都不应只顾独善其身，而需要发挥团队精神。跨部门的质量圈活动有助于改善设计、服务、质量及成本。

10. 取消对员工发出计量化的目标。激发员工提高生产率的指标、口号、图像、海报都必须废除。很多配合的改变往往是在一般员工控制范围之外，因此这些宣传品只会导致反感。虽然无须为员工订下可计量的目标，但公司一方却要有这样一个目标：永不间歇地改进。

11. 取消工作标准及数量化的定额。定额把焦点聚在数量上，而非质量上。计件工作制更不好，因为它鼓励制造次品。

12. 消除妨碍基层员工工作尊严的因素。

13. 建立严谨的教育及培训计划。由于质量和生产力的改善会导致部分工作岗位数量的改变，因此所有员工都要不断接受训练及再培训。一切训练都应包括基本统计技巧的运用。

14. 创造一个每天都推动以上13项工作的高层管理结构。

（三）PDCA 循环

戴明博士最后提出了 PDCA 循环的概念，所以又称为"戴明循环"。PD-CA 循环是任何一项活动有效进行的一种合乎逻辑的工作程序，特别是在质量管理中得到了广泛的运用，P、D、C、A4 个英文字母所代表的意义如下：①P（Plan）——计划。包括方针和目标的确定以及活动计划的制定。②D（Do）——执行。执行就是具体运作，实现计划中的内容。③C（Check）——检查。就是总结执行计划的结果，分清哪些对了，哪些错了，明确效果，找出问题。④A（Action）——行动（或处理）。对总结的检查进行处理，成功的经验加以肯定，并予以标准化，或制定作业指导书，便于以后工作时遵循；对于失败的教训也要总结，以免重现；对于没有解决的问题，应提给下一个 PDCA 循环中去解决。

PDCA 循环有以下 4 个明显的特点：

1. 周而复始。PDCA 循环的 4 个过程不是运行一次就告结束，而是周而复始地进行。一个循环结束，解决了一部分问题，可能还有问题没有解决，或者又出现了新的问题，再进行下一个 PDCA 循环。依此类推。

2. 大环带小环。类似行星轮系，一个公司或组织的整体运行体系与其内部各子体系的关系是大环带动小环的有机逻辑组合体。

3. 阶梯式上升。PDCA 循环不是停留在一个水平上的循环，不断解决问题的过程就是水平逐步上升的过程。

4. 统计工具。PDCA 循环应用了科学的统计观念和处理方法，作为推动工作、发现问题和解决问题的有效工具，典型的模式被称为"4 个阶段"、"8 个步骤"和"7 种工具"。4 个阶段就是 P、D、C、A；8 个步骤是：①分析现状，发现问题；②分析质量问题中各种影响因素；③分析影响质量问题的主要原因；④针对主要原因，采取解决的措施；——为什么要制定这个措施？——达到什么目标？——在何处执行？——由谁负责？——什么时间完成？——怎样执行？⑤执行，按措施计划的要求去做；⑥检查，把执行的结果与要求达到的目标进行对比；⑦标准化，把成功的经验总结出来，制定相应的标准；⑧把没有解决或新出现的问题转入下一个 PDCA 循环中去解决。通常，7 种工具是指在质量管理中广泛应用的直方图、控制图、因果图、排列图、相关图、分层法和统计分析表等。

戴明学说反映了全面质量管理的全面性，说明了质量管理与改善并不是个别部门的事，而是需要由最高管理层领导的推动才可奏效。戴明学说的核心可以概括为：高层管理的决心及参与；群策群力的团队精神；通过教育来提高质量意识；质量改良的技术训练；制定衡量质量的尺度标准；对质量成本的认识及分析；不断改进活动；各级员工的参与。

戴明博士有一句颇富哲理的名言："质量无须惊人之举。"他平实的见解和骄人的成就之所以广受企业界的尊重和重视，是因为若能有系统地、持久地将这些观念付诸行动，几乎可以肯定在全面质量管理上能取得突破。[18]

William Edwards Deming (1900－1993)

Personal background

- born 14 October 1900, in Sioux City, Iowa, the son of a lawyer and land developer
- studied at Wyoming and Colorado Universities, then gained a doctorate in mathematical physics from Yale University in 1928
- developed an interest in statistical methods after joining the US Department of Agriculture
- joined the National Bureau of Census in 1939, where his methods were credited for major productivity improvements
- taught managers and engineers in the USA during the Second World War and invited by General MacArthur to Japan after the war to help advise on the Japanese census
- in 1950 asked by JUSE (the Union of Japanese Scientists and Engineers) to lecture on statistical methods for industry
- first American to be awarded the Order of the Sacred Treasure by the Japanese Emperor (1960)
- most of the rest of his life was spent preaching the Deming philosophy in Japan and the USA; Deming was still conducting seminars until a month before his death, on 20 December 1993, at the age of 93

Major Works

Sample Design in Business Research (1960)
Out of Crisis: Quality, Productivity and Competitive Position (1986)
The New Economics for Industry, Government and Education (1993)

Summary

W. Edwards Deming (1900—1993) was one of the most famous and influential advocates of total quality management. His words are now being carried by thousands of "Deming disciples" around the world. It is possible that history may credit him as the most important management guru of the late twentieth century.

Deming blamed the problems of industry on management's failure to eliminate waste and establish control over variation in production processes, and advocated the use of rigorous statistical methods to reduce scrap and improve quality (Deming 1960, 1986). His methods depended on a customer orientation and on eliminating waste and improving quality at the point of production or service delivery. Teamwork, cooperation and giving workers the tools to do a good job ought to replace competition, fear and incompetent management. Deming's ideas were embraced by Japanese industry in the post-war period and since then Japanese companies have competed fiercely for the Deming Prize. Only in the 1980s did Deming become a prophet in his own country, although his ideas have rapidly come to be seen by many as the answer to the ills of Western industry. (The IEBM Handbook of Management Thinking, Edited by Malcolm Warner, P145)

二、朱兰的质量管理论

(一) 朱兰其人

约瑟夫·M. 朱兰 (Joseph Juran, 1904—)，1904 年 12 月 24 日生于罗马尼亚布莱勒，成长在一个叫卡帕西亚的小城，父亲是个制鞋匠。朱兰于 1912 年移民美国，1926 年结婚。他共有 4 个子女、9 个孙女和 5 个曾孙。朱兰曾获明尼苏达大学电子工程学学士学位，后又获芝加哥洛约拉大学法学博士学位。

朱兰曾从事过多种职业：工程师、企业管理者、政府官员、大学教授、劳动仲裁人、公司董事和管理顾问。在决定离开企业后，他取得了事实上的突破。他最后的工作岗位是西部电器公司的一名管理人员。40 岁时，他成为一名自由职业者。以后的 50 年中，他同戴明、石川馨和克罗斯比等人一样，成为质量观念的倡导者之一。

在朱兰的职业生涯中，先后写过 12 本关于质量管理方面的书。这些著作是质量领域中影响深远的参考书。他的《质量管理手册》于 1951 年首次出版，至今仍是这一领域中重要的国际性参考著作。他曾给上千家企业开办研习班、培训班、提供咨询；同时他还创造了国际性的培训课程，并配有培训教材、录像带等辅导资料。他通过在世界各地的咨询和讲演，向企业家和政府提供建设性意见。他曾 30 余次获得奖章、名誉称号、名誉成员等荣誉。其中最显赫的是他曾获得日本的圣贤勋章。1981 年，裕仁天皇颁发这一奖项以表彰他对日本的友谊所做出的贡献。1979 年朱兰成立了"朱兰学会"，至今仍由他本人担任名誉主席。

"质量是一种合用性。而所谓'合用性'（Fitness for Use）是指使产品在使用期间能满足使用者的需求"。"事实证明，TQM 带给企业一个强烈的呼声，一个新的工作动力，一种机关报的管理方法。为此，我们对 TQM 必须全力以赴，再接再励。因为 TQM 给我们的企业经营提供了一种新的管理方法和体系"。

朱兰博士是世界著名的质量管理专家。他所倡导的质量管理理念和方法始终影响着世界企业界以及世界质量管理的发展。他的"质量计划、质量控制和质量改进"被称为"朱兰三部曲"。他最早把帕累托原理引入质量管理。《管理突破》（Management Breakthrough）及《质量计划》（Quality planning）二书是他的经典之著。由朱兰博士主编的《质量控制手册》（Quality Control Handbook）被称为当今世界质量控制和质量控制科学的名著，为奠定全面质量管理（TQM）的理论基础和基本方法做出了卓越贡献。

（二）朱兰的"突破历程"

朱兰博士所提出的"突破历程"，综合了他的基本学说。以下是此历程的 7 个环节。

1. 突破的势态。管理层必须证明突破的急切性，然后创造环境使这个突破得以能实现。要去证明此需要，必须搜集资料说明问题的严重性，而最具说服力的资料莫如质量成本。为了获得充足资源去推行改革，必须把预期的效果用货币形式表达出来，以投资回报率的方式来展示。

2. 突出关键的少数项目。在纷纭众多的问题中，找出关键性的少数。利用帕累托法分析，突出关键的少数，再集中力量优先处理。

3. 寻求知识上的突破。成立两个不同的组织去领导和推动变革——其一可称为"指导委员会"，另一个可称为"诊断小组"。指导委员会由来自不同部门的高层人员组成，负责制定变革计划、指出问题原因所在、授权作试点改革、协助克服抗拒的阻力及贯彻执行解决方法。诊断小组则由质量管理专业人士及部门经理组成，负责寻根问底、分析问题。

4. 进行分析。诊断小组研究问题的表症、提出假设，以及通过试验来找出真正原因。另一个重要任务是确定不良产品的出现属操作人员的责任或者是管理人员的责任。若属于操作人员的责任，必须是同时满足以下3项条件：操作人员清楚地知道他们要做的是什么，有足够的资料数据明了他们所做的效果，有能力改变他们的工作表现。

5. 决定如何克服变革的抗拒。变革中的关键任务是必须明了变革对他们的重要性。单是靠逻辑性的论据是绝对不够的，必须让他们参与决策及制定变革的内容。

6. 进行变革。所有要变革的部门必须要通力合作，这是需要说服功夫的。每一个部门都要清楚地知道问题的严重性、不同的解决方案、变革的成本、预期的效果，以及估计变革对员工的冲击和影响。必须给予足够时间去酝酿及反省，并提出适当的训练。

7. 建立监督系统。变革推行过程中，必须有适当的监督系统定期反映进度及有关的突发情况。正规的跟进工作异常重要，足以监察整个过程及解决突发问题。

（三）朱兰的质量环（Quality Loop）

朱兰博士提出，为了获得产品的适用性，需要进行一系列活动。也就是说，产品质量是在市场调查、开发、设计、计划、采购、生产、控制、检验、销售、服务、反馈等全过程中形成的，同时又在这个全过程的不断循环中螺旋式提高，所以也称为质量进展螺旋。

（四）朱兰的"80/20原则"

朱兰博士尖锐地提出了质量责任的权重比例问题。他依据大量的实际调查和统计分析认为，在所发生的质量问题中，追究其原因，只有20％来自基层操作人员，而恰恰有80％的质量问题是由于领导责任所引起的。在国际标准ISO9001中，与领导职责相关的要素所占的重要地位，在客观上证实了朱兰博士的"80/20原则"所反映的普遍规律。

（五）朱兰的生活质量观

朱兰博士认为，现代科学技术、环境与质量密切相关。他说："社会工业化引起了一系列环境问题的出现，影响着人们的生活质量。"随着全球社会经济和科学技术的高速发展，质量的概念必然拓展到全社会的各个领域，包括人们赖以生存的环境质量、卫生保健质量以及人们在社会生活中的精神需求和满意程度等。朱兰博士的生活质量观反映了人类经济活动的共同要求：经济发展的最终目的，是为了不断地满足人们日益增长的物质文化生活的需要。[19]

Joseph M. Juran (1904—)

Personal background

- born 24 December 1904 in Braila, Romania
- emigrated to the USA in 1912
- gained a BS in electrical engineering from the University of Minnesota and a doctorate in jurisprudence (JD) from Loyola University in Chicago
- worked as an engineer, industrial executive, government administrator, university professor, impartial labor arbitrator, corporate director and management consultant
- became one of the major gurus on the quality revolution
- Juran's Quality Control Handbook, first published in 1951, inspired many quality professionals worldwide, and is still the international reference work on the subject
- Chairman Emeritus of Juran Institute Inc., which he founded in 1979
- Awarded Japan's Order of the Sacred Treasure in 1981 by Emperor Hirohito

Major works

Juran's Quality Control Handbook (1951)
Managerial Breakthrough (1964)
The Corporate Director (with J. K. London) (1966)
Upper Management and Quality, 4th edn (1982)
Juran on Planning for Quality (1988)
Juran on Leadership for Quality: An Executive Handbook (1989)
Juran on Quality by Design (1992)

Summary

Juran has had a considerable influence as a quality guru on the senior manager's role in introducing quality to their business. He argues that although over the past one hundred years Taylor's scientific management has become obsolete, very little has been suggested to replace it. Companies tend to spend time replanning microprocesses which have little bearing on the macroprocesses.

The quality revolution is, according to Juran, an integrated management system which can replace Taylorism, as proved by the Japanese, and assist organizations to make great strides and achieve superior levels of competitiveness. However, it is important, he maintains, that the introduction of quality becomes the ultimate responsibility of senior managers. Effective quality introduction can only take place with proper planning and execution.

Juran argues that the quality revolution in Japan has been succeeding since the 1950s because of the close involvement of chief executive officers (CEOs) and chairmen of companies, while in the USA; CEOs concentrated their efforts on financial reports instead. He proposes that the Japanese miracle was not due to his and Dr Edwards Deming's teachings as claimed but rather to Japanese commitment and dedication at all levels to make quality work. He believes that organizations that take time to get their managers involved in quality improvement will almost definitely get ahead of their competitors. (The IEBM Handbook of Management Thinking, Edited by Malcolm Warner, P335)

第六节 企业战略和核心能力学说

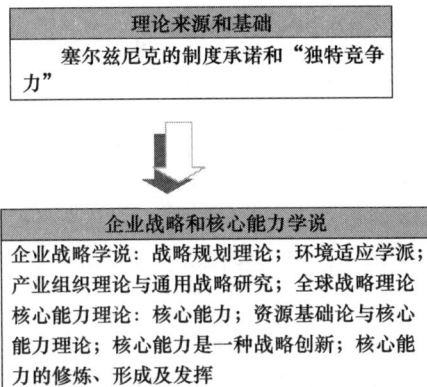

理论来源和基础
塞尔兹尼克的制度承诺和"独特竞争力"

↓

企业战略和核心能力学说
企业战略学说：战略规划理论；环境适应学派；产业组织理论与通用战略研究；全球战略理论 核心能力理论：核心能力；资源基础论与核心能力理论；核心能力是一种战略创新；核心能力的修炼、形成及发挥

图 10—9

一、企业战略研究的新视角

企业战略研究的是关于企业的发展方向问题。所谓战略，就是站在明天的角度规划今天以求在企业经营活动中创造适应性。一个战略的成功取决于做好许多事情——不仅仅是几件事——并保持它们的一致性。如果在经营活动中没有适应性，就不会有明确的战略，更不会有可持续性。

（一）西方管理学界研究企业战略的主要历程

构建了现代战略雏形的是塞尔兹尼克（P. Selznick）。他在 1957 年研究了制度承诺（Institutional Commitment）的角色，并引进了"独特竞争力"（Distinctive Competence）这一概念。

20 世纪 60 年代初期，安东尼（R. N. Anthony）、安索夫（H. I. Ansoff）和安德鲁斯（K. R. Andrews）奠定了战略规划的基础，并论述了战略规划的作用。三者的研究构成战略思想的"3 安范式"（Anthony－Ansoff－Andrews Paradigm）。"3 安范式"在 1978 年的匹兹堡大学战略规划研讨会上得到普遍的公认，后经申德尔（DanE. Schendel）和霍弗（C. W. Hofer）在

1979 年出版的《战略管理》一书广泛向世界传播。80 年代通用战略阶段，人们试图总结成功的普遍模式，由波特（M. E. Porter）领头重点研究如何预测商机、创造商机以建立和保持公司的竞争优势。人们对战略的实施给予了充分的重视，价值链的概念及 7S 构架被用于研究如何实现公司目标、如何构造企业的内部关系。80 年代后期至 90 年代，人们越来越认识到战略的制定不是一个简单的机械设计过程，不同的组织有不同的战略，战略规划与实际结果间存在着差距。战略需要根据外界条件的变化不断地修改调整。现在，越来越多的学者希望根据企业内部的资源和能力来制定战略。

首先是 20 世纪 60 年代诞生的战略规划理论。

20 世纪 60 年代初期，安德鲁斯、克里斯滕森和安索夫奠定了战略规划的基础。他们重点阐述了如何把商业机会与企业资源有效匹配，并论述了战略规划的作用。在 20 世纪 60 年代到 70 年代初，规划思想占据着战略的核心地位。

1. 系统战略理论的诞生。

战略管理的 3 部开创性著作是：1962 年钱德勒（A. D. Chandler，Jr.）的《战略与结构》，1965 年安索夫的《公司战略》，以及同年安德鲁斯的《商业政策：原理与案例》。钱德勒的《战略与结构》解释了大企业的成长并分析了企业的管理结构如何随企业的成长而改变；分析了美国大企业的管理人员如何确定企业的成长方向，做出投资决定并调整企业组织结构，以确保战略的贯彻实施。他发现企业内管理的变化主要是战略方向的改革而非只是为了提高企业效率。

安德鲁斯接受了钱德勒的战略思想，增加了塞尔兹尼克的独特竞争力概念，并强调企业必须适应不确定的外部环境。安德鲁斯区分了战略的制定与战略的实施。他认为战略包括 4 个要素：市场机遇（企业可能做什么，Might Do）、公司能力（企业能够做什么，Could Do）、个人激情（企业想做什么，Wants to Do）以及社会责任（企业应该做什么，Should Do）。战略就是实现四者的契合（Fit）。按照安德鲁斯的观点，环境不断变化产生机遇与威胁，组织的优势与劣势将不断地调整以避免威胁并利用机遇。对企业内部的优势与劣势的评估可以确定企业的独特能力，对外部环境的机遇与威胁的分析可以确定潜在的成功因素。这两种分析构成战略的基础。安德鲁斯把战略制定看成是"分析性的"，而把战略实施看成是"管理性的"。

20 世纪 60 年代在哈佛商学院，安德鲁斯和克里斯滕森形成了战略规划的基本理论体系，其基本步骤包括资料的收集与分析、战略制定、评估、选择与实施。这种方法的实质是认为战略乃是如何匹配（Match）公司能力（Capability）与其竞争环境的商机。伦德（Learned）等人的 SWOT 分析是这一时期的战略态势分析工具的经典，并一直沿用到现在。

安索夫是在对战略规划感到失望后提出其战略管理概念的。他建立了自己的战略决策过程，重点研究企业成长的范围与方向。安索夫认为战略为 5 种选择提供"共同思路（Common Threads）"：产品与市场范围、成长方向、竞争优势、协同、自产还是购买。安索夫把环境、市场定位与内部资源能力置于战略的核心位置。在战略的各因素中，安索夫强调协同的作用。比较而言，安索夫侧重公司战略，而安德鲁斯则侧重业务战略。

2. 经验曲线等实证规律的发现。

波士顿管理顾问公司对战略的发现是经验曲线与成长—份额矩阵。经验曲线发现，随着市场份额扩大、产量增加，由于劳动熟练程度提高会导致生产成本下降。"每当经验翻一番，增值成本就会下降 20％～30％。"波士顿管理顾问公司后来还提出了一系列规律，包括定价悖论、市场份额辩论、三四率等。

波士顿管理顾问公司最重要的发现是成长—份额矩阵。后来通用电器在波士顿矩阵的基础上又提出了以市场吸引力与企业优势为变量的 GE 矩阵。这两种矩阵目前已成为战略研究的基础分析工具。

其次是 20 世纪 70 年代的环境适应学派。

1970 年到 1977 年 GE 使用战略规划，使其战略思想正式登上企业发展的历史舞台。战略规划最初主要在业务战略层次，1976 年出现在公司层次。矩阵方法得到广泛使用，尤其 BCG 的增长速度与相对竞争地位矩阵更是风行一时。20 世纪 70 年代战略管理走向实证研究，出现两大流派：一派重视过程，描述战略是如何形成的；另一派重视内容，追求战略选择与经营业绩之间的关系。

20 世纪 60 年代后期至 70 年代早期，战略规划与长期规划在战略领域扮演重要角色。这主要起源于把第二次世界大战中的战争战略的经验应用到公司中。按照战略规划的说法一切都在意料之中，一切都在控制之下。1973 年的石油危机开始动摇战略规划的垄断地位，企业发现战略规划无法应对现实中普遍出现的环境巨变与激烈国际竞争。环境不确定性导致企业尝试与修改对策，对策的积累形成了战略。因此战略是事后产物，事前无法描绘与系统化。

由于理论与实践出现巨大反差，1979 年到 1983 年美国经济衰退时，战略规划出现反向革命。企业战略规划向战略管理演变。战略管理把战略规划与战略问题合二为一。它不包括技术、经济信息变量，而着重关注心理与政治力量，并融入了组织社会学，注意了内容（Content）、背景（Context）与过程（Process）的相互作用。

20 世纪 70 年代是环境适应学派的时代。战略家们越来越把环境的不确定性作为战略研究的重要内容，更多地关注企业如何适应环境。战略规划理论把环境适应思想纳入自身的体系之中。

第三，20世纪80年代的产业组织理论与通用战略研究。

1. 市场结构与经营业绩关系的研究。

早在20世纪50年代哈佛大学就有学者开始研究市场结构对企业的影响。人们开始探索企业成功的驱动力，众多计量研究的出现如PIMS（Profit Impact of Marketing Strategy）被用于研究公司特征与公司作为之间的关系方面。哈佛的市场营销研究所开发了PIMS，研究市场份额与盈利能力之间的关系。波士顿的市场增长与市场份额矩阵、麦金西市场吸引力与市场定位矩阵是迄今为止比较普遍使用的分析方法。这些研究成了后来的产业组织学派的理论基础。对战略与绩效的研究也起源于20世纪70年代，有三股势力：其一集中在哈佛；其二是在普渡大学，重点研究业务战略，始于所谓的酿酒厂研究；其三势力也诞生在哈佛，以波特为首，从产业组织的角度研究竞争战略与竞争优势。

钱德勒学派的学者更深入地研究了企业成长战略、组织形式与经营业绩之间的关系。波特将产业组织理论引入战略研究，将重点放在行业特征分析上，强调市场力量对获利能力的影响。后来，交易成本理论、信息经济学、博弈论等纷纷被引进到战略理论研究之中。

2. 通用战略与竞争优势。

20世纪80年代初，波特通过对美国、欧洲与日本制造业的考察提出了自己的竞争战略理论学说。他的竞争战略理论认为，企业要通过产业结构的分析来选择有吸引力的产业，然后通过寻找价值链上的有利环节，利用成本领先或性能差异来取得竞争优势。

另一部分学者认为战略的实施能力同样是重要的竞争优势来源。麦肯锡公司首次提出战略实施与组织发展的构架，即它的7S构架，说明了要成功地实施战略与实现组织变革必须的要素。其假设是组织的变化需要组织技能与共享价值观的变化。这7S是：战略、技能、共享价值观、结构、系统、员工、风格。

随着研究的深入，人们越来越认识到有更多的竞争优势来源如质量、速度、快速的周转能力、高度的创新能力等。越来越多的学者认为，维持竞争优势的持续性依赖于组织的学习能力。

3. 战略过程与动态战略。

后来的研究发现没有任何一个战略过程或战略能力单独形成永久的竞争优势。企业必须不断改变其战略、资源与能力以便适应环境的千变万化。人们研究的重点由过去的寻找成功的驱动力转向研究如何使企业的变化能力最大化。明茨伯格认为战略家应该由原来的规划者、战略制定者转变为战略的发明者、知识的创造者及变化的催化者，战略规划应该用战略思考来替代。环境变化迅速，因此过多的分析反而会贻误战机。要迅速分析可能的机遇，消除可能的风险，重点研究关键问题，迅速分析并形成行动方案，不要等一切都明确后再采取行动，但须随时准备变更行动方案。成功的企业是擅长创新的企业，是不断学习、不断变化的企业。

最后是 20 世纪 90 年代的全球战略理论。

在人类进入 21 世纪之际，全球企业的经营活动和 20 世纪相比发生了巨大的变化，世界格局正进行着全新的整合，知识经济初现端倪，市场竞争更为激烈。面对这些新形势、新挑战，管理学家们探讨出一些与之相适应的新观点、新思想和新体系。

1. 战略创新是一种革命。

在 20 世纪 90 年代战略遭遇人们的质疑时，哈默尔（Gary Hamel）作为战略学教授，与普拉哈拉德一改过去程式化、缺乏前瞻性的弊端，锐意求新，重新审视面向新时代的战略，并取得了巨大的成功。

迅速崛起的企业在制定自己的战略时更加具有革命性。保护行业寡头的壁垒在自由化、技术剧变、全球化及社会变革压力下日益崩溃。但是，不仅仅是变革的力量才破坏旧的产业结构，那些为了革新事业而聚集力量的公司行为也同样破坏旧的产业结构。如果一个公司只是制定规则一类的企业而不是革命性的企业，又如何去做呢？要么把未来交给革命性的挑战者，要么对公司制定战略的方式进行革命，需要的不是对传统计划方法做点改变，而是要确立一个新的哲学基础。战略创新就是革命、是全局性的把握，其他任何事情都是策略问题。

下面 10 项原则可帮助一家公司解放其革命精神，并让它发现真正革命性战略的机会正在戏剧性地增加：

（1）战略计划不是战略。

（2）战略计划必须推陈出新。

（3）瓶颈是在瓶子的上部。

（4）每一个公司都存在革命者。

（5）问题不在于变革，而在于保证支持。

（6）制定战略必须讲求民主。

（7）任何人都能成为战略的行动主义者。

（8）洞察力值 50 个智商点。

（9）自上而下与自下而上不是可供替代的选择。

（10）一开始就看到结局。

这些原则不是一系列渐进的指令，而是关于战略的挑战——成为产业革命者的挑战的思考方法。

2. 战略弹性是企业竞争的制高点。

面临经营环境的快速变化，企业必须具有快速的经营反应能力。获得这个反应能力必须建立自己的战略弹性。战略弹性是企业依据自身的知识能力，为应付不断变化的不确定情况而具有的应变能力。这些知识和能力由人员、程序、产品和综合的系统所构成。战略弹性由组织结构弹性、生产技术弹性、管理弹性和人员构成弹性所组成。战略弹性来源于企业本身独特的知识能力，而企业中人的知识构成和其组合方式是构成战略弹性的关键。企业一旦建立起自己的战略弹性，即形成了组织的活性化、功能的综合化、活动的灵活化，这一切即构成了独特的企业文化，企业从而就建立起别人无法复制的战略优势，竞争能力就将会得到很大程度的提高。

（二）战略管理的十大学派

战略管理共有十大学派，它们是：设计学派、计划学派、定位学派、企业家学派、认识学派、学习学派、权力学派、文化学派、环境学派和结构学派。这十大学派分别从各个角度或层次反映了战略形成的客观规律，都对战略管理理论做出了贡献。它们互相补充，共同构成了完整的战略管理理论体系。下面分别加以介绍。

1. 设计学派。把战略形成看做一个概念作用的过程。

战略形成应该是一个有意识的、深思熟虑的思维过程。必须有充分的理由才能采取行动。有效战略产生于受严密控制的人类思维过程。例如，安德鲁斯在另外一本书中认为：只有在管理人员尽可能深思熟虑制定战略时，他才能真正了解自己在做什么。在这个意义上可以说，战略制定是一个通过后天学习获得的技巧，而不是与生俱来的，也不是什么直觉技巧，它必须通过真实的学习才能获得。

2. 计划学派。把战略形成看做一个正式的过程。

战略产生于一个受控的、正式的过程。该过程被分解成清晰的步骤，每个步骤都采用按核查清单进行详细的描述，并由分析技术来支撑。就像我们已经看到的那样，注重战略的分解和正式化意味着像日程安排、制定计划和编制预算这些最有用的行动受到关注。而有关战略创造的实实在在的活动实际上并没有得到重视。因此，战略规划通常归结于行为控制的数字游戏，而这些数字游戏与战略几乎根本没有关系。

3. 定位学派。把战略形成看做一个分析的过程。

在奎因看来，"有效的战略是围绕少数几个关键概念和观点而形成的，而这些关键的概念和观点不仅给企业带来了凝聚力、平衡力和重点"，此外还提供了"与高智对手进行对峙的能力。这样就迫使对手扩大其承诺范围，然后我们集中力量朝一个明确的方向进攻，占领一个预先选好的细分市场；最后在这个市场中建立自己的控制点。以此为基础重新组织，进行扩张，以求在更大的领域内占领主导地位"。

4. 企业家学派。把战略形成看做一个预测的过程。

这一学派最核心的概念就是远见，认为它产生于领导人的头脑之中，是战略的思想表现。远见既是一种灵感，又是一种对战略任务的感觉，是一种指导思想。其实，远见常常表现为一种想像，而不是一份详细阐述的计划（用文字和数字表现的计划），这就使战略非常灵活，所以领导人在制定战略时就能充分运用其经验。这说明：企业家战略既是深思熟虑的，又是随机应变的。在总体思路和对方向的判断上深思熟虑，在具体细节上可以随机应变，可以在战略的执行过程中灵活地变更。

5. 认识学派。把战略形成看做一个心理过程。

卡尔·韦充喜欢讲述这样一个故事：一队在阿尔卑斯山演习的匈牙利士兵遇上暴风雪，两天后还没有回来。第三天，士兵们回来了。他们解释道：我们认为迷路了，只能等死。但当我们中的一个人在口袋里发现了一张地图，我们一下子平静了许多。我们搭起帐篷，熬过了暴风雪。运用地图，我们找到感觉，现在我们出来了。派遣部队的上尉拿过备受关注的地图看了看，惊奇地发现它不是阿尔卑斯山地图，而是比利牛斯山的地图。故事的寓意是很明显的，当我们迷路时，地图会帮助我们。换句话说，错误的心理反应比根本没有反应好得多。至少，它会给你勇气，从而激励你采取行动。

6. 学习学派。把战略形成看成一个应急的过程。

开始，战略就像花园中的种子一样产生。它不会像番茄那样在温室中培育。换句话讲，战略的形成过程可能长了些。有时，让模式自己出现会比组织加一些人为的模式更重要。这种战略可以在任何人们可以而且愿意学习的地方生根。有时，一个遇到特殊良机的个人或单位会创造出自己的模式。一旦开创了这种先例，这种行为便不可避免地发生。而在另外一些时候，通过各种人为的调整，一些行动逐渐形成一个战略主题。外部环境会把一个模式强加给一个毫无准备的组织，最为关键的是组织不能总是计划出战略应该出现在哪里，更别提制定战略计划本身了。

7. 权力学派。把战略形成看做一个协商过程。

波特列举的行动与反行动主要针对已确立其地位并一心想维持对其有利的相对优势的企业而言的。运用手腕与对手沟通，通过协商达成互利协议比公开作对更为明智。将威胁和承诺结合起来已获得优势，是一种互为补充的外交手段。因此，这里讲的战略，与其说是谋求地位，倒不如说是施展计谋，这种战略是在初期已建立稳定秩序的情况下所采用的。战略由各种佯攻和阴谋诡计所组成，通常具有愚弄竞争对手的意图。

8. 文化学派。把战略形成看做一个集体思维的过程。

我们把组织文化与集体认识相联系，它就成为"组织的精神世界"，或者成为传统和习惯以及各种更为明确的表现形式——故事，符号，甚至建筑物和产品等的共同信念。佩蒂格鲁在写到组织文化可以被看做"富有表达力的社会组成部分"时做了个很好的比喻，好像人体的有机组织一样，组织文化的骨干连接着组织过程的肌肉。从某种意义上说，文化代表着组织的生命力，代表着机体的灵魂。

9. 环境学派。把战略形成看做一个反应的过程。

环境，作为一种综合力量向组织展现自身，是战略形成过程中的中心角色。组织必须适应这些环境力量，否则会被"淘汰"。领导由此变成了一种被动的因素，负责观察了解环境并保证组织完全适应。组织结束群集在原来所处的独特的生态型小环境和位置中，直至资源变得稀少或者条件变得恶化敌对，然后组织消失灭亡。

10. 结构学派。把战略形成看做一个转变的过程。

与众所周知的马与马车，或婚姻中的男人与女人一样，结构与转变也形影相随。而它们其实有很大区别，至少在文献和战略管理的实践中所反映的要有所不同。结构往往被学术派人物所研究和描述，因为这是一个概念问题，而转变则往往被经理们所运用，特别是被顾问们所描述，因为这是很复杂的商务。在狩猎旅行的比喻中，一边是去追踪，另一边是去设陷阱，但都是在继续寻找那个目标。再返回另一个比喻，好比是马和车，马（过程）必须不断地把马车（状态）从一个地方拉到另一个地方。

二、核心能力理论

（一）核心能力

"核心能力"概念已在实际上得到广泛认同，它是企业胜败的关键因素之一，是企业保持竞争优势的基础，是企业获得优异业绩的内在因素。对于"核心能力"的定义，目前说法很多，较为流行的是："核心能力是构成企业竞争能力和竞争优势基础的多方面技能、互补性资源和运行机制的有机融合，是识别和提供竞争优势的知识体系。"

20世纪90年代的企业经营环境的最大特点是竞争的全球化，国际竞争越来越激烈。全球一体化市场的出现使国家的边界变得模糊，信息网络的发达使行业局限愈加模糊。第二大特点是产品生命周期大大缩短，产品过时加速，一些企业为了保持竞争优势故意提前淘汰产品，创新成为竞争的主题。第三大特点是顾客需求的个性化与差异化，多品种少批量成为重要生产战略，即时生产、灵捷制造成为企业新的生产方式。时间与速度成为新的竞争手段。

（二）资源基础论与核心能力理论

20世纪80年代产业组织理论比较流行，但到20世纪90年代则受到普遍的批判。人们越来越认识到，竞争无常规，没有普遍通行的战略，也没有万能灵丹，人们无法单独通过普遍通行的战略与公司特征来解释企业的优异表现，人们转向寻找企业竞争优势的源泉。竞争优势是促成优势企业比竞争者更成功的因素，而且这些因素无法被竞争者轻易模仿。

这些因素包括：资源与能力、战略实施能力、战略、时间与创新等。一部分学者认为资源与能力是竞争优势的主要来源，公司的战略依赖于公司最优秀的方面而非外部环境，战略家的工作是寻找公司有别于其他竞争者的资源和能力。它们包括：①能提高公司竞争能力的成本优势，如：企业生产能力、加工技术、购买原材料的渠道等。②能用于不同用途的因素，如：市场营销经历、销售渠道、品牌等。③能阻止竞争者进入的门槛因素，如：专利、市场份额等。④对公司讨价还价能力有影响的因素，如：企业规模、财务等。

这种强调资源的战略分析有5步：①对公司的资源分类，评估其优势与缺陷。②分析公司的能力：如何能使公司比竞争者更有效。③评价资源与能力在保持长期竞争优势方面的潜力，从而确定其竞争优势。④选择能最好地匹配公司的资源、能力与外部环境的机遇，制定相关战略。⑤找出资源差距，投资强化提高公司的资源条件。然后回到第一步，进入第二循环。

从产业组织理论的观点可以得出一个推论：如果企业所处的行业利润率不高的话，企业就没有希望，这显然和现实不符。在1990~1993年间，美国其他航空公司亏损约100亿美元，而西南航空公司利润却持续递增。芝加哥学派批评传统S-C-P模式的进入壁垒理论，认为高利润是对高度专业化的高质量资源或能力的回报。这成为后来资源基础学派的理论的重要启示。另外，如果多数企业都按照产业组织理论的观点，进入有吸引力的利润率高的行业，这些行业也会很快饱和，从而成为没有吸引力的行业。这方面的例证比比皆是。

核心能力理论强调企业战略大多是以下两方面的结合：选择有吸引力的行

业，同时培养别人无法模仿的核心能力。在传统的安索夫—安东尼—安德鲁斯模式中就强调战略匹配（Strategic Match）或战略契合（Strategic Fit），认为战略的核心就是企业内部独特的资源与外部环境的合理匹配。资源基础论的进步主要在于，指出了企业不只是利用现有的资源与能力，而且要有意地培育企业独特的能力。资源基础论者认为，即使一个企业在缺乏吸引力、缺乏好机遇也有较大经营风险的行业经营，它也可以依赖它的内部独特资源与能力赢得竞争优势。关键是企业必须拥有对顾客有价值、稀缺的、对手难以模仿的资源与能力。资源基础论的假定是：

第一，企业是一组独特的资源与能力的组合，这些独特的能力与资源是企业战略的基础，也是回报的基本源泉，资源的差异是竞争优势的基础。

第二，随着时间的推移，企业拥有不同的资源，培养独特的能力，从而同一行业的企业不可能拥有相同的战略相关资源与能力。

第三，资源在企业之间缺乏流动性。

第四，资源是企业生产过程的投入，包括：设备、员工的技能、专利、优秀的经理人员等。

（三）核心能力是一种战略创新

20 世纪末，由于经济全球化、技术信息化与知识经济时代的到来，企业界出现了一系列的战略创新。这些创新包括：大规模定制、时间竞争、归核化、虚拟组织、竞争合作等。

1. 大规模定制（Mass Customization）。20 世纪初，大规模生产方式在美国诞生，标准化成为时尚，成本领先成为主要的竞争战略。但这个时代是以牺牲消费者的个性化需求为代价。随着需求个性化发展，人们对"One Size Fits All"的消费观越来越厌恶。在电脑和互联网等信息技术的支持下，大规模定制应运而生。大规模定制是指对定制的产品和服务进行个性化的大规模生产。包括从有效地参与特定需求市场的竞争，到实际上为每一个顾客提供独一无二定制产品的整个范围。大规模定制的特征是：

（1）个性化客户为中心。在大规模生产中，客户处于价值链的最末端，生产出来什么就买什么；在新战略中，客户位于价值链的最前端，围绕客户的需求来生产产品，其实质是生产者和客户共同定义和生产产品。

（2）灵活性和快速反应实现产品或服务的定制化。

（3）电脑、网络、电子商务等信息技术最新战略的技术基础，使制造商与客户供应商形成一种新的关系。

（4）注重整个过程的效率，而非局限于生产效率。

2. 时间竞争（Time—Based Competition）。1988 年，斯托克（G. Stalk,

Jr.）在《哈佛商业评论》上发表论文《时间——下一个竞争优势和源泉》（Time：The Next Source of Competitive Advantage），把时间作为企业竞争优势的源泉。认为过去企业靠降低成本与产品多元化来竞争，而现在，时间与速度成为重要的竞争优势来源。在设计、制造、销售与创新上争时间、抢速度，对顾客的需求迅速做出反应，缩短产品周期、缩短产品生产时间等时间管理成为重要的竞争手段。

3. 归核化（Refocusing）。归核化是指企业通过减少业务活动范围以集中经营核心业务的过程。主要是通过剥离的方式实行企业的重组。美国大企业在20世纪50年代起实行的多元化战略到20世纪70年代达到高峰，20世纪80年代进入战略转换期。由于经济不景气，有许多企业实施归核化战略。最早实施归核化战略的代表者是美国通用电气公司。欧洲大企业的这种战略转换比美国晚5～8年，20世纪90年代中期才陆续实施归核化战略。在亚洲，韩国大企业在金融危机中的1998年才开始实施归核化战略。归核化战略的要旨是：

（1）公司的业务归拢到最具竞争优势的行业上。

（2）把经营重点放在核心行业价值链上自己优势最大的环节上。

（3）强调核心能力的培育、维护和发展，重视战略性外包这种新兴的战略手段。

4. 虚拟组织（Virtual Organization）。

为了提高对市场机遇的反应，越来越多的企业采取非股权安排的方式建立虚拟企业。根据核心能力分工原则，企业只经营其核心能力擅长的业务，把边沿业务外包，形成劳动的社会化大分工。企业快速形成，一旦使命完成立即解体。通过契约的方式形成临时利益共同体，特许经营、委托管理、战略联盟等就是这种虚拟企业的典型组合方式。

5. 竞争合作。

在竞争对手之间构成合作关系，越来越多的战略联盟体现出这一点。采取双赢的原则、相互合作，而非开展你死我活的竞争。

（四）核心能力的修炼、形成及发挥

核心能力修炼的前提是"企业家追求的升华"和"企业家超凡能力的修炼"。如果没有这两条，也就谈不上核心能力的修炼与形成。

个人狂热的气质、个人的学习能力、系统思考能力、卓越能力的传递等都是企业家超凡能力修炼的内容。

企业家超凡能力修炼，制造时钟机制并形成运行体系，构建并坚持核心思想体系，推行崇拜式文化，吸引一流人才的能力，团队的学习能力和团队合力，组织狂热氛围的形成，制造工作狂机制，锻炼逆境生存能力，追求远大的目标，鼓励大胆尝试和创新，不断地自我超越，目光远大地进行超前投资即构成核心能力修炼的内容。

强有力的洞察预见和善于抓住机遇的能力，强大的核心技术，强有力的资本运筹能力，娴熟的运作技巧，强大的市场拓展和推广能力，品牌和企业形象，政治和社会资源即构成了核心能力的内容。

经过核心能力的修炼，即具有发挥能力，从而不断地技术创新，形成核心产品并不断地推出新产品，相关多元化或不相关多元化经营，横向扩张和纵向整合，收购兼并，海外扩张，运用政治和政策，创造名牌并发挥强大效力等都是核心能力形成以后的进一步发挥。

为了深入剖析企业核心能力的形成机理，我们把核心能力修炼划分为"企业超凡能力的修炼和延伸"、"理念体系的确立和渗透"、"运行体系和时钟机制的构建"、"人力资源势能形成和动能发挥"等4个环节。

经过核心能力的修炼后，即形成诸如洞察预见力、核心技术、动作技巧等能力。只有拥有了这种能力，才能实施这些具有强大威力的战略。

（五）核心理念体系

核心理念体系的建设是核心能力修炼的一项核心内容。

1. 理念共鸣是企业与员工的粘合剂。作为对事业的追求，如果仅以金钱为联系纽带，而缺乏理念共鸣，社会精英们与企业的联姻都不会长久。

2. 理念"杏黄旗"。把集体目标与个人目标统一起来，建立共同愿景，才能把全体员工的积极性和创造力凝聚起来，去完成共同的事业。

3. 理念渗透。理念能做多大，公司就能做多大。追求卓越的企业家，应该行动起来、理直气壮地树起"理念杏黄旗"。

三、理论评析

战略管理理论研究的演变可以归纳为3个线索：一是将企业的愿景作为研究的主题，并由此探索企业发展的路径；二是以企业发展的路径作为研究的主题，并以此规划企业发展的步骤；三是以产业发展研究为主题，将产业置于大的宏观经济环境中，确定企业的长远目标，规划企业的发展步骤。

有的学者通过研究发现，战略管理研究普遍存在着战略规划的"刚性"与企业环境快速多变的"柔性"之间的矛盾、产业组织理论分析与企业内部理论分析互相排斥的缺陷、企业能力理论与传统组织理论的冲突等。这些方面的矛盾、缺陷与冲突充分体现了战略环境的混沌性和不可预见性及战略对象本身演进的非线性特征。增强战略的"可预见性"和"可控性"成为战略管理研究的新方向。

进入 20 世纪 90 年代,"动态能力"战略成为一个正在发展中的理论前沿,其关注的重点集中于知识、资源和能力的内生创造上。Teece、Psano 和 Shuen 在 1997 年发表《动态能力》一文,Helfat 和 Raubitschek 在 2000 年发展了一个知识、能力和产品共同演进(coevolution)的模型。Winter 在 2000 年提出了能力学习的要领模型。Helfat 在 2000 年通过过程性的详细案例来验证资源、能力与企业绩效之间的关系。

经济学理论在战略管理理论的形成过程中具有极其特殊的作用。由于战略管理的宏观视角,决定了经济学理论成为战略管理理论的重要源泉,并经历了一次次大的交融和发展。

例如对波特(1980)提出的战略产业分析方法的不满可以追溯到经济学中早期以德姆塞茨为代表的芝加哥学派反对贝恩——梅森的"结构—行为—绩效"理论时对分析方法的争论。对新古典企业生产职能论的批判导致了替代分析方法的出现,这在某种程度上引起对企业理论的争议。20 世纪 80 年代早期的经验实证引起了人们对位势学派的质疑。罗曼尔特(Rumelt,1974,1982)的分析表明,超额利润的源泉是企业具有的特殊性,而非产业间的关系。有的学者预测,在未来的研究中,战略研究的理论基础将进一步拓宽,并将与经济理论、心理学、组织理论、复杂性科学(Complexity Science,包括系统动力学、混沌理论、自组织理论等)、组织学习理论等在更大的范围和更深的层次上渗透、交融。

未来的战略管理将以研究企业适应环境的可预测的与不可预测的变化,进而提出各种状态下的博弈模型为核心,并以此来寻求方法上的突破。这种突破应以博弈论为主要分析工具,并把其他相关的学科或理论加以有效整合,从而把宏观分析与微观分析、理性分析与非理性分析有机结合起来。所以,战略管理研究将更加综合、系统、全面。

H. Igor Ansoff (1918—)

Personal background

• born in Vladivostock, Russia, 12 December 1918

- graduated form Stevens Institute of Technology, New Jersey and received a PhD at Brown University, Rhode Island, in 1948
- held senior positions at RAND Corporation, California (1948 — 1956) and Lockheed Aircraft Corporation (1956—1963)
- held professorship at Carnegie Mellon University, Pennsylvania (1963 — 1968) and at Vanderbilt University, Tennessee (1968—1976)
- joint appointment as professor at the European Institute for Advanced Studies in Management in Brussels and at the Stockholm School of Economics (1976—1983)
- since 1983, has been Distinguished Professor of Strategic Management at United States International University, California

Major works

Corporate Strategy (1965)
Strategic Management (1979)
Implanting Strategic Management (*with E. J. McDonnell*) (1984)
The New Corporate Strategy (1988)

Summary

Ansoff is a prolific writer, having produced over 120 articles since 1965. He is currently working on two new books, Optimizing Profitability in the Twenty—Fist Century, or How to Succeed in Business by Actually Trying and Multidisciplinary Managerial Theory of Strategic Behavior by Environment — Serving Organizations. The annual Ansoff Prize for the best contribution to strategic management was established by Coopers & Lybrand, and Twente University of Technology (in the Netherlands) in 1991.

第七节 企业文化理论的形成与发展

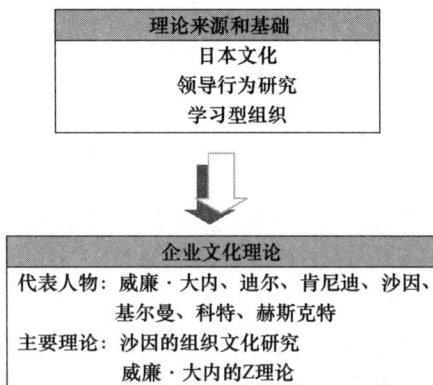

理论来源和基础
日本文化
领导行为研究
学习型组织

企业文化理论
代表人物：威廉·大内、迪尔、肯尼迪、沙因、基尔曼、科特、赫斯克特
主要理论：沙因的组织文化研究 威廉·大内的Z理论

图 10—10

一、概述

20 世纪 80 年代，国际形势发生了巨大变化，西方管理学者对传统管理理论进行深入思考。一个非常重要的背景是，日本仅用 20 多年时间就由一个战败国一跃成为世界第二经济强国，成为美国的主要市场竞争对手，这就促使人们对这一现象进行深刻的反思。深入研究发现，在企业竞争发展过程中，文化力量发挥着重要而独特的作用。有些学者认为，日本之所以能够在短时间内崛起，一个重要的原因，是日本的文化对日本的经济发展起着主要作用。因此，在进入 20 世纪 80 年代后，西方企业界掀起了一股企业文化潮。其实，任何一个企业，任何一个国家，其生存和发展，都与它自身的文化条件以及所处的文化环境密不可分，只是人们常常不能深刻认识罢了。

企业文化是指一定历史条件下，企业在生产经营和管理活动中所创造的具有本企业特色的精神财富及其物质形态。它由 3 个不同的部分组成。

1. 企业精神。企业精神是企业文化的核心层，呈观念形态，如价值观、信仰及行为准则等，体现了企业经营哲学、宗旨、方针、目标等方面。

2. 企业作风。企业作风是企业文化的中间层，呈行为形态，如员工工作方式、行为方式、应付事变的方式，等等。

3. 企业形象。企业形象是企业文化的外围层，呈物质形态。如产品设计、产品质量、厂容厂貌、员工服饰等。它是企业文化外在形象的具体体现。

企业文化的功能主要体现在：其价值观和行为准则对企业员工的思想和行为起到导向作用和约束作用，企业形象对企业员工有激励作用和凝聚作用。此外，企业文化对企业所在社区、企业产品所覆盖的地区具有辐射作用。

二、企业文化产生的历史背景

20 世纪 70 年代，世界经济形势发生了巨大变化。"二战"后长期在世界经济中占主导地位的美国，经济衰退，通货膨胀，对外贸易逆差激增，许多工业部门陷入困境，失业率上升。而资源贫乏的日本作为一个战败国，却在变幻莫测的世界经济中，不仅安然度过了触动全球的石油危机，并连续高速增长，短短 20 多年便跻身于发达资本主义国家之列，大有取代美国、西欧之势。

日本的经济成就极大地震动了美国。美国企业界和理论界纷纷对日本的企业进行研究，并与美国企业的管理思想进行对比，终于认识到：没有强大的企业文化，即价值观和信仰等等，再高明的经营战略也无法获得成功。形成日本企业巨大生产力、优异产品质量和强劲竞争力的，不仅是发达的科学技术、先进的机器设备等物质经济因素，而且还包括社会历史、文化系统、心理状态等文化背景的因素。正是这诸多因素融合而成的日本企业独具的特色，造就了日本人与众不同的企业精神。企业文化是企业生存的基础，发展的动力，行为的准则，成功的核心。结果，从 20 世纪 70 年代末开始，企业文化理论成为发源于美国、风靡于世界的一种新的企业管理思潮。

三、企业文化学派主要代表人物和著作

（一）威廉·大内的《Z 理论》

威廉·大内（William G. Ouchi）日裔美国管理学家，加利福尼亚大学教授，美国斯坦福大学企业管理硕士，芝加哥大学企业管理博士。他从 1973 年开始专门研究日本企业管理，经过调查比较日美两国管理的经验，提出的 Z 理论是一种有关组织发展的理论。

（二）迪尔、肯尼迪的《企业文化：现代企业的精神支柱》

阿伦·A. 肯尼迪（Terence Deal，Allan Kennedy）和特伦斯·E. 迪尔钻

研各种文献，进一步了解了构成一种文化的要素。决定一个公司的文化类型的首要因素是什么？而一种文化又如何在公司的日常生活中起作用？他们把文化分为四种类型：硬汉、胆识型文化，努力工作与尽情玩乐型文化，孤注一掷型文化，按部就班型文化，并阐明了文化的要素。两人合作写出《美国的企业文化》。

（三）沙因的《组织文化和领导》

艾德加·沙因（Edgar H. Schein）是美国麻省理工斯隆学院教授，1947年毕业于芝加哥大学教育系，1949年在斯坦福大学取得社会心理学硕士学位，1952年在哈佛大学取得博士学位，此后一直任职于斯隆学院。在组织文化领域中，他率先提出了关于文化本质的概念，对于文化的构成因素进行了分析，并对文化的形成、文化的演化过程提出了独创的见解，在组织发展领域中针对组织系统所面临的变革课题开发出了组织咨询的概念和方法（Process Consultation）。他的主要研究著作包括《组织文化和领导》（Organizational Culture and Leadership）、《组织心理》（Organization Psychology）、《重新思考咨询过程》9Process consultation Revisited）等，另外还有数十篇研究论文。

（四）拉尔夫·基尔曼的《摆脱救急观念》

拉尔夫·基尔曼（Ralph H. Kilmann）在《摆脱救急观念》一书中指出：人类创造的组织系统所衍生出来的复杂问题，无法用简单的救急方法来解决。惟一的方法是发展一套解决现代管理组织的整体规划问题的综合措施。这套整体规划包含文化、管理技术、团队建设、战略结构、报酬系统等五个部分。证明这个理论的例子在为企业提供管理咨询服务的时候经常遇到，比如导入企业形象识别系统时多数企业重视视角识别而忽视行为和理念识别，业务流程重组项目中一部分企业只关注流程设计而忽视了组织文化的影响，等等。

（五）约翰·科特、詹姆斯·赫斯克特的《企业文化与经营业绩》

从1988年开始，哈佛商学院就把"当代影响企业发展业绩的重要因素"作为重点研究课题。1992年，约翰·科特教授和同事詹姆斯·赫斯克特教授（John Kotter & James Heskitt）出版了专著《企业文化与经营业绩》。该书总结了他们在1987—1991年期间对美国22个行业72家公司的企业文化和经营状况的深入研究，证明企业文化对企业长期经营业绩有重要的影响。他们认为："一个企业本身特定的管理文化，即企业文化，是当代社会影响企业本身业绩的深层重要原因。"即：企业文化对企业长期经营业绩有重大的作用，在下一个10年内企业文化很可能成为决定企业兴衰的关键因素。企业兴衰、企业发展当然是由多种因素形成的，但企业文化肯定对企业兴衰是一个十分重要的因素。这个观点对经济的发展和企业的行为产生了深远的影响。

四、重要理论观点

（一）沙因的组织文化研究

1. 组织文化的定义。组织文化综合起来主要有以下内容：

（1）人们进行相互作用时所被观察到的行为准则，包括使用的语言，或者为了表达敬意和态度时类似一些仪式的做法等。

（2）群体规范：如霍桑实验中所揭示的工作群体的规范。

（3）主导性价值观，包括类似于产品质量、价格领导者等组织中所信奉的核心价值观。

（4）正式的哲学，包括处理组织和其利益相关者如股东、员工、顾客的关系时应该信奉的意识形态，以及给予组织中各种政策指导的一种哲学，例如惠普之道。

（5）游戏规则，为了在组织中生存而学习的游戏规则，例如一个新成员必须学会这种规则才能被接受。

（6）组织气候，组织成员在与外部人员进行接触过程中所传达的组织内部的风气和感情。

（7）牢固树立的技巧，包括组织成员在完成任务时的特殊能力，不凭借文字和其他艺术品就能由一代向另一代传递的处理主要问题的能力等。

（8）思维习惯、心智模式（Mental Models）、语言模式，包括组织成员共享的思维框架。

（9）共享的意识，组织成员在相互作用过程中所创造的自然发生的一种理解。

（10）一致性符号，包括创意、感觉和想像等组织发展的特性，这些可能不被完全认同，但是它们会体现在组织的建筑物、文件以及组织其他的物质层面上。

沙因认为对这些内容的讨论都没有涉及文化的本质。他认为文化是一个特定组织在处理外部适应和内部融和问题中所学习到的、由组织自身所发明和创造并且发展起来的一些基本的假定类型，这些基本假定类型能够发挥很好的作用，并被认为是有效的，由此被新的成员所接受。以上所列举的文化不过是更加深层的文化的表象，真正的文化则是隐含在组织成员的潜意识中，而且文化和领导者是同一硬币的两面，当一个领导者创造了一个组织或群体的同时就创造了文化。

沙因认为文化由以下 3 个相互作用的层次组成。

（1）物质层，可以观察到的组织结构和组织过程等。

（2）支持性价值观，包括战略、目标、质量意识、指导哲学等。

（3）基本的潜意识假定，一些潜意识的信仰、知觉、思想、感觉等。

目前的文化研究大多停止在物质层和支持性价值观的层面，对于更加深层的事物挖掘不够。

2．组织文化的细分。沙因综合前人对文化比较的研究成果，对于深层的处于组织根底的文化分成以下5个维度：

（1）自然和人的关系，指组织的中心人物如何看待组织和环境之间的关系。包括认为是可支配的关系还是从属关系，或者是协调关系等。组织持有什么样的假定毫无疑问会影响到组织的战略方向，而且组织的健全性要求组织对于当初的组织/环境假定具有能够随着环境的变化进行检查的能力。

（2）现实和真实的本质，组织中对于什么是真实的，什么是现实的，判断它们的标准是什么，如何论证真实和现实，以及真实是否可以被发现等等一系列假定，同时包括行动上的规律、时间和空间上的基本概念。他指出，在现实层面上包括客观的现实、社会的现实和个人的现实，在判断真实时可以采用道德主义或现实主义的尺度。

（3）人性的本质，包含哪些行为是属于人性的，而哪些行为是非人性的，这一关于人的本质假定和个人与组织之间的关系应该是怎样的等等假定。

（4）人类活动的本质，包含哪些人类行为是正确的，人的行为是主动或被动的，人是由自由意志所支配的还是被命运所支配的，什么是工作，什么是娱乐等一系列假定。

（5）人际关系的本质，包含什么是权威的基础，权力的正确分配方法是什么，人与人之间关系的应有态势（例如是竞争的或互助的）等假定。

沙因认为，组织文化决定了组织价值观以及在此价值观下的组织行为。而且，深刻地隐含在组织深层的东西，要了解它是非常困难的，通过对组织构造、信息系统、管理系统、组织发展的目标、典章以及组织中的传说等物质层面的分析，能够推论得到的文化信息是有限的。在论证中他举出两个组织结构完全相同的企业，他们的文化可能是完全不相同的。为了更好地解释一个组织的文化，沙因建议利用群体面谈和群体讨论的方法，而且对于以上所列举的5个文化维度分别列举了一些应该讨论的内容。

3．文化的生成和领导的作用。具有同样背景和经历的两个领导者所领导的企业组织，在相同的社会环境中进行生存竞争，在经过了5年或10年以后，这两个企业组织的文化为什么会完全不同呢？某种文化要素在新环境中已经没有任何意义，为什么还能存在？尤其是组织领导者包括组织成员已经认识到这种文化要素必须要改革，但是它却还是能够存在下去，原因何在？在解释文化形成过程之前，沙因首先提出了以上这些疑问。

沙因认为，解释组织文化的生成过程要综合使用群体力学理论、领导理论和学习理论。利用群体力学理论——通过观察组织中的各种群体，说明在群体根底中潜在的个人之间的情绪过程。这个过程可以帮助我们解决诸如"对于某个问题多数人所共有的思考方法和在此之上的共同的解决方案中共有的意思"。因为所有对文化的定义都包含着诸如被共有的解决方案、被共有的理解、被共有的共识等概念，可是人们的共有是如何发生的却没有被解释清楚。利用群体力学理论可以解释这个共有过程。

领导理论中关于领导者的个性、类型对于集团形成的影响的研究结果，对于理解文化进化会有许多帮助。

学习理论是组织关于如何学习认知、感情、行为方式等的说明，而文化也是被学习到的行为。利用学习理论可以对文化的学习过程进行解释。

沙因在提出以上的理论框架后，分别应用这些理论对小群体中文化的出现、组织的创始者如何创造文化、领导者如何根植和传达文化等进行了论述。其著作《组织文化和领导》还专门探讨了组织的成长阶段和文化变革机制。

如何适应组织内部和外部环境的变化是企业组织经营过程中永远重要的课题，特别是近年来环境变化的速度越来越快，适应环境变化的重要性也越来越高。为了适应变化，企业需要具有新的思考方式和行为方式，可是这种新的方式却很难产生或很难生存。沙因对组织文化的研究为我们认识自己文化的深层本质提供了工具。我们需要从根本上进行改革才能适应新的变化，而不仅仅是简单地改革战略、组织结构、管理系统。

（二）威廉·大内的《Z理论》（1981）

Z理论研究的内容为人与企业、人与工作的关系。

在Z理论的研究过程中，大内选择了日、美两国的一些典型企业进行研究。这些企业都在本国及对方国家中设有子公司或工厂，采取不同类型的管理方式。大内的研究表明，日本的经营管理方式一般较美国的效率更高，这与始于20世纪70年代后期的日本经济咄咄逼人的气势是吻合的。作者因此提出，美国的企业应该结合本国的特点，向日本企业管理方式学习，形成自己的管理方式。他把这种管理方式归结为Z型管理方式，并对这种方式进行了理论上的概括，称为"Z理论"。该书在出版后立即得到广泛重视，成为20世纪80年代初研究管理问题的名著之一。

Z理论认为，一切企业的成功都离不开信任、敏感与亲密的关系，因此主张以坦白、开放、沟通作为基本原则实行"民主管理"。大内把由领导者个人决策、员工处于被动服从地位的企业称为 A 型组织。他认为当时研究的大部分美国企业都是 A 型组织。A 型组织的特点为：①短期雇佣。②迅速的评价和升级，即绩效考核期短，员工得到回报快。③专业化的经历道路，造成员工过分局限于自己的专业，但对整个企业了解不多。④明确的控制。⑤个人决策过程，不利于诱发员工的聪明才智和创造精神。⑥个人负责，任何事情都有明确的负责人。⑦局部关系。

相反，他认为日本企业具有不同的特点。①实行长期或终身雇佣制度，使员工与企业同甘苦、共命运。②对员工实行长期考核和逐步提升制度。③非专业化的经历，培养适应各种工作环境的多职能人才。④管理过程既要运用统计报表、数字信息等清晰鲜明的控制手段，又注重对人的经验和潜能进行细致而积极的启发诱导。⑤采取集体研究的决策过程。⑥对一件工作集体负责。⑦人们树立牢固的整体观念，员工之间平等相待。每个人对事物均可做出判断，并能独立工作，以自我指挥代替等级指挥。

他把这种组织称为 J 型组织。

大内不仅指出了 A 型和 J 型组织的各种特点，而且还分析了美国和日本各自不同的文化传统，明确了日本的管理经验不能简单地照搬到美国去。为此，他提出了"Z 型组织"的观念，认为美国公司借鉴日本经验就要向 Z 型组织转化。Z 型组织符合美国文化，又可学习日本管理方式的长处。比如"在 Z 型公司里，决策可能是集体做出的，但是最终要由一个人对这个决定负责"。而这与典型的日本公司（即 J 型组织）做法是不同的，"在日本，没有一个单独的个人对某种特殊事情担负责任，而是一组雇员对一组任务负有共同责任"。他认为"与市场和官僚机构相比，Z 型组织与氏族更为相似"，并详细剖析了 Z 型组织的特点。[20]

考虑到由 A 型组织到 Z 型组织转化的困难，大内明确给出了 13 个步骤。①参与变革的人员学习领会 Z 理论的基本原理，挖掘每个人正直的品质，发挥每个人良好的作用。②分析企业原有的管理指导思想和经营方针，关注企业宗旨。③企业的领导者和各级管理人员共同研讨制定新的管理战略，明确大家所期望的管理宗旨。④通过创立高效合作、协调的组织结构和激励措施，来贯彻宗旨。⑤培养管理人员掌握弹性的人际关系技巧。⑥检查每个人对将要执行的 Z 型管理思想是否完全理解。⑦把工会包含在计划之内，取得工会的参与和支持。⑧确立稳定的雇佣制度。⑨制定一种合理的长期考核和提升的制度。⑩经常轮换工作，以培养人的多种才能，扩大雇员的职业发展道路。⑪认真做好基层一线雇员的发动工作，使变革在基层顺利进行。⑫找出可以让基层雇员参与的领域，实行参与管理。⑬建立员工个人和组织的全面整体关系。

大内认为这个过程要经常重复，而且需要相当长的时间，比如 10—15 年。

五、理论评析

企业文化是企业精神文化、制度文化和物质文化的综合体现。其中精神文化居于核心的位置，其次是制度文化，最外面的是物质文化，如图 10—12 所示。

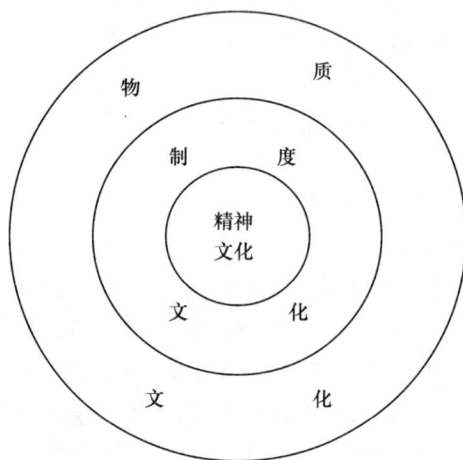

图 10—11

企业文化要通过企业全体员工的共同努力，在企业管理的具体运行中逐渐将其精神文化"内化"于企业员工的心理之中，并且通过一定的文化仪式和文化网络得以保留和发展，是群体文化或团队文化的长期心理"积淀"。所以，企业文化是一种超个性的群体意识，是企业各种物质表现、制度体系、精神支柱的长期"沉淀"，是企业长期以来物质文化建设和道德文明建设互动的结果，是企业凝聚力的综合体现。一般来说，企业文化成为企业持续竞争优势的重要源泉，是企业发展的内在驱动，是企业不断走向新的发展平台的重要支柱。

但是，企业文化研究还存在着众说纷纭的现象，并且各种文化模式的提出由于受到特定环境因素的限制，缺乏"可复制性"，因此企业文化的"独特性"就成了企业文化在特定企业发挥作用的重要表现。而且，企业文化形成有一个漫长的过程，所以其终极形态的确立在理论上将变得异常困难。有的学者就此做出努力，如 1997 年，Pierre DuBois & Associates Inc. 出版了一套组织文化测量和优化量表（Organization Culture Optimization），将组织文化分析模型予以定量化。尽管如此，企业文化在企业管理中的独特作用是毋庸置疑的，以至于有的管理学家将其描述为"企业兴衰的关键"，并预言未来的竞争是一场全方位的文化竞争。因此，企业文化理论将继续成为西方管理思想发展的主线之一。

William G. Ouchi

Personal background

- Born and raised in Hawaii
- received his bachelor's degree at Williams College in 1965
- received M. B. A. at Stanford in 1967 and his Ph. D. at the University of Chicago in 1972
- joined the faculty of Stanford University's Graduate School of Business in 1972
- moved to UCLA as a professor in the Anderson School teaching courses in management and organization design in 1979
- From 1993 to 1995, he served as adviser and chief of staff to Mayor Richard Riordan in Los Angeles

Major works

Theory Z: How American Business Can Meet the Japanese Challenge

M — Form Society: How American Teamwork Can Recapture the Competitive Edge

Making Schools Work: A Revolutionary Plan to Get Your Children the Education They Need

Summary

William G. Ouchi is vice dean and faculty director of Executive Education Programs and is the Sanford & Betty Sigoloff Professor in Corporate Renewal in the Anderson Graduate School of Management at UCLA.

Ouchi is the author of three influential books on management, including Theory Z: How American Management Can Meet the Japanese Challenge (1981), which was on the best—seller list for five months, has been published in 14 foreign editions and ranks as the seventh most widely held book of the 12 million titles in 4000 U. S. libraries.

Ouchi also is past co—chair of the UCLA School Management Program and continues as chair of the Riordan Programs, which serve minority high school and college students in Southern California. He is founder of the Nissan—HBCU Summer Institute, which serves the professoriate of the Historically Black Colleges and Universities in the United States, and he serves on several other committees and boards of the Graduate School of Management.

第八节 企业再造理论的探索与实践

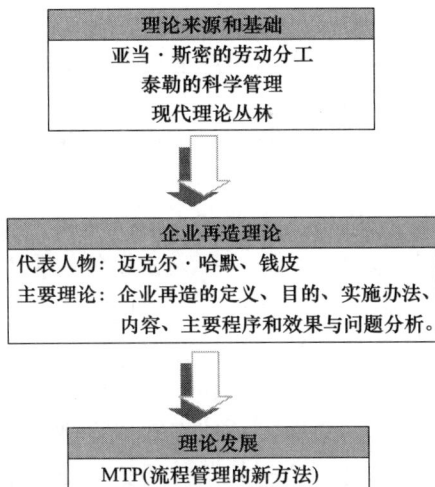

```
┌─────────────────────────────┐
│        理论来源和基础         │
├─────────────────────────────┤
│      亚当·斯密的劳动分工       │
│       泰勒的科学管理          │
│        现代理论丛林           │
└─────────────────────────────┘
              ⬇
┌─────────────────────────────┐
│         企业再造理论          │
├─────────────────────────────┤
│ 代表人物：迈克尔·哈默、钱皮     │
│ 主要理论：企业再造的定义、目的、实施办法、│
│          内容、主要程序和效果与问题分析。│
└─────────────────────────────┘
              ⬇
┌─────────────────────────────┐
│          理论发展            │
├─────────────────────────────┤
│     MTP(流程管理的新方法)      │
└─────────────────────────────┘
```

图 10—12

一、概述

企业再造也译为"公司再造"、"再造工程"（Reengineering）。它是 1993 年开始在美国出现的关于企业经营管理方式的一种新的理论和方法。所谓"再造工程"，简单地说就是以工作流程为中心，重新设计企业的经营、管理及运用方式。按照该理论的创始人原美国麻省理工学院教授迈克·哈默（M. Hammer）与詹姆斯·钱皮（J. Champy）的定义，是指"为了飞越性地改善成本、质量、服务、速度等重大的现代企业的运营基准，对工作流程（Business Process）进行根本性重新思考并彻底改革"，也就是说，"从头改变，重新设计"。为了能够适应新的世界竞争环境，企业必须摒弃已成惯例的运营模式和工作方法，以工作流程为中心，重新设计企业的经营、管理和运营方式。

二、企业再造理论产生的历史背景

自亚当·斯密提出劳动分工理论以来，200多年来的组织理论和生产实践都是沿着劳动专业化的方向前进。无论是"科学管理之父"泰勒，还是哈罗德·孔茨1980年发表《再论管理理论的丛林》所界定的11个管理流派，均以亚当·斯密的分工理论及在分工理论基础上形成金字塔式组织结构为依据，从不同角度对这种组织结构进行修补和完善，体现了统一领导、分级管理的组织原则，并在企业内部分设了生产、供应、销售等不同的部门，每一部门只负责其职能范围内的工作。这种组织结构过多地强调了专业分工，导致了任何一项任务都被诸多的职能部门分解得支离破碎，不仅造成了部门之间在衔接、协调上的困难，还形成许多重复劳动，影响了完成任务的质量，降低了工作效率。

但是，进入20世纪90年代之后，经济环境的变化、科技的进步、社会的发展、人们行为方式及心理的变化都要求企业做出相应的变化，尤其是3种力量已向传统的分工理论发出了强大的挑战。一是顾客（Customers）。在买卖关系中掌握了主导权的顾客占了上风，他们知道自己想要得到什么，想用什么方式支付货款，如何根据自己所希望的条件买到想要的东西，对各种产品和服务提出了更高的要求，也变得更为挑剔。二是竞争（Competition）。竞争的方式和竞争的种类空前增多，竞争程度也更为激烈。同类的商品要在完全不同的基础上进行竞争，交易已变得没有国界，没有任何一个国家能够抵御来自国外的竞争，新公司和新技术也使竞争方式不断创新。三是变化（Change）。变化已成了常态，顾客和竞争者在变化，而变化本身的性质也在变化。产品和服务的生命周期在缩短，而且开发新产品和推出新产品的时间也在缩短，变化成为各个企业必须经常应付的话题。

面对各方的压力，企业再造理论应运而生。"企业再造"（Reengineering the Corporation）这一概念由迈克尔·哈默于1990年在《哈佛商业周刊》发表的一篇文章中首先提出。1993年，他与詹姆斯·钱皮共同出版的《企业再造——工商管理革命宣言书》标志着企业再造理论的产生。

三、主要人物介绍

1993年，迈克尔·哈默（M. Hammer）与詹姆斯·钱皮（J. Champy）完成了企业重组框架，合作编著了《再造企业——管理革命的宣言》。该书总结了过去几十年来世界成功企业的经验，阐明了生产流程、组织流程在企业决胜于市场竞争中的决定作用，提出了应对市场变化的新方法——企业流程再造。

作者认为："20年来，没有一个管理思潮能将美国的竞争力倒转过来，如目标管理、多样化、Z理论、零基础预算、价值分析、分权、质量圈、追求卓越、结构重整、文件管理、走动管理、矩阵管理、内部创新及一分钟决策等。"

企业流程再造的首要任务是业务流程重组——BPR，它是企业重新获得部分优势与生存活力的有效途径；BPR的实施又需要两大基础，即现代化信息技术与高素质的人才，以BPR为起点的"企业再造"工程将创造出一个全新工作世界。

1995年，钱皮又出版了《再造管理》。哈默与钱皮提出应在新的企业运行空间条件下改造原来的工作流程，以使企业更适应未来的生存发展空间。这一全新的思想震动了管理学界，一时间"企业再造"、"流程再造"成为大家谈论的热门话题，哈默和钱皮的著作以极快的速度被翻译、传播。与此有关的各种刊物、演讲会也盛行一时，在短短的时间里该理论便成为全世界企业以及学术界研究的热点。IBM·信用公司通过流程改造，实行一个通才信贷员代替过去多位专才并减少了90%的作业时间的故事更是广为流传。

除哈默之外，还有许多管理学家在为企业再造做咨询工作的同时撰写文章。1993年11—12月的《哈佛商业评论》，发表的特雷西·高斯、理查德·帕斯卡及安托尼·阿瑟斯的《重新创业的过山车——为更有力的明天在今天冒险》，特别强调，改造不是改变现在已有的，而是要创造现在所没有的。

四、重要理论观点

（一）企业再造的定义

企业再造的定义是针对企业业务流程的基本问题进行反思，并对它进行彻底的重新设计，以及在成本、质量、服务和速度等当前衡量企业业绩的这些重要尺度上取得显著的进展。这个定义包括4个关键词：一是基本的，指从根本上重新思考企业已经形成的组织管理的一些基本信念，如分工思想、等级制度、标准化和官僚体制等，二是彻底的，指不是对现有的业务工作进行改良、提高和修修补补，而是进行脱胎换骨式的彻底变革，重新建立企业的业务流程，三是显著的，指企业通过再造工程在经营业绩上取得显著改进，四是流程，指企业再造从重新设计流程着手，并且是最关键的。企业再造理论的提出，引发了一场以变革传统组织形式为主要任务的管理革命。[21]

（二）企业再造的目的

企业流程再造的目的是提高企业竞争力，从业务流程上保证企业能以最小的成本、高质量的产品和优质的服务提供给企业客户。

（三）企业再造的实施办法

企业再造的实施办法是以先进的信息系统和信息技术为手段，以顾客的中长期需要为目标，通过最大限度地减少对产品增值无实质作用的环节和过程，建立起科学的组织结构和业务流程，使产品的质量和规模发生质的变化。

（四）企业再造的内容

企业再造的基本内容是，首先以企业生产作业或服务作业的流程为审视对象，从多个角度重新审视其功能、作用、效率、成本、速度、可靠性、准确性，找出其不合理的因素，然后以效率和效益为中心对作业流程和服务进行重新构造，以达到业绩上质的飞跃和突破。企业再造强调以顾客为导向和服务至上的理念，对企业整个运作流程进行根本性的重新思考，并加以彻底改革。企业必须把重点从过去的计划、控制和增长转到速度、创新、质量、服务和成本，目的是为了吸引顾客、赢得竞争和适应变化。

（五）企业再造的主要程序

企业"再造"就是重新设计和安排企业的整个生产、服务和经营过程，使之合理化。通过对企业原来生产经营过程的各个方面、每个环节进行全面的调查研究和细致分析，对其中不合理、不必要的环节进行彻底变革。在具体实施过程中，可以按以下程序进行。

1. 对原有流程进行全面的功能和效率分析，发现其存在问题。根据企业现行的作业程序，绘制细致、明了的作业流程图。一般地说，原来的作业程序是与过去的市场需求、技术条件相适应的，并由一定的组织结构、作业规范作为其保证。当市场需求、技术条件发生的变化使现在作业程序难以适应时，作业效率或组织结构的效能就会降低。因此，必须从以下方面分析现行作业流程的问题。

（1）功能障碍。随着技术的发展，技术上具有不可分性的团队工作（TNE），个人可完成的工作额度就会发生变化，这就会使原来的作业流程或者支离破碎增加管理成本、或者核算单位太大造成责权利脱节，并会造成组织机构设计的不合理，形成企业发展的瓶颈。

（2）重要性。不同的作业流程环节对企业的影响是不同的。随着市场的发展，顾客对产品、服务需求的变化，作业流程中的关键环节以及各环节的重要性也在变化。

（3）可行性。根据市场、技术变化的特点及企业的现实情况，分清问题的轻重缓急，找出流程再造的切入点。为了对上述问题的认识更有针对性，还必须深入现场，具体观测、分析现存作业流程的功能、制约因素以及表现的关键问题。

2. 设计新的流程改进方案，并进行评估。为了设计更加科学、合理的作业流程，必须群策群力、集思广益、鼓励创新。在设计新的流程改进方案时，可以考虑：

（1）将现在的数项业务或工作组合，合并为一。

（2）工作流程的各个步骤按其自然顺序进行。

（3）给予职工参与决策的权力。

（4）为同一种工作流程设置若干种进行方式。

（5）工作应当超越组织的界限，在最适当的场所进行。

（6）尽量减少检查、控制、调整等管理工作。

（7）设置项目负责人（Project Manager）。

对于提出的多个流程改进方案，还要从成本、效益、技术条件和风险程度等方面进行评估，选取可行性强的方案。

3. 对制定与流程改进方案相配套的组织结构、人力资源配置和业务规范等方面进行评估，选取可行性强的方案。

企业业务流程的实施，是以相应组织结构、人力资源配置方式、业务规范、沟通渠道甚至企业文化作为保证的。所以，只有以流程改进为核心形成系统的企业再造方案才能达到预期的目的。

4. 组织实施与持续改善。实施企业再造方案，必然会触及原有的利益结构。因此，必须精心组织，谨慎推进。既要态度坚定，克服阻力，又要积极宣传，形成共识，以保证企业再造的顺利进行。

企业再造方案的实施并不意味着企业再造的终结。在社会发展日益加快的时代，企业总是不断面临新的挑战，这就需要对企业再造方案不断地进行改进，以适应新形势的需要。

（六）企业再造的效果和问题

"再造工程"在欧美的企业中受到了高度重视，因而得到迅速推广，带来了显著的经济效益，涌现出大批成功的范例。1994 年的早期，CSC Index 公司（战略管理咨询公司）对北美和欧洲 6000 家大公司中的 621 家进行了抽样问卷调查。调查的结果是：北美 497 家的 69％、欧洲 124 家的 75％已经进行了一个或多个再造项目，余下的公司一半也在考虑这样的项目。American Express（美国信用卡公司）通过再造，每年减少费用超过 10 亿美元。德州仪器公司的半导体部门通过再造，对集成电路的订货处理程序的周期时间减少了一半还多，改变了顾客的满意度，由最坏变为最好，并使企业获得了前所未有的收入。

五、理论评析

在企业再造取得成功的同时，另一部分学者也在严肃地探讨其在企业实施中高失败率的原因。大家认为，企业再造理论在实施中易出现的问题在于：①流程再造未考虑企业的总体经营战略思想。②忽略作业流程之间的联结作用。③未考虑经营流程的设计与管理流程的相互关系。

总体来说，企业再造理论顺应了通过变革创造企业新活力的需要，这使越来越多的学者加入到流程再造的研究中来。有些管理学者通过大量研究流程重建的实例，针对再造工程的理论缺陷，发展出一种被称为"MTP"（Manage Through Process）即流程管理的新方法。其内容是以流程为基本的控制单元，按照企业经营战略的要求，对流程的规划、设计、构造、运转及调控等所有环节实行系统管理，全面考虑各种作业流程之间的相互配置关系，以及与管理流程的适应问题。可以说，"MTP"是再造工程的扩展和深化，它使企业经营活动的所有流程实行统一指挥，综合协调。因此，作为一种新的管理理论和方法，企业再造仍在继续发展。

Michael Hammer（1948—）

Personal background

- born in 1948
- bachelors，masters and PhD from Massachussets Institute of Technology
- software engineer，IBM
- professor of computer science，Massachussets Institute of Technology
- PRISM research project with Index Consulting Group
- president，Hammer and Company

Major works

Reengineering the Corporation (1993)
The Reengineering Revolution (1995)
Beyond Reengineering (1997)

Summary

Michael Hammer invented the term 'reengineering' in the late 1980s to describe the use of information technology to radically redesign business processes to achieve dramatic improvements in performance. The concept first came to public attention in an article in the Harvard Business Review (Hammer 1990) and was subsequently promoted through a series of best-selling books which established Hammer as one of the most influential management thinkers of the early 1990s. While Hammer would argue that reengineering's success was attributable to the novelty of the concept and its ability to deliver results, others have suggested that this may also have been due to reengineering's attunement to the spirit of the times and to the effectiveness of Hammer's rhetoric. A more serious criticism of Hammer's work has been its neglect of people, as Hammer himself belatedly acknowledged. This omission may help to account for evidence that by 1997 the popularity of reengineering was in decline. (The IEBM Handbook of Management Thinking, Edited by Malcolm Warner, P267)

第九节 6σ 理论

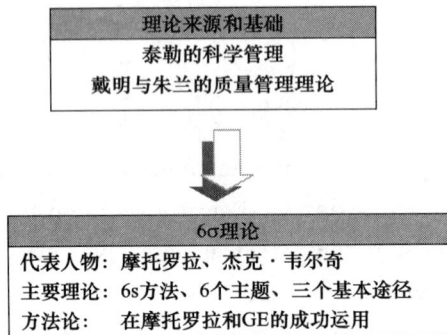

理论来源和基础
泰勒的科学管理
戴明与朱兰的质量管理理论

6σ理论
代表人物： 摩托罗拉、杰克·韦尔奇
主要理论： 6s方法、6个主题、三个基本途径
方法论： 在摩托罗拉和GE的成功运用

图 10—13

一、背景介绍

20 世纪 90 年代后期，杰克·韦尔奇（Jack Welch）被称为"全球第一CEO"，这源于他执掌 GE 以来所取得的成就。1981 年，45 岁的杰克·韦尔奇执掌 GE 时，这家已经有 117 年历史的公司机构臃肿，等级森严，对市场反应迟钝，在全球竞争中正走下坡路。按照韦尔奇的理念，在全球竞争激烈的市场中，只有在市场上领先对手的企业，才能立于不败之地。韦尔奇重整结构的衡量标准是：这个企业能否跻身于同行业的前两名，即任何事业部门存在的条件是在市场上"数一数二"，否则就要被砍掉——整顿、关闭或出售。他首先着手改革内部管理体制，减少管理层次和冗员，将原来 8 个层次减到 4 个层次甚至 3 个层次，并撤换了部分高层管理人员。此后的几年间，砍掉了 25％的企业，削减了 10 多万份工作，将 350 个经营单位裁减合并成 13 个主要业务部门，卖掉了价值近 100 亿美元资产，并新添置了 180 亿美元的资产，将 29 个工资级别改为 5 个粗线条的等级。韦尔奇因此得了"中子弹"的绰号。

改革带来了巨大成果。从 1981 年到 2001 年，GE 的股票市值从 120 亿美元上升到 1700 亿美元。从 1998 年开始，GE 连续被《金融时报》评为"世界最受尊敬的公司"。

而这并不是全部。业界之所以这么长的时间始终把目光的焦点聚集到他身上，也是因为 GE 经过 20 多年时间验证的那套成功的管理制度和哲学，让业界同样获益匪浅。而这其中被提到的最多的无疑是"6σ"理论。

需要说明的是，杰克·韦尔奇并不是 6σ 理论的创造者，GE 也并不是第一个实行 6σ 管理的公司，事实上摩托罗拉才是第一个。6σ 在 20 世纪 80 年代诞生于摩托罗拉。在短短的 5 年时间里，摩托罗拉运用 6σ 使其产品质量提高了 10 倍，从而在 1988 年荣获极负盛名的 Malcolm Baldrige 国家质量奖。随后，摩托罗拉与其他公司分享了它质量改进的理论和实践。20 世纪 90 年代初，为数不多的几家美国公司开始尝试推行 6σ，其中联合信号公司的成功引起了通用电气公司当时的董事长兼首席执行官杰克·韦尔奇的极大关注。1995 年通用电气开始以其雄厚的财力不断投入巨资全面推广应用 6σ，1997 年 6σ 给通用电气带来的收益就已经超过了投入的成本，2000 年这项举措在通用电气的年收益更高达 25 亿美元。公司的营业利润从 1995 年的 66 亿美元飙升到 1999 年的 107 亿美元。在此前后，实际上还有戴尔（DELL）、东芝（TOSHIBA）、惠普（HP）、索尼（SONY）、花旗银行（CitiBank）等世界顶级跨国企业纷纷通过 6σ 管理战略来强化管理水平，降低成本，提高客户忠诚度，增加销售业绩和增强核心竞争力。他们将 6σ 的卓越思想实践于企业管理的各个方面。

但显而易见的是，正是 GE 的巨大成功，才使 6σ 成为整个业界纷起效尤的管理变革，也正是 GE 才把 6σ 上升为一种高度有效的企业流程设计、改造和优化管理方法，继而成为追求管理卓越性的跨国企业最为重要的战略举措。而 GE 的 6σ 管理，带着深深的杰克·韦尔奇的烙印，这也正是我们把杰克·韦尔奇作为 6σ 理论的代表人物的原因。

二、6σ 理论的主要内容

（一）6σ 方法

6σ 是一项以数据为基础，追求几乎完美的质量管理方法。σ 是一个希腊字母，中文译音是西格玛，统计学用来表示标准偏差，即数据的分散程度。对连续可计量的质量特性，用"σ"度量质量特性总体上对目标值的偏离程度。几个 σ 是一种表示品质的统计尺度，任何一个工作程序或工艺过程都可用几个 σ 表示。6 个 σ 可解释为每 100 万个机会中有 3.4 个出错的机会，即合格率是 99.99966%。而 3 个 σ 的合格率只有 93.32%。6 个 σ 的管理方法重点是将所有的工作作为一种流程，采用量化的方法分析流程中影响质量的因素，找出最关键的因素加以改进，从而达到更高的客户满意度。

（二）6σ 的 6 个主题

主题一：真正关注顾客（Genuine Focus on the Customer）。

在 6σ 中，以顾客关注的焦点最为重要。举例来说，对 6σ 业绩的测量从顾客开始。6σ 改进以顾客满意和价值所产生的影响来定义。

主题二：以数据和事实驱动管理（Data－and Fact－Driven Management）。

6σ 把"以事实为管理依据"的概念提升到一个新的、更有力的水平。虽然近几年来在业界改进信息系统、知识管理等方面投入了很多注意力，但很多经营决策仍然是以主观观念和假设为基础。6σ 原理则是从分辨对测量经营业绩作为管理的开始，然后收集数据并分析关键变量。这个时候问题能够被更加有效地发现、分析和解决——永久地解决。

说得更实际一些，6σ 帮助管理者回答两个重要问题以支持以数据为基础的决策和解决方案：

我真正需要什么数据/信息？

我们如何利用这些数据/信息以使利润最大化？

主题三：针对流程采取相应措施（Process Are Where the Action Is）。

无论把重点放在产品和服务的设计、业绩的测量、效率和顾客满意的提高上还是业务经营上，6σ 都把过程视为成功的关键载体。6σ 活动的最显著突破之一是使领导者和管理者——特别是服务部门和服务行业中的——确信掌握流程是构建向顾客传递价值的竞争优势的途径。

主题四：预防性管理（Proactive Management）。

非常简单，预防即意味着在事件发生之前采取行动，而不是事后做出反应。在真实的世界中，预防性管理意味着对那些常常被忽略的经营活动进行管理，制定有雄心的目标并经常进行评审，设定清楚的优先级，重视问题的预防而非事后补救，询问做事的理由而不是因为惯例就盲目遵循。

真正做到预防性管理是创造性和有效变革的起点，而绝对不会令人厌烦或觉得分析过度。6σ 将综合利用工具和方法，以动态的、积极的、预防性管理风格取代被动的管理习惯。

主题五：无边界合作（Boundaryless Collaboration）。

"无边界"是杰克·韦尔奇经营成功的口号之一。在推行 6σ 之前，通用电气的这位总裁一直致力于打破障碍，加强自上而下、自下而上和跨部门的团队工作。改进公司内部的协作以及与供应商和顾客的合作怎样强调都不过分。因为，每天全世界有数十亿美元被浪费在组织间缺乏沟通及互相竞争上面，而这些组织本该为共同的目标而努力：为顾客提供价值。

主题六：力求完美但容忍失败（Drive for Perfection；Tolerate Failure）。

这似乎是个悖论：你如何能在力求完美时还能容忍失败？从本质上讲，这两方面是互补的。不推行新的观念和方法，没有公司能够接近 6σ 水平，而新的观念和方法通常包括一些风险。如果人们看到了接近完美的可能方法，但又害怕随之而来的错误，他们将永远不会尝试。

而 6σ 理论所包含的业绩改进方法中，包括大量的风险管理方法。通过这些方法，挫折或失败的范围就会有所限制。虽然每个以 6σ 为目标的公司都必须力求其财务结果趋于完美，但同时也应该能够接受并管理偶然的失败。

（三）开展 6σ 的三个基本途径

途径一：业务变革。

执行团队需要审视关键的业务流程，以对变革提出建议。这些流程包括：

- 企业如何配送产品
- 销售过程的有效性
- 新产品开发
- 重要顾客的抱怨
- 产品缺陷和惯犯的问题
- 对企业决策起关键作用的信息系统
- 大幅度降低成本

采取业务变革方法的企业有通用电器、福特和 3M 等。

途径二：战略改进。

这一种途径没有第一种激进，但也提供了最多的可能性。战略改进努力可被局限在一两个关键的业务需要上，同时团队和培训的目标都是应对主要的机遇和挑战。换句话说，它是集中于企业有限几个业务部门或者职能领域的一种 6σ 努力。

采取这种途径的企业有：强生、西尔斯、美国运通、太阳微处理系统。

途径三：解决问题。

"解决问题"途径是 6σ 方法中最轻松的方法。此方法目标是解决那些长期存在、一直令人困扰的问题。在员工了解了事实和真正理解引起问题的原因的基础上，6σ 理论中的多种工具能够帮助他们更好地分析和解决问题。

这种途径对那些想要慢慢体会 6σ 工具的好处，同时不想在企业内部掀起变革轩然大波的企业来说，是最适合的。

三、理论评析

6σ 理论实际上是一种从全面质量管理理论（TQM）演变而来的理论。全面质量管理是一种综合途径，可以涉及所有人和事。它涵盖了公司所有（如人力资源，财务等），而失去了聚集点和冲力。

与之相比，6σ 管理更具有针对性。6σ 是一种理念，它追求以客户为中心。我们所在的企业或机构往往有许多领域需要或值得改进，然而我们所拥有的资源的有限性决定了我们必须分清主次，将重点放在客户最关心、对企业或机构影响最大的方面，也就是客户质量关键点（critical to quality，CTQ）。它提醒我们在寻找质量改进机会的时候不能强求面面俱到，更不能目光短浅，只从自身出发，专注于内而忽略外部的客户。

6σ 方法不仅包括以生产制造为重点的质量管理，更重要的是它着重于所有业务领域的几乎所有过程，如财务、贸易、市场、销售、信息技术、人力资源、维修、等等。已经有许多被证明的解决方案是通过 6σ 完成的。并且，6σ 方法关注改变人的观念。改变过程和人是保持改善结果所必需的，这是创造性改善文化的关键。

这也正是 6σ 在近些年取代全面质量管理，被更多企业仿效和关注的主要原因。

6σ 的意义在于众多的企业已在开始将其内部形成的独特的管理方法用一种理论形式固化下来，使管理理论的发展更具有实践意义。管理理论与实践的统一已成为管理理论发展的新趋势。

Jack Welch

Personal background

- Ph. D. in chemical engineering
- joined GE in 1960
- chairman and chief executive of GE
- plays golf like a true fanatic and likes to compete each year in his club cham-

pionship

Major works

Jack: Straight From The Gut

Summary

Jack Welch paved a new road for business leaders everywhere. His legendary leadership and management techniques are an example to anyone aspiring to a successful career. He's the patron saint of CEOs everywhere. He became the youngest CEO & Chairman of one of America's biggest and most respected companies (General Electric) at age 44, and proceeded to rewrite the rules of what an incredibly profitable and successful company should be, all while having fun in the process. One of Jack's big initiatives was his Six Sigma program. The basic idea was to get it right the first time and make sure that what was produced was of the highest quality, with virtually zero defective units.

注　释

[1] Peters TJ. Thriving on Chaos: Handbook for a Management Revolution. New York: Knopf. , 1987

[2] Peters TJ. Thriving on Chaos: Handbook for a Management Revolution. New York: Knopf. , 1987

[3] Peters TJ, Waterman RH. In Search of Excellence: Lessons from America's Best—run Companies. New York: Harper & Row, 1982

[4] Peters TJ, Waterman RH, In Search of Execllence, 1982

[5] 同上。

[6] Porter Michael E. Competitive Advantage: Creating and Sustaining Performance. New York: The Free Press, 1985

[7] Porter M E. Competitive Advantage, 1985

[8] Porter M E. Competitive Advantage, 1985

[9] 同上。

［10］Kotter JP. The New Rules：How to Succeed in today's post-Corporate World. New York：Free Press，1995

［11］Kotter JP. The New Rules，1995

［12］同上。

［13］Kotter JP. A Force for Change：How Leadership Differs from Management. New York：Free Press，1990

［14］Kotter JP. A Force for Change：How Leadership Differs from Management. New York：Free Press，1990

［15］同上。

［16］Kotter JP. A Force for Change，1990

［17］Senge Peter M. The Fifth Discipline：The Art and Practice of the Learning Organization. New York：Doubleday，1990

［18］Deming William Edwards. Out of Crisis：Quality，Productivity and Competitive Position. Cambridge：Cambridge University Press，1986

［19］Juran Joseph M. Juran on Planning for Quality. New York：The Free Press，1988

［20］大内，Z 理论——美国企业界怎样迎接日本的挑战

［21］Hammer Michael，Champs James. Reengineering the Corporation：A Manifesto for Business Revolution，Nicholas Brealey Publishing，1993

深入阅读建议

1. 张兰霞. 新管理理论丛林. 辽宁人民出版社，2001.6

2. Peters Thoms J. ，Waterman Robert H. In Search of Excellerce，1982

3. Senge Peter M. The Fifth Discipline：The Art and Practice of the Learning Organization ，1990

4. Bower Yoseph L. Christensen Clayton M. Disruptive Thechnologies：Catching the Wave，1995

5. Kaplan Robert S. Norton David P. The Balanced Scorecard Measures that Drive Perrormance，1992

6. Hammer Michael. Reengineering Work：Don't Automate，Obliterate，1990

7. Prahalad CK . Hamel Gary. The Core Competence of the Corporation . 1990

8. Zaleznik Abraham. Managers and Leaders：Are They Different？1997

9. Berle Adolf Auguster. Management Power and Slockholders

阅读互动

1.《Z 理论》一书与《成功之路》、《日本的管理艺术》、《公司文化》一起被称为美国管理"4 重奏",其中《日本的管理艺术》作者之一帕斯卡曾与大内一起研究日本的管理。

2. 在市场经济背后,有一只看不见的手,是经济规律。同时还有一只看不见的手,也是不能忽视的,那就是文化。世界 500 强企业的发展进程已经表明,企业文化是一个企业获得成功的关键动力,更是企业经营管理中一座有待挖掘的富矿!

思 考 题

1. 当代管理思想发展的特点是什么?

2. 当代管理思想关注的焦点有哪些方面?

3. 当代管理思想之间有哪些内在的联系?

4. 托马斯·彼得斯的管理理论对当代管理思想的发展做出了哪些贡献?

5. 彼得·圣吉的学习型组织理论对当代管理思想具有哪些启发?

6. 企业战略学说的发展方向有哪些?

7. 什么是"归核理论"和"面向能力的理论"?

8. 企业再造理论的"再造"指哪些方面?

当代管理思想总结

一、当代管理思想对管理思想的发展

20世纪80年代以后，整个世界处于一种极度的动荡过程中。国际政治动荡起伏，世界经济变幻莫测，科学技术日新月异，各种文化相互渗透、相互融合，市场竞争日益白热化。西方管理学者对全球新的竞争条件下的企业的生存和发展进行了深入思考，形成了一些新的思想。同时，企业管理的理论和实践也有了很大的发展，涌现出了大量的新理论和新模式，为管理实践提供了丰富的理论指导和可供使用的工具。总的来说，当代管理思想呈现出以下五大趋势。

1. 从过程管理向战略管理转变。

因为企业的生存发展环境已经从国内市场转向国际市场，或者说企业的成功主要取决于全球战略的实施情况。管理由内向管理往外向管理转变，其原因在于企业生存环境的变化日益剧烈，企业必须不断地调整自己的发展方向，不断地设立自己发展的有效途径，以适应环境的剧烈变化。

2. 从产品的市场管理向价值管理转变。

即企业管理的每一个过程、每一个环节都必须使企业向市场提供的产品和服务升值，从而提高企业的管理效率。

与近代科学的发展轨迹相同，企业管理的理论与实践也经历了从还原论——整体论的发展过程。泰罗以来的管理理论与实践，一直受还原论的影响，认为企业的整体的性质可以还原为部分的或低层次的性质。然而，随着环境的变化，企业的绩效越来越取决于企业组织整体对环境的敏感性和适应能力。这就要求企业管理由关注局部转向关注整体。

进入 21 世纪，企业面对着的是复杂多变的经营环境，因而只有整体优化配置企业的全部资源，特别是人力、智力、物力和财力资源，让企业中的各个层次、各个部门和各个岗位，以及总公司与分公司、子公司、产品供应商与推销服务商和相关的合作伙伴协调起来，统一意志，协同行动，才能发挥企业竞争优势，实现企业的经营目标。因此，更加重视管理的整体优化将是企业管理的一大发展趋势。现代信息技术的集成化趋势，也为整体管理思想的实现提供了技术保证。核心能力理论，学习型组织理论，以及各种基于信息技术而产生的各种管理模式都印证了这一点。

3. 人本管理思想的深入（基本理念）。

人本管理是指以人为本的管理，即把人视为管理的主要对象及企业的最重要的资源，通过激励、调动和发挥员工的积极性和创造性，引导员工去实现预定的目标。

20 世纪的管理学对人性的认识是一个逐步深化的过程。先后有经济人、社会人、复杂人等假设。"社会人"的相关理论及其发展，成为人本管理的立论基础。在此基础上，包含人本管理思想的实践也发展起来，如企业文化。

随着信息技术在企业中的应用，以及企业员工行为的变化，人本管理的思想将深入各项管理工作之中。人们已经充分认识到，知识经济时代最核心的资源是人力资源。人本管理的实践将会进一步深入。

建立学习型组织的每一项修炼，对于员工来说都是主动的、积极的、富有创造性的，而不是被动接受管理者的指挥。学习型组织充分体现了以人为本的管理思想。通过五项修炼，创造出有利于组织成员自我激励、自我管理和自我评价的组织环境，造就整体搭配、互相配合的团队精神，形成"输出资源而不贫，派出间谍而不判"的群体整合功能，达到人性化和制度化之间的平衡，以及员工个人事业发展与组织发展之间的协调一致。这些都充分实践了人本管理的思想。

哈默与钱皮认为流程再造应当坚持"以员工为中心"的指导思想，把员工的期望与组织的目标统一起来，而不仅仅是裁员、缩编。流程再造之后，员工的工作目标、工作绩效衡量标准、工作目标、地位以及管理者的角色都将发生变化。

4. 以不断的创新追求经营绩效的持续改善。

在全球化和信息化的时代，经营环境持续动荡，技术变革加速，企业生存所面临的不确定性大大增加了。而且，许多变化是在企业没有察觉的情况下发生的。等到矛盾集中爆发时，企业往往已经没有挽回的余地了。不确定性的增加，使企业长寿越来越不容易，于是持续成长成为当代企业的追求。没有一种管理模式是一劳永逸的，管理绩效的维持也不是一蹴而就的。企业必须不断地创新，不断地寻求绩效改善的途径，甚至需要不断地超越自我，才能不断地保持高的绩效。20 世纪 90 年代以来，新兴的一些管理方法和管理模式充分体现了这一点，如全面质量管理、流程再造、6σ 管理等等。

建立学习型组织所进行的五项修炼也是一个持续创新的过程。自我超越，改善心智模式，建立共同愿景，团队学习和系统思考。建立学习型组织的过程是一个组织与环境互动的过程。正是在这种互动互应过程中，组织不断试探、学习和自我评价，寻找新的模式，接受环境的评价和选择。从这个意义上讲，学习型组织具有自组织的特征。

5. 从行为管理向文化管理转变。

企业文化的理论起源于美国，而实践则是在日本。在以往的管理理论研究和管理实践中，美国已经认识到技术的价值，但忽略了人的作用。而生产力在日本人看来，完全是人的献身精神和忠诚的心。需要什么样的手段才能让员工为企业献身、对企业忠诚呢？美国人认为他们需要的，同时也是日本人的成功经验，那就是企业文化。

管理的客体是含有文化因素的，而文化渗透到人类文明的任何一个地方和环节，这些都影响着企业的生存和发展。在 21 世纪全球性的知识经济时代，企业文化将成为最重要的企业竞争战略。

二、当代管理思想的缺点

当代管理思想的新发展为管理实践提供了丰富的理论指导和可供使用的工具，但很多学说或思想并未形成完善的理论体系。

三、当代管理思想的历史贡献

当代管理思想对管理加强了环境、社会和经济各种因素结合的研究，使企业能更快速地反应，也为企业提供了如何提升潜力和预测未来发展趋势的新思路和新工具。当代管理思想兴起的十几年间，企业管理经历了前所未有的、类似脱胎换骨的变革。

各学说的划分并非泾渭分明、非此即彼。事实上，无论是战略管理还是企业再造都是我们今天的热门话题。

无论哪一种理论或思想，都是围绕管理的核心问题"效果"（做正确的事）或"效率"（如何正确地做事）而展开。对于今天的企业，没有哪一种理论过时或无用。

影响管理思想发展的主要因素是生产力发展的程度。管理思想的发展主要取决于科学技术的进步和发展、人类各种文化的发展和相互渗透的程度，这是因为由于科学技术的发展，人类已经形成了"地球村"、"宇宙岛"概念，人类的思维已经站在全球角度来看待人类所遇到的问题。生产组织的形式是形成新管理思想的主要来源：农业经济的生产方式，决定着传统的管理思想，并以此支配着当时的管理过程。工业经济大生产的生产方式，决定着古典的管理思想和现代管理思想，以及相应的经济规律。当生产力的发展使人类社会进入到知识经济时代时，首先表现出来的是生产和生活方式的巨大转变，从而形成了适应于知识经济时代的管理思想和经济规律。人本身的发展也是管理思想的主要因素之一。因为人无论是管理客体还是管理主体，都是决定因素。而人本身随着社会的发展，受教育程度不断提高，文化交流和信息沟通手段，也在不断发展变化，其个性化程度成为人类社会发展的主要特征之一，这一切决定了管理思想发展本身就是一个动态的、不断发展的过程。

第六篇

东西方管理思想的
互动与融合

历史是最好的老师。发达社会像一面镜子，向后来者展示其成功与失败的奥秘。在管理思想的发展历史中，经济的兴衰始终左右着管理学的走向，经济晴雨表成为管理学家研究管理理论实践效果的指南针。经济是管理的外在动力，而人性认识的一次次突破则是管理思想发展的内在主线。

——郭咸纲

第十一章

东西方管理思想的内在精神

> 东西方管理思想有其内在的相通之处，这种相通源于对人性的根本性认识和历史惊人的相似之处。
>
> ——郭咸纲

东西方文化以其各自的历史和特色自立于世界文化之林。这是人类社会发展的必然结果。人类社会生产力的发展根植于特定的文化土壤中并与其紧密地联系在一起。它们之间相互影响、相互促进、相互制约，直接影响着管理思想的发展，使得东方和西方最终形成不同的文化形态、生产力发展轨迹和管理思想的特色。在经济全球化步伐日益加快的现代社会文化大融合的背景下，独特的文化优势将成为管理理论进一步发展的基础和前提。管理的文化特色将是永存的。它将长期地影响着世界历史的进程，长期影响着管理思想的发展。

第一节 西方管理思想的内在精神

前面介绍了西方管理理论的形成和发展。西方管理思想萌芽于文艺复兴时期，得益于西方资本主义制度的确立，形成于 19 世纪末和 20 世纪初，成熟于第二次世界大战以后，即 20 世纪 70 年代末到 80 年代初这段时期。其转折点是 1973 年的世界能源危机并萌芽于此的世界新的政治经济格局。20 世纪 80 年代末，由于苏东剧变，原来以美苏为轴心变为多个政治经济强国并立的新格局。也就是说，世界由两极进一步向多极化方向发展。随后，由于俄罗斯经济政治调整的反复和经济实力的衰退，美国成为新世界的霸主，并在全球推行单边主义政策。特别是"9•11事件"以后，美国的对内对外政策发生了重大变化。在这种新的历史背景下，从宏观上来讲，各国政府都对自己的政治、外交、经济政策进行了调整。在微观上，各国企业同样也面临着新的形势。由于新的国际形势由原来的军事实力竞争转变为经济实力竞争，在世界范围的市场竞争显得更加激烈，企业生存发展尤为艰难。但是，由于西方世界还沉迷于第二次世界大战带来的经济上的巨大成功之中，人们的思想还没有适应这一新的形势变化，尤其是 20 世纪 70 年代以后日本在短时间内成为世界经济大国，在国际竞争中使欧美企业连连败北，使得西方企业界和管理界开始对西方管理思想进行了深入的思考，从而形成了许多不同的观点和管理思想，企图为西方的企业找出一种灵丹妙药。这样，除了美国管理学家孔茨划分的 11 个管理学派的管理丛林之外，进入 20 世纪 80 年代后，西方新的管理思想也正在形成而且处于不断的演化之中。在这种演化过程中表现出的一个比较突出的特点，是西方的现代管理思想明显地向人性回归，对于人的研究大大加强了；另一个明显的特征，是管理理论研究在利用社会科学的其他理论和工具为我所用方面做得越来越好了，这表现在大量利用现代经济学、社会学、心理学、政治学等方面的研究成果，尤其是计算机技术的发展和普及对管理理论的发展起到了有力的推动作用。计算机和信息技术的发展改变着人们的工作、学习和生活，也改变了管理理论的传播速度和传播方式，使管理思想的形成和发展更加具有集成色彩，从而拓宽了管理理论的视野，加强了管理理论的包容性，对管理思想的发展产生了重大影响。

从西方管理理论的发展和演变过程中，我们可以看出以下几方面的内在规律。

第一，把管理的科学性即理性方面同管理的艺术性即非理性有机地结合起来。

西方国家在英国工业革命以后，到 19 世纪末和 20 世纪初产生了以泰勒、法约尔、韦伯等人为代表的古典科学管理运动，对生产力的发展起到了重大的推动作用。这符合当时的生产力发展状况。这次运动第一次科学地、理性地把管理纳入了科学的轨道，使得管理成为一门真正的科学。毋庸讳言，这次运动，在当时收到了相当好的效果，使生产力得到了发展，劳动生产率有了较大的提高。但是随着生产力的进一步发展，社会意识、经济结构也得到了相应的发展，人们发现单纯地注重管理的科学性、理性化并不能保证管理的成功和劳动生产率的持续提高。因为不论是什么样的企业都是由人组成的，而企业的职工，随着生活水平的提高对现实的要求也在不断地变化，他们不仅有理性，更重要的还有感情，不但要求获得经济上需求的满足，还要获得感情上、社会地位上和自我价值实现等方面需求的满足。这样，行为科学随着生产力的提高和社会、经济的发展而产生。行为科学的产生和发展，对生产力的发展和劳动生产率的提高起到了重要的促进作用，但是由于过于偏重非理性方面而忽略了理性方面，管理绩效同样达不到最理想的状态，要想真正使管理达到最优境界，只有把两者结合起来才是可行的。

第二，把管理中正式组织的作用和非正式组织的作用结合起来。

所谓正式组织，指的是企业中为了有效地实现其目标所规定的组织成员的正式的相互关系和组织体系，其中包括：组织结构、方针政策、规划方案、规章制度、运行方式、管理模式等。所谓非正式组织，是指组织中没有经过正式的上级或一些相关的程序而建立起来的以感情联系为主要沟通方式的一种非正式的群体和体系。泰勒等人在古典管理理论体系中主要强调了正式组织的作用，而行为科学则强调了非正式组织的作用，要想达到理想的管理绩效，这两者的结合是一个必然的途径。

第三，把管理中的系统性、计划性、程序化等方面特征与灵活性、权变性、非程序化等方面特征相结合。

古典管理理论和管理科学理论普遍强调管理的系统性、计划性和程序化方面的作用，而行为科学和权变学派则强调：如果因为企业内外环境的变化而墨守成规，不顾客观存在的许多不确定的因素，不顾外部环境的变化，把计划、系统看得一成不变，势必会造成不应有的损失。沿着这一思想路线，管理学家们就非常强调管理的灵活性、权变性和非程序化。但是企业本身是一个系统，一个系统要正常地运转，就必须是这两个方面的结合。管理理论遂产生了把这两种理论相结合的趋势。

第四，把管理中的精确性和模糊性相结合。

在精确性方面，管理理论研究已逐渐成熟，如运筹学、计量学、计算机、统计学、会计学方面的发展，使管理的精确性越来越高。但是，并不是所有的问题都是可以计算出来的，因为任何一个管理过程都是由人来完成的。在许多情况下，发展和转化的界限是不清晰的，在管理过程中存在着大量的不清晰、不确定、不完美的情况。不能只注重精确性，而忽视事物发展的本质；也不能单纯用模糊的方法。在管理上，只有把两者有效地结合起来，才会真正使管理活动更加可控并富有活力。

尽管 20 世纪 80 年代，西方的管理学家们在探索管理的新思想和新方法的过程中，出版了许多著作，如《寻求优势》、《Z 理论》、《企业文化》、《日本的管理艺术》等等，但是西方的管理学者们依然感觉到并没有完全找到解决现代管理问题的根本途径。特别是对日本这一以东方文化为主的国家，由于其在管理上取得的巨大成功，使西方的管理学者们发现：基于东方文化背景所形成的管理思想，在管理的过程中对研究和应对不确定、不清晰、不完美情形下的管理行为有着不同凡响的功用。特别是中国经济持续稳定高速增长，中国的传统文化优势日益凸现出来。这样，东方的管理思想在世界范围内逐渐受到重视，而且对西方管理思想产生了重大影响。

回顾管理思想及其发展历史，我们清楚地看到，管理思想的发展和文化历史环境、社会生产力发展水平、对人的认识程度和生产方式等因素的发展变化有着密切的联系。由于文化的区域性和民族性特征，东西方所形成的管理思想也是不一样的。但是东西方的管理思想也和东西方文化一样，是相互交融、相互影响、相互促进的。日本根植于东方文化土壤而借鉴西方的管理思想得到长足的发展，但是如果不注意随着环境的改变而不断地调整自己的管理思想和探索新的管理模式，同样是不可取的。相反，如果西方在其崇尚理性思想的基础上吸收东方的管理思想，则有可能走向新的辉煌。

第二节　东方管理思想的渊源（一）

东方管理思想在多变的历史环境中不断地显示出巨大的威力，尤其是在20世纪80年代，日本的企业文化在企业管理中的巨大作用，使得欧美的企业在国际竞争中常常处于不利地位，使得西方世界不断地向东方寻求新的管理妙方。这样，东方的管理思想开始不断地和西方的管理思想进行交融。但是由于文化背景的不同及各自思想基础的不同，这种融合至今还没有找到很好的解决方案。这是现代管理学者们遇到的一个较大的难题，是国际企业中跨文化管理问题的集中体现。

这一课题需要解决的问题非常多，我们就此进行一些探讨。

东方管理思想的主要来源是中国的传统文化。中国传统文化是一个博大精深的人类文化宝库，她影响着东方以至于整个世界。如果我们把中国的传统文化进行深入剖析，可以发现共由 3 个层次组成，如图 11—1 所示。

中国的传统文化是以儒、道、释为中心，以法、墨、农、名、兵、纵横、阴阳为副线，形成一个多元文化体系。最外层的表现为形成中华民族特色的文化。这里除了释（佛教）来源于印度，其他都来自于中国古代的春秋战国时期。也就是说，中国原有的 9 派再加上外来的释家，一共是 10 个文化流派。它们是中华文化的核心，对中国历史的发展起着重要作用，对东方管理思想的影响起着决定性的作用。下面，我们分别对上述各个文化流派对东方管理思想的影响作一些简要的探讨。

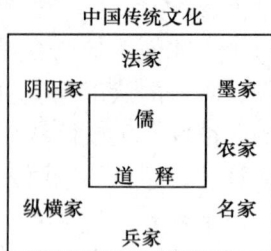

中国传统文化

```
              法家
  阴阳家                墨家
        ┌─────────┐
        │   儒    │   农家
        │  道 释  │
        └─────────┘
  纵横家                名家
              兵家
```

图 11—1

一、法家学派

法家对社会的认识、对人的认识和对人的管理思想，在某种程度上和西方的某些管理思想不谋而合。所以有些学者认为，如果中国不是以儒学为其正统文化而是以法家为其正统文化的话，那么中国就有可能在 13 世纪前就进入了工业革命时期。然而历史毕竟是历史。

这个学派的主要代表人物是：吴起、商鞅、韩非子等。他们反对依赖那些空洞的不切实际的绝对的忠信概念，以及那些主观的道德规范。因为人不是靠自觉就能遵守法律的，因此，他们主张使用客观的、具体的、强制的法律，通过铁面无私的奖罚制度，进一步强化司法的威严和检查的力量，以期确保每个人在各自的工作位置上都必须达到最高的和最大限度的工作效率，同时对没有达到要求甚至是消极怠工、腐败浪费等现象进行最严厉的惩罚。以法律高于一切为主旨，提倡愚民政策，强调雷厉风行的作风和严肃无情、激烈强制的手段。在这种管理思想的指导下，其管理的核心是以奖惩的强制性来求得公平并以此实现其最高的社会理想。这种赏罚的公正来源于客观可靠的资料谈何容易，因此越想公平就会越不公平。人们在这样高压的作用下，当然长此以往，极易对法律本身的公正性产生质疑，并由此对其种种措施和手段引发心理对抗。本来极有效率的组织很可能逐渐地瘫痪，变得极端腐败无能，无可救药。对于那些触犯管理者尊严的人，由于受到严厉的惩罚，使其觉得不公平，则会促使其进一步反抗，从而导致更严厉的处罚。所以，法家的管理思想在短期内能取得较好的管理效果，但是如果要长期实行，或实行得不彻底的话，反面的效果会逐渐暴露出来，而且可能是破坏性的。所以，法家管理思想奏效的前提条件在于其整个体系的完整、科学和高效，特别是其监督执行和考评环节将最终决定其管理是否取得成功。

历史上最著名的商鞅变法，其得失利弊有许多历史资料可供研究借鉴。秦始皇统一中国时法家是有相当地位的，"用儒家的心肠，法家的手段"来管理被认为是管理的最优组合状态。

二、墨家学派

墨家学派的创始人是墨翟，即墨子，战国时人，曾任宋国大夫。这个学派主张平等和兼爱。他们代表劳动者的思想，维护劳动者的利益。他们认为，在工作中团结合作是保证每个人获得成功的重要因素。人为了自身的健康和幸福、安乐与富裕而进行诚实、勤恳的劳动是应该受到奖励和保护的，即要维护个人的劳动权利和劳动成果。同时，他们在劳动中深刻感觉到，个人的成功与幸福和集体状况是息息相关的。为了满足每个人工作、生活的需求，为了消除影响工作的各种不良的埋怨和不满的情绪，就应该随时对工作进行研究，不断进行改革。这一学派的一个显著的特点，就是在追求平等方面对任何一个人都一样。当时正是奴隶社会向封建社会过渡时期，人们一直在要求人与人之间在人格上平等。墨家学派认为，无论是奴隶还是贵族，由于社会阶层的客观存在，要实现这一平等，就需要有爱心。只有基于相信人类有彼此相爱之心，才能获得人与人之间的平等。墨家认为，"爱"是人类之所以为人类，是和人类不断进化有关的。随着不断地进化，爱迟早会成为人类完成自我的原动力。只要人类彼此相爱，做每一件事都怀着仁爱之心，便可以成就一切大事业。墨家"爱"的观念，是群体在大自然劳动过程中产生出来的，因此他们倡导"兼相，交相胜"。天子兼爱一国，家长兼爱全家，普天下平等互爱，相互帮助，尊重别人的财产权和生存权，这是多么美好的社会图画！社会之所以会出现动荡就是因为人与人之间不能互爱，国与国之间不能和平相处。进攻别人的国家是最大的不义，只会给人们带来痛苦，使人们受害，对生产力破坏最大，所以人类是不应该有战争的。他们极力反对战争，以求得国泰民安，使人们安居乐业。

三、农家学派

农家学派的思想把墨家学派提出的思想进一步具体化。因为墨家用的主张是比较抽象的，也比较理论化，而农家的思想则更加贴近实际。它的主要代表人物是许行。许行认为：任何一个社会上的组织，根本就不应该有依靠他人生活的寄生虫存在，每一个人都应该去从事他力所能及的生产劳动，通过生产劳动才有权利在社会上获取必要的生活资料。这种不恃人而食的原则是他的思想主张。任何人都不能脱离生产劳动，即使是王公贵族也不能例外，而且还应该比一般人更加努力地劳动，因为王公贵族是领导人民的，而领导者就应该比普通人劳动得多，才能起到带头作用，为人民树立榜样，以鼓励和带动人民的劳动热情。由于只有充分利用人类的生产资料才能真正获得财富和力量，而人类的任何浪费都是对社会或组织能力的降低，因此，不能浪费，同时不劳者不得食。换句话说，凡是对生产劳动成果没有做出贡献者是不能获得劳动成果的。所有的人都要依靠自己的生产能力来证明自己存在的价值，确切地说就是人的所有的一切都是自己挣来的。不劳动者是无耻的，是罪恶的，是不光荣的。

这里我们可以发现，农家的主张明显地带有一种原始共产主义思想，这是他们对农民的思想有深刻了解的缘故。在这种思想的指导下，他们动员每个人参加生产劳动和保持高度的生产水平。只有这样，人人都能过富裕生活的理想才能实现，国家的富强才能实现。但是如果按这种管理方法，也会发生一些问题，因为人的生产劳动能力是不相同的，而每个人消费的生活资料也是不一样的，同时每一个人完成工作的时间也是不一样的，这样在处理许多问题上要求获得公平，就非常困难，这是空想的无法实现的管理状态。另外就是劳动的概念非常含糊。什么是劳动？什么是不劳动？这样就形成了新的不公平，就会引起新的管理摩擦，结果使生产效率节节下降，使经济发展受阻。

农家的观点还有一个要注意的地方，就是偏重于劳动的具体化，使人局限于细微末节上，而看不到整体的方向和发展，忽略了目标，其结果可能使组织整体的方向发生错误，从而导致失败。

四、名家学派

这一学派的主要代表是惠施（惠子）、公孙龙等，他们在管理上的观点并不只是鼓励人们劳苦工作或树立具有典范意义上的良好的劳动习惯，而是在于制定完美的计划和通过有效的沟通来完成这一计划。在名家那里，计划是由许多概念和定义合在一起的。这是一种合理的联系，这样就形成了完美的计划；而有效的沟通，就是说话的人通过语言能清楚地表达自己的意愿，在听者来说，能领会说话者的意愿和确实含义。这就是说，在一个组织中，从事任何一种活动，人与人之间总是存在着信息交流的，而交流的质量如何在于对所说的每个词语的概念和定义要有明确的规定，要使得双方都明白，否则就是各说各的话，这样必然会导致一团混乱，团体合作也是不可能的。

这里有一个逻辑上的故事，说明名家所强调的词语的明确是组织管理中一个非常重要的事情，即坚石非石、白马非马。石和马都是一个笼统的词，马有白马、也有黄骠马等各色的马，如果把白马认为是所有的马，或者把所有的马都认为是白马这就犯了逻辑上的错误。

在组织中有一个对问题认同的问题。在当时，如果说要把经济搞好，那么对于不同的人来说，有不同的解释。对贵族来说，它的意义是：生活能更奢华一些，再多收点税租。对商人来说，要把货物卖出去并且把价格再抬高一些。而对农民来说，就是要少交租税，生活更幸福一点。

但是对于企业来说，如果也是这样，管理起来就非常困难了。领导发布的命令，每个下属都有自己的理解和解释，领导的话可能是含糊不清的，下属不敢打破砂锅问到底，于是就依照自己的理解和猜测，结果是事情没办好，大家都埋怨，越弄越糟。有许多事情都是因为没有充分理解、明白对方的词语，而产生误解的。所以，管理者必须要掌握自己的思想、语言、语法的明确的表达方式，尤其在说服别人的时候。当然这里又有一个适当的问题，当过于强调词语的时候就有可能发展成强词夺理而不利于使人心服口服。因此，要解决这个难题只有一条比较好的方法——运用少数服从多数的原则也许是比较理想的。人类历史证明，在绝大多数情况下，少数服从多数是一条比较能令人信服的原则，如果一个人手中有强权，这种原则遭到破坏的时候，就会使组织行为发生巨大的偏差。

五、纵横学派

纵横学派的特点是以口舌为武器进行外交对抗。他们认为战争会使人类发生大量死伤，而如果把军事换成外交，把武器换成三寸不烂之舌，也一样能取得与战争同样的效果。这是费小而利大、费少而利多的事，为什么不这样去做呢？历史上有苏秦取得六国相印的合纵和张仪连六国而事秦的连横，就是这个学派的来历。

这一观点主要是通过谈判来达到预定目的的。他们把那些谋划、计策、战略、战术等都通过谈判来解决，大至国家，小至个人福利，无论权威、财富、地位，甚至男女情爱都可以通过谈判来解决。由于武器就是舌头，既不流血又不费财就能达到目的，因此他们认为这种方法是一种最进步、最明智的方法。所以，如果把这一思想扩大到人与人之间的一切交往中，谈判就是管理。无论是在处理内部矛盾还是在处理外部斗争时，第一步是谈判，而最后一步还是谈判。

然而，如果把这个思想绝对化也是有问题的。因为过分地依赖谈判，就会将目前的问题作为所有问题的根本，而会忽略了长期战略计划，同时还会使任何事情都将随着人的舌头的变化而变化，因而就不再有什么信念、正义感和立场，只有漫天要价，就地还钱。你会要，他会还，这里就有妥协的问题。事实告诉我们，妥协并不是解决管理矛盾的惟一方式，并且无原则的妥协的危害也将是无穷的。

六、阴阳学派

宇宙是由什么构成的，宇宙的运行规律是什么，这是人们一直探求的。早在远古时代，人们就发现宇宙的物理空间有因果规律，凡事物有其因，就必有其果，有其果，就必有其因，因果规律是人类发现的一个重要的自然界的规律。

阴阳学派就是以这个规律为主要的理论依据。他们认为：宇宙间所有的物质都可以依照他们的特性归成5类，再找出一个基本的元素作代表，这一基本元素的特性就代表与它相同特性的一群，因此总共有5个基本元素，也就是5类特质的基本单位，即为五行。五行是各依其特性产生的相互间的特定关系。再依其特定的机能，找出正反两个循环的圈，正循环圈上它们彼此依存的"生成力"，这个力是向上生长的，所以是阳性的。相反，另一个反向的循环圈是互相递减的"破坏力"的圈，这个力是起着降低或阻滞生长的，这个力是阴性的。这样，整个宇宙就形成了一个向上的力，一个向下的力。宇宙之所以平衡运动，就是因为这两个力的平衡，即阴阳平衡。如果这两个力的平衡被破坏了，宇宙就会因之动荡不安。这就是阴阳五行说，简称阴阳说。邹衍把阴阳五行说进行了系统化，从而形成了一套独立的，具有超越性的理论体系，使其在中国传统文化中占有特殊地位，后来的中医就是依靠这一理论建立起来的。中医理论认为人体本身就是一个小宇宙，而宇宙就是一个大的人体，在这个宇宙中平衡是非常重要的。如果这个宇宙的整体发生了不平衡则人就要生病了，而通过医疗就是要调整这个宇宙的平衡。如果宇宙从整体上获得了平衡，则人的病就会痊愈。

阴阳学派是以物理学的原理来处理人文社会，甚至认为包括人类的心理在内都是依照物理学的力学原理而活动的。因此这一学派的中心思想是平衡和谐，这一思想在管理学上有极其重要的特殊意义。因为一个组织如果不能保证它的运转的平衡与和谐，这个组织就处于一种不稳定的状态之中，这样组织就有可能出现解体。而对于一个人来说，也是需要平衡的。人际间的平衡需要个人的自律，所以对于人来说，智、信、仁、礼、义、勇等道德规范是一个也不能少的。人人对自己的思想行为负责，对整个社会负责，甚至对整个自然界负责，这样就形成了一个和谐的社会。但是，由于它要求太高，不是每一个人都能做到，所以有人认为，该理论是一个过分理想化的管理理念。

七、兵家学派

中国古代的春秋战国时代是战火纷飞的时代，是一个竞争中国最终统治者的时代，是一个比实力、比智慧、比谋略的时代。无论谁要想富强，最直接的办法就是采取战胜和攻取的办法，把人家的东西抢过来，变成自己的。要不要战和攻，这是政治上的考虑。至于战必胜，攻必克，则是军事上的考虑。军事上的胜和败是一国之大事。打仗不得不讲究兵法。

在世界军事理论中有两本书是指挥家必读之书，这就是《孙子兵法》和《战争论》。《孙子兵法》13 篇是战国时代军事理论的结晶，它至今还在指挥世界的军事对抗。

这里介绍《孙子兵法》的一些主要思想。《孙子兵法》总共不到 6000 字，但是全篇都闪耀着智慧的光芒，几乎全部是主要的兵法纲要。孙子首先在开篇就提出："兵者国之大事，生死之地，存亡之道，不可不察也。"意思是说，战争是关系到国家生死存亡的大事，必须要进行深入的研究。他提出了军事斗争的重要性，把它提到了一个涉及生死的高度。紧接着，怎样才能"察"呢？他提出了非经五事不可，这五事是"一曰道，二曰天，三曰地，四曰将，五曰法"。一下子就将军事斗争涉及到的各个关键环节都提出来了：道是历史发展的规律；天是客观的形势；地是所处的各种条件；将是领导人物的素质，即智、信、仁、勇、严，提出了一个决策者的素质是军事制胜的一个非常重要的条件；法是规矩，没有规矩不成方圆。这样只要知道五事就能取得胜利，开宗明义地将战争的重要性和应遵循的规律提到了决策者的面前。随后把兵法中的关键因素展开。"兵者，诡道也"，这就把战争的核心提了出来。并提出了战争的最高境界是：不战而屈人之兵，用计谋取胜。这是孙子兵法的要义。

在当今的市场竞争中，尤其是第二次世界大战以后，兵法在商战中的应用越来越广泛。特别是日本在经济发展中将中国的兵家思想充分应用于国际市场竞争中，并取得了令世人瞩目的成绩，使中国的兵家思想在世界上又一次发扬光大。

这里要说明的是，今天的市场竞争比军事战争还要复杂，并且隐含着许多特殊的地方。军事战争敌我双方阵线分明，胜负明白，而且战争的对抗时间通常是比较短的。而市场竞争就比较复杂了，不仅阵线不分明，而且胜负不是在短时间内就可以决定的。即使现在取得了暂时的胜利，以后有可能还会失利。

所以在现代管理上利用兵法的管理思想，需要具有更加高超的艺术和能力。这也是为什么西方管理学界在新的历史环境下向东方录求答案的一个重要原因。

除了《孙子兵法》以外，还有《孙膑兵法》，它对兵法理论也有巨大的贡献。在兵法这一人类智慧宝库中，凝聚了中华文化几千年的聪明才智，是中国献给世界的一笔宝贵精神财富，在现代社会的发展中尤其是在现代管理学中发挥着越来越重要的作用。

第三节　东方管理思想的渊源（二）

东方文化的核心是以儒家思想为主线，以道家思想和佛教为副线的发展历程。只要提到东方文化或者中国的历史发展，都会和中国儒家学说联系在一起。可以这样认为，儒家学说用一种以规则和说理的方式传播，道家以一种辩证的思维使人信服，而佛教以一种哲学的方式进入人们的信仰世界。它们对人生、对事物发展的规律都有自己的特定解释，并由此形成自己的理论和方法体系，对人性的认识，对社会的认识都有自己的视角，尤其是对人生、对人自身的本质的理解，更是各有千秋。有人说：儒学治皮肤之疾，道学治血脉之疾，佛学治骨髓之疾。这里说出了三个层次，儒学尽管提出了许多治国方略，有"半部论语治天下"之说，但是它的致命弱点是缺乏严密的理论体系。道家有一套较为完整的理论体系。但是由于过于消极，同时又没有得到统治者长期的青睐，从而未能在东方的文化中占主体地位。而佛学是一门出世的学问，它有一套严密的逻辑体系，对于事物发展的规律有一种自圆其说的逻辑，但是由于是外来文化，其理论又都是从较为难懂的印度的经典著作翻译过来的，所以懂得佛学的人往往比较少。但是，由于它的理论解释比较适应一般群众，能帮助人们摆脱人生的一些烦恼，所以它的影响也比较大。下面，我们分别对这三个东方文化的核心——儒、道、释的一些理论从管理思想的角度进行一些分析。

一、儒家的管理思想及其发展

中国自从春秋战国以来，在诸子百家中，儒家是最幸运的。它的创始人是春秋时期鲁国的孔子。在春秋时期那个极度动荡的时代，他心怀救国救民的理想，四处奔走，推广和讲解他的理论。尽管受到了巨大的挫折，他仍然坚持不懈，后来终使儒家的学说成为中国文化的主流。历经两千多年的历史沧桑，儒学依然以其特有的文化特质为世人所赏识。尽管在中国极度动荡的历史时期孔子曾受到过不公正的评价，但不能抹杀他的光辉。孔子对中国历史文化的发展有巨大的贡献。

儒家学说由孔子开创并提出了主体的思想构架，再经后来的孟子和荀子的进一步补充，最终正式形成了一门学科——儒学。儒家的学说一开始并不是正统的理论，秦始皇统一中国后对儒家学说进行了限制，如焚书坑儒事件，对儒家进行了彻底的否定。到了汉武帝时代，中国出了一个叫董仲舒的人。他在少年时研究《春秋》很有心得，于是痛下三年功夫，把孔孟之学融会贯通，提出了适应当时统治者的儒学新观点，同时应用五行相克的理论来解释封建王朝的兴盛更迭。他认为，新王朝推翻旧王朝是遵天命，是应运应时而生的，是受命于天。当天对现行的受命者不满意时，就先予以警告，如果还执迷不悟的话，天将另外选择其他新朝。这就为儒学提供了理论根据，使儒学有了可依托的根基，也为封建统治者的统治提供了依据，同时与原有的儒学理论融为一体。因此，汉武帝一看正合心意，于是中国的历史就有了罢黜百家、独尊儒术这一页。儒家进而成为2000多年封建王朝的统治工具。到了宋代，朱熹的理学又进一步完善了儒家的理论。

儒家学说在2000多年的历史发展进程中，随着封建社会的发展而不断地充实完善，成为我国文化中的一个重要部分，它影响着今天的中国、世界的东方以至于整个世界。儒学既有人类的优秀文化遗产，同样也有专制主义的糟粕。无论它是什么，历史告诉我们，它一直在影响着我们的昨天、今天和明天。

儒家学说对中国封建专制统治有巨大贡献，它同样也集聚着管理国家的智慧。

由于儒家学说本身是一个博大精深的理论体系，我们只能对其中一些主要的管理思想进行一些分析。我们可以把儒家的管理思想分为几个方面来看：首先是管什么？儒家的回答是"治人"；其次是谁来管？儒家的回答是"劳心者治人"；最后是怎样来管？儒家的回答是"和为贵"。[1]对这三个方面儒家都有独到的见解。

（一）儒家管理思想的核心是"治人"

儒家十分重视人在管理中的地位，可以说人的管理和施行管理的人是儒家理论的核心。有了人才有管理，这种观点和儒家的哲学是分不开的。儒家有一句话很能反映出这种哲学思想，即"天地之性人为贵"，[2]所以，贵人的思想是儒家的一个根本观念。在儒家看来，天地之间只有人是最宝贵的，是万物之灵。这同奴隶社会和封建社会把人看成社会的最重要的财富有关，那时以人口的多少来反映国家的强弱。所以儒家认为，一切的管理活动都是围绕着治人而展开的。

既然是管理人，那么就要对人进行分析。首先是对人性的假设。性善论是孟子的主张，从人天生的本性看，人可以成为善良的人。至于人的不善不能归于他的本性，这是由于后天的各种原因使他的善良的天性被遮盖起来了。另外，他认为恻隐之心人皆有之，而且一个人对于善，求则得之，舍则失之。这就是说如果一个人不去追求善，善就会丢掉，而表现出来的是恶。

至于恶的产生有两种情况，一是来源于耳濡目染，还有就是追求感官刺激的结果。如果人能把握住这两道产生恶的来源，那么人通过自我的追求就能够达到善的目的。

儒家的另一个代表人物荀子则主张"性恶论"。他认为人的本性是恶的："人之性恶，其善者伪也。"[3]自然形成的东西叫做"性"。换句话说，由于人的本性是相调和而产生的，由于人是和外界事物相接触而反应的，进而经过后天的努力或者社会教化自然而然形成的，因此叫做"性"。荀子的性恶论是直接为儒家的"礼"服务的，也就是说，荀子不是和孟子进行争论，而同样是在于为实现国家的管理活动提供必要的理论依据。因为人性是恶的，所以，作为圣人的管理者们，必须对一般的老百姓进行正确的引导、教化和管理。这样才能使之从善，才能把国家管理好。

在这里，对于人性的假设好像和麦格雷戈的关于人性的"X"和"Y"理论相似。诚然，他们确实有共同的地方，但是也有许多不同点。一是社会环境的不同，一个是封建社会，一个是资本主义社会；二是应用条件不同，一个是为社会管理或者说为政治统治服务，一个是为企业管理服务。从理论的深度来说，X和Y理论偏重于人的行为的研究，基本上属于行为科学的研究范畴，而儒家的性善、性恶理论则偏重于道德。从管理的对象来说，X和Y理论着重于被管理者行为的研究，而儒家的性善、性恶理论则着重于整个国家的管理者和被管理者的道德研究，而且是偏重于如何对管理者进行管理的理论。至于恶的来源，麦氏理论认为这是由管理当局的组织方式和控制方式引起的，只要改变这些方式，就可以改变人性。而儒家的理论认为人的本性是来源于先天的，要改变人的本性主要靠人后天自己的努力。

儒家在对人性的假设方面和对人性的改造方面提出了相当多的见解。他们认为人性的改造主要通过自身的修养来完成。儒家提倡"天人合一"。他们认为一个人最高的奋斗目标是做圣人，并提出向此目标奋斗的途径。尤其是孟子的"天将降大任于斯人也，必先苦其心志，劳其筋骨，饿其体肤，空乏其身"和他的"达则兼济天下，穷则独善其身"，对后人的影响是非常大的。

（二）儒家对组织的独到认识

儒家在回答了管理的对象是"治人"的基础上，进一步回答了由谁来管的问题。劳心者治人。劳心者通过什么来管理呢？荀子认为，就人类而言，论力气比不上牛，论行走比不上马，但牛和马都为人所役使，这是为什么呢？他的回答是："人能群，彼不能群，人何以能群？曰：分。分何以能行？曰：义。"[4]在几千年之前儒家学说的奠基者就明白了整体大于部分之和，人和动物的根本区别是人能群、分、义。群是建立组织结构，分是实行分工，而人之所以能建立组织结构和实行分工合作的根本原因是人与人之间存在着"义"。

儒家在管理上偏重于礼和义，认为这是达到管理目的的重要手段。对于礼和义，儒家学说都有较多论述，当群建立起来后利用分来进行分工，再用礼来规范，用义来和谐，使之达到良好的组织运行状态。

荀子认为，人生来就有无穷的要求和欲望。有欲望而不能满足，则不能不去追求；追求而没有一定的限度，则不能不引起争夺；一有争夺就会造成混乱，一有混乱就会导致天下贫穷。国家的管理者为了制止这种混乱的局面，就要制定礼和义，划分等级，以调节人们的欲望，满足人们的要求，从而使人们的欲望不至于因为物资的不足而得不到满足，物资也不至于因为人们的欲望而用尽。[5]这就是儒家对于由谁来管理和通过什么管理的要旨。

（三）儒家的"为政以德"和"仁政思想"

进一步对怎样管理的问题，儒家作出的回答是"仁"、"德"和"礼"。

仁是儒家理论的核心，对于仁的解释也是在不同的地方有不同的解释。其主要内容有这样几个方面：首先就是能够身体力行的人才能称为仁，才是一个完美的人。孔子在回答他的弟子樊迟关于"仁"的问题时，在不同的时候有不同的回答。第一次回答是"仁者先难而后获"，第二次回答是"爱人"，第三次则更为具体了："居处恭，执事敬，与人忠。虽之夷狄，不可弃也。"也就是所谓的仁是对自己与他人都能诚实相待的生活方式，也是调整人与人之间的关系原则。还有"刚、毅、木、讷，近仁"。所指的是人在刚直坚毅而又不欲求表现之间保持一种平衡，这样，便愈来愈接近仁了。这就是说，人要有一种为集体的刚毅精神，但是又不去追求个人的表现。

在这里我们可以看出儒家的仁的管理方法：一是以身作则，以自己的行动来带动其他人；二是无论是管理者还是被管理者，都必须要有一种爱心，而且还要知道干什么事都会遇到困难，克服了困难，然后才会有收获；更为重要的是人在一个集体中活动，具有一种集体主义的精神才是一种真正的仁。孟子认为，实行"王道"和推行"仁政"是一种理想的社会。他认为：凡事以民生安定为第一位，这是实行王道政治的第一步。只有人民生活安定了，社会才能稳定。王道是在位者本身具备"德"，再将"德"推广，教导每个老百姓的方式，也就是说是一种与国民"有福同享，有难同当"的管理模式。

儒家管理思想的另一个重要的部分是"德"。"为政以德"是儒家的重要管理思想。孔子认为管理者要讲德，并以其作为自己的治国方针，这样就可以取得无为而治的效果。这就像将"德"放在北极星的位置上，其他的人都是围绕着它而运转的。因此在儒家看来，要治理一个国家，主要应集中精力制定和带头实行好的道德规范，这样就足以把国家治理好了。在这方面最有名的例子是唐朝的魏征提出的作为领导者的道德修养必须要考虑的 10 个方面，即《十思疏》。它全面提出了领导者必须具备的基本素质。这对以后儒家"德"的管理思想起着重大的作用。

1. 一有欲望，就要想到应当有所克制。
2. 将有所为，就要想到如何安定百姓。
3. 位居高位，就要想到谦虚谨慎。
4. 担心自满，就要想到江海容纳百川。
5. 游玩安乐，就要想到世间事物不可能全部享受。
6. 担心松懈，就要想到凡事都应有始有终。
7. 担心闭塞，就要想到虚心听取下属的意见。
8. 打算赏赐，就要想到不要因为一时之喜而滥赏。
9. 担心谗言，就要想到修正自身以远避小人。
10. 打算惩罚，就要想到不要因为一时之怒而滥罚。

孟子还具体说明了德治是使王道得到较好管理效果的原因："恃仗实力来使人服从，人家不会心悦诚服，只是因为他的实力本身不够的缘故；依靠道德来使人服从的，人家才会心悦诚服，好像孔子的 72 位大弟子都诚服孔子一样。"[6]从这里我们可以看出，儒家主要是从道德教化的角度出发来进行管理的。在儒家看来，道德教化是一个国家管理的重要前提之一。要想使一种政治措施能迅速地推行，管理者就要以身作则；要想使广大人民归附，这种归附是心悦诚服的，那么管理者就要导之以德才行。这是要求管理者通过自身的模范行为，把一定的价值观念，灌输到组织成员的头脑中去，使之转化为一种发自内心的自觉的行为，不是通过外在的而是通过内在的力量把人性中最积极的东西调动起来，实行内在的自我控制管理，来达到管理的目标。

但是，儒家并不是不讲外在的管理规则。他们用的是"礼"，即所谓的"齐之以礼"。所谓的"礼"就是，先王秉承上天的意志而指定，目的是为了治理人间的事情。所以，礼一定是来源于天，见效于地，贡献于鬼神，而表现在丧、祭、射、御、冠、婚姻、朝见、聘问等各种礼仪中，所以圣人按照礼来行事，天下国家就可以得到治理。[7]这里我们可以看出，"礼"，实际上是社会各种活动的规则，是社会的一种控制手段，其本质在于规范各种各样的社会关系，使得整个社会按照一定的规划联系在一起，这样才有利于统治者的统治。这是一种外在的控制。但是儒家礼的外在的控制和西方的管理控制是有所不同的。

孔子在《礼记·礼器》中指出：礼所以以多为贵，在于它是人心之外的规范，人们的道德规范可以施之于万物，礼仪宏大，万物广博，如此怎么不以多为贵呢？所以君子乐于将礼发扬。礼所以以少为贵，在于它来自人们的心灵深处，人们的道德观念至精至微，天下万物都无法与之并驾齐驱，如此怎么不以少为贵呢？所以君子独处时十分谨慎。礼既以多为贵，又以少为贵，既来自外力，又发自内心，这其中的奥秘全在于礼必须以德为核心，以德为转移，君子乐于将礼发扬是把内心的道德自觉推广到外在的行为规范；"君子独处谨慎"则是把外在的行为规范诉之内心道德规范，这样，道德意识和道德行为，感化和规范化，内在控制与外在控制就巧妙地结合起来了。

总之，儒家的管理思想是以治国平天下为其管理的最终目标，以管理者的自我修养为管理的前提条件，以强化对人的内外控制，教之以德，使之转化成为诚服的臣民为主要管理手段的极具东方特色的管理思想。综观儒家的理论体系无处不体现了如何成为管理者（统治者）、如何当管理者、管理者又应如何管理，等等，这样一系列管理理论或学说始终面对的问题。它对封建统治者的统治确实提供了有利的管理思想武器，但作为一个国家主导文化理论，确实也带来了无穷的灾难性后果。试想所有的国民，都向仕途这条路上挤，当上统治者的毕竟是少数，而大多数的知识分子却找不到出路，其结果必然会形成一种中国特有的国民性，即长期以"官本位"思想评判人生的成败。另外，儒家的学说，很少提到效率和发展生产，这给中国几千年的生产力发展带来了巨大的灾难。作为一个主导的文化体系却忽视提高生产力，这不能不说是儒家学派的一个悲剧。

二 、道家的管理思想及其发展

（一）道家的思想精华

道家学说和儒家学说同时产生并行发展，在中国几千年的历史上有着极其重要的作用。有人说中国文化中儒家和道家是相辅相成的，儒家是教你如何当官，怎样当官，当你当不上官的时候，道家就给你提供一个避难处，正好是一对功能各异、效果互补的双胞胎。

道家学说是一个比较完整的理论体系。它不像儒家学说那样，用对话的方式，没有多少理论的阐述和理论分析。道家结合《易经》的学说，成为一个比较严谨、逻辑性很强的理论体系，其中充满了辩证的逻辑思维方法。尽管道家学说没能成为在中国占主导地位的文化体系，但它确是中华文化的一个主要组成部分。

　　在中国几千年封建历史发展过程中，儒家学说受到统治者的推崇占居统治地位，但有些朝代道家学说也曾受到统治者的推崇占居统治地位。且据有些历史学家的研究，凡是道家的理论占统治地位时，中国社会都得到了巨大的发展。这从另一方面说明，科学的逻辑思维方式是社会发展的一个主要思维方式。

　　道家学说最早可以追溯到黄帝和周易。易经说，"一阴一阳之谓道"。如果把阴阳看做是矛盾，那么矛盾的统一体就是道。

　　到了春秋战果年代，由老子所著的《老子》和庄周所著的《庄子》成为道家的经典著作。一般来说，他们是道家学说的创始人。

　　从整体内容来看，道家学说以道为中心和纲领，从道出发，然后根据具体的实际情况因时、因地、因人、因势、因需要，向四面八方扩展开来。道家学说正是这样把中国古代另外的8个学派通过矛盾的对立统一规律融合起来，合而为一。从道出发，以道为归依，这从矛盾的对立统一规律来看，是有道理的。即世界上一切事物的发展都是处在矛盾的对立统一规律的支配下运行和发展的。谁掌握了这一事物发展的规律，谁就成为事物发展的真正主宰。

　　阴阳这个概念是中国古代先人智者所独创的，其最早可以追溯到伏羲氏，易经对此有专门的叙述。在道家看来，世界上的任何事物都是由阴阳两个方面所组成，即凡是正面的、表现积极性的事物都属于阳，如生命、公平、善良、正义、光明、和平、热情，等等；凡是处于消极的事物都属于阴，如：死亡、罪恶、不公、黑暗、战争，等等。即使在日常生活当中，也可把事物划分为阴阳，如上是阳下就是阴，前为阳则后就为阴，等等。阴和阳是永远不能孤立存在的，就和事物的矛盾一样，是一个整体中不可分割的两个部分，两者不断相互作用。这样的作用力不仅存在于人世间的万事万物之中，而且存在于人的行为、情感、心理、个性、思想之中。在这个原理的作用下，事物相正相反，相克相生，相激相荡，相辅相存。

　　这些观点是这样统一起来的："从阴过渡到阳，或从阳过渡到阴，从单纯的解剖的观点来分析，所谓的过渡，其实就是在否定自己。否定就是反对，否定是动态的，一经开始否定，就不停地否定下去，一直到全盘否定才告一个段落。也就是阳过渡到阴的完成。完成这一个否定，一个否定了的再遭一次否定，负负得正，又回到了原来的地位"。[8]这样就完成了一个否定之否定的过程。

在宇宙包罗万象的万事万物中，尽管阴阳的作用在支配着事物的发展，但任何事物的发展都存在着一个进化的因素。当它们回到了原处以后，通常已不是百分之百的原处，而是一个已经进化了的原处：原来的原处是正的，返回来的原处是负的。因此宇宙事物的进化不是直线进行的，而是依辩证法的原理来进行的，这个统一是在一个更高层次上的统一。

（二）道家思想中饱含的管理规律

由于遵循了阴阳相互作用，使得道家学说所揭示出的一系列规律在实际的管理过程中有着重要的意义。

1. 循环律。世间的阴阳转化是在不断进行的。周期性的循环是一个普遍存在的规律。尽管完成一个循环的时间结果因各种情况不同而不同，但宇宙是一直在不断地循环向前发展的。作为管理者必须要充分考虑计划和行动的后果。因为如果不考虑后果，一味向前，其后果往往是不可设想的。企业的循环，生态的循环，大气的循环，等等，任何一个事物都是整个大系统中的一个小系统，因此在管理过程中要注意循环的关系。

2. 成长律。在宇宙的万事万物中，由于矛盾的存在，阴阳的存在、万事万物必须经历诞生、发展、成熟，直到转化到相反的状态这样一个过程。而且转化的速度和成长的速度是成正比的，即转化越快，死亡也越快。

明白了这个规律，就能在实际工作中灵活地运用，当事态处于关键的发展时期，经营决策者就能更好地把握事物的发展方向，实现最有利于长远发展的转化。

3. 得失律。由于阴中有阳，阳中有阴，阴可以转变为阳，阳也可以转变为阴，这样来看，得和失都不是绝对的。在表面上得到的东西很可能在实际中已失去，而在表面上失去的东西很可能在实际中却得到了。因为事物是不能光从表面上来判断的。"塞翁失马，焉知非福"，就是这个道理。

聪明的管理者在得与失的问题上，应充分发挥智慧，应站得更高，看得更远。

4. 时间律。时间对阴和阳的转化是至关重要的。但，人又是无法控制时间的。时间作为自然规律一年四季周而复始地运转着，每一季完成了自己的历史使命就自动地退出让给下一个季节。一个伟大的领导者，同样也应该懂得，自己的历史使命是什么，在什么时间应该前进，在什么时候应该功成身退。否则的话，他的成功就有可能贬值。

时间来去无限，阴阳的转变无数。这一切都在于把握时机。由于各种历史条件和具体的事件不同，这种时机的把握无法用定式化的语言来表述，全靠管理者在具体的时机面前"运用之妙，存乎一心。"

5. 调节律。尽管阴阳的转变是一个不可抗拒的必然规律，在人类没有出现之前，大自然就以此规律来运行，但是，只有人类才可以按照自己的意志和才能来对阴阳进行调节。一个懂得阴阳规律并且善用阴阳规律的管理者往往是成功者，因为他们懂得按照这个规律进行自我调节，这就像一个人十分懂得天气变化，这样他就知道自己什么时候按照天气情况该做什么事情。这也是人生的一门艺术。越是有能力进行自我调节的人，成功的希望和取得的成就也就会越大。

6. 容忍律。在这个世界上没有百分之百完美的事物，最多也只能是近乎完美。在我们生活的空间里，要求任何事都达到尽善尽美是不现实的。因此，即使我们看到一件不如意的事情，从另外一个角度观察，可能依然有可取之处。所以在任何时候，任何地方，我们都要具备容忍的态度以等待事物的变化。

以上所揭示的事物的发展规律是一个比较完整的体系，它给管理思想提供了很好的思维框架。这样，我们再来看道家的管理思想和艺术就有了一定的基础。

（三）老子的水式管理（柔性管理）和无为管理

老子是道家的创始人。《老子》一书是道家的经典，该书分为81章，上篇第一句是"道可道"，下篇首句是"上德不德"，所以也称为《道德经》。

《老子》认为天地万物的根源都遵循一个永恒不变的原理。道是万物的根源，当深刻地体悟到道以后，一个人就能学会道中所蕴藏的"德"。其"德"的核心是无心、无欲、柔软、谦虚、柔弱、质朴、节制。这样只要能持之以恒地修炼，那么在任何艰难困苦的条件下，人都能坚忍不拔地活下去。

老子着力提倡的是水的模式。他对水有相当高的评价："上善若水，水善利万物而有静，处众人之所恶，故几于道矣。居善地，心善渊，与善仁，言善信，正善治，事善能，动善时。夫唯不争，故无尤。"这句话的意思是：最为理想的生活应该像水一样，滋养万物，却不与万物相争，而甘处于别人所感到厌恶的地方，做人应和水一样，处处谦让别人，博施而不图报答，说话以诚信人，处事有条不紊，而行动时却又能很好地把握时机。[9]

上善若水，是具有非常深刻的含义的：①水具有柔软性。自己没有固定的形状，所以能适应一切环境，能够视对方的强弱来对自身作适当的调整。②水总是向低处流动的，象征着一种谦虚的精神。同时这种向低处的流动，总是在不断地集聚着力量，最终汇百川向大海。③水总是柔弱的。但这只是外表，即使平静无澜的水流下也潜伏着巨大的能量。④水所形成的大海，是如此的博大，具有巨大的能量。这是因为它的位置总是比其他的水低，能容纳人类的污泥浊水，却向人类贡献出无穷的宝藏。⑤大海孕育着巨大的能量，可以用它汹涌澎湃的波涛摧毁阻碍它的一切阻拦。⑥现代的科学表明，水分子是很难分开的，在任何地方都能保持着它的基本的化学形式。这就是水无论处在怎样的环境，都始终保持着它的本色，保持着它的纯洁性。

因此，人应该像水一样地活着。

日本人的柔性管理就是充分吸收了老子的水式管理方式，在第二次世界大战后的新一轮竞争中取得了胜利。

在道学中，最为精练的也是最为重要的是"无为"。在《老子》中就有 10 多处提到了无为。道家的无为而治是管理上的一个至高境界。存乎一心，无为而治。

老子的无为是一种积极的，是为了要有为的"无为"，是动态的。这里可以把这一原理根据辩证法分成为三个阶段：有为—无为—无不为。

根据逻辑的推理，有为是正题，无为是反题，无不为是合题。在这里，正题和合题中间的关键是反题，正反两方面的作用才能达到无不为的境界，否则是行不通的。其实中间阶段的无为是对前一个阶段深刻反思的过程，是一个积极准备的过程。这里还有一个重要的意义，无为就是自己让开一步，让别人有发展的机会，达到整体的均衡和谐。具有最高智慧的人，是不以个人一时见解来攻击普遍真理并强制于人的。因为任何的强制都是徒有其表，既浪费又无力，无效率，最终导致大家都失败。在这个世界上，任何事物都有其差异性和特殊性。别人有特殊才能就让别人来发挥，这是站在大局的角度来考虑问题，没有这个胸怀是不行的。

无为是道学方法论中最特殊、最智慧、也是最具有效率的艺术，如果没有高度的认识和智慧，则根本不会应用。反过来，凡是管理者或领导者能认识到并善于运用的，就必定是个"伟大"的成功者。[10]

老子提出了"四不"来保证管理者、领导者的永久成功。"四不"是：不自见、不自是、不自伐和不自矜。不自见，就是不自己去显示自己；不自是就是不自己去肯定自己；不自伐，就是不自己夸奖自己；不自矜，就是不自己以为了不起。所以老子说：不自见，故明；不自是，故彰；不自伐，故有功；不自矜，故长。

这是一个很有用的生活哲学：一切用事实说话，让人家说话，而不要自己夸耀自己。在达到了这样的境界以后就能接近于"道"了：做到了"上善若水"，并以"上善若水"的境界来进行"无不为"。具体的步骤是：居善地，心善渊，与善仁，言善信，政善治，事善能，动善时。就是：一个人是否善于选择自己的生存环境和居住地点，是非常重要的，因为一个人的生存环境决定了一个人的长远发展，因此要选择好一个生存的环境是生存的关键一步；心思细密，计划准备的周详；与朋友来往，本着人道和慈爱的原则；一言既出，驷马难追，绝对的守信义；专心服务，管理好大家的事；办事极有才干，智慧；而行动却很果断，抓住机遇。所以他没有过失，不落下遗憾。即使是不成功，也是因为天意不可违的缘故，也没有什么可抱怨的，这就是"不争"而利于天下。

凡是能按照宇宙的规律办事的人，就必定是个成功者。他能知道事物的客观规律，已经很不容易，再加上能够按客观规律办事，所做所行都合乎规律，就更加不容易。这样就使自己立于不败之地了。

三、佛学和管理

佛教是在东汉时传入我国的。前面我们研究了中国的九大流派，可以这么说，所有流派的中心都是对知识分子、对有志与晋升到管理阶层的人来说的，无论是升官还是落第，都是一种精神上的安慰。而对于一般的老百姓来说，其生活的痛苦应如何解脱呢？东汉时，佛教传到了我国，说是即使一般人都能脱离苦海，都能成佛，都能达到西方极乐世界，所以一下子被老百姓接受了，从此以后中国就有了佛教。

佛教的理论是一个非常玄妙又无法完全捉摸透的东西，总共有三个部分：佛是世界上已经明了一切痛苦，并且禅透了世界上万事万物生死规律的觉悟者；佛学是成佛的理论；佛教是实行佛学的方法。

佛学是相当丰富而且深奥的理论，这里作一简要说明。如果按照释迦牟尼的说法，那就是凡是说出来的都是不对的。所以，他在涅槃时说他传教49年是什么都没有说。

它将宇宙分为三界，欲界、色界、无色界，而这三界都是我所创造的。如果我的心在，则宇宙在，我心空则宇宙空。这就是说宇宙是被人所感知的东西。反过来说，我的心中就是一个宇宙，或者说心就是佛。

那么宇宙是怎么被感知的呢？因缘——这就是之所以存在这个被感知的世界，都是由于一个缘故所发生的。没有因就不会有果，今天的结果是昨天的缘故，今天的缘故将是明天的结果。同时，它把时间划分成非常小的单位，这样，凡是说过的就是过去了，过去了就是不存在了，你之所以感到存在是因为你的大脑还在过去。

它的理论根据是：世界上一切事情都不是孤立的，都是由当时的各种条件所决定的。然而，随着时间的推移，这些条件都发生了变化。因此，由当时的条件所决定的事情对现在来说就不存在了，现在的条件，决定现在的事情，而当你要决定现在的事情的时候，现在就已经成为了过去。

　　色空关系。佛学理论最主要就是色和空。在佛教的《般若波罗蜜多心经》中，这部262个字的佛教经典涵盖了佛学理论的主要精髓。其中"色不异空，空不异色"，就是讲的色空关系。佛学中"色"指的是整个物质世界；"空"是一个比较复杂的概念，即什么都没有的意思，也有虚无的意思，同时又有广大的意思和具有无穷的物质在内的含意，可能还有意识的意思，总之是个非常难理解的概念。

　　由于物质都是由周围的环境所决定的，而且周围的环境是在不断地变化的，所有物质都处在刹那生灭的无常的变化之中，找不到可把握的永恒的主体，所以物质的本质是空的。色只不过是物质的表现形态，空是物质的属性，这两者是不可分割的；"不异"就是不相离异，二者是共存的，相互依存，不可分离。

　　这样所谓的客观存在，实质上是人的一种认识，而这种认识的形态就是空。人们对事物的认知，是随着人的认识能力的改变而改变的，物质本身并无永恒不变的实体和属性。所谓的客观认识都是可以摄入主观之中的，没有什么能离开主观而独立存在的客观认识，也没有能离开客观而独立存在的抽象的主观认识。因此色和空是统一的，实质又是一回事，所以"色即是空，空即是色"，表现为色空从现象到本质，从本质到现象的辩证统一的关系。其实本质和现象是不可分割同时存在的。

　　人非是我，我不是我，而是非我。这就是说我并不是现在说的我，而是由一堆肌肉、骨头等因为一个偶尔的缘故拼合而成的，我只不过是借了这个用用罢了。我之所以感觉到人世间喜怒哀乐是因为我还没有修炼到跳到三界以外，如果我不能跳出，那么下辈子还得受苦，这就是所谓的六道轮回。所以，只要我这辈子做好事，下辈子就可以过上好的日子了。

　　这一理论对于普通的老百姓来说，是有一定的解脱作用的：对于阐述它的色空关系，这是个具有相当辩证关系的理论，对我们的思维和解决心理压力方面也起着相当大的作用。在管理方面，尤其是高级的领导人，一般都处在相当大的压力下。人在经受大的压力时容易犯错误，而在处理小问题时是不大容易犯错误的，如果把大的问题看成是小问题处理，就会显得相当明智，也容易处理得多了。而解决这一问题，佛学的理论提供了一个很好的依据，因为什么事情都是空的，那就不必要为此而承担这样大的压力了。

另外，人的一生的许多时间和精力都是被人与人之间的情感所牵连的，尤其是男女之间。如果认识了色空的关系，对此问题有了一个透彻的认识，在处理管理中的许多问题时就容易把握得多了。

　　同时，它对依条件而变化的客观世界的认识，对管理中应时、应地、应条件地处理问题有很大帮助。在哲学上，佛学的色空辩证关系对人们进行辩证的思维是大有帮助的。

　　最后，佛学的这样一个观点在管理上也是有用的，就是所有的众生都是佛，强调在佛面前人人平等，且每一个人都可以成佛，只要他皈依佛门。这对于我们看待职员是大有好处的。因为要发挥人的积极性，在健全的规章制度下，就必须认为每个人都能取得很好的成绩。

第四节　东方管理思想对管理理论的影响

　　东方的管理思想来源于中国的传统文化。中国的传统文化是几千年中华民族智慧的结晶，是以儒家为主，道家为辅的文化。通过上一节的讨论，我们对中国的传统文化有了一个初步的了解。归纳起来，基于中国文化所形成的管理思想有以下这样一些特征。

一、以人为政治管理的中心

　　中国的传统文化把人当做宇宙的中心。人是万物的主宰，是天地间最为灵秀的生物，是万物之灵。但是要强调人的重要性，首先是通过宣扬天的重要，然后用天的权威来证明人的重要，这即是天人合一。中国的哲学就是以追求人身的自由、人的尊严、人的价值为命题的哲学，所有关于自然、社会规律的探讨都是围绕这一命题展开的，所以中国文化是中国人本主义精神的具体表现。

　　对于人的研究，以及对于人如何适应统治者需要的规范，中国文化是有独到之处的。首先是人要听命于天。天的代表者是天子，那就听命于天子，为了达到这一目的，儒家提出了大量的规则和道德规范，如"克己复礼"，通过自身的修养来满足统治者的要求。总体上说，中国的文化是奴性文化，用鲁迅的话来说是一种伺候主子的文化。但同时它也有两面性：一方面要求个人如何克制自己来适应统治者的要求；另一方面却要对国家具有雄才大略，有治国安邦的才能和志向。这两方面是矛盾的。在这样一个无法解决的矛盾中，如何使之得到完美的统一，这就是这种文化的艺术之所在。用好人去伺候一个坏人，而且坏人还掌握好人的生死大权，同时道德规范了好人不能违背坏人，这对于一个好人来说是一个很难的题目。于是好人就只有几条路走了，一是好人变成坏人；一是坚持还是好人，这样得到好名声而结束自己生命；再就是既不使自己变成一个坏人，也不坚持自己是个好人，而且使坏人向好人转化，又让他感觉不到，同时又实现了自己治国安邦的宏伟志向。因此，中国人的最好办法是中庸。

中国人讲究中庸之道。其最基本的含义是："过犹不及"，"礼之用，和为贵"。[11]这是有东方特色的思维方式，又是传统文化所追求的一种理想人格和合理的道德规范。孔子认为，这是一种最为高尚的美德。在某种意义上，中庸和中和的意义是相近的。中是循礼，和是行仁，以中和为用的中庸思想是礼与仁思想的集中表现。也就是说，儒家的礼和仁都是通过中庸来实现的，通过中庸从普通人修养成为圣人。这样一来，就有两个方面的作用。一是对自身，知进退，可以明哲保身；对国家，能做到"为政以德"，治国安民；对宇宙，可以自立于天地之间。这种思维方式的重要特点是：第一不走极端，第二就是要持久，这样就得发挥人性的平衡作用，以追求人与自然、社会的协调和统一。因此，一个人的行为，应既不偏向于此一面，也不偏向于彼一面，而是在两个极端中寻求一个高度的平衡。这种思维方式是以和谐为基础的，是一种理想化的人格。这是中国文化的特点，人与人之间可以和谐，家庭可以和谐，人与社会可以和谐。所以，中国人用平衡、协调、适应、统一来代替人与人之间，人与社会之间，家庭内部之间的冲突和矛盾。这种团体维系的思维方式有利于团体的发展。

二、以家为生活及日常活动的中心

要想了解中国人、中国的文化，必须明白家在中国人和中国文化中的地位。在管理上，你如果不了解家在管理者和被管理者心中的地位，那你就一定不能进行良好的管理。

家在中国人的心目中是神圣的。

家庭生活是中国人第一重要的社会生活，亲戚朋友邻居是第二重要的社会生活。这两种生活集中了中国人的要求，包括了中国人的活动，规定了其社会道德条件和政治上的法律制度。有人说中国人只知有家庭不知有社会，实则中国人除了家庭没有社会。[12]中国人从生到死，都脱离不了家庭，尤其脱离不了家庭的相互依赖关系。你可以没有工作，但你不可以没有家庭，家庭是你的起点也是你的归属。家庭把你养大,你病了,家庭是医院,死了,家庭为你送终。且家庭依赖你的成功。你必须尽力去维持你的家庭。你要为它增加财富,要为提高它的社会地位而奋斗。家庭这样要求你,社会众人也是这样规范你。家庭就是这样包围着你,你万万不能脱离它,同时也摆脱不了它。它是那样的强有力,所以往往破坏了其他的社会关系。

家庭问题在东西方观点不同,这个问题和宗教有关。西方的宗教强调个人的作用和社会团体的作用,而中国则不然。中国的社会没有严格的宗教组织,或者说中国没有严格定义上的宗教。"中国缺乏宗教,以家庭伦理生活来填补它。"[13] 所以中国人对家的重视和西方对宗教的重视是一样的。这样看来,"宗教问题实为中西文化的分水岭"。[14]

西方的社会观念是强调个人的作用,而中国是强调家庭的功能。从图11—2我们可以看出:

框内表示重要的社会活动主体,在中国是通过家庭把社会团体和个人联系起来的,如果没有家庭,个人和社会团体的作用就不能相连和发挥。而在西方,团体和个人是社会活动的主体,从而弱化了家庭的作用。因此,基于东方文化的管理思想必须在施行管理的过程中考虑到家庭的作用。

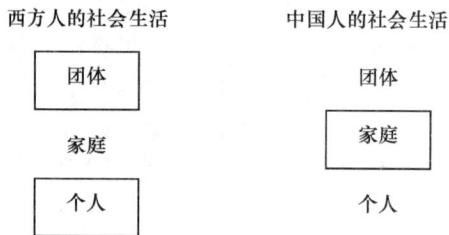

西方人的社会生活　　　　中国人的社会生活

| 团体 |
| 家庭 |
| 个人 |

图 11—2

中国的家庭关系是一个非常复杂的关系。人一生下来就有这些关系,而且一辈子都在这些关系中生活。人生实质上是存在于各种关系之中的:①父母在先,再则兄妹,然后有了夫妇,其后是子女,最后是朋友。朋友也成为一种家庭的延伸。随着一个人年龄和生活的展开,渐渐地四面八方的若近若远的、数不清的关系接踵而来。②有种种关系,就有了种种的伦理,有了伦理就有了各种规则、道德的规范。伦理始于家庭,而不止于家庭。

正是这各种各样的关系,构成了中国特殊的社会生活画面。在中国,管理活动就是以这样一个画面为背景展开的。

三、以计谋为交往的中心

前面介绍了中国文化中人性的两面性，论述了家庭对中国文化的重要性。中国文化常处于一个非常为难的境地。作为一个独立的个体来说，一个人对上要求有治国平天下的志向，同时又要遵守传统的规范，要为这个家庭光宗耀祖，要争取荣誉。试想如果他失败了会怎么样？一不能实现其志向，世人认为无能；二不能满足家庭要求。这样他只能成功，或者是假装成功，否则他是没有办法进行正常社会活动的。因此人来得虚伪和圆滑，为了维护面子而大动脑筋，这样无论是在正常的交往中还是在国家的外交上，或是在军事的纷争上，计谋就成了中国文化的特长。

筹划和谋略是中国人智慧的集中体现，在中国几千年的历史长河中，积累了大量的计谋。我们可以分三个层次来看：

第一是国家间的外交谋略。中国几千年的历史大体上有这么几个特征：一是以实力相当的几个国家或政治集团所构成，如春秋战国时期，三国、南北朝、五代十国等。二是统一的中央集权制下的派系集团。处于分裂局面的各国，充分应用了谋略，在各个政治集团中或联合或分化，展现了一幅幅丰富多彩的时代画面，形成了人类发展史上独特的景观。

第二是军事谋略和计策。无论在古代还是在现代，一切的较量无一不是实力的较量。军事的抗衡，凝结着实力、智慧和谋略的光辉。在中国漫长的历史中，主要是通过冷兵器进行军事抗衡的，除了军事实力是战争中的重要因素以外，军事谋略往往就成为战争中决定性的因素。中国古代有许许多多以少胜多的著名战例，都凝聚着智慧的光芒。如官渡之战、赤壁之战等等。

第三是集团内部各派势力之间的抗衡。这主要是以通过谋略获取皇帝的宠信为主要目的。这里的谋略是一个非常具有中国特色的东西，它不仅把政治、外交、军事的谋略都应用上了，还有许多特殊的手段。如充分利用中国的家庭人际关系等等。

总之，中国的东方智谋是世界文明史上一颗灿烂的明珠，在当今世界各种各样的竞争中仍然闪耀着光芒。

为什么中国东方文化在现代的市场竞争特别是企业管理中显出越来越重要的作用，且影响越来越大呢？

从东西方不同的文化来源来看，西方的文化是起源于古埃及，发端于古希腊，形成于古罗马，延续至今。整个文化的历史有一个很明显的特征，就是在各个政治势力的较量中，基本格局是一个比较强大，而其他都比较弱小。在远古的埃及，人们生存于沙漠之中，要想得到发展，向外掠夺是一个必由之路。再加上那时周围部落都没有古埃及发达，因此这一文化一开始就带有以强欺弱的掠夺特征。在这个文化背景的指导下，侵略有了理由，强者将侵略看成是其扩张的必要组成部分。

然而到了现代，由于世界出现了多极化的格局，历史背景发生了巨大的变化，不是原来的一个强国和许多弱国的局面了，西方业已形成的管理理论和管理思想，是在当时的历史背景下形成发展起来的，随着客观环境和适用条件的变化就开始显得不那么灵验了，而基于中国的东方文化所形成的管理思想和理论就显得越来越具有其独特的魅力。

从本质上说，中国传统文化的形成过程与西方文化的形成过程是不同的。中国传统文化来源于黄帝时代，形成于春秋战国时代。春秋战国是一个多国竞争的年代，原来是几十个国家，各国在实力上都相差无几，经过几百年的争夺，剩下了七国，又经过了数百年，最后由秦始皇统一了中国。中华文化从一开始就是在一个实力比较相当、竞争条件比较对等的历史条件下形成的，所以从本质上讲，东方文化和西方文化的来源是不同的。因此，在当今世界经济格局再一次形成了实力相当、竞争条件比较平等的大环境的情况下，中国东方文化所形成的管理思想再一次为世人瞩目，是非常自然的事情。

四、东方管理思想与西方管理思想的相互影响

东方管理思想对西方管理思想的影响是多方面的。

首先，从指导思想上对当今西方管理思想产生影响。资本主义的发展史，实质上是一部对外掠夺的历史，恃强凌弱，强权逻辑还在深深影响着西方世界。而东方的智慧告诉人们，和谐是取得最大利益的最好方法。因为在大家都具有相当实力的情况下，和谐是最为有效的方法。所以，以中国东方的智慧所形成的管理思想，在今后组织团体间的交往中将显示出越来越重要的作用。西方世界在事实面前将不得不改变他们习惯性的思维，接受东方的智慧。

其次，在人的行为方面，西方管理思想主要将重心放在对物的管理和对组织的研究上。尽管也对人进行研究，但主要偏重于对人的行为的研究。西方管理思想对人的行为研究主要从理性的思维出发，认为应该是怎样的，而不是考虑人为什么会这样。东方的管理智慧告诉我们，人是属于社会的。尤其在中国，人人都是属于家庭的，人在许多时候和许多方面，不是规章也不是理智告诉他怎样做他才怎样做的，而是按道德规范做事。人的道德观念，人在其人生的长河中所树立起来的道德信仰，对人的行为、思想和态度起着极其重要的作

用，有时是起着决定性作用。而且，中国的东方文化对道德的塑造有特殊的功效。在未来历史发展进程中，建立一个全球公认的规范的道德标准和价值观乃是人类共同的奋斗目标。

再次，在对工作方面，西方偏重于工作职责的管理。一个企业或一个组织，如果职责不分明，没有明确的分工，就不能实现其应有的组织效能。这是西方管理思想对人类的贡献，同样也是人类文明的结晶。但是在新的环境下，人的欲求随着生产力发展，随着生活水平的提高，随着社会总体的发展而发展变化，并不是停留在一个水平线上一成不变的。人们更加强调人与人之间的交往，而且人越来越更加注重其心理的内在需要，中国传统文化为这种需要提供了一个很好的实现途径。而且，中国的传统文化强调人与人之间的义的作用。这种义是一种心理上的信赖关系，是一种心理的托付，是人们在紧张的竞争生活中最需要的东西。因此，中国的传统文化提倡在人与人之间、人与工作之间形成一种新的关系，这种关系将是在原来关系上的一个大飞跃。这是人类进步的结果，也是人类文明发展到一定程度的必然结果。

我们从上面的分析可以发现，西方和东方的管理思想各有千秋，都是人类文明的结晶，都对人类社会的发展起到积极的作用。它们从不同角度揭示了人类社会在发展过程中的管理规律。它们是互补的、兼容的，只有相互结合起来，才能更好地从事管理活动。人类不仅需要西方刚性的思想模式。也同样需要东方柔性的思想模式。理性或刚性的思想模式把人类带进了科学化，而柔性的思想模式偏重情感却给人类生活增添了更加丰富的营养，使生活更加丰富多彩。

以儒家文化为核心的东方人的思维方式和西方人的思维方式是不同的。西方以现代科学的理性精神作为他们主要的思维基础。它沿着教育的途径，以潜移默化的方式，引发公众对理性的自觉性，从而确认经验的校准性、数量的精确性、实验的判决性和理性的权威性，以科学的原则为社会的生活原则，并依此作为调节人际关系的准则。而东方文化是以儒家思想为核心，主要体现在以伦理思维为主的灵性思维方式，是一种偏重情感的思维方式。它沿着传统的途径，以伦理关系的方式、自我的道德意识进行自律。它主要依据传统的权威性，宗族的依赖性，标准的模糊性和情感的主导性来调节人际关系。

实践告诉我们，东西方文化的结合，理性和非理性的结合，其结合方式不同，其结果也不一样，即：

东方的非理性思维＋西方的理性思维≠西方的理性思维＋东方非理性思维

这是一个不等式。这里面谁作为最先的思维基础，事物最终的发展结果是不同的。就像混沌理论一样，初始条件不同，其最终结果就有天壤之别。不等式的右边是一个科学的思维方式，先合理再合情，理性是第一位的，这样就保证了整体上的公证和合理，使社会的总体发展合于科学性。而不等式的左边就不一样了。如果不论在任何情况下，先要合情就很难有科学合理的是非检验标准。人在不同的场合情景是会发生变化的，这样，事物的发展就没有逻辑性了。尽管各项活动暂时能获得一些发展，但由于事物缺乏内在的科学逻辑性，所以事物的发展就会发生混乱，从而导致发展的不稳定。辩证的思维应该是西方理性的科学的基本内核和东方的非理性的伦理的合理内核相结合，并由此作为支撑世界现代文明的基本思维形式。

这从某种意义上告诉我们，中国的传统文化有先天性的弱点。在管理活动中如何把东西方管理思想的内在精神结合起来，以适应新的历史环境，这是每一个管理工作者面临的新课题。这有待于我们共同努力。

注　释

[1] 黎红雷. 东方的管理智慧. 17—18

[2] 孝经·圣治章

[3] 荀子·性恶

[4] 荀子·王制

[5] 荀子·王制

[6] 孟子·公孙丑

[7] 礼记·礼运

[8] 张绪通. 道学的管理要旨. 1992, 43

[9] 李保华. 人生智慧术. 42

[10] 张绪通. 道学的管理要旨. 1992, 301

[11] 论语

[12] 梁漱溟. 中国文化要义. 1987, 12

[13] 同上, 87

[14] 同上, 48

阅读互动

1. 惠施（约公元前 370—前 310 年），战国中期宋国人，是当时一个有名的政治家，曾当过魏国魏惠王的相，与庄子经常辩论问题。惠施的著作早已散失，现仅能根据《庄子·天下》以及《荀子》、《韩非》、《吕氏春秋》所保留的

426

一些资料对他的思想进行分析研究。

2. 公孙龙（约公元前325—前250年），战国中期赵国人，曾做过赵国平原君的门客，主张"以正名实而化天下"，宣传偃兵、兼爱。现存《公孙龙子》一书，是研究其思想的主要材料。

深入阅读建议

1. 王蘧常主编：《中国历代思想家传记汇诠》，复旦大学出版社，1993年版。

2. 杨先举：《老子与企业管理》，中国人民大学出版社，1994年版。

3. 崔大华：《社会研究》，人民出版社，1992年11月。

4. 孙子兵法。

思 考 题

1. 试述东方管理思想的核心内容。

2. 比较东西方管理思想的异同。

3. 简述东方管理思想中"人性论"的主要内容。

4. 试论东方管理思想的现实意义。

第十二章
东西方管理思想在日本的实践

> 文化可以成就一个民族，也可以毁灭一个民族，只有兼收并蓄才可能使民族长盛不衰。

——郭咸纲

20 世纪 80 年代，日本可以说是出尽了风头——世界大多数企业把日本企业作为最大的竞争对手。20 世纪 80 年代到 90 年代，日本企业在世界经济范围内起到了领导的作用。日本在第二次世界大战结束后的短短 20 余年时间内，从一片战争的废墟上，建立起当今世界第二大经济强国，这不能不说是世界经济发展史上的一个奇迹。据美国《福布斯》杂志 1984 年 7 月发表的外国企业排名，世界上最强大的 200 家企业中日本占 61 家。另据美国《财富》杂志 1984 年 8 月透露，世界上最强大的 500 家企业中日本占 146 个。其中以银行为例，世界上最强大的 100 家银行当中，日本的银行占 28 家。而且，世界上除了美国以外，最大的银行都在日本。日本当时在世界经济中的地位如此重要，其中隐含着许多让人深思的问题。尤其对西方世界来说，这简直不可思议。人们在思索着日本是以什么方式或者是靠什么手段实现经济腾飞的，并且如此迅速地占领了世界市场。我们在这里就此做一番探讨，或许会对研究管理思想的发展带来一些有益的启示。同样，日本的经济发展也不能说是没有缺陷的，这也许恰恰是其社会文化背景深层的表现。

第一节　日本文化的特质

一、日本文化的渊源

美国一位企业家曾说过，美国在和日本的竞争中之所以失败，其根本原因在于美国文化和日本文化的不同，也就是说商场上的胜负可以看作是文化竞争的结果。美国是典型的西方文化，而日本是典型的东方文化，它们自然存在着巨大的差异。由于文化是一个比较复杂的问题，对于文化的定义自然有许多种说法，这里我们不去展开讨论（因为有许多专题研究）。可以肯定地认为，日本的文化是一个近乎宗教式的文化。它的来源十分复杂，主要有：儒教、道教、佛教和神教。但是日本对个人宗教信仰没有什么规定，一个人可以同时信仰几个宗教，如一个人可以信仰儒教、道教和佛教。这就给我们一个启示：日本由于这种信仰的自由，可以吸收各种宗教中有用的东西，或者说将各种宗教中对人类发展有用的精华加以吸收并为自己所用，同时又可以摒弃各种不利于自身发展的部分，这无疑是一种良好的文化继承模式，正是这种模式促使日本在短期内实现了经济腾飞。

儒家文化起源于中国春秋战国时代，经过两千多年的演变，已成为一个博大精深的文化体系。它的中心概念是仁、义、礼、智、信，强调天命和做人的道德。它的空间范围虽然是以家为中心的，但更重要的是它把国也当作家来思考。然而，日本人却把这一概念进行了延伸和升华，把家变为企业和组织，原来的一套儒家理论就变成了使企业能够快速发展的具有凝聚力的文化基础。因此，在日本，对企业的忠诚就相当于中国人对家的忠诚。日本人对世界的观点具有一种禅的味道，他们把无物的空间看做是有物的。巴斯克和艾索思在他们的《日本的管理艺术》一书中就谈到日本人和西方人在这一点上的本质区别："在一处禅院中，园中有几块大石头立在鹅卵石堆成的小池塘中。西方人看到的是石头，日本人却注意石头所形成的空间。"[1] 日本人非常欣赏老子"水"的学说，讲究以柔克刚，认为水是一种境界。当他们遇到阻碍的时候，他们认为："最好的办法不是把阻碍炸掉，而是悄悄在周围找出一条路，让水可以自行缓缓流泻。"[2] 西方人认为如果不是白的就是黑的，而日本人却可以接受是灰的，这些都说明了日本人对待世界和对待人的一种很特殊的世界观。这是日本文化的特征，是一个接受了世界文化之后又进行了吸收和消化所形成的优秀的民族文化。在这种文化的基础上形成了日本特有的企业文化，这种企业文化成为日本在市场竞争中的锐利武器。

二、日本企业文化的成因

日本的企业文化主要是由下述原因形成的。首先，日本是单一民族的社会，结构是同质的，具有国民意识和行为趋于同一的民族习惯。其次，是长期受到东方文化的熏陶，有一种和现代企业文化一脉相承的传统文化基础。第三，日本在第二次世界大战后的改革为日本企业文化发展创造了一个有利的环境。第四，日本的社会文化的恩耻观，强化了从业人员对集体的"一体感"，为孕育日本的企业文化提供了良好的土壤。第五，日本善于吸收世界各民族的优秀文化，把这些文化的优良特征融于一体，形成了既有原则又有信条和精神的企业文化。第六，依靠企业自身的努力长期坚持，身体力行、潜移默化，经历了一个相当长的时期，最终逐步形成独特的日本企业文化。

三、日本企业文化的特征

日本的企业文化主要有这样的一些特征：

1. 现代文化和日本传统文化交融。不论是东方的传统文化，还是西方的现代文化，只要是有利于自己的，我就"拿来"。日本的企业文化体现了团体意识与"和"、"忍"、"信"等观念。

2. 企业的家族化。日本把家的概念推广为企业和组织，强调企业是一个大家庭，雇员和管理人员之间有一种亲属式的团结，在企业的决策方面采用的是禀议制，征求各级管理人员意见，以使群体具有亲和感。

3. 重视培养职工对企业的忠诚。企业除了对职工进行技术、业务方面的培训外，还十分重视对职工的精神方面的培养，使职工牢牢地树立集体共荣、献身企业的观念，把企业置于自己行为的最高位置。

4. 加强企业内部的凝聚力。采用各种制度加强职工的集体观念，使职工有一种归属感，从而加强企业内部的凝聚力。

5. 充分发挥群体优势。提倡企业内部的竞争是一种为企业出力的竞争，鼓励职工提出包括技术革新的各种意见和建议，提倡一致对外。

但是，日本文化的特质决定了当经济发展到相当程度时，同样会暴露出自身的弱点。由于各种交易边界不清楚，尤其是大企业和大银行间的灰色交易——这种灰色交易是日本的文化特征所导致的，也是日本文化所提倡和容许的。经济活动责任的最终承担者边界不清楚，进而导致灰色交易的普遍盛行。这些机体的腐败行为最终会吞噬经济成果，容易形成连锁反应，进而引起经济衰退。

第二节　日本企业管理体系的三大支柱

我们在研究日本企业管理体系的过程中，发现有三个特殊的管理制度为日本的企业管理做出了巨大的贡献，通常称之为日本式企业经营的三个支柱。一是终身雇佣制，二是年功序列制，三是企业工会制。这三个方面构成了日本企业竞争力量的源泉，也构成了日本企业的个性特征。

一、终身雇佣制

这种制度有如下特征：

——录用刚毕业的大学生；

——以综合能力为基准录用；

——被录用者主动要求将本人的一生奉献给企业，但企业必须保障本人一生的职业作为前提条件。

对这种制度，我们可以从如下几个方面来进行分析：

首先，这种制度对录用者和被录用者都有很大关系。无论是哪一方都不得不以非常慎重的态度来考虑这一问题，因为一旦录取，没有特殊的情况是不能解雇的，个人也不能随便更换工作。这好像年轻人找对象结婚一样，是终身大事。因此，在日本，录用正式职工是非常严格的，不仅仅要经过笔试和多次面试，而且还要委托专门机构对被录用者进行详细调查，调查的内容包括其本人的私生活、家庭成员、性格和爱好等。

而被录用者也不得不采取极为慎重的态度来选择职业。一次录用定终身，因此所花精力也是非常大的。优秀的人才选择的是一些有发展前途的企业，因此有发展前途的企业人才济济，兴旺发达，而衰落的企业，就无人问津，越来越衰落。

其次，职工一旦被录取，企业就不能随便解雇他们。在日本，职工之所以效忠于本企业，是因为日本企业对本企业的从业人员负有责无旁贷的责任。两者是相互依存的。从心理学上讲，这是对等的心理交换，日本人把它运用得非常好。

一般来说，当企业录取了一个职工以后，入厂仪式也是非常隆重的。职工的父母都要参加，并且有许多的议程使父母明白把孩子交给了企业，企业对孩子负责。而企业对孩子负责，那么，孩子也就必须要效忠企业，这是一个双方托付的关系。所以，日本的企业对新职工的培养是从其终身发展来考虑的，因为双方都是立足于终身的。在这种情况下，所谓"跳槽"是非常困难的。首先是道义上行不通，其次是周围的环境也不容许。在日本，跳槽是一件非常不光彩的事情。如果说田中君跳槽到另一个企业，邻居和亲朋好友及同事会这样议论：田中君真没出息，在原来的企业呆不下去了，这样连其父母、家庭都为他失去了面子。而在美国则不同，跳槽是一件值得炫耀的事情，如果说约翰在某企业呆了15年，则邻居和亲朋好友和同事就会说：约翰真没有出息，15年没动窝。由此可见，社会文化对企业职工的稳定和对其积极性的发挥起着巨大的作用。[3]

在日本，一些大的有名的企业大都采用终身雇佣方式，因为如果不采用这一方式就不能获得一流的人才。没有一流的人才，在竞争中就注定要失败。

但是，也不是所有的日本企业都采用这种雇佣的方法，一些小型企业也录用临时工和季节工。在欧美，只要经济一不景气首先就是裁减人员、节省开支，而在日本却采取了另外一些做法。第一步，辞退临时工。第二步，终止配套生产厂家的供货合同，因为一些大企业配套的生产厂家绝大多数是一些中小企业，一般不采用终身雇佣制。一旦大企业终止合同，只得裁减人员或关闭企业，进而将外协、外购件改为自制件，以解决企业开工不足的问题。第三步，动员接近退休年龄的职工退休（往往以提高退休金作为补偿）。第四步，采取上述措施后仍然不奏效，企业面临生死关头，非裁减正式职工不可时，才走这一步。裁减正式职工，是企业万不得已的最后一招。[4]

企业的终身雇佣制也有一个缺点，就是在企业进行兼并的情况下，会遇到困难。因为日本企业大多数的董事是从企业的职工中提拔上来的，将企业卖掉就意味着把自己卖掉。而且两个企业即使合并了，由于是终生雇佣的，职工之间貌合神离的状态在短时间内无法解决，所以这会带来一些在资产组合、资源配置及产业结构调整方面的困难，同时对企业进行多角化经营也带来不利影响。

上述情况说明，终生雇佣制既有利也有弊。利是企业员工效忠企业，主人翁意识强；弊是人事管理的灵活性比较差，容易僵化。在日本经济高速增长的时期显然是利远远大于弊，但在新的经济形势下，是否依然具有这样的优势就另当别论了。这个问题我们在后面还要分析。

二、年功序列制

所谓的年功序列制是和终身雇佣制密切相关的，这是依据从业人员在本企业连续就业的年数确定其工资和职务的制度。年功序列是终生雇佣制的必然结果。随着年龄的增长、工作经验的丰富，员工对企业的贡献越来越大，然而其家庭的负担也越来越大，其工资和职务与年龄同步提高是合情合理的。在日本，这种年功序列制根深蒂固，这是和人们普遍的价值观及社会文化传统紧紧联系在一起的。

如果一个企业招收的是大量的年轻大学毕业生，则企业员工的平均年龄就小，在成本中工资所占的比重就小，该企业的竞争力就强。日本有一个惯例，就是将企业员工的平均年龄和企业的财务数字对外公布，这样可以从企业员工的平均年龄管窥企业的竞争力。

但是年功序列制也存在着一些问题，而且这些问题越来越大。人总是要老的。随着年龄的增大，员工的工资成本逐年上升。如果企业不能持续发展，不能连续地增加新的职工，则企业的负担就会越来越大，企业的生存和发展就会成问题。而且日本的企业一旦发生问题便是一个连锁反应，有时是无药可救的。

需要指出的是，这种年功序列制不是日本的专利，几乎所有的国家都有这类企业工资制度，日本只是在其经济高速增长时期能更有效地推广这种制度。这种制度能在这一时期更好地推动企业发展，有利于增强企业在相当长的一段时期内的竞争力。随着经济进入低速发展时期，企业员工的年龄越来越大，这种制度已经开始摇摇欲坠了。

三、企业工会

日本的企业工会是支撑日本企业经营的第三根支柱。这里的企业工会是指企业中的工会，这个工会和行业工会是有区别的。这种工会只限于企业内部，不分工种。日本企业工会成员仅限于科长（不含科长）以下的职工。一旦晋升为科长，就不再是工会的成员。日本有相当一部分科级以上的企业管理人员原来是工会的成员或者是工会干部，有的企业干部全部都是原企业工会的成员。由此可以看出，企业工会与企业有深刻的联系，从本质上讲，他们是企业实体的两个方面。

日本企业的工会不同于西方工会，西方工会是和企业管理阶层处于对立位置，日本的企业工会却和企业管理者的目标一致。工会认为他们没有必要参与企业的经营，因为企业的经营者不仅代表企业，同时也代表工会。

但是，尽管工会和企业的管理者是同一命运的共同体，企业工会也要对企业的经营状况、财务数据起到监督的作用，以防止经营者滥用职权，损害职工的利益。在企业处于困难时期，企业工会应采用一些方法激励工人为企业尽力。

以上对日本企业管理的三大支柱进行了简要介绍，以便使我们清楚日本企业在经济高速增长时期的企业制度，同时也说明企业的发展与企业实行的基本制度有极大关系。

这三大支柱是一个有机统一体，相互渗透，相互作用，为增强日本企业的活力、提高日本企业在国际市场中的竞争力发挥了巨大的作用。"有人说，日本企业之所以获得成功是托福于日本民族固有的忠诚心、勤奋和创造性的本能，这种说法是不正确的。日本企业获得成功的主要原因是托福于日本企业与从业人员利益相一致的体制。有了这种体制，日本从业人员的忠诚、勤奋和创造性才能充分地发挥出来。有了这种体制，作为企业才能够不惜重金对从业人员进行在职培训，才能对从业人员无微不至地关心和照顾，从而进一步激发从业人员的积极性和创造性。"[5]

第三节　日本企业的市场战略分析

有了以上的企业生存发展的内在基础，日本企业在国际市场的竞争中确实表现不凡，这使得二战后日本经济在短时间内出现了奇迹般的发展。

日本企业在 20 世纪 60 年代实行的经营战略是企业成长战略，这与当时的日本经济发展的要求是相适应的，也是和当时日本国内外经济环境的变化分不开的。这种成长战略也叫扩大战略或发展战略。它主要是由产品战略和市场战略所构成，这种战略热衷于发展市场和扩大市场。为了达到此目的，宁愿部分地牺牲眼前利益，也要压低价格进行"倾销"。

这种战略有如下几个主要特征：

一、倍增概念

日本企业从不放过一切可以利用的市场机会。当发现市场上某种产品供不应求时，则迅速采用倍增战略，即用 2—4 年时间将生产能力和产量翻一番。具体就是：盯住市场占有率，为了扩大市场占有率不计代价，采用产品降价、扩大生产能力，进行产品的广告宣传和新产品开发等方法。只要发现市场的增长率达到20％—30％时，就采用先下手为强的战略决策，成倍地增加投资，使产量在短时间内大幅度提高。这样，销售额比竞争对手增加得越多，成本就越下降。薄利多销，收益增加。因为扩大产量发挥规模经济效应，自己手中可支配的资金越多就越容易从企业外部筹措资金，也就越能促使本企业进一步成长壮大。企业越是成长壮大，就越可以追加投资并进一步扩大市场占有率，把竞争对手置于死地。这种战略是一种良性循环或者叫先下手为强的战略，只要进入良性循环就能像滚雪球一样越滚越大。当然，这种战略也是要冒风险的，一旦循环失败，就会丧失竞争力。日本企业的竞争是通过金融来进行操纵的，这也是为什么在企业界和金融界之间的灰色交易得以成立的一个内在原因。

二、战略指导思想

这种战略的指导思想的要点是：①立足于企业的成长和发展。②紧紧盯住竞争对手的一举一动，对竞争对手予以高度关注。③在与对手抢占市场的过程中，以最大的力量占据有利地位并充分、彻底地发挥所占据的优势。④采取符合上述 3 条战略的财务政策和人事政策。

三、战略的思维方法

日本企业对市场的变化有特有的思维方式。这一点和欧美的企业是不一样的。欧美企业在需求不旺盛时一般会压缩生产规模、降低产量，具有强烈成长意识的日本企业却往往是扩大投资、增加品种、降低产品的价格、扩大销售网点。只要增长额停滞或刚一开始回落，日本企业就立即大幅度增加产品的品种、增加销售网点、加强促销活动，使企业始终保持持续上升的势头。这样，无论销售是增加还是减少，都要保持企业的增长能力，市场的占有率也不能降低。

在销售额下降的情况下增加投资、扩大生产能力是要冒风险的。但是为什么日本企业要冒风险，而欧美的企业却不冒风险呢？因为日本企业和欧美企业的思维方式不同。欧美企业是正向思维，理性告诉它应该这样做就这样做，下降了就是市场不好，那么就要降低产量。日本企业是逆向思维。它们认为，落后于自己的竞争对手比企业的赤字要危险得多。也就是说，它在不得已的情况下宁可容许企业发生赤字，也不能将市场占有率让给竞争对手。如果市场占有率低于竞争对手，就意味着大祸临头，就会被对方吃掉。不能超过竞争对手，就没有利益可取。所以，日本企业对竞争对手的一举一动都非常关注，这也是构成日本企业强劲竞争力的原因之一。在日本，企业为了获取竞争对手的情报往往是不计代价，要么胜过竞争对手，要么采用"差别化"策略，开辟新的市场领域。

在这种思想指导下，日本企业基本上分为两种：一种是强大的企业，拥有绝对占优势的市场占有率。另一种是具有自己独特风格的企业，要么是产品具有独特风格，要么就在服务和其他方面有自己的独特风格，或在其他的细分市场占有独特的优势，总之要做到"我这个企业总是有比你的企业强的地方"。我们可以把日本的企业战略归纳成两种类型：一种是"领先与赶超"；一种是"差别化"。

这两种类型战略的最富代表性的是松下公司和索尼公司。松下公司有意识地把本公司准备开发的产品的有关设想透露给自己的竞争对手，而自己在一旁仔细观察竞争对手是如何将设想付诸实施的，并在产出产品后，密切注意市场动向，一旦市场表明该产品具有非常大的市场潜力，需求量很大，松下公司立即根据其预测的市场销售量制定目标，以及在2—3年内实现市场占有率绝对第一的计划，并根据计划进行大规模的基本建设投资，短时间内用较低的产品价格和优良的产品质量占领市场，将原来的竞争对手打败。索尼公司的战略和松下公司不同。索尼不像松下那样硬碰硬地对着干，它的战略是要么研究新产品，要么进行老产品的更新换代。由此可以看出，在竞争对手占上风的情况下，日本企业采取的对策主要有两种：松下派的战略，或者是索尼派的战略。总之，这些战略思想的深处反映了日本企业的经营思想：一定要比别人强，不管是哪一方面，强不了就等于走向灭亡。欧美的企业认为，日本企业的经营是不按常规的，是一种拼命的做法。这里还要指出的是，尽管日本的文化以儒家文化为基础，强调"和为贵"的思想，但是日本人在市场竞争方面是从来不讲"和"的。如果一个弱小的企业在竞争中失败，别的企业"见死不救"，不会给予任何同情和援助，在这方面日本社会是没有同情心的。如果从市场竞争角度来思考问题，这是符合自然规律的。它一方面有利于竞争促成市场的繁荣，使强者更强，另一方面又有利于快速地进行经济结构的调整，不断淘汰落后的产业，不断发展新兴产业，亦即有利于产业结构调整和产业升级。

日本企业的战略思维方式也是有问题的。从当今经济发展的规律分析，当代经济的一个重要特征是经济全球化，任何一个国家的经济都不能游离于全球经济之外。如果一国经济发生危机，而不及时采取挽救措施的话，很可能会产生连锁反应，甚至导致全球性经济危机的发生，最终也会引致日本本国经济的衰退。[6]

第四节　日本企业管理的技巧和方法

世界企业界的兴衰极具戏剧性。众所周知，第二次世界大战以后，日本作为一个战败国，在一片废墟之上，经历了短短二三十年时间就实现了经济腾飞,不能不说有欧美各国大力支持的功劳。特别是欧美企业界的支持,对日本企业的发展有不可低估的作用。西方盟国不仅提供了现代的管理理论和方法,而且还低价甚至无偿地供给了日本企业许多先进技术。日本企业在得到这些帮助后,经过一番改造,又以新的面孔出现,形成了对欧美企业的竞争优势。

这是什么原因呢?如果分析一下日本企业的发展战略,就会发现,日本式战略的核心是"企业精神",并以此创造了他们特有的三大法宝,即生产方式的革命——看板管理、财务政策和企业制度的革新。

一、看板管理

作为生产厂家,无论是欧美的还是日本的,都面临着这样一个具体而重大的课题:如何处理生产部门和销售部门之间的关系。生产部门希望产品的品种是固定不变的,这样有利于管理和降低成本。而销售部门为了适应不同用户的需求,希望不断增加新的产品品种,扩大市场占有率。如果实施大批量、少品种战略则成本低、数量大,但不能满足顾客的差异性需求。但是如果实施批量少、品种多的企业战略,虽能满足市场多方面的要求,却成本高,产品没有竞争力。这是一个看起来没有办法解决的矛盾。这一矛盾,几乎在所有的生产厂家都不同程度存在着。所谓经营者的经营本领和管理艺术就表现在如何恰如其分地处理这一矛盾。对这一矛盾的处理不仅要考虑本企业的实际情况,更重要的是要考虑竞争对手和国际市场的发展趋势,这是一个十分复杂的问题。

我们把问题归结到一点。如果能够做到小批量、多品种的产品的质量和价格与大批量、少品种的产品质量和价格一样的话,这一问题就可以得到圆满的解决。如何做到这一点呢?日本的企业家创造性地将管理艺术融合到了生产过程中。

在生产领域,从生产某一部件(或车型)转换到生产另一部件(或车型)的过程中,如果能将转换的时间缩短,则在生产线上的频繁转换成为可能,这样就能实现生产线向多品种转换,而不引起成本的增加。20 世纪 50 年代,日本丰田公司大野领导的工作小组经过深入研究发现,更换生产线上不同品种所需时间的长短对生产过程的影响是问题的关键。更换迅速、设备运转时间短,则库存减少,成本降低。也就是说,在生产量和生产品种相同的情况下,谁能比较快地更改生产线上的品种,谁的成本和库存就会降低,谁就获得竞争优势、掌握市场的主动权。在一般情况下,企业提高生产效益的主要途径是对产品的原材料和直接费用的节约,而很少考虑间接成本。而通过大量的分析发现,只要把间接成本降下来,就可以弥补由于多品种而带来的原材料和直接费用的上升。这显然要提高管理水平，在企业管理上做文章。

由此，看板管理方式就得以诞生。它采用逆向思维的方法，从结果入手，即从最后一道生产工序开始往前推，每一道工序都把后一道工序看成自己的用户，按照用户的需要进行生产，而用户把自己的需要详细地写在一块醒目的板上，这样就可以用看板来控制整个生产过程。只要最下游的总装备计划决定下来，则整个指令由下游逆流而上，所以这也称为下游控制上游法，而一般的方法却是上游控制下游法。

生产方式的变化，加工多工位操作法的运用，使丰田公司实现了多品种、小批量、低成本的生产，大大增强了市场竞争力。由于采取看板管理等生产方式，日本工厂生产一台车所占用的间接劳动为0.21，而美国则是1.25，劳动生产率差别的2/3是由于间接劳动引起的。从这里，我们可以看出日本和美国在劳动生产率方面的差距。

二、财务政策

日本企业为实现发展战略，其财务政策也是非常有特点的。首先是日本企业的财务政策非常明确地为企业的成长战略服务，因此它们牢固树立企业成长第一的价值观念。成长高于一切，一切必须为成长让路，为了实现企业成长的战略目标，日本的企业家们像一个个企业狂人一样拼命地驱使着自己向前发展。这样发展而来的作为企业最优先考虑的财务政策，是支撑日本企业的颇具竞争力的重要的支柱。

一个企业的成长必须具备3个必要条件：一是产品的物美价廉；二是市场需求量不断增大；三是企业收益越来越好。其中无论哪一点都必须要有财务政策的支持，日本在财务政策方面抓住3条：一是价格；二是负债；三是分红。这样要实现倍增战略必须要有大规模的投资。在日本除了大型企业外，一般企业投资的自有资本比率是比较低的，贷款所占的比重很大，对银行的依赖性强。但是银行贷款也不能轻易得到，一般要以企业担保作为条件，通常以企业本身进行担保贷款。由此看来，日本企业采取的是一种无后路的战略，只能胜不能败。

由于日本企业财务政策的优先目标是企业的成长，为了促使其高速成长，企业一般采取薄利多销、减少分红、增加银行贷款、扩大生产规模等策略。在日本企业，工人、管理人员及股东的利益与企业成长的发展战略目标是一致的。由于日本政府规定对资本增值部分不课税，企业成长所带来的股票升值成为股东的纯收入，所以企业的成长意味着企业规模的扩大、股票的升值、管理人员的升迁、竞争力的增强、市场占有率的提高、职工的奖金增加等等，和所有与企业有关系的人及团体的利益完全一致。这样企业的成长也就成为所有人所追求的共同的而且是最大的目标。

三、企业制度创新

日本企业采用多品种、小批量、高效率、低成本的生产方式以来，市场竞争力得到了空前的提高，在诸多领域把欧美企业挤出了市场。日本企业除了采用一些生产方式的转变以外，还相应地变革了企业管理的组织机制，实现了柔性组织的转变，真正做到了从生产方式到组织机构全面适应小批量、多品种、高效率、低价格的转变。

所谓柔性组织，就是指企业经营管理无论是在管理体制上还是在机构的设置上都具有较大的灵活性，对企业的经营环境有较强的应变能力。它是在废除科室制和推广项目小组形式的热潮中逐渐形成的，是和日本的企业文化、企业的经营思想分不开的。它强调的是集体主义至上的经营思想，在管理上各种职务的分工界限并不严格。每个职工所承担的工作也有较大的灵活性，一项工作往往由一个集体为主来完成。这种职务、职责、工作任务与分工的灵活性和工作效率的提高便是柔性组织的主要特征。柔性组织的迅速推广，形成了日本企业的生产方式、财务政策和企业制度创新三位一体的管理方式。加之与企业的良性循环周期战略（成长战略）相结合，就成为日本企业在国际市场上取得竞争优势的利器。

四、日本企业的经营思想

日本企业的经营思想可以归纳为以下几个方面：

1. 非常重视经营战略决策，通过特有的企业文化，使决策能做到民主化、科学化，并充分利用企业员工的智慧，便于决策的高效运行。

2. 十分重视领导艺术，强调要充分发挥每一个人的长处，并使之相互间形成最佳的结合。重视效率，强调时间是最特殊、最稀有的资源。明确地提出：时间的节约，就是成本的降低。

3. 特别注重市场占有率，注重竞争对手分析，并且以这两点作为企业一切工作的出发点。为争取在市场占有率上取得领先地位，对用户、对产品的认真负责是不计代价的。

4. "增长是最重要的"。为此，它们特别重视开发新产品和新技术，并以此作为企业生存发展的基础和重要手段。

　　总之，日本企业不仅有一套企业发展战略的指导思想和战略方针政策，而且还有与之相配套的组织、生产、财政等一系列的管理技巧和方法。这些都是日本企业在市场竞争中取胜的法宝，也是当今世界管理思想发展的重要组成部分。[7]

第五节　日本企业管理遇到的新难题

　　前面提到的是日本企业在经济高速发展时期所采用的经营策略、管理技巧和方法。20 世纪 80 年代以后，日本企业面临着一些新的难题和挑战。其企业管理的三大支柱——终身雇佣制、年功序列工资制和企业工会，在新的国际和国内形势下发生了危机。其原因有两个：一是由于现代竞争是国际市场竞争，日本本国的市场对于一个新产品来说，很快就饱和了，企业要发展就必须要走向国际市场，而日本的文化及管理方法和技巧一旦脱离了它的生存环境就会失去它应有的效能。二是日本现代的年轻人是在经济繁荣的环境下长大的，他们没有像他们的父辈那样受过战后的艰苦，也没有受到较深的传统文化的影响，在他们的思想观念上对日本的那种按部就班的企业制度和不强调个人价值的集体主义精神持抵触或否定态度。这样日本的企业在新的形势下就遇到了一些亟待解决的新课题。

一、文化传统的继承问题

　　第一课题是如何在新一代年轻人身上把传统的对企业的效忠精神传下去的问题。这直接影响到日本企业的竞争力，但是这里的影响因素较多。一个是年轻人本身受现代西方价值观的影响，他们越来越强调个人价值，个性化倾向较强，不喜欢别人干涉个人的生活。尽管表面上还是顺应周围的环境，但是在20 世纪 80 年代所进行的青年意识调查显示，希望对社会有贡献的人只有 9％，这个问题关系到能否产生出优秀部属的问题。由于现代年轻人的依赖性和以前不同，除了个人因素以外，第三产业的迅速发展，也提供了实现个人价值的条件。这使目前的大多数年轻人知道了从别人那里找到可依赖的利益和权利，相对而言就不愿意帮助别人了。在这种思想的指导下，转换工作就有了思想基础。以前曾认为转换工作是禁忌，而现在在年轻人中间有 3 次以上转换工作经验的人已是不足为奇了。另一个原因是企业所致，那就是通过终身雇佣制和年功序列制晋升到总经理位置上的人毕竟是不多的，大多数人在中途就放弃了，而这种晋升和工作绩效没有必然联系，就进一步挫伤了年轻人的积极性。

二、文化嫁接问题

第二个课题是日本在世界市场竞争中如何把"大和文化"与其他民族的文化进行嫁接的问题。日本在吸收其他民族文化的过程中消化能力极强，但是一旦形成了他们自己的文化特征以后，再回到其他文化的发源地时就发生了问题。由于日本现在是世界第二经济大国，在国际上有一定的经济地位，大日本主义的民族情结很重，这使在实行跨国经营战略的过程中使日本企业面临着一个新问题：如何将国外当地录用的职工有机地融入企业。这个问题直接关系到日本企业的国际竞争能力。招收当地的工人，录用当地优秀的管理人才，是保持国外企业生产活动连续性的决定因素，企业要国际化就不能回避这一跨文化管理的问题，这是企业成功的一个必要条件。

三、难题的出现

上述两个课题，引发了一系列的管理难题。日本企业试图对下述问题进行回答：外籍员工能否成为日本企业的正式职工，能否作为企业的后备干部。如果不能，又如何调动其积极性？日本的企业文化与管理制度怎样才能适用？如果能，那么终生雇佣制和年功序列制也应该适用，如果经营不善企业发生了倒闭，员工怎么办？在海外日本企业工作的外籍员工能不能被溶解于日本企业文化之中，是日本企业能否在国际市场竞争中取胜的一个重要因素。

在新一轮世界经济的角逐中，日本和其他国家一样面临着许多和原来的管理思想和方法不一样的新课题。日本的成功只代表日本的过去，而在新的世界竞争中，又有新的规则，新的观念随时出现。鹿死谁手尚言之过早。不过人类的历史已经证明，谁能把人类的优秀文化转变为自己的文化，将人类发展中最优秀的思想转变为自己民族发展的动力，谁就能在世界发展长河中摘取桂冠。一个不能吸收消化别的民族优秀文化的民族是一个僵化的民族，是没有生气的民族，是迟早会被历史所淘汰的。[8]

注　释

［1］巴斯克·艾索斯. 日本的管理艺术. 1984，77
［2］同上，第 100 页
［3］詹姆斯·C. 艾伯伦，乔治·斯陶克. 企业巨子. 1992，240
［4］同上，242
［5］同上，248
［6］同上，126，127
［7］同上，137
［8］约翰·渥洛诺夫. 日本的管理危机. 58

深入阅读建议

1. 占部都美. 经营管理理论. 日本：白桃书房，昭和 59 年
2. 石川馨. 日本的品质管理. 日本：日利技连出版社，昭和 56 年
3. 大内. Z 理论. 中国社会科学出版社，1984

思　考　题

1. 简述日本企业管理思想的核心内容。
2. 说明日本企业市场战略的特点。
3. 评价日本企业管理思想的利弊与得失。

第七篇

管理思想演变的总趋势

在当代西方文明中得到最高发展的技巧之一就是拆零，即把问题分解成尽可能小的部分。我们非常擅长此技，以致我们竟时常忘记把这些细部重新装到一起。

——阿尔文·托夫勒

第十三章

管理思想演变的总趋势

管理是使组织完全理性或完全非理性的过程。只有在这两种情况下管理的成本才会降至最低，而现实总在这两极之间摆动。

——郭咸纲

人类进入 21 世纪之初，全球的政治、经济和 20 世纪相比发生了巨大的变化。世界格局正进行着全新的整合，知识经济初现端倪，市场竞争更为激烈。面对这些新形势，管理理论研究也出现了一些新观点、新思想和新体系。为了更好地对这些新理论进行综述，我们分国际和国内两个部分进行。

第一节 世界管理发展的新趋势

一、创新——当前和今后管理的主旋律

21 世纪是多变的世纪，变是永恒的真理。任何已有的和常规的管理模式最后都将被创新的管理模式所取代，管理创新是管理的主旋律。当前对管理创新发展趋势的研究主要有这样几个观点：①管理创新的内容：战略创新、制度创新、组织创新、观念创新和市场创新等几个方面，把创新渗透于整个管理过程之中。②整个组织中的每个人都是创新者，因而组织要创造一个适合于每个人都可以创新的环境和机制。③企业个性化。因为竞争的激烈性，企业必须要有自己独特的个性，模仿别人是难以生存的，所以成功的企业必须具有自己独特的个性，即具有独特的个性化的产品和个性化的经营管理方式。

二、知识——最为重要的资源

在世界经济从农业经济到工业经济再到知识经济的历史发展过程中，社会

的发展已使知识成为最重要的资源。在信息的催化下，知识经济时代已经到来，企业如何具有独特的属于自己的知识已成为企业能否生存发展的重要标志。在企业管理中如何获得知识，如何使用知识，如何储存知识，如何使知识变为更多的知识，如何把知识直接地转化为生产力，这些都是知识经济中管理理论所要解决的问题。这里需要考虑的问题有：①知识经济构成的机制是什么，有什么规律，传统的经济学理论在知识经济中还有多少价值。②知识经济中的企业应该是一个什么形态，其机制是什么，应遵从什么规律。③知识经济中的企业的终极目标是什么。④知识经济条件下人性有什么样的改变，应该采用什么样的管理方式最为合适。这一系列问题都将引导管理理论深入发展。

三、企业再造——一场管理革命

20 世纪 90 年代以来，西方发达国家兴起一场企业再造革命，被喻为是"从毛毛虫变蝴蝶"的革命，也被认为是继全面质量管理运动后的第二次管理革命。

美国麻省理工学院教授迈可·哈默在 1993 年提出了企业再造的概念。到 1994 年底，据一项调查显示，在 600 多家欧美的大型企业中，有七成正在推行企业再造计划，其余的也有半数企业正在积极考虑。随着企业再造运动的发展，亚洲国家一些公司也在开始重新考虑企业的构成模式。企业再造运动主要在两个方面和传统的管理模式不同：一是从传统的自上而下的管理模式变成信息过程的增值管理模式，即衡量一个企业的有效性的主要标志是，当一个信息输入企业以后，经过企业的加工然后再输出，信息所通过企业的任何一个环节，其管理环节对此信息加工的增值是多少，从工业的产品链到信息的价值链，形成一种企业价值的增值过程。如果该信息不进行增值就要进行改造，这样就形成了企业管理运行机制观念的改变。二是企业再造不是在传统的管理模式基础上的渐进式改造，而是强调从根本上着手，要改变企业的运作模式就彻底改造，把旧的全部忘掉，全部抛弃，惟有破除过去，才能创造新机。这样，企业再造革命是建立在信息网络布遍企业内各部门的基础上的。在企业内部，职工可以得到与自己有关的任何信息，这样大大减少了信息流动所带来的时间损失，不仅提高了效率，精简了人员，还使每个员工都对企业的全局有全面了解，从而使企业出现一个崭新的局面。

四、学习型组织的出现——未来企业模式

技术和知识在急剧地增长，无论多么先进的东西都会随着时间的推移而逐渐被淘汰，因此一个企业要保持持续发展，就必须不断学习，不断地更新知识。学习型企业是美国麻省理工学院的彼得·圣吉在《第五项修炼》一书中首先提出的。他不仅要求企业中的每个人都要终身不断学习，不断获取新知，不断超越自我，而且要求企业也要不断地学习和不断地超越。要达到学习型组织需要有以下几个方面扎实的基础：①系统思维，这是五项修炼的核心。企业在处理问题时要扩大思考的空间，通过电脑模拟把事件的前因后果都考虑到，建立系统的处理模式。②自我超越，这是五项修炼的基础。在认清客观世界的基础上，创造出适合于自己的最理想的环境，不是用降低理想来适应环境，而是用提升自己来达到理想，这需要创意和耐力，需要不断地学习和不断地超越。③改善心智模式，强调每个人都要以开放求真的态度，将自己的胸怀扩大，克服原有习惯所形成的障碍，不断地改善它，最后还要突破它，这样才能以一个全新的心智模式出现。④建立共同愿景目标，这是需要在共同的理想、共同的文化、共同的使命的大方向下组织在一起达成的一个共同的未来的目标。⑤团队学习。团队学习是组织中沟通与思考的对话工具，强调彼此不在本位，不自我防卫，不预设立场，在不敬畏的情况下共同学习。团队学习是适应环境骤变的最佳的方法，惟有大家一起学习、成长、超越和不断的进步，才能让组织避免失败，创造出不断成长的绩效来。[1]

五、快速应变——"10倍速时代"的新挑战

市场复杂多变，且变化的速度在日益加快，这是当今被人们称之为"10倍速时代"的主要特征。如何跟上时代的步伐、适应迅速变化的市场的需要，是当今企业管理中的一大难题。企业只有快速反应、快速应变才能生存。企业行为不仅是比价格、质量和服务，还要比反应、比速度、比效率。在这商机稍纵即逝的时代，谁抢先一步，谁就把握了获胜的先机。企业快速反应能力的建立成为管理理论研究的新领域。管理效率的持续提高成为衡量组织效能的首要标准，敏锐的观察力是预测和预见未来的首要条件，抓住时机、果断决策，使企业始终和市场的变化同步，成为企业生存和发展的首要课题。企业不但要建立效率高、适应性强的生产体系，而且还要尽可能建立处于警戒状态的高效率、有战斗力的团队，以期能迅速及时处理因为环境变化而产生的新课题，使

企业立于不败之地。

六、组织结构的倒置——权力的转移

传统的组织结构是金字塔型的，最上面的是企业的总裁，然后是中间层，最后是基层。指挥链是从上到下，决策来自最上层，下面是执行层。在多变的时代，顾客的个性化日益突出。当上层的决策和用户的要求相矛盾时，传统的组织结构是执行上级的决策。而在知识经济时代正好相反，在金字塔最上层是用户和顾客，然后是第一线的基层工作人员，最后才是中层和最高领导者。这种倒金字塔不仅仅是把组织结构进行一下简单的颠倒，而且要求员工的知识、能力、技术等方面都必须得到持续发展，从而获得独立处理问题的才干。这样一种转变是整个管理观念的变化。上层从领导转变为支持服务，员工从执行转变为独立处理问题。

七、全球战略——企业决胜的关键

随着信息时代的到来，人与人之间的距离在缩短，国与国之间甚至是洲际之间的边界变得越来越模糊。企业的竞争已经不仅在单一的区域内进行，而是以全球作为竞争的舞台。竞争的全球化对每个企业来说既受到挑战，同时也带来新的机遇。全球化为企业发挥特殊能力提供了新的空间，主要涉及到以下几个问题：①企业的竞争战略是否从全球化的角度来思考，或者说企业是否把自己看成为地球村的一员。②从资源配置的角度来看，企业是否从全球的范围内统筹考虑资源的合理配置，即依据不同地区的不同利税和不同金融风险来配置资本，依据不同地区技术发展水平和优势设计相应的技术发展中心、组织技术开发和根据经营需要利用和开发人力资源。③注意全球的协调，不仅注意国内企业的研究和开发，更重要的是不断建立国际间的技术协调型研究开发机构，提高综合竞争力。④建立基于国际分工协作的高效的生产体制。⑤完善全球营销网络的建设，启用当地的人才，尽量使营销本土化。⑥做好全球战略整合，建立起全球战略管理体系。

八、跨文化管理——交融与冲突

企业竞争的全球化必然带来管理活动的国际化。管理活动受人们的价值观、伦理道德、行为准则、社会习俗的全面影响。它与不同的文化相结合，就形成了不同的管理文化和管理风格。典型的美国式以"法"为主的管理，强调个人价值、强调严格的制度、理性决策和追求最大限度的利润等等，而典型的日本式管理是以"理"为主的管理，强调和谐的人际关系，上下协商的决策制度，员工对组织忠诚与企业对社会负责等等。中国式的管理则是以"情"为主，注重发掘人的内在价值和积极性，强调管理的"人和效应"，制度管理显得比较松懈，理性精神表现不足。值得注意的是美国通过对日本管理模式的反思，企业的经营理念在不断变化，开始重视社会效益和人力资源的开发及职工的稳定，而日本也在强化人力资源的竞争机制，摒弃论资排辈，开始强调能力至上的观念。中国应该如何建立既具有中国文化特色又吸纳人类一切先进文化成果的管理文化模式，是一个需要深思的问题。

九、战略弹性——企业竞争的制高点

企业面临经营环境的快速变化，必须具有快速反应能力。要获得这个能力，必须建立自己具有应对市场变化的柔性化战略体系，使企业战略更具有弹性。战略弹性是企业依据公司自身的知识能力，为应付不断变化的不确定情况而具有的应变能力，这些知识和能力由人员、程序、产品和综合的系统所构成。战略弹性由组织结构弹性、生产技术弹性、管理弹性和人员构成弹性所组成。战略弹性来源于企业本身独特的知识能力，而企业人知识本身的构成和其组合方式是构成战略弹性的关键。一旦企业建立起自己的战略弹性，企业即形成了组织的活性化、功能的综合化、活动的灵活化，这一切即构成了独特的企业文化，企业从而就建立起别人无法复制的战略优势，竞争能力将会得到极大提高。

十、管理的终极目标——管理最优境界的实现

组织成员的个人目标与组织目标和谐一致，每个组织成员都能进行自我管理，自觉实现组织目标，同时将个人的终极目标与组织的终极目标达成理念上的共振，并使所有组织成员在这特定的管理中自觉行动，管理就达到了最优境界。自我管理不是取消管理，而是使管理进入更高的层次和更高的境界。传统的管理模式在一定程度上束缚了人的个性和创造力，而未来的社会由于员工的知识更加丰富，获取信息的手段更加便捷，这样就可能形成全新的管理模式：①人人都是管理的主体，对于重大的决策，员工既是决策的参与者，也是决策的执行者。②以人为本，顺应人性，尊重人格。员工不是在制度的约束下进行

工作，而是自觉地把工作视为人生发展的组成部分。③通过管理文化的构建，创造一种高度和谐、友善、亲切、融洽的氛围，使企业成为一个密切协作的团体。④尊重规律，顺应社会经济运行的自然法则，使管理成为一个自然的历史过程，使企业成为一个自组织、自调节的有机整体，企业因此能够协调、有序、高效地运行。这时管理行为就达到了管理与被管理的完全重合，不同文化和谐的融合及个人理性和组织理性的高度一致。由此，管理的最优境界就实现了。

第二节　近年中国管理理论研究综述

中国管理学界对管理理论的研究各有侧重。为了叙述方便，我们以学派为标志加以划分。

"我国近些年来也已出现了众多的学派。从其代表作看，可分为企业模式学派、管理现代化学派、质量中心学派、新管理过程学派、新经验主义学派和以机会论为核心的当代管理学派等六大学派"。[2]我们认为，可以将在管理理论研究方面形成自己特色的研究归纳成以下 5 个学派。

管理系统科学理论学派。这一学派主要是把自然科学中对系统理论研究的成果向管理领域移植，以取得对管理科学研究的深化。尽管我国的管理科学研究起步较晚，但是进入 20 世纪 80 年代以来，现代系统理论的建立，系统论、信息论、控制论、耗散结构、协同学、突变论、超循环理论、全息理论等跨学科的科学理论的建立为管理理论研究提供了强大的思想武器和方法，从而促进了管理系统学派的发展。

管理经典思想学派。这一学派在挖掘中国古代管理思想并结合当前的管理实践需要方面作出了贡献。这一学派主要从事两方面的研究：一是从事古代兵法智谋对当今经营管理的借鉴研究，二是把中国的儒家思想和现代管理理论研究联系起来，试图将中国的传统文化和现代西方的管理思想结合起来，推动管理理论的发展。

管理文化学派。20 世纪 80 年代初，西方学者研究日本经济发展的奇迹，发现了日本企业管理中的文化优势，并发现企业文化对企业长远发展具有十分重要的作用，从此，文化对管理影响的研究逐渐成为管理理论研究的一个重要方面。西方文化对管理的影响、东方文化对管理的影响，东西方文化融合对管理的影响，这些都成为管理理论研究的重要方向，并逐渐形成重要的研究领域。

管理模式学派。管理模式是将一种或一套管理理念、管理方法或管理工具反复运用于企业，使企业在运行中自觉加以遵守的管理原则或管理方法体系。世界上没有放之四海而皆准的管理模式，只有根据企业的实际需要不断发展、不断完善，不断创新的管理模式。近年来中国管理模式研究十分活跃，比较有代表性的有"海尔 OEC 管理模式"、"小天鹅的末日管理法"、"邯钢经验"、"A 管理模式"、"G 管理模式"等，这些管理模式的诞生扩大了中国管理理论研究的视野。

管理学院派。中国 MBA、EMBA 教育事业的发展，为企业管理理论研究注入了新的血液，企业管理实践总结可以在大学课堂上以案例的形式进行模拟和演示，使管理理论研究更加活跃。同时，由于 MBA，特别是 EMBA 学员普遍具有一定的实践经验，这样更加丰富了学院派研究的内涵和视野，使长期以来学院派理论研究和实践脱节的局面得到了相应的改观。

由于 3 个方面的原因，中国的管理理论研究和世界水平相比尚有较大差距：①世界管理理论的主流是研究市场经济中的管理，管理的主要研究对象是市场经济中的企业。中国进入市场经济的时间比较短，所以管理理论研究起步也比较晚。②西方的管理思想是一种自由竞争式的充满学术气息的理论，管理大师们以建立各自的学派为目的，而中国始终用比较统一的思想和理论指导管理工作，这对学术本身的发展有一定影响。③管理学是一门实践性很强的学科，要在实践中不断归纳总结，然后提升为理论形态，但可供研究的案例的匮乏和研究经费的不足，使中国管理学研究还处在较低的阶段。中国特色的管理理论要形成，还有相当长的路要走。

中国管理理论界对建立自己特色的管理理论，做出了巨大的努力，取得了丰硕的成果，但同时也存在着很多不足之处。主要有以下几个方面：一是介绍西方理论多，而具有中国自己特色的理论少；二是学院味较浓，对实践的指导意义不足，这和中国的教育科研体制有密切的关系；三是没有形成独具特色的管理理论流派，在管理理论研究上基本上还是单兵种作战为主，没有形成协同作战团队，管理理论研究整体效应不高；四是受政治影响较大，没有把管理科学的研究、发展和政治理论分开，这样就无法形成独立性较强的学科，从而也影响了整个管理科学的发展。

就管理学的发展来说，出现管理流派纷呈的现象是管理学研究繁荣的表现，各种管理理论可以在比较中得到互补和扬弃。丛林是大综合和大发展的基础，是大突破大飞跃的前奏。因为管理具有两重性，同时管理的环境、管理的客体、管理的主体具有易变性，导致管理理论只能是有限的统一，管理理论的个性是理论发展的大趋势。对东西方管理实践的宝贵经验与管理理论的研究成果进行综合、创新、提高，是实现管理理论飞跃的必由之路。

注　释

［1］Forrester & Senge，1965

［2］曾德聪，仲长茸．1997

深入阅读建议

1. 雷恩. 管理思想的演变. 中国社会科学出版社，2001

2. 圣吉. 第五项修炼——思考、演练与超越. 延边大学出版社，1998

3. 陈佳贵. 现代企业管理理论与实践的新发展. 经济管理出版社，1998

4. Hammer Michael，Champy James. Reengineering the Corporation：A Manifesto for Business Revolution. Nicholas Brealey Publishing，1993

5. Steward Thoms A. Infellectual Capital：The New Wealth of Organization. Doubleday Dell Publishing Group，Inc. 1997

阅读互动

1. 此部分是对前面涉及内容的一个综述，可参见前面的相关内容。由于新的研究成果不断涌现，此部分内容也应根据最新的研究动态加以调整、完善和重新定义。

2. 关于中国管理理论的研究情况，可参见：许康、劳汉生的《中国管理科学化的历程》，湖南科学技术出版社，2001 年。

思　考　题

1. 试述当代管理理论发展的新趋势。

2. 阐述建立学习型组织的意义与途径。

3. 分析跨文化管理面临的主要问题与对策。

各管理学说代表人物及代表作			
时期	学说	代表人物	代表作
古典管理理论（Classical management theory）	科学管理原理（Scientific Management）	泰勒（Frederick W. Taylor）	《工厂管理》（Shop Management）；《科学管理原理》（The Principles of Scientific Management）
	组织管理理论（Bureaucracy）	亨利·法约尔（Henri Fayol）	《工业管理和一般管理》（Generl and Industrial Management）
	行政集权组织理论（Administrative management）	马克斯·韦伯（Max Weber）	《新教伦理和资本主义精神》（The Protestant Ethic and the Spirit of Capitalism）；《社会和经济组织理论》（Economy and Society）
行为科学理论（Behavioral scientific management theory）	人类需要层次理论（Hierarchy of needs）	亚伯拉罕·马斯洛（A. H. Maslow）	《人类的动机理论》（A theory of human motivation）
	生存关系及发展理论（ERG Theory）	克莱顿·奥尔德弗（Clayton Alderfer）	（An Empirical Test of a New Theory of Human Need）
	双因素理论（Actualization-atmosphere' factors）	赫茨伯格（Frederick Herzberg）	《工作和人的性质》（Work and the Nature of Man）
	期望理论	弗鲁姆（Victor Vroom）	《工作与激励》（Management and Motivation（with E. Deci），）
	成就需要理论（Achievement motivation）	麦克利兰（David C. McClelland）	《促使取得成就的事物》（The Achievement Motive）
	X-理论；Y-理论（Theory X；Theory Y）	麦格雷戈（Donglas McGregor）	《领导与激励》（Leadership and Motivation）
	综合激励模型（Expectancy Models）	波特-劳勒（L. M. Porter, and E. E. Lawler）	The Effect of Performance on Job Satisfaction
	复杂人假设	埃德加·沙因（Edgar Schein）	《组织心理学》（Organizational Psychology）
	群体动力学（groups, experiential learning and action）	卡特·勒温（Kurt Lewin）	《群体决策研究》（Studies in Group Decisions）
	领导行为研究	亨利等人	

时期	学说	代表人物	代表作
现代管理理论（Modern management theory）	管理过程学派（Management process）	哈罗德·孔茨（H. Koontz）	《管理学原理》（Management：Science，Theory，and Practice）、《管理理论丛林》、《再论管理理论丛林》
	社会系统学派（Acceptance Theory of Authority）	巴纳德（Chester Barnard）	《经理人员的职能》（The Functions of the Executive）
	决策理论学派（Management decision）	赫伯特·西蒙（Herbert Alexander Simon）	《管理行为》（Administrative Behavior：A Study of Decision Making Processes in Administrative Organization）、《人的模型》（Human Problem Solving）、《组织》（Organization）、《管理决策的新科学》（The New Science of Management Decision）
	一般系统理论（Systems theory）	贝达朗菲（Ludwig von Bertailanffy）	《一般系统理论的基础、发展和应用》（General System Theory：Fundations，Development，Application）
	控制论（Cybernetics）	维纳（Norbert Wiener）	《行为、目的和目的论》（Cybernetics：or Control and Communication in the Animal and the Machine）
	信息论（A mathematical theory of communication）	申农（C. E. Shannon）	《通讯的数学理论》（A mathematical theory of communication）
	耗散结构理论（the theory of dissipative structures）	普里高津（I. Prigogine）	The End of Certainty：Time Chaos and the Laws of Nature
	协同学（Synergetics）	哈肯（H. Haken）	ERFOLGSGEHEIMNISSE DER NATUR. Synergetik - Die Lehre vom Zusammenwirken
	突变论	托姆（R. Thom）	《结构稳定性和形态发生学》
	系统管理理论	理查德·约翰逊（Richard A. Johnson)等人	《系统理论与管理》、《组织与管理——系统方法与权变方法》
	实用系统管理理论（cross-level studies）	米勒（James Grier Miller）	The Behavioral Sciences
	数量管理科学学派	希尔（A. V. Hill）	
	权变理论学派	伯恩斯等人	《革新的管理》等
	经验主义学派	德鲁克（Peter F. Drucker）	《管理——任务、责任、实践》（Management：Tasks，Responsibilities，Practices）
	经理角色学派（Managerial role）	明茨伯格（Henry Mintzberg）	《经理工作的性质》（The Nature of Managerial Work）
	计算机管理学派		

时期	学说	代表人物	代表作
当代管理理论（Contemporary management theory）		彼得斯（T. J. Peters）	《追求卓越》（In Search of Excellence：Lessons from America's Best-run Companies（with Robert H. Waterman，Jr））、《志在成功》（A Passion for Excellence：The Leadership Difference（with Nancy Austin））、《振兴于混乱之上——管理革命的手册》（Thriving on Chaos：Handbook for a Management Revolution）
	竞争战略学说联系实际（Competitive strategy）	迈克尔·波特（Michael E. Porter）	《竞争战略》（Competitive Strategy：Techniques for Analyzing Industries and Competitors）；《竞争优势》（Competitive Advantage：Creating and Sustaining Superior Performance）
	领导学说（Leadership）	约翰·科特（J. P. Kotter）	《变革的力量——领导和管理的区别》（A Force for Change：How Leadership Differs From Management）
	学习型组织理论（Learning organization）	彼得·圣吉（Peter M. Senge）	《第五项修炼——学习型组织的艺术与实务》（The Fifth Discipline：The Art and Practice of the Learning Organization）
	质量管理法（Total quality management）	戴明（W. Edwards Deming）	Sample Design in Business Research
	质量管理法（Total quality management）	朱兰（Joseph Juran）	《质量管理手册》（Juran's Quality Control Handbook）、《管理突破》（Managerial Breakthrough）、《质量计划》（Juran on Planning for Quality）
	企业文化学派（Organizational Culture）	沙因（Edgar H. Schein）	《组织文化和领导》（Organizational Culture and Leadership）
	企业文化学派（Organizational Culture）	威廉·大内（William G. Ouchi）	《Z理论》（Theory Z）
	企业再造理论（Reengineering the Corporation）	迈克尔·哈默（M. Hammer）与詹姆斯·钱皮（J. Champy）	《再造企业——管理革命的宣言》（The Reengineering Revolution）
	6西格玛理论（6σ）	杰克·韦尔奇（Jack Welch）	Jack：Straight From The Gut

附录 1

管理大事年表

时间	主要出版物和事件
公元前 500	孙子的《孙子兵法》
1469—1527	尼克罗·马基雅维利的《The Prince》
1776	亚当·斯密在《国富论》中论述了分工问题
1798	欧文在英国的新拉纳克纺织厂把现代的方法应用于劳务管理、人事管理等
1798	惠特尼发明使用互换性的零部件生产枪支的生产方式
1813	欧文《A New View of Society》
1814	欧文的《Observations of the Effect of the Manufacturing System》；史蒂斯发明蒸汽机车
1821	穆勒的《经济学原理》
1829	巴贝奇试制微分机（Difference Engine）
1832	巴贝奇的《On the Economy of Machinery and Manufacture》
1833	英国制定《工厂法》
1835	莫尔斯发明电报机
1840—1842	鸦片战争
1857	世界经济危机波及美国、西欧各国
1861—1865	美国南北战争
1866	美国组成全国工会；西门子发明发电机
1867	瑟拉兹经理在米德维尔钢铁公司制定螺钉标准规格
1869	美国建成横贯美洲大陆的铁路
1871	杰文斯的《The Theory of Political Economy》
1876	贝尔发明实用电话；爱迪生发明留声机
1878	泰勒入米德维尔钢铁公司
1880	美国机械技师协会（ASME）

时间	主要出版物和事件
1883	泰勒开始时间研究
1885	梅特卡夫的《制造成本与工厂经营》、吉尔布雷斯开始动作研究
1886	塔文的《The Engineers Economist》美国建立劳动总同盟（AFL）
1888	法约尔作为康门塔里·福尔香包矿冶公司的董事参与经营问题
1890	美国制定《谢尔曼法》
1892	吉尔布雷斯完成砌砖研究
1833	泰勒就职顾问工程师
1895	泰勒在 ASME 上发表关于计件工资制的个人想法
1898	泰勒开始在贝瑟利恩钢铁公司进行时间研究；泰勒同怀特发明高速钢
1899	巴斯制成金属切削用计算尺
1901	美国制定国标；八幡制钢所开工
1902	《IE》杂志在美国创刊
1903	泰勒的《Shop Management》；甘特发明甘特图；迪马的《工厂管理的本质》；日本出版《工人事情》
1904	埃默森实施圣菲铁路的改革；贝布雷恩的《企业的理论》
1906	泰勒确立机床金属切削理论
1907	吉尔布雷斯把时间研究引入建筑业
1909	巴斯把泰勒制引入沃特敦兵工厂
1910	甘特发表甘特式奖励制度
1911	泰勒的《The Principles of Scientific Management》；吉尔布雷斯的《Motion Study》；日本公布《工厂法》
1912	埃默森的《效率十二原则》；吉尔布雷斯夫妇发表基本动素研究，横川博士翻译《Shop Management》《The Principles of Scientifc Management》
1913	福特在装配部门设置皮带传送装置
1914	第一次世界大战；吉尔布雷斯夫人的《The Psychology of Management》；霍克西对于科学管理的声誉不佳的实际情况进行了调查
1915	吉尔布雷斯夫妇的《Applied Motion Study》；新日铁工所的蒲田厂采用泰勒制
1916	美国设置效率局

时间	主要出版物和事件
1918	福莱特的《The New State》
1919	甘特克的《Organization for Work》
1920	梅立克的《Tine Study as a Basis for Rate Setting》GE 公司(General Electric Company)确立"事业部制"
1921	吉布尔雷斯夫妇在 ASME 发表《工序分析符号》;华盛顿裁军会议
1922	制造出丰田式自动织布机
1924	吉布尔雷斯夫妇发表根据动素进行的微动作研究;梅奥在西方电气公司进行照明实验
1927	梅奥等人开始"霍桑实验"
1929	发生世界经济危机;在法国召开科学管理国际会议
1930	梅立克·哈汰维的《机械加工法与标准时间》;毛肯森的《Work Simplication》,提倡作业简单化的十二原则
1934	GE 公司实施微动作研究
1937	巴恩兹的《Motion and Time Study》
1940	穆勒发表《滞后率的研究》
1941	罗特利斯伯格的《Management and Morale》
1943	ASME 作业标准化委员会发表 IE 的定义和用语说明
1944	福特汽车公司采用"事业部制"
1945	库尔特·卢因当上了麻省理工学院的群体动力学研究所所长;门德尔开发出"记录动作研究";奎克开发出"支素法"
1947	维纳的《控制论》
1948	梅纳德等人介绍"MTM"法迈尔兹(GE 公司)的《Value Analysis》
1950	门德尔的《Motion and Time Study》
1951	约瑟夫·朱兰的《Quality Control Handbook》
1952	ASME 就 IE 的作用进行典型调查
1953	杰菲格在 GE 公司开发《Dimensional Motion Times》
1954	美国船舶归纳 VE 的概念
1954	德鲁克的《The Practice of Management》
1957	AIIE 大会发表 IE 的新概念
1957	阿古里斯的《Personality and Organization》;西蒙的《Models of man》;穆勒的《Motion and Time Study》

时间	主要出版物和事件
1960	麦格雷戈的《The Human Side of Enterprise》；ASME 的《Fifty Years Progress in Management》
1961	利克特的《New Patterns of Management》
1963	美国国防部的《Value Engineering》；梅纳德·马蒂的《A Behavioral Theory of the Firm》
1964	马斯洛《Motivation and Personality》；
1965	伊戈尔·安索夫的《Corporate Strategy》
1960—1970	布鲁斯·亨德森"BCG 矩阵"
1966	赫茨伯格《Work and the Nature of Man》
1967	菲利普·科特勒的《Marketing Management》
1968	罗特利斯伯格的《Mau-in – organization》
1970	Robert Townsend《Up the Organization》
1973	享利·明茨伯格的《The Nature of Managerial Work》
1977	阿尔弗雷德·钱德勒的《The Visible Hand：Management Revolution in American Business》
1980	埃德加·H. 沙因的《Organizational Psychology》
1980	阿尔文·托夫勒的《The Third Wave》
1981	理查德·帕斯卡尔的《The Art of Japanese Management》
1982	汤姆·彼得斯的《In Search of Excellence》
1983	RosaBeth Moss Canter 的《the Change Masters》
1984	约翰·奈斯比特的《Mega trends》
1985	华伦·贝尼斯的《Leaders》；迈克尔·波特的《Competitive Advantage》
1986	盛田昭夫的《Made in Japan》；
1988	W. 爱德华兹·戴明的《Out of the Crisis》
1990	大前研一的《The Borderless World》
1990	彼得·圣吉的《The fifth Discipline》
1993	詹姆士·钱皮和迈克尔·汉默的《Reengineering the Corporation》
1993	Fons Trompenaars 的《Riding the Waves of Culture》
1994	戴尔·卡耐基的《How to Win Friends and Influence People》；
1994	松下幸之助的《Not the Bread Alone》
1997	Sumantra Ghoshal 的《The Individualized Corporation》

附录 2

主要人物索引

A

Clayton Alderfer,克莱顿·奥尔德弗,行为科学学家,生存关系及发展理论提出者,第六章第三节

V. L. Allen,艾伦,经理角色学派代表人物,第八章第八节

K. R. Andrews,安德鲁斯,战略规划理论代表人物,第十章第六节

H. I. Ansoff,安索夫,战略规划理论代表人物,第十章第六节

R. N. Anthony,安东尼,战略规划理论代表人物,第十章第六节

Thomas Aquinas,托马斯·阿奎那,中世纪思想家,第一章第二节

Aristotle,亚里士多德,古希腊思想家,第一章第一节

B

Charles Babbage,查尔斯·巴贝奇,英国数学家、发明家、科学管理先驱,第二章第六节

Chester Barnard,切斯特·巴纳德,美国管理学家,社会系统学派创始人,第八章第二节

Ludwig von Bertalanffy,贝塔朗菲,美籍奥地利生物学家,系统论创立者,第七章第二节

John Bex,贝克斯,英国管理学家,经理角色学派代表人物,第八章第八节

B. J. Biddle,经理角色学派代表人物,第八章第八节

Elwood S. Buffa,埃尔伍德·斯潘赛·伯法,管理科学学派代表人物,第八章第五节

Tom Burns,汤·伯恩斯,权变理论学派代表人物,第八章第六节

C

Marcus Poreius Cato,贾图,古罗马奴隶主思想家,第一章第一节

James. Champy,詹姆斯·钱皮,企业再造理论倡导者,第十章第八节

附录 3

早期管理思想及文化环境

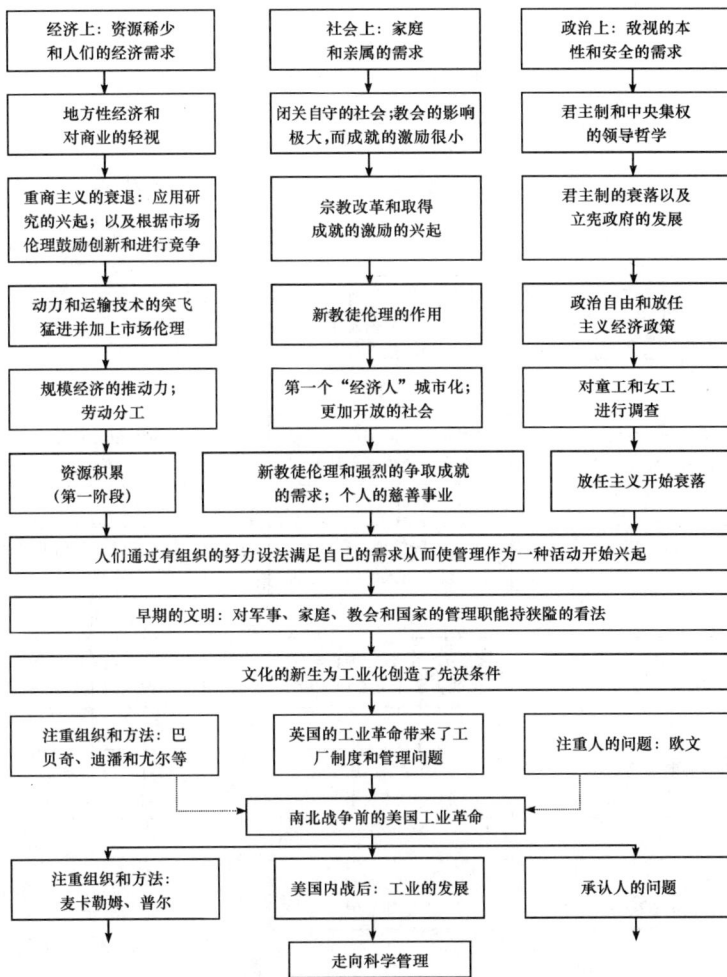

```
┌──────────────────┐   ┌──────────────────┐   ┌──────────────────┐
│ 经济上：资源稀少   │   │ 社会上：家庭       │   │ 政治上：敌视的本   │
│ 和人们的经济需求   │   │ 和亲属的需求       │   │ 性和安全的需求     │
└──────────────────┘   └──────────────────┘   └──────────────────┘
┌──────────────────┐   ┌──────────────────┐   ┌──────────────────┐
│ 地方性经济和       │   │ 闭关自守的社会；教会的影响│ │ 君主制和中央集权   │
│ 对商业的轻视       │   │ 极大，而成就的激励很小   │ │ 的领导哲学         │
└──────────────────┘   └──────────────────┘   └──────────────────┘
┌──────────────────┐   ┌──────────────────┐   ┌──────────────────┐
│ 重商主义的衰退：应用研│ │ 宗教改革和取得       │   │ 君主制的衰落以及   │
│ 究的兴起；以及根据市场│ │ 成就的激励的兴起     │   │ 立宪政府的发展     │
│ 伦理鼓励创新和进行竞争│ └──────────────────┘   └──────────────────┘
└──────────────────┘
┌──────────────────┐   ┌──────────────────┐   ┌──────────────────┐
│ 动力和运输技术的突飞│ │ 新教徒伦理的作用     │   │ 政治自由和放任     │
│ 猛进并加上市场伦理 │   └──────────────────┘   │ 主义经济政策       │
└──────────────────┘                           └──────────────────┘
┌──────────────────┐   ┌──────────────────┐   ┌──────────────────┐
│ 规模经济的推动力；  │   │ 第一个"经济人"城市化；│ │ 对童工和女工       │
│ 劳动分工           │   │ 更加开放的社会       │   │ 进行调查           │
└──────────────────┘   └──────────────────┘   └──────────────────┘
┌──────────────────┐   ┌──────────────────┐   ┌──────────────────┐
│ 资源积累           │   │ 新教徒伦理和强烈的争取成就│ │ 放任主义开始衰落   │
│ （第一阶段）       │   │ 的需求；个人的慈善事业   │ └──────────────────┘
└──────────────────┘   └──────────────────┘
┌────────────────────────────────────────────────────────────────┐
│ 人们通过有组织的努力设法满足自己的需求从而使管理作为一种活动开始兴起 │
└────────────────────────────────────────────────────────────────┘
┌────────────────────────────────────────────────────────────────┐
│ 早期的文明：对军事、家庭、教会和国家的管理职能持狭隘的看法           │
└────────────────────────────────────────────────────────────────┘
┌────────────────────────────────────────────────────────────────┐
│ 文化的新生为工业化创造了先决条件                                   │
└────────────────────────────────────────────────────────────────┘
┌──────────────────┐   ┌──────────────────┐   ┌──────────────────┐
│ 注重组织和方法：巴 │   │ 英国的工业革命带来了工│ │ 注重人的问题：欧文 │
│ 贝奇、迪潘和尤尔等 │   │ 厂制度和管理问题     │   └──────────────────┘
└──────────────────┘   └──────────────────┘
               ┌──────────────────────────────┐
               │ 南北战争前的美国工业革命       │
               └──────────────────────────────┘
┌──────────────────┐   ┌──────────────────┐   ┌──────────────────┐
│ 注重组织和方法：   │   │ 美国内战后：工业的发展│ │ 承认人的问题       │
│ 麦卡勒姆、普尔     │   └──────────────────┘   └──────────────────┘
└──────────────────┘
               ┌──────────────────┐
               │ 走向科学管理       │
               └──────────────────┘
```

（选自 Daniel A. Wren，The Evolution of Management Thought，
John Wiley & Sons，NY，1979）

附录 4

科学管理时代及其文化环境

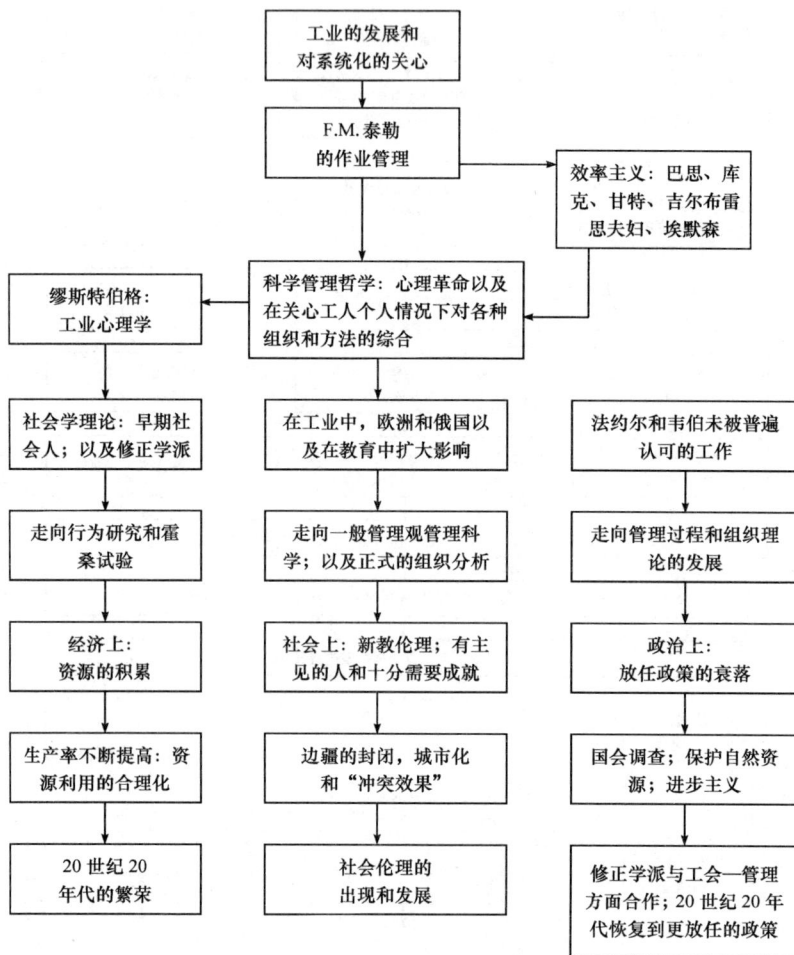

```
                    ┌─────────────┐
                    │  工业的发展和  │
                    │ 对系统化的关心 │
                    └──────┬──────┘
                           │
                    ┌──────┴──────┐         ┌──────────────┐
                    │   F.M.泰勒   │────────▶│ 效率主义：巴思、库 │
                    │  的作业管理   │         │ 克、甘特、吉尔布雷 │
                    └──────┬──────┘         │ 思夫妇、埃默森   │
                           │                └──────────────┘
 ┌──────────┐      ┌──────┴──────────────────┐
 │ 缪斯特伯格： │◀─────│ 科学管理哲学：心理革命以及 │
 │  工业心理学 │      │ 在关心工人个人情况下对各种 │◀───────┐
 └─────┬────┘      │ 组织和方法的综合         │        │
       │           └──────────┬──────────────┘        │
```

社会学理论：早期社会人；以及修正学派	在工业中，欧洲和俄国以及在教育中扩大影响	法约尔和韦伯未被普遍认可的工作
走向行为研究和霍桑试验	走向一般管理观管理科学；以及正式的组织分析	走向管理过程和组织理论的发展
经济上：资源的积累	社会上：新教伦理；有主见的人和十分需要成就	政治上：放任政策的衰落
生产率不断提高：资源利用的合理化	边疆的封闭，城市化和"冲突效果"	国会调查；保护自然资源；进步主义
20世纪20年代的繁荣	社会伦理的出现和发展	修正学派与工会—管理方面合作；20世纪20年代恢复到更放任的政策

（选自 Daniel A. Wren，The Evolution of Management Thought，
John Wiley & Sons，NY，1979）

附录 5

社会人时代及其文化环境

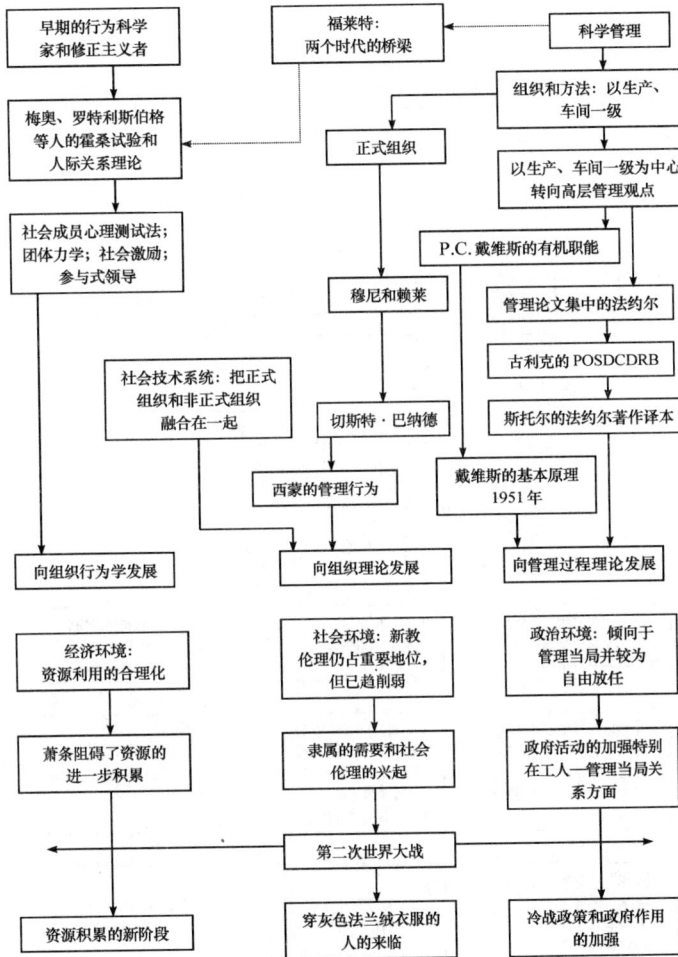

早期的行为科学家和修正主义者

福莱特：两个时代的桥梁

科学管理

组织和方法：以生产、车间一级

梅奥、罗特利斯伯格等人的霍桑试验和人际关系理论

正式组织

以生产、车间一级为中心转向高层管理观点

社会成员心理测试法；团体力学；社会激励；参与式领导

P.C.戴维斯的有机职能

穆尼和赖莱

管理论文集中的法约尔

古利克的 POSDCDRB

社会技术系统：把正式组织和非正式组织融合在一起

切斯特·巴纳德

斯托尔的法约尔著作译本

西蒙的管理行为

戴维斯的基本原理 1951 年

向组织行为学发展

向组织理论发展

向管理过程理论发展

经济环境：资源利用的合理化

社会环境：新教伦理仍占重要地位，但已趋削弱

政治环境：倾向于管理当局并较为自由放任

萧条阻碍了资源的进一步积累

隶属的需要和社会伦理的兴起

政府活动的加强特别在工人—管理当局关系方面

第二次世界大战

资源积累的新阶段

穿灰色法兰绒衣服的人的来临

冷战政策和政府作用的加强

（选自 Daniel A. Wren, The Evolution of Management Thought, John Wiley & Sons, NY, 1979）

附录 6

现代管理思想及其文化环境

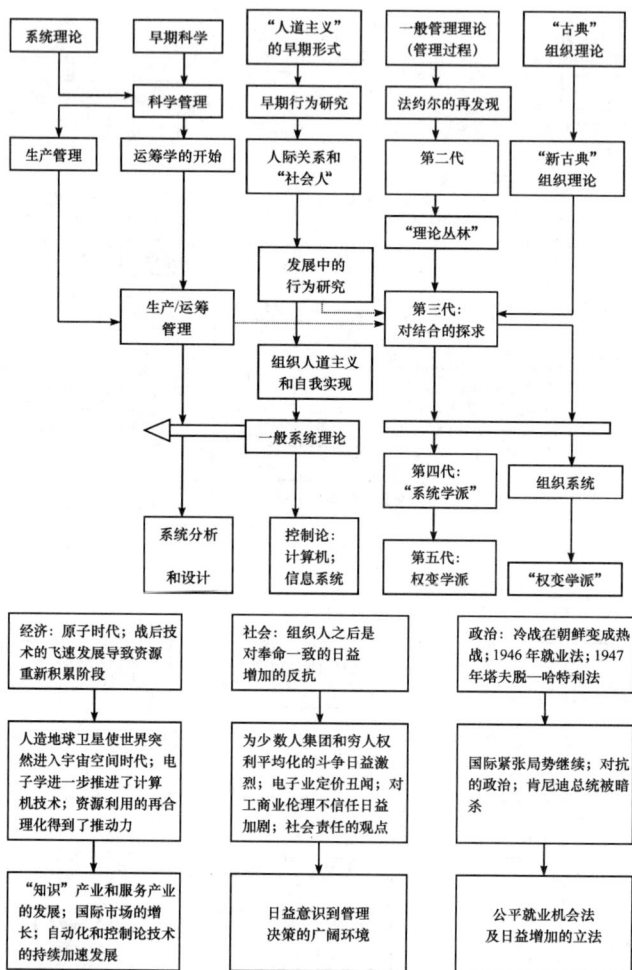

系统理论　早期科学　"人道主义"的早期形式　一般管理理论（管理过程）　"古典"组织理论

科学管理

法约尔的再发现

早期行为研究

生产管理　运筹学的开始　人际关系和"社会人"　第二代　"新古典"组织理论

"理论丛林"

发展中的行为研究

生产/运筹管理　第三代：对结合的探求

组织人道主义和自我实现

一般系统理论

第四代："系统学派"　组织系统

系统分析和设计　控制论：计算机；信息系统　第五代：权变学派　"权变学派"

经济：原子时代；战后技术的飞速发展导致资源重新积累阶段

社会：组织人之后是对奉命一致的日益增加的反抗

政治：冷战在朝鲜变成热战；1946年就业法；1947年塔夫脱—哈特利法

人造地球卫星使世界突然进入宇宙空间时代；电子学进一步推进了计算机技术；资源利用的再合理化得到了推动力

为少数人集团和穷人权利平均化的斗争日益激烈；电子业定价丑闻；对工商业伦理不信任日益加剧；社会责任的观点

国际紧张局势继续；对抗的政治；肯尼迪总统被暗杀

"知识"产业和服务产业的发展；国际市场的增长；自动化和控制论技术的持续加速发展

日益意识到管理决策的广阔环境

公平就业机会法及日益增加的立法

（选自 Daniel A. Wren, The Evolution of Management Thought,
John Wiley & Sons, NY, 1979）

附录 7

巴贝奇的分工研究

工序 名称	作业人 员类别	生产 1 磅 别针所需 时间(小时)	生产 1 磅钉 子所需成本 (便士)	平均每人 1 天的工钱 (先令—便士)		生产 1 支别针 的各工序的费用 (便士的百分之一)
1. 拔丝	男	0.3636	1.2500	3	3	225
2. 校直	妇女	0.3000	0.2840	1	0	51
	少女	0.3000	0.1420	0	6	26
3. 打尖	男	0.3000	1.7750	5	3	319
4. 弯头	少年	0.0400	0.0147	0	41/2	3
切断	男	0.0400	0.2103	5	41/2	38
5. 上帽	妇女	4.000	5.0000	1	3	901
6. 镀锡	男	0.1071	0.6666	6	0	121
或上光	妇女	0.1071	0.3333	3	0	60
7. 用纸包装	妇女	2.1314	3.1973	1	6	576
合计	——	7.6892	12.8732	—	—	2320

雇用人数：男 4 人；女 4 人；童工 2 人；计 10 人。
英国制造业：别针,5566 支是一磅；一打是 6932 支 20 盎司,需要 6 盎司的纸。

(选自《关于机械及制造的经济》)

附录 8

机械文明的脚步

国名 年代	英国	欧洲诸国	美国
	• 飞梭		
1740——			
1750——			
1760——	• 珍妮纺织机	• 带冷凝器的蒸汽机（英国）	• 潜水艇
	• 水利织布机 • 走锭精纺机	• 蒸汽机车（法国）	
1780——	• 搅拌工高炉 • 动力织布机	• 充气气球（法国） • 脱壳机（英国）	• 制订机 • 蒸汽船、断钉机 • 轧花机 • 铸铁锄头
1790——	• 压水机 • 动力车床 • 蒸汽机车 • 弧光灯	• 造纸机（法国） • 提花织布机（法国）	• 营业用蒸汽船 • 剪草机
1810——		• 利用蒸汽的印刷机（德国）	• 多用车床 • 铸铁锄头（与现工形状相同）
1820——	• 橡胶切断机 • 电动机、计算机 • 营业用蒸汽机车	• 针织机（法国）	• 中耕机 • 制针机
1830——	• 发电机	• 照相技术（法国） • 水力透平（法国）	• 收割机、制冰机 • 左轮手枪、蒸汽铲 • 左轮手枪、蒸汽铲

国名 年代	英国	欧洲诸国	美国
1840——		· 汽锤(英国) · 自行车(英国)	· 电信钢制锄头 · 缝纫机 · 轮转式印刷机
1850——	· 平炉炼钢法		· 六角机床 · 联合收割机 · 洗衣机 · 转炉炼钢法
1860——		· 内燃机(法国)	· 制鞋机、载人电梯 · 万能铣 · 圆形开关暗锁 · 打字机
1870——	· 自动螺丝制造机	· 四冲程内燃机 (德国)(奥托内燃机) · 电车(德国) · 整行排铸机 (德国——美国)	· 铁道用空气制动器真 空吸尘器 · 气钻 · 电话留声机 金钱登记器
1880——	· 蒸汽透平	· 汽车(德国) · 电影摄影机(德国)	· 电熨斗、电风扇 · 单字自动铸排机 口述录音机 · 穿孔带制作机
1890——		· 内燃机(德国) · 无线电信(意大利) · 磁录音机器(丹麦) · 照片复印机(法国)	· 电影放映机 · 自动织布机 · 电力机车电炉 · 电力潜力艇

附录 9

甘特在贝瑟利恩公司实施工作奖励制所取得的效果

DM 部门/精车锻材所需机械时间 项　目	机械时间（小时）		
	① 强进改善后管理法前日薪制	② 将要引进工作奖励制度之前日薪制	③ 实施工作奖励制度
海军的 4♯钢管	21.56	无作业	5.4
海军的 4♯轴套	35.15	无作业	7.1
海军的 6♯钢管	34.75	18.5	8.25
海军的 8♯钢管	35.00	无作业	8.00
海军的 12♯钢管	54.50	32.5	21.50
海军的 12♯轴套	123.70	65.5	43.30
海军的 12♯A 带管	无记录	50.75	34.50
海军的 12♯B 带钢	无记录	55.00	34.75
海军的 12♯C 带钢	无记录	47.50	34.50
海军的 12♯D 带钢	无记录	96.50	73.25
包尔·安德乌德的曲轴	无记录	46.50	26.25
阿克梅的凸轮轴	无记录	31.30	16.00
克雷顿的复动曲轴	无记录	22.30	4.30
产乌斯帕西弗克的车轴	无记录	4.25	1.50
德拉贝尔的活塞杆	无记录	22.00	5.00
纽约船厂的曲轴	无记录	70.00	28.75

附录 10

动作时间研究的发展过程

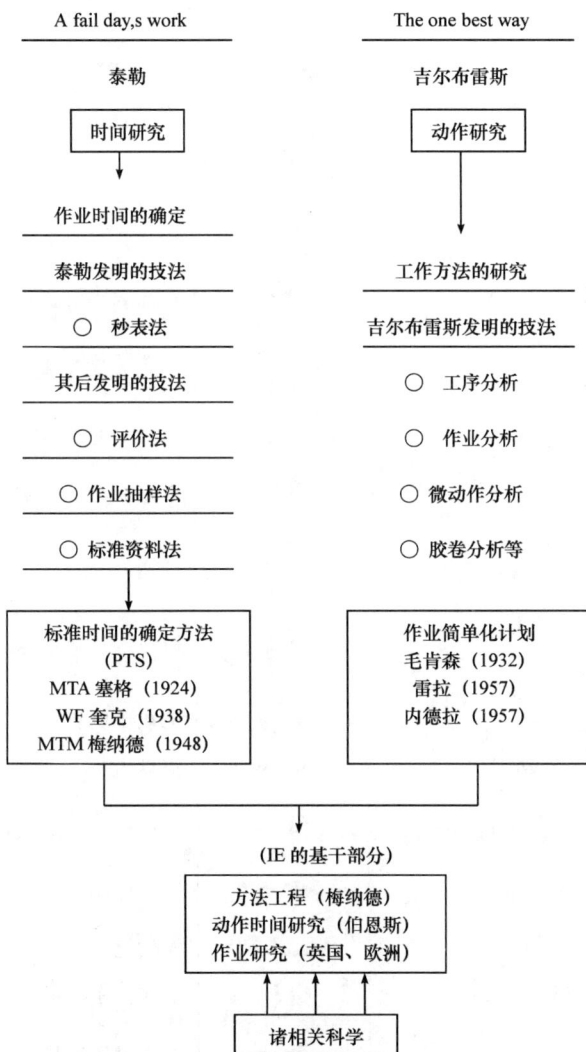

A fail day,s work	The one best way
泰勒	吉尔布雷斯
时间研究	动作研究
作业时间的确定	工作方法的研究
泰勒发明的技法	吉尔布雷斯发明的技法
○ 秒表法	○ 工序分析
其后发明的技法	○ 作业分析
○ 评价法	○ 微动作分析
○ 作业抽样法	○ 胶卷分析等
○ 标准资料法	

标准时间的确定方法
(PTS)
MTA 塞格 (1924)
WF 奎克 (1938)
MTM 梅纳德 (1948)

作业简单化计划
毛肯森 (1932)
雷拉 (1957)
内德拉 (1957)

(IE 的基干部分)

方法工程 (梅纳德)
动作时间研究 (伯恩斯)
作业研究 (英国、欧洲)

诸相关科学

附录 11

基本动素记号

No	基本动素名称	记号	说明
1	寻找 serch		用眼睛寻找东西的样子
2	发现 find		用眼睛找到了东西的样子
3	选择 select		表示选出了的东西的样子
4	抓起 grasp		抓起了东西的样子
5	搬运 transport loaded		进一步把东西装上了的样子
6	对准 position		负荷在手的前面的样子
7	安装 assemble		把东西搭配成"♯"型的样子
8	使用 use		"USE"的 U,使杯子口向上的样子
9	拆卸 disassembie		人从"♯"上取下一横的样子
10	检验 inspect		透镜
11	预对 pre-position		已经立起的地滚球的棒子
12	放下 release loaded		把盘子倒置
13	运空 transprot empty		空盘子
14	休息 rest for overcoming fatigue		人坐在椅子上休息
15	迟延 unavoidable delay		人被绊倒
16	故延 avoidable delay		人睡觉
17	思考 plan		手扶在头上思考
18	保持 hold		考虑钳的形状

474

附录 12

PTS（Predetermined Time System，预定时间标准）中有代表性的形式

名称	最初应用的时间	取得数据的手段	创始人
动作时间分析 Motion Time Analysis	1924	电影微动作分析记录器	寒格（Segur）
整体移动法 Body Members Movement	1938	不明	霍姆斯（Holmes）
装配工作的动作时间数据 Motion-Time Datafor Assembly Work（抓住、放下）（Get and Place）	1938	时间研究现场作业电影实验室中的研究	恩格斯特罗姆（Engstrom）、吉平格（geppinger）和通用电气公司的人们
工作要素法 The Work-Factor Systerm（WF）	1938	时间研究现场作业的电影根据频闪观测器的照片进行研究	奎克（Quick）、希亚（Shea）、凯拉（Koehler）
基本作业的动素标准时间法（Ekenebtak Time Standard for Basic Manual work）	1942	记录器作业的电影电气计时器	韦斯坦电气公司
方法时间测定 Method-Time Measurement MTM	1948	时间研究现场作业的电影	梅纳德（Maynard）、斯汰吉默坦（Stege-menten）、施瓦伯（Sxhwab）
动素时间研究 Basic Motion Timestiday（BMT）	1950	实验室的研究	普雷斯格雷乌（Presgrave）、贝利（Bailey）、洛丹（Lowden）
DMT 法 Dimensional Motion Times	1952	时间研究电影实验室中的研究	吉平格（Geppinger）
预定作业时间法 Predetermined Human WorkTimes	1952	现场作业电影拉泽路斯（Lazarus）	

附录 13

法约尔的大型工业企业技术
职能人员必要能力的相对重要性比较表

人员类型	能　力						
	管理%	技术%	商业%	财务%	安全%	会计%	总值%
大型企业							
工人	5	85	—	—	5	5	100(a)
工长	15	60	5	—	10	10	100(b)
车间主任	25	45	5	—	10	15	100(c)
分厂长	30	30	5	5	10	20	100(d)
部分领导	35	30	10	5	10	10	100(e)
经理	40	15	15	10	10	10	100(f)
联合企业							
总经理	50	10	10	10	10	10	100(g)
国家企业	50	10	10	10	10	10	100(h)
部长							
总统	60	8	8	8	8	8	100(i)

附录 14

传统管理与目标管理的对比

项目	传统管理	目标管理
1. 对象	1. 以工厂作业为对象,如用在管理工作中有失去目标的危险	1. 主要是管理工作,也适用于工厂作业
2. 基本思考方法	1. 自然科学的思考方法	1. 社会科学的思考方法
3. 目标制定	1. 归纳式 2. 计划与执行的分离,计划由他人制定 3. 目标体系混乱 4. 目标制定需要时间,跟不上情况的变化	1. 演绎法 2. 计划与执行的统一,计划由自己制定 3. 目标体系有条不紊 4. 因为制定目标不需要时间,故具有灵活性
4. 组织	1. 细分化 2. 分工化的促进 3. 专门化的促进	1. 统一化 2. 统一化的促进,职能完整 3. 非专门化
5. 指挥指导	1. 让工人按照标准、计划进行工作 2. 健全规则、制度 3. 严密的指挥、监督	1. 让工人按与自己最相适应的方法工作 2. 把规则、规定减少到最低限度 3. 最大限度的自由裁量
6. 激励	1. 部下的参与几乎没有 2. 没有满足现代人高需要的激励	1. 积极参与目标制定 2. 通过目标等满足人的高需要
7. 控制	1. 由上级控制	1. 自我控制
8. 成果评价	1. 工厂作业之外,成果评价困难	1. 无论作业者还是管理者均可评价
9. 人才的培养	1. 没有发挥独创力的余地 2. 没有发挥主动性的余地 3. 部下的视野被限制 4. 对结果的责任感降低	1. 有发挥独创力的余地 2. 有发挥主动性的余地 3. 通过目标体系,具有广阔的视野 4. 对结果的责任感增高
10. 革新	1. 因为管理体制固定,不能根据事物的变化进行及时的革新	1. 能针对事物的变化及时采取措施

附录 15

领导风格(决策方式)分类

类型	领导风格(决策方式)	参与程度	代码
独裁专制型(A)	1. 领导者运用手头现有的资料,自行解决问题,做出决策。	最低	A I
	2. 领导者向下级取得必要的资料,然后自行决定解决问题的方法。向下级索要资料时,可以说明情况,也可以不说明。在决策进程中,下级只向领导提供必要的资料,而不提供或评价解决问题的方案。	较低	A II
协商型(C)	3. 以个别接触的方式,让有关下级了解问题,听取他们的意见和建议,然后由领导者做出决策,决策可以反映下级意见,也可以不反映。	中等	C I
	4. 以下级集体了解问题,并听取集体的意见和建议,然后由领导者作出决策,决策可以反映下属意见,也可以不反映。	较高	C II
群体决策型(C)	5. 让下级集体了解问题,并且与领导者共同提出和评价可供选择的决策方案,努力就决策方案的选择取得一致。讨论进程中领导者仅作为组织者而不用自己的思想去影响群体,并愿意接受和落实任何一个集体支持的方案。	最高	C I

附录 16

管理方格图

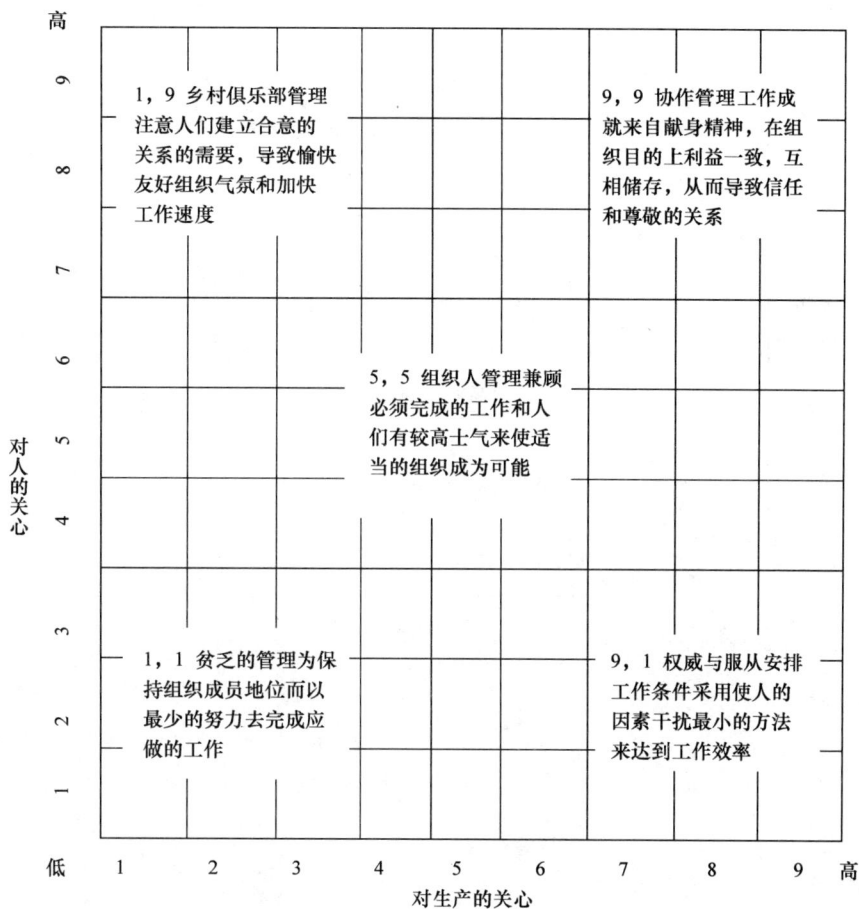

纵轴：对人的关心（高 9、8、7、6、5、4、3、2、1 低）
横轴：对生产的关心（低 1、2、3、4、5、6、7、8、9 高）

1，9 乡村俱乐部管理注意人们建立合意的关系的需要，导致愉快友好组织气氛和加快工作速度

9，9 协作管理工作成就来自献身精神，在组织目的上利益一致，互相储存，从而导致信任和尊敬的关系

5，5 组织人管理兼顾必须完成的工作和人们有较高士气来使适当的组织成为可能

1，1 贫乏的管理为保持组织成员地位而以最少的努力去完成应做的工作

9，1 权威与服从安排工作条件采用使人的因素干扰最小的方法来达到工作效率

479

附录 17

工艺技术与组织图

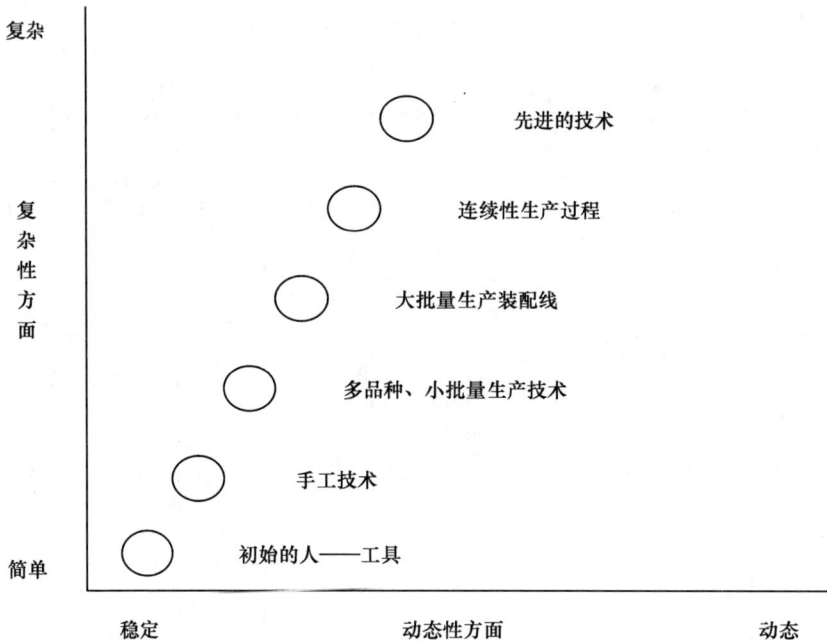

复杂

复杂性方面

先进的技术

连续性生产过程

大批量生产装配线

多品种、小批量生产技术

手工技术

简单　　初始的人——工具

稳定　　　　　　　　　动态性方面　　　　　　　　动态

附录 18

组织结构与设计

组织上的特点	组织结构类型	
	稳定性机械式	适应性有机式
对环境的开放性	比较封闭,试图选择和尽量减少环境的影响,并试图降低不稳定性	比较开发,设计得能够接受环境影响和对付不稳定性
活动的正规化	在结构的基础上具有更多的正规性	在结构的基础上具有较少的正规性
活动的差异化和专业化	明确的、相互独立的职能部门	通常或有时为重叠的活动
协调	基本上通过等级结构和很明确地规定了管理程序	多样的手段和人们之间的交互作用
权力来源	职位	知识和专门特长
职责	附加于具体的职位或角色	很多成员分担
交互作用与影响的形态	上级、下级的等级关系	上级、下级水平与斜向关系
任务、作用与职能	在组织图、职位说明以及其他文件中有明确规定的说明	受到有关的情况和彼此的期望等方面很不严格的限定与说明
程序与规则	很多、很具体而且常常是成文的或正规的	在不同等级层次中差异较小
决策制定	集权式,而且集权于高层	分权式,而且分散于整个组织
结构形式的持久性	倾向于比较固定不变	持续地适应于新情况

附录 19

领导行为模式连续分场

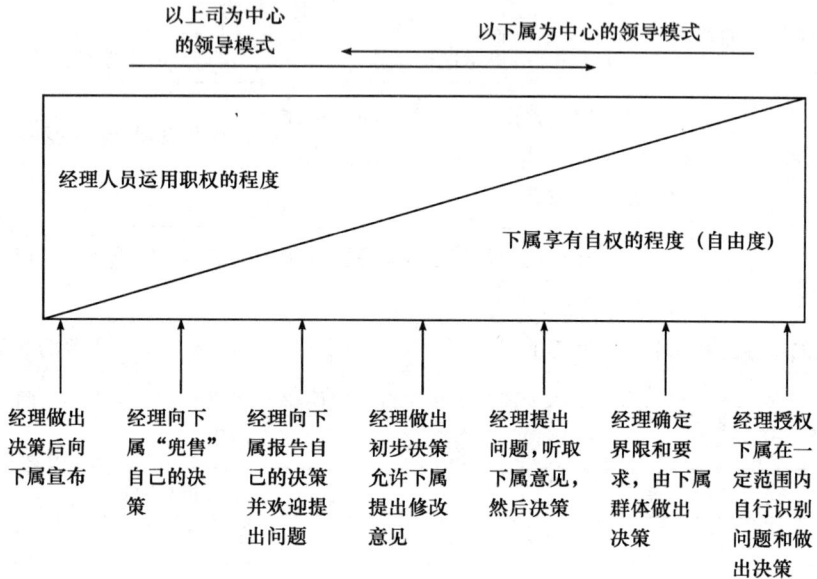

以上司为中心
的领导模式

以下属为中心的领导模式

经理人员运用职权的程度

下属享有自权的程度（自由度）

经理做出决策后向下属宣布

经理向下属"兜售"自己的决策

经理向下属报告自己的决策并欢迎提出问题

经理做出初步决策允许下属提出修改意见

经理提出问题，听取下属意见，然后决策

经理确定界限和要求，由下属群体做出决策

经理授权下属在一定范围内自行识别问题和做出决策

附录 20

经理—非经理人员行为模式连续分布场

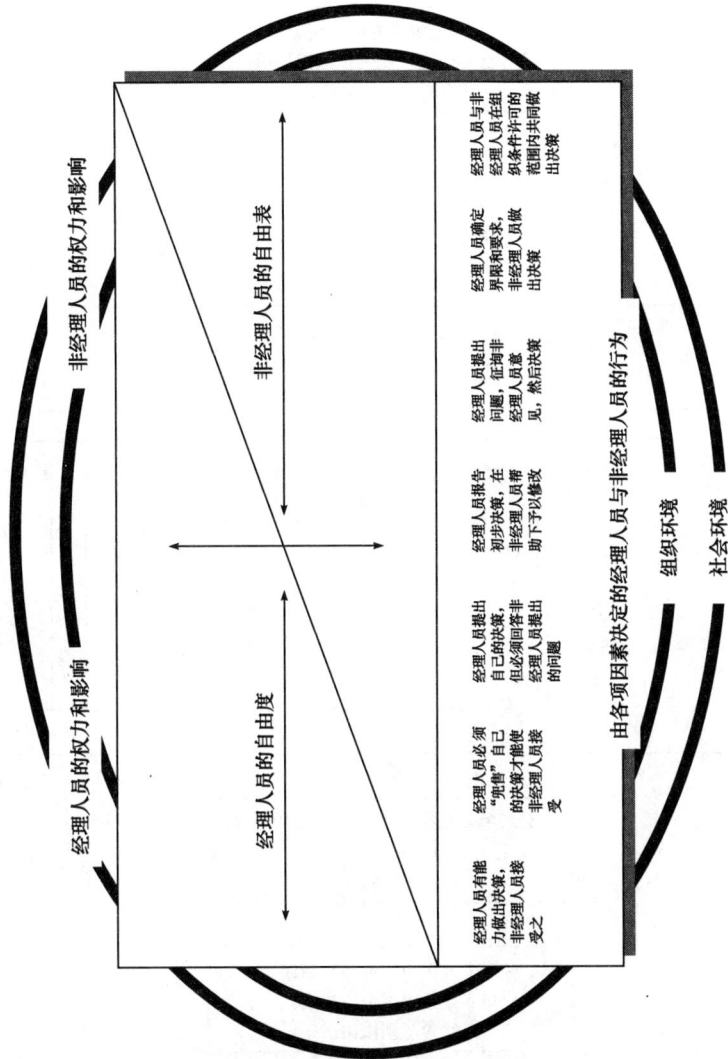

经理人员的权力和影响

非经理人员的权力和影响

经理人员的自由度

非经理人员的自由表

经理人员有能力做出决策，非经理人员接受之

经理人员必须"推销"自己的决策才能使非经理人员接受

经理人员提出自己的决策，但必须回答非经理人员提出的问题

经理人员报告初步决策，在非经理人员帮助下予以修改

经理人员提出问题，征询人员意见，然后决策

经理人员确定界限和要求，非经理人员做出决策

经理人员与非经理人员在组织条件许可的范围内共同做出决策

由各项因素决定的经理人员与非经理人员的行为

组织环境

社会环境

附录 21

作业系统分析方法的结构体系

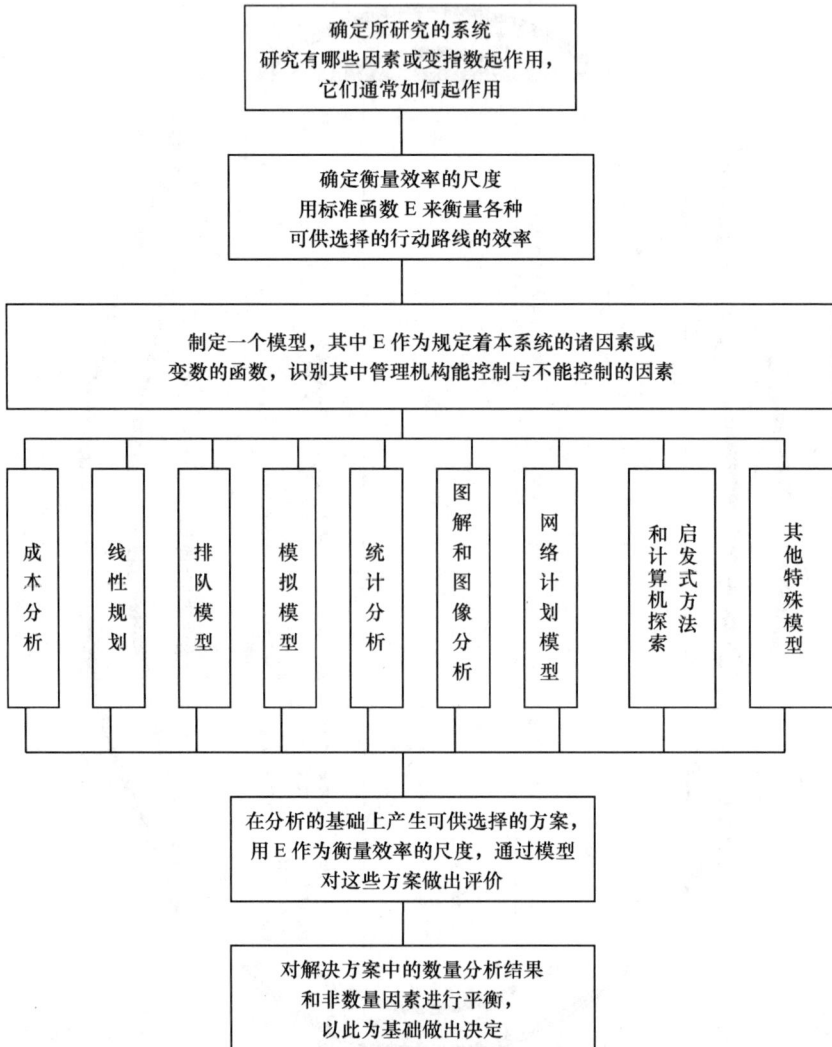

确定所研究的系统
研究有哪些因素或变指数起作用，
它们通常如何起作用

确定衡量效率的尺度
用标准函数 E 来衡量各种
可供选择的行动路线的效率

制定一个模型，其中 E 作为规定着本系统的诸因素或
变数的函数，识别其中管理机构能控制与不能控制的因素

| 成本分析 | 线性规划 | 排队模型 | 模拟模型 | 统计分析 | 图解和图像分析 | 网络计划模型 | 启发式方法和计算机探索 | 其他特殊模型 |

在分析的基础上产生可供选择的方案，
用 E 作为衡量效率的尺度，通过模型
对这些方案做出评价

对解决方案中的数量分析结果
和非数量因素进行平衡，
以此为基础做出决定

附录 22

经理担任的角色图

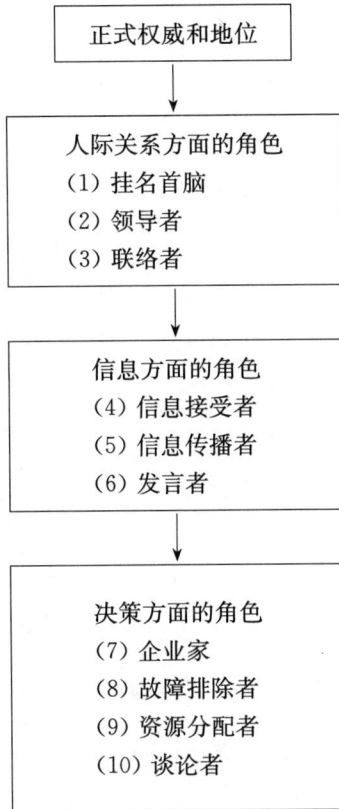

```
┌─────────────────────┐
│   正式权威和地位      │
└─────────────────────┘
          │
          ▼
┌─────────────────────┐
│  人际关系方面的角色   │
│  （1）挂名首脑        │
│  （2）领导者          │
│  （3）联络者          │
└─────────────────────┘
          │
          ▼
┌─────────────────────┐
│   信息方面的角色      │
│  （4）信息接受者      │
│  （5）信息传播者      │
│  （6）发言者          │
└─────────────────────┘
          │
          ▼
┌─────────────────────┐
│   决策方面的角色      │
│  （7）企业家          │
│  （8）故障排除者      │
│  （9）资源分配者      │
│  （10）谈论者         │
└─────────────────────┘
```

（选自 Henry Mintzberg，The Nature of managerial work，1980）

附录 23

泰勒年表

概 要	有关工厂	年代	年龄	记 事
主要埋头于有关生产的问题,研究出多种方法受汤在 A. S. M. E 上提出的论文的刺激,越发加深了对技师应尽责任的认识	米德维尔——	1856	1	3 月 20 日出生在费城的家中
		1869	14	伴随双亲漫游欧洲
		1870	15	
		1871	16	
		1872	17	准备考取哈佛大学
		1874	19	通过了入学考试,但因眼睛变坏而回家休养,进费城的小水泵工厂学徒进入米德维尔工厂
		1878	23	
		1879	24	
		1880	25	卡尔·G.巴斯来到米德维尔工厂当上了工长
		1881	26	
		1882	27	通过函授教育取得机械工程师职称,结婚;首次实行差别计件工资制
		1883	28	
		1884	29	被吸收为美国机械技师协会(A. S. M. E)会员
		1885	30	
		1886	31	汤发表了论文《Engineer as Economist》
在米德维尔工作 10 年后,进一步改良了以前研究的诸方法,从而更有系统地进行实施		1887	32	当上了技师长;甘特来到了米德维尔工厂
		1888	33	发明了汽锤
		1889	34	

概　要	有关工厂	年代	年龄	记　事
有1895年及1903年首次以统一的形式发表了管理论		1890	35	离开米德维尔公司
	默奴发克 夸　林	1891	36	
		1892	37	发表《传动带装置手记》
	西蒙兹 罗　林	1893	38	首次以咨询工程师自称
	克兰普造 船　厂			
	诺佐恩	1894	39	
	斯威尔毛 汰　斯	1895	40	
		1896	41	
	西蒙兹 罗　林	1897	42	
		1898	43	研制出高速钢
		1899	44	研制出巴斯计算尺
在林克贝尔特及泰巴,在后继者们的协助下,进一步完善了科学管理法的内容	贝琵利恩 公　司	1900	45	在巴黎博览会上展出高速钢,获金牌
		1901	46	从能率界引退,其后无偿服务于公益事业
		1903	48	发表《工长管理》
	林克贝尔 特公司	1904	49	来到哈汰维·林克贝尔特公司
		1905	50	发表《关于金属切削的技巧》
		1906	51	在哈佛大学讲授管理学
一般群众的启蒙后继者们努力使泰勒式管理方法更加完善,泰勒愉快地指导他们	沃特敦 兵工厂	1909	54	发生了铁道运费涨价事件
		1910	55	发表了《科学管理原理》,再版《工厂管理》
		1911	56	
		1912	57	开设咨询委员会
		1915	60	3月21日在费城的医院死于肺炎

附录 24

法约尔年表

公元年	事件或职务	年龄	日期	发表的作品
1841	出生			
1856	里昂公立中等学校	15		
1858	圣艾蒂安国立矿业学院			
1860	高芒特里—福尔尚布德矿井工程师	19		
1866	高芒特里矿井经理			论采矿工程的技术著作《矿业学会公报》
1872	高芒特里、蒙特维克与伯利煤矿总经理	31		
			1874	论高芒特里矿井木材支架
			1877	煤矿水平巷道设计
			1878	论木材竖立、迁移与替换
			1879	暴露在空气中的煤的结构变化与自燃
			1882	论在大煤层开采中取消夜班制
			1885	论由采矿引起的地面下沉论煤系地质的科学性著述
			1881	关于高芒特里煤系的地质研究（四份）——科学院会议录《矿业学会公报》
			1886 至	高芒特里煤田地质研究
			1893	（全文分五期发表,后以三卷集形式出版）

公元年	事件或职务	年龄	日期	发表的作品
		47		
1888	高芒特里—福尔尚布德总经理,授荣誉团骑士爵位			《法国地质学会报》
			1888	高芒特里盆地历史沿革及三角洲理论概要
1891	买进布列萨克煤矿吸收德卡嘶维尔的矿井与工厂			论管理的著作
1900	买进东部煤田朱得莱维尔矿		1900	提交矿业和冶金会议的管理论文
			1908	为矿业学会五十周年大会所作《论管理的一般原则》
1913	授荣誉团军官爵位		1916	《工业与一般管理》——矿业学会公报
			1917	《管理职能在指导营业中的重要性》——为全国工业促进会所作论文
1918	辞去高芒布德总经理职务,保留董事职务建立管理研究中心接受 M. 卡略兹委任,为高级科学院教授	77		1918《论高等教育》——提交国土木工程师协会论文《公共服务事业的改革》——提交工商业联合会论文
				《论工业的积极管理》——载《现代技术》
			1919	1919《国家工业化》——矿业学会公报
			1920	在高级军事学校与军事研究中心的讲课
			1921	《邮电部门管理改革》(国家在管理上的无能——邮政与电讯)——发表在《政治与国会评论》,由杜诺德兄弟图书公司刊印成书

公元年	事件或职务	年龄	日期	发表的作品
			1923	《国家管理理论》——提交第二届国际管理科学会议论文
1925	国产矿业学院校友会在巴黎举行盛大宴会,庆祝他毕业 65 周年		1925	《工业与一般管理》——由杜诺德兄弟图书公司重印成书
				亨利·维尔纳的《一个伟大的工程师——亨利·法约尔》出版——为庆祝法约尔毕业六十五周年的研究论文
1925	逝世所获学术荣誉奖:法国科学院德雷塞奖章全车工业促进会金质奖矿业学会金质奖与荣誉奖	84		
			1929	日内瓦国际管理学院出版第一本英译本《工业与一般管理》
			1937	《国家管理理论》英译本于美国发行——见《管理科学论文集》
			1945	亨利·法约尔生平及作品简述,——见英国《科学管理的形成与发展》第一卷《十三个先驱》,(作者 L. 厄威克,E. P. L. 勃莱什)

附录 25

主要参考文献

1. H. Igor Ansoff, *Corporate Strategy*, New York: McGraw-Hill, 1965.

2. Charles Babbage, *On the Economy of Machinery and Manufactures*, London: Charles Knight, 1832.

3. Chester I. Barnard, *The Functions of the Executive*, Cambridge, Mass.: Harvard University Press, 1938.

4. Miriam Beard, *A History of Business*, Vols. 1, 2, Ann Arbor: University of Michigan Press, 1962, 1963.

5. Andrew Carnegie, *The Gospel of Wealth and Other Timely Essays*, New York: Century, 1901.

6. Alfred D. Chandler, Jr. *Henry Varnum Poor: Business Editor, analyst, and Reformer*, Cambridge, Mass.: Harvard University Press, 1956.

7. Alfred D. Chandler, Jr., *Strategy and Structure*, Cambridge, Mass.: MIT Press, 1962.

8. Alfred D. Chandler, Jr., *The Visible Hand: The Managerial Revolution in American Business*, Cambridge, Mass.: Harvard University Press 1977.

9. Alfred D. Chandler, Jr., and Stephen Salsbury, *Pierre S. Dupont and the Making of the Mordern Corporation*, New York: Harper & Row, 1971.

10. Stanley D. Chapman, *The Early Factory Masters*, New York: Augustus M. Kelley Publications, 1967.

11. John Child, *British Management Thought*, London: George Allen and Unwin, Ltd., 1969.

12. Alexander Hamilton Church, *The Science and Practice of Management*, New York: Engineering Magazine Co., 1914.

13. Victor Clark, The Gantt Chart, New York: Ronald Press Co., 1922.

14. M. L. Cooke, Our Cities Awake, New York: Doubleday and Co.,

1918.

15. R. W. Cooke Taylor, Introduction to a History of the Factory System, London: Richard Bentley & Sons, 1886.

16. Peter F. Drucker, The Practice of Management, New York: Harper & Row, 1954.

17. Peter F. Drucker, Management Tasks, Responsibilitives, and Practices, New York: Harper & Row, 1973.

18. Harrington Emerson, Efficiency as a Basis for Operation and Wager, New York: Engineering Magazine Co. , 1911.

19. Harrington Emerson, The Twelve Principles of Efficiency, New York: Engineering Magazine Co. , 1913.

20. Henri Fayol, *Administration Industrielle et Générale*, Paris, Dunod, 1916, 1925; trans. By Geneva Coubrough, 1930; and trens. By Storrs, London Sir Isaac Pitman and Sons, 1949.

21. Mary Parker Follett, The New State: Group Organization the Solution of Popular Government, London: Longmans, Green and Co. , 1918.

22. William M. Fox, The Management Process: An Integrated Approach, Homewood, Ill. : Richard D. Irwin, 1963.

23. Henry L. Gantt, Work, Wages, and Profit, New York: Engineering Magazine Co. , 1910.

24. Henry L. Gantt, Industrial Leadership, New Haven, Conn. : Yale University Press, 1916.

25. Henry L. Gantt, Organizing for Work, Harcourt Brace Jovanovich, 1919.

26. Claude S. George, Jr. , The History of Management Thought, Englewood Cliffs, N. J. : Prentice-Hall, 1968, 1972.

27. Frank B. Gilbreth and Lillian M. Gilbreth, Applied Motion Study, New York: Sturgis and Walton Co. , 1917.

28. Lillian M. Gilbreth, The Psychology of Management, New York: Sturgis and Walton Co. , 1914.

29. R. A. Gordon and J. E. Howell, Higher Education for business, New York: Columbia University Press, 1959.

30. Matthew Hale, Jr. , Human Science and Social Order: Hugo Münsterberg and the Origins of Applied Psychology, Philadelphia: Temple U-

niversity Press, 1980.

31. Friedrich Hayek, *Capitalism and the Historians*, Chicago: University of Chicago Press, 1954.

32. Rorbert L. Heilbroner, The Making of Economic Society, Englewood Cliffs, N. j. : prentice-Hall, 1962.

33. F. Herzberg, B. Mausner and B. B. Snyderman, The Motivation to Work, New York: John Wiley & Smith, 1959.

34. P. E. Holden, L. S. Fish and H. L. Smith, Top Management Organization and Control, Stanford, Calif: Stanford University Press, 1941.

35. James G. Hunt, Leadership: A New Synthesis, Newbury Park, Calif. : Sage Publications, 1991.

36. Elliott Jacques, The Changing Culture of a Factory, London: Tavistock Publications, 1951.

37. H. Koontz, ed. , Toward a Unified Theory of Management, New York: McGraw-Hill Book Co. , 1964.

38. H. Koontz and C. O' Donnell, Principles of Management, New York: McGraw-Hill Book Co. , 1955.

39. Henrietta Larson, Guide to Business History, Cambridge, Mass. : Harvard University Press, 1948.

40. K. Lewin, Resolving Social Conflicts, New York: Harper & Row, 1948.

41. Rensis Likert, The Human Organization: Its Management and Value, New York: McGraw-Hill Book Co. , 1967.

42. Cyril C. Ling, The Management of Personnel Relations: History and Origins, Homewood, Ill. : Richard D. Irwin, 1965.

43. Joseph A. Litterer, The analysis of Organizations, New York: John Wiley & Sons, 1965.

44. James G. March and Herbent A. Simon, Organizations, New York: John Wiley & Sons, 1960.

45. A. H. Maslow, Motivation and Personality, New York: Harper & Row, 1954.

46. Elton Mayo, The Human Problems of an Industrial Civilization, New York: Macmillan Co. , 1933.

47. Elton Mayo, The Social Problems of an Industrial Civilization, Bos-

ton: Division of Research, Graduate School of Business Administration, Harvard University, 1945.

48. Charles P. McCormick, Multiple Management, New York: Harper & Row, 1938.

49. Douglas McGregor, The Human Side of Enterprise, New York: McGraw-Hill Book Co. , 196.

50. John F. Mee, "A History of Twentieth Century Management Thought" Ph. D. Dissertation, Department of Business Organization, Ohio State University, 1959.

51. J. F. Mee, Management Thought in a Dynamic Society, New York: New York University Press, 1763.

52. J. D. Mooney and A. C. Reiley, Onward Industry! New York: Harper & Row, 1931.

53. Hugo Münsterbery, Psychology and Industrial Efficiency, Boston: Houghton Miffilin Co. , 1913.

54. Milton J. Nadworny, Scientific Management and the Unions: 1900-1932, Cambridge, Mass: Harvard University Press, 1955.

55. Daniel Nelson, Managers and Workers. Origins of the New Factory System in the United States, 1880-1920, Madison: University of Wisconsiy Dress, 1975.

56. Daniel Nelson, Frederick W. Taylor and the Rise of Scientific Management, Madison: University of Wisconsin Press, 1980.

57. William H. Newman, Administrative Action: The Techniques of Organization and Management, Englewood Cliffs, N. J: Prentice-Hall, 1951.

58. Robert Owen, The Life of Robert Owen, London: Effingham Wilson, 1857.

59. Royston Pike, Hard Time: Human Documents of the Industrial Revolution, New York Praeger Publishers, 1966.

60. Harold R. Pollard, Developments in Management Thought, London William Heineman, Ltd. , 1974.

61. Sidney Pollard, The Genesis of Modern Management: A Study of the Industrial Revolution in Great Britain, Cambridge, Mass. : Harvard University Press, 1965.

62. Lyman Porter and Lawrence E. McKibbin, Management Education

and Development: Drift or Thrust into the 21st Century? New York: Mcgraw-Hill, 1988.

63. Michael E. Porter, Competive Advantage, New York: The Free Press, 1985.

64. Michael E. Porter, The Competive Advantage of Nations, New York: The Free Press, 1990.

65. Herbert A. Simon, Administrative Behavior: A Study of Decision-Making Processes in Administrative Organization, New York: Macmillan Co. , 1947.

66. Adam Smith, An Inquiry into the Nature and Causes of the Wealth of Nations, New York: Modern Library, 1937. Originally Published in 1776.

67. F. W. Taylor, Shop Management, New York: Harper& Row, 1903.

68. F. W. Taylor, The Principles of Scientific Management, New York: Harper& Row, 1911.

69. C. B. Thompson ed. , The Theory and Practice, Mifflin Co. , 1917.

70. Andrew Ure, The Philosophy of Manufactures, London: Charles Knigth, 1835.

71. L. Urwick, Scientific Principles of Organization,. New York: American Management Association, 1938.

72. L. Urwick ed. , The Golden Book of Management, London: Newman Neame, 1956.

73. L. Urwick and E. F. L. Breck, The Making of Scientific Management, Vol. 3, London: Management Publications Trust, 1951.

74. Max Weber, The Theory of Social and Economic Organization, trans, by T. Parsons, New York: The Free Press, 1947.

75. Max Weber, The Protestant Ethic and the Spirit of Capitalism, New York: Charles Scribner's Sons, 1958. Originally Published in 1905.

76. Mira Wilkins, The Emergence of Multinational Enterprise: American Business Abroad from the colonial Times to 1914, Cambridge, Mass,: Harvard University Press,1970.

77. Whiting Williams, What's on the Worker's Mind? By One Who Put on Overalls to Find out, New York: Charles Scribner's Sons, 1920.

78. Whiting Williams, Mainsprings of Men, New York: Charles Scribner's Sons, 1925.

79. William B. Wolf, The Basic Barnard: An Introduction to Chester I. Barnard and His Theories of Organization and Management, Ithaca, N. Y. : NYSSILR, 1974.

80. Charles D. Wrege and Ronald C. Greenwood, Frederick W. Taylor, The Father of Scientotic Management: Myth and Reality, Homewood, Ill: Business One Irwin, 1991.

81. Jo Ann Yates, Control Through Communication: The Rise of System in American Management, Baltimore: Myth and Reality, Homewood, Ill: Business One Irwin, 1991.

82. Edna Yost, Frank and Lillian Gilbreth: Partners for life, New Brunswick, N. J. : Rutgers University Press, 1984.

83. W. E. Deming, Out of Crisis: Quality, Productivity and Competive Position, Cambridge: Cambridge University Press, 1986.

84. H. Ford and S. Crowther, My Life and Work, New York: Doubleday, 1926.

85. M. Friedman, Capitalism and Freedom, Chicago, IL: University of Chicago Press, 1962.

86. M. Hammer, Reengineening Work: don't automate, obliterate, Harvard Business Review July/August: 104-112,1990.

87. J. M. Juran, Juran on Planning for Quality, New York: The Free Press, 1988.

88. J. M. Keynes, The Collected Writings of J. M. Keynes, 30Vols, eds. D. E. Moggridge and E. A. G. Robinson, London: Macmillan, 1971-1989.

89. J. P. Kotter, A Force for Change: How Leadership Differs from Management, New York: The Free Press, 1990.

90. J. P. Kotter, The New Rules: How to Succeed in Today's Post-corporate World, New York: The Free Press, 1995.

91. L. W. Porter and E. E. Ⅲ Lawler, Managerial Attitudes and Performance, Homewood, IL: Irwin-Dorsey, 1968.

92. V. H. Vroom, Work and Motivation, New York: Wiley, 1964.

93. F. Luthans, Introduction to Management a Contingency Approch, New York: McGraw-Hill Book Company, 1976.

94. D. C. McClelland, The Achieving Society, New York: Van Nostrand Reinhold, 1961.

95. D. C. McClelland, Human Motivation, New York：Cambridge University Press，1985.

96. E. H. Schein, Organization Culture and Leadership, San Francisco：JosseyBass，1997.

97. P. M. Senge, The Fifth Discipline：The Art and Practice of the Learning Organization, New York：Doubleday，1990.

98. A. P. Sloan, Jr. , My Tears with General Motors, New York：Doubleday，1964.

99. A. Toffler, Future Shock, London：The Bodley Head Ltd. , 1970.

100. A. Toffler, The Third Wave, London：William Collins Sons & Co. , 1980.

101. A. Toffler, Power Shift, New York：Bantam Press, 1990.

102. T. Watson, Jr. , A Business and its Beliefs：The Ideas that Helped Build IBM, New York：McGraw-Hill, 1963.

103. T. Watson, Jr. , Father, Son and Co. ：My Life at IBM and Beyond, New York：Bantam Books, 1990.

104. O. E. Williamson, 'Transaction Cost Economics', in R. Schmalensee and R. D. Willig(eds), Handbook of Industrial Organization, Vol. 1, Amsterdam：North Holland, 1990.

105. Daniel A. Wren, The Evolution of Management Thought, John Wiley & Sons，Inc. 1994.

106. W. G. 大内. Z 理论——美国企业界怎样迎接日本的挑战.

107. 马洪、孙尚清. 现代管理百科全书. 中国发展出版社.

108. 宋则行、樊亢. 世界经济史. 上、中、下册. 经济科学出版社.

109. 巴斯克、艾索斯. 日本的管理艺术. 广西民族出版社，1984.

110. 黎红雷. 东方的管理智慧. 四川人民出版社，1994.

111. 张绪通. 道学的管理要旨. 四川大学出版社，1992.

112. 梁漱溟. 中国文化要义. 学林出版社，1987.

113. 张兰霞. 新管理理论丛林. 辽宁人民出版社，2001.

114. 郭咸纲. 西方管理思想史〔第一版，1999 年；第二版，2002 年〕. 经济管理出版社.

115. 郭咸纲. G 管理模式——人＋制度＋创新〔第一版，2000 年；第二版，2001 年〕. 企业管理出版社.

116. 郭咸纲. 多维博弈人性假设——理论管理学前沿课题研究. 广东经

济出版社，2003.

117. 许康，劳汉生. 中国管理科学化的历程. 湖南科学技术出版社，2001.

118. 刘源张. 中国管理科学当前的任务.《中国科学基金》，1996（4）.

119. 尼古拉·福斯，克里斯蒂安·克努森. 企业万能：面向企业能力理论. 东北财经大学出版社，1998.

120. 安德鲁·坎贝尔，凯瑟琳·萨默斯·卢克斯. 战略协同. 机械工业出版社，2000.

121. 凡尼尔·贝尔. 资本主义文化矛盾. 三联书店，1989.

122. 路易斯·普特曼，兰德尔·克罗茨纳. 企业的经济性质. 上海财经大学出版社，2000.